厦门国家会计学院云顶文库

云顶财说

（第二辑）

厦门国家会计学院 编著

中国财经出版传媒集团
中国财政经济出版社

图书在版编目（CIP）数据

云顶财说．第二辑／厦门国家会计学院编著．--北京：中国财政经济出版社，2020.12

（厦门国家会计学院云顶文库）

ISBN 978-7-5223-0122-8

Ⅰ．①云…　Ⅱ．①厦…　Ⅲ．①经济管理-研究-中国　Ⅳ．①F123

中国版本图书馆 CIP 数据核字（2020）第 200855 号

责任编辑：马　真　　　　责任校对：李　丽

封面设计：陈宇琰　　　　责任印制：党　辉

云顶财说（第二辑）

YUNDING CAISHUO（DI-ER JI）

中国财政经济出版社 出版

URL：http：//www.cfeph.cn

E-mail：cfeph@cfeph.cn

（版权所有　翻印必究）

社址：北京市海淀区阜成路甲 28 号　邮政编码：100142

营销中心电话：010-88191522

天猫网店：中国财政经济出版社旗舰店

网址：https：//zgczjjcbs.tmall.com

北京密兴印刷有限公司印刷　各地新华书店经销

成品尺寸：185mm×260mm　16 开　19.25 印张　450 000 字

2020 年 12 月第 1 版　2020 年 12 月北京第 1 次印刷

定价：88.00 元

ISBN 978-7-5223-0122-8

（图书出现印装问题，本社负责调换，电话：010-88190548）

本社质量投诉电话：010-88190744

打击盗版举报热线：010-88191661　QQ：2242791300

前 言

为了适应中国特色社会主义市场经济的发展需求，20 世纪末，我国先后组建了北京国家会计学院、上海国家会计学院和厦门国家会计学院。厦门国家会计学院围绕会计审计、财政税收和经济管理等领域的人才培养，坚持依托政府和面向市场相结合的原则，构建了高端培训、学位教育和智库建设“三位一体”的发展格局和办学模式，为我国培养了一大批具备会计、财务、财税、金融专长以及优秀职业精神的复合型、管理型、应用型高级财经管理人才。

近年来，厦门国家会计学院着力打造“云顶”学术名片，云顶学术平台包括线下、线上两大平台。线下平台有“云顶讲坛”“云顶沙龙”两个活动平台和“云顶院刊”“云顶文库”两个纸质平台。线下平台积极开展各类论坛讲座、学术沙龙、出版学术书籍等，并结合线上平台进行网络直播。线上平台以微信公众号“云顶财说”为主。云顶学术平台通过线上、线下的高度结合，全方位、多渠道打造出“云顶”系列学术品牌，并成为学院教师发布研究成果的通道、培训学员终身学习的平台、研究生与母校交流联系的基地以及社会各界了解学院的窗口。

“云顶财说”微信公众号于 2016 年 8 月 21 日正式创立，公众号第一时间推送会计审计、财政税收、经济管理等领域最前沿的热点解读、政策剖析与学术研究，搭建了一个集学术性、知识性和趣味性的网络交流平台。与《云顶财说（第一辑）》一致，《云顶财说（第二辑）》同样选取了“云顶财说”微信公众号上颇受关注的原创文章集结出版，以分享我院教师在学术科研与智库建设方面的最新研究成果。

本书主要从宏观制度和微观企业两个层面，探讨了在新制度变化、新技术创新和新经济环境下财务与会计、财政税收与政府会计、金融与贸易、经济管理、“一带一路”及新冠肺炎疫情等研究领域涌现出的新问题、新现象及其影响，深入挖掘和探索了其背后的影响因素、机理，并对其经济后果进行了全新剖析。本书共分为五部分，第一部分是财务与会计专题；第二部分是财政税收与政府会计专题；第三部分是金融、经济和贸易专题；第四部分是“一带一路”专题；第五部分是疫情应对专题。《云顶财说（第二辑）》所探讨的问题和现象，既有理论方面的分析，也有实务操作层面的探讨，其主要目的是为政府高层提供政策制定的参考建议，为微观企业实际业务遇到的难题提供确当的解决方案。

目 录

第一部分
财务与会计专题

电商巨擘的傲人业绩与分析困惑

黄世忠[①]

阿里巴巴公布的年报总是引人注目。2020 年 5 月 22 日晚 7 时，阿里巴巴发布了新冠肺炎疫情后的业绩报告，引起资本市场热议。本文结合阿里巴巴最新的业绩报告，分析了阿里巴巴过去 10 年的经营业绩变动，并将其与垄断企业和传统电商进行横向对比，剖析了零售业冰火两重天的竞争格局及其背后虹吸现象的成因，指出了新经济企业商业模式创新给财务分析带来的诸多困惑和因应举措。

1. 傲视群雄的经营业绩

2020 年 5 月 22 日晚，阿里巴巴公布了 2020 会计年度（2019 年 4 月 1 日—2020 年 3 月 31 日，为了便于与采用日历年度的其他公司相比，以下将阿里巴巴 2020 会计年度视同 2019，以此类推）的经营业绩，可谓一骑绝尘，傲视群雄！商品销售总额（GMV）高达 7.053 万亿元，折合 10224 亿美元，历史性地突破万亿美元大关，比线下零售巨头沃尔玛 2020 会计年度（结束于 2020 年 1 月）5199 亿美元的营业收入多出近 1 倍，过去 8 年 GMV 的年均复合增长率（ACGR）高达 30.8%，如图 1 所示。

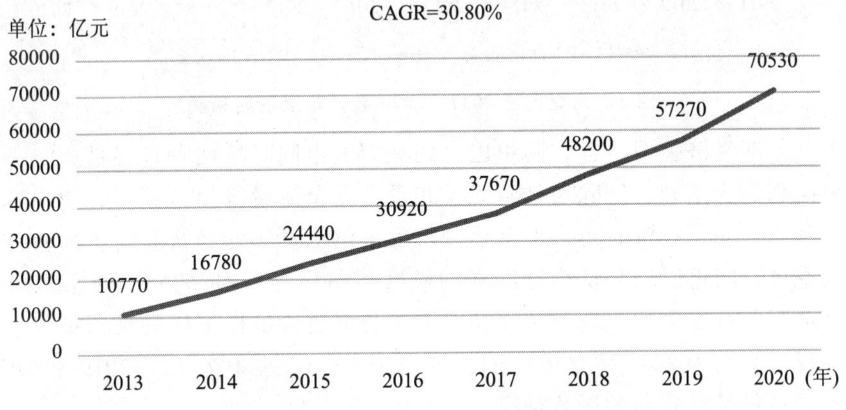

图 1　阿里巴巴 2013—2020 会计年度 GMV

阿里巴巴的营业收入从 2011 会计年度的 77 亿元增至 2020 会计年度的 5097 亿元，年

① 黄世忠系厦门国家会计学院教授，厦门国家会计学院院长，厦门大学教授、博士生导师。

均复合增长率高达 59.34%，如图 2 所示。

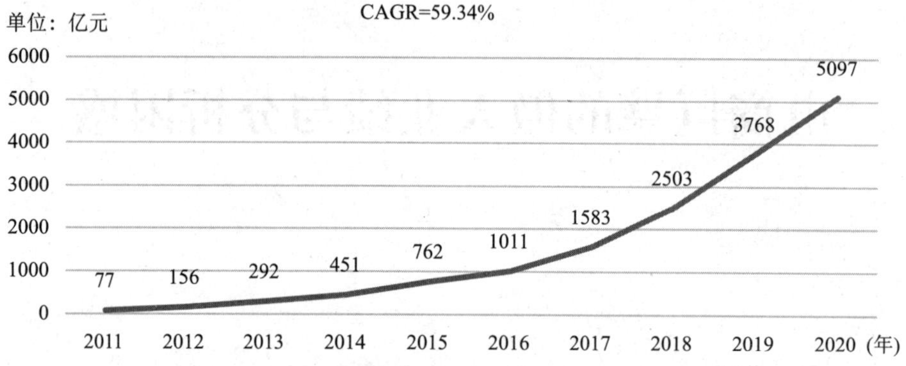

图 2　阿里巴巴 2011—2020 会计年度营业收入

伴随着营业收入猛增的是税后利润的狂飙突进，公认会计准则的税后利润（GAAP Net Income）和非公认会计准则的税后利润（Non－GAAP Net Income）从 2011 会计年度的 16 亿元和 28 亿元分别攀升至 2020 会计年度的 1404 亿元和 1325 亿元，年均复合增长率分别为 64.41% 和 53.50%，如图 3 所示。

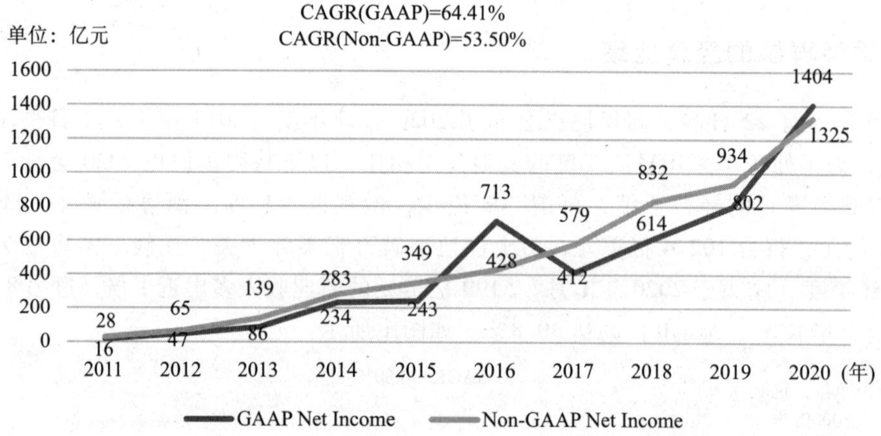

图 3　阿里巴巴 2011—2020 会计年度税后利润

与许多其他新经济公司一样，阿里巴巴的利润表也同时按两种口径披露，即以公认会计准则的税后利润为基础，剔除与经营无关和没有现金流量等损益项目，得出非公认会计准则的税后利润，便于投资者更加准确地理解阿里巴巴真实的经营业绩。例如，2020 会计年度的第四季度，阿里巴巴公认会计准则的税后利润只有 3.48 亿元，同比下降 99%，但若剔除因疫情影响而发生的投资于其他相关上市公司股票价格下降的估值损失，则非公认会计准则的税后利润为 222.87 亿元，同比增长了 11%。表 1 列示了 2019 和 2020 会计年度这两种不同口径税后利润的调节情况。

表 1　阿里巴巴不同口径税后利润调节表　　单位：亿元人民币

	2019 年	2020 年
基于公认会计准则的税后利润	802.34	1403.50
加：股票期权费用	374.91	317.42

续表

	2019 年	2020 年
无形资产摊销和减值	107.27	133.88
商誉和长期投资减值	113.60	256.56
减：投资估值的推定处置和已处置利得（损失）	(475.25)	(47.64)
加：美国联邦集体损失和解费用	16.79	—
减：受让蚂蚁金服 33% 权益利得	—	(715.61)
加：重组蚂蚁金服商业安排应收超额价值摊销	2.64	0.97
减：非公认会计准则调整项目税收影响	(8.23)	(24.29)
基于非公认会计准则的税后利润	934.07	1324.79

横向比较看，阿里巴巴的税后利润在我国 2019 年十大最赚钱公司中位居第六，在非金融机构的上市公司中位居榜首，如图 4 所示。

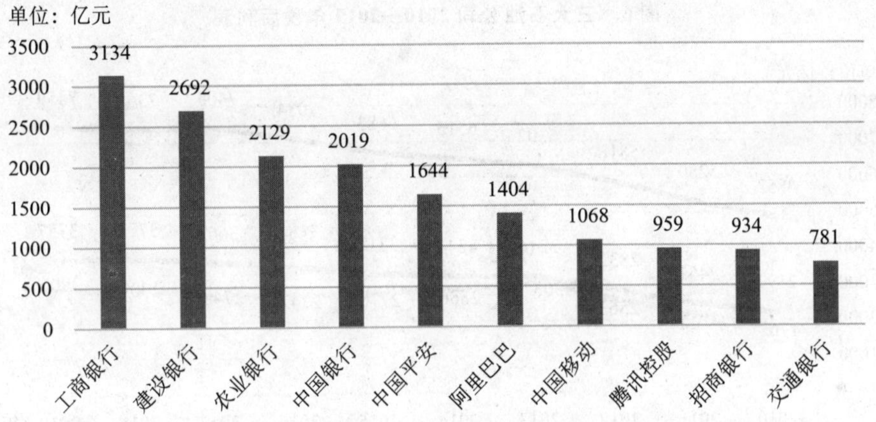

图 4 2019 年十大最赚钱公司税后利润

传统上，三大石油公司和三大电信公司是非金融类上市公司最赚钱的公司，但过去 10 年，这些垄断性公司风光不再，营业收入和盈利能力徘徊不前，如图 5 至图 8 所示。

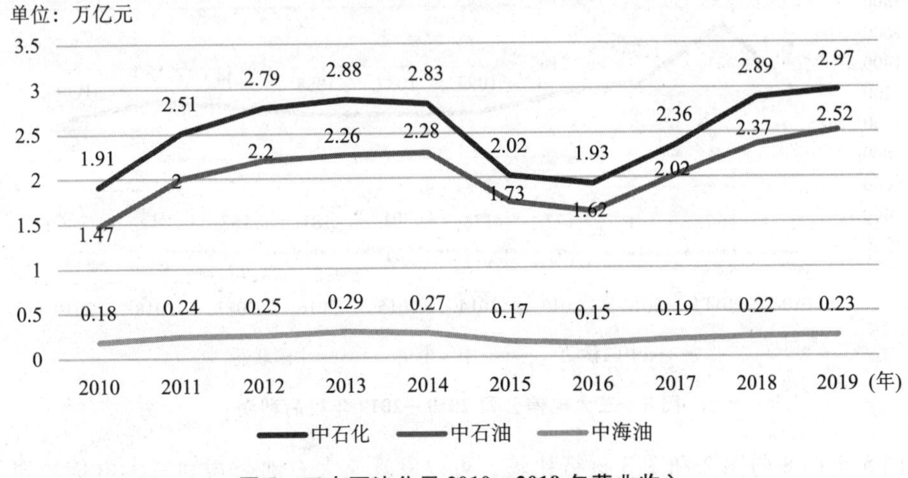

图 5 三大石油公司 2010—2019 年营业收入

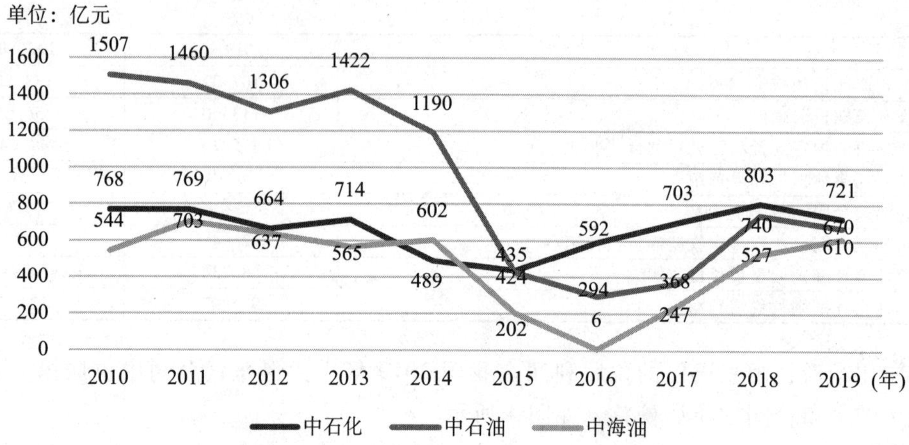

图 6　三大石油公司 2010—2019 年税后利润

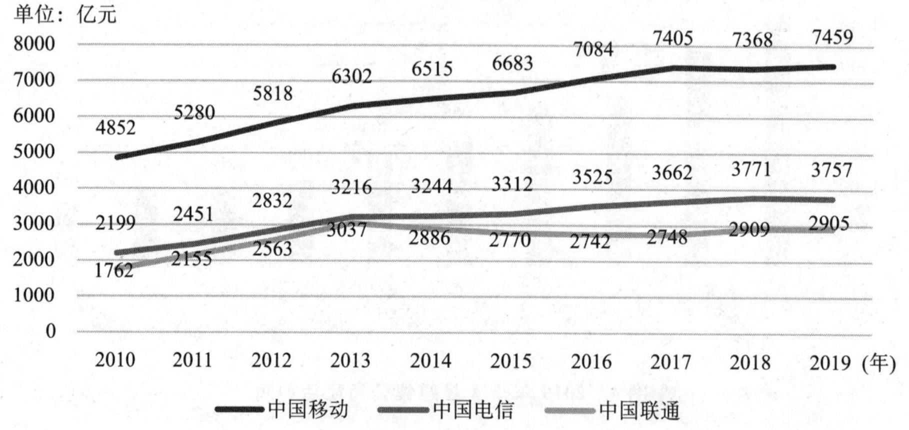

图 7　三大电信公司 2010—2019 年营业收入

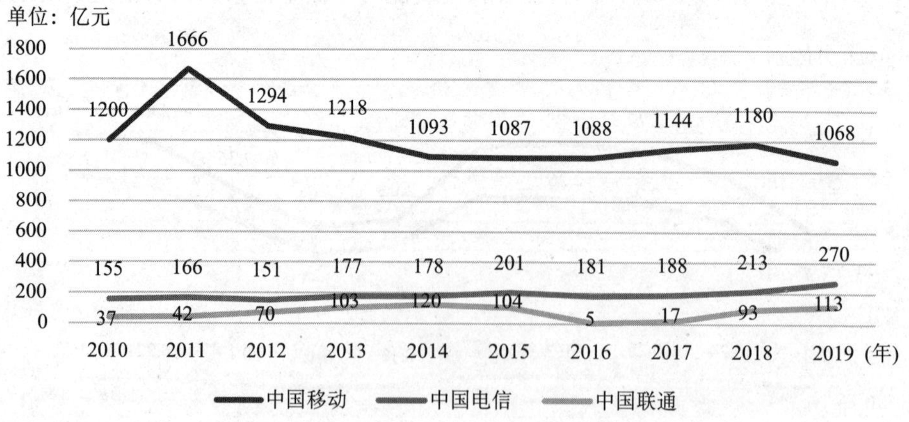

图 8　三大电信公司 2010—2019 年税后利润

将图 5 至图 8 与图 2 和图 3 进行比较，可以发现三大石油公司和三大电信公司的颓势与阿里巴巴的勃兴所形成的巨大反差，图 9 列示了过去 10 年这些公司营业收入和税后利润的年均复合增长率。

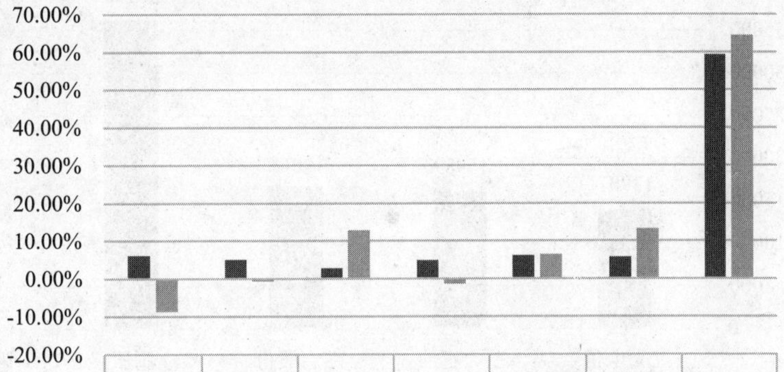

	中石油	中石化	中海油	中国移动	中国电信	中国联通	阿里巴巴
■营业收入-CAGR	6.17%	5.03%	2.76%	4.89%	6.13%	5.71%	59.34%
■税后利润-CAGR	-8.61%	-0.70%	12.81%	-1.29%	6.36%	13.21%	64.41%

图 9　三大石油公司、三大电信公司和阿里巴巴过去 10 年年均复合增长率

由于投资者看好阿里巴巴营业收入和税后利润非凡的成长性，其股票市值不断飙升，2020 年 5 月 22 日阿里巴巴的股票市值稳居中国上市公司榜首，傲视群雄，如图 10 所示。

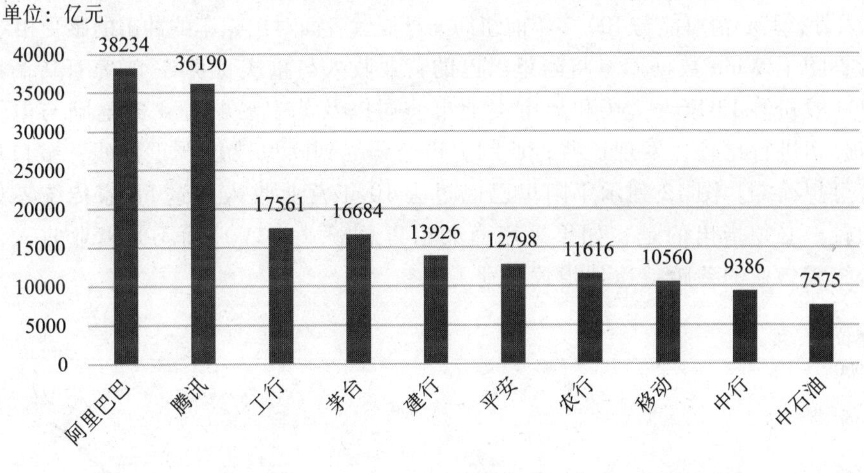

图 10　2020 年 5 月 22 日十大市值最大的上市公司股票市值

更不可思议的是，2020 年 5 月 22 日阿里巴巴的股票市值分别是三大石油公司和三大电信公司的 2. 02 倍和 2. 75 倍，如图 11 所示。

阿里巴巴与三大石油公司和三大电信公司在经营业绩和股票市值方面形成的巨大反差，印证了时势造英雄的道理，彰显了新经济与旧经济的天壤之别。如果 10 年前有人告诉我们总有一天阿里巴巴的税后利润和股票市值将超过中国石油和中国移动，我们一定将其当作痴人说梦，但新经济、新时代让阿里巴巴圆梦了。按照这种发展趋势，谁又能保证四大银行就一定不会重蹈三大石油公司和三大电信公司的覆辙。

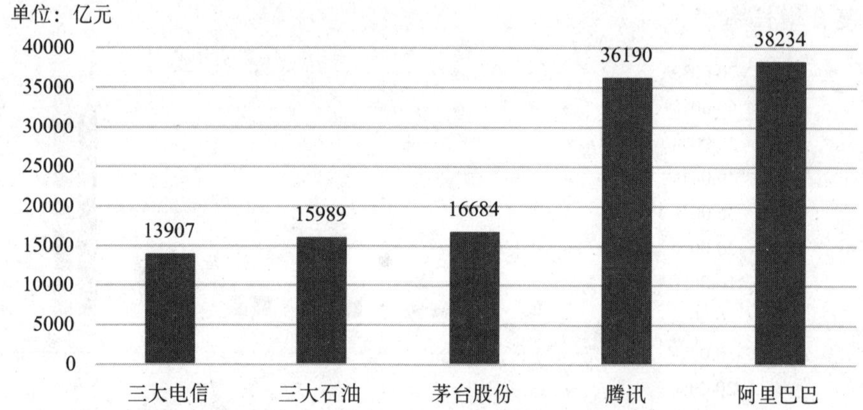

图 11　2020 年 5 月 22 日上市公司股票市值对比

2. 日益分化的竞争格局

如果说阿里巴巴的强势崛起只是让三大石油公司、三大电信公司和四大银行感到震撼和压迫，那么阿里巴巴的野蛮生长一定让百货公司、大卖场和超市等传统零售业深感切肤之痛，甚至茫然失措。传统零售业者想必为生在阿里巴巴时代而懊悔不已，甚至对阿里巴巴等电商恨之入骨，其心情可能与 100 多年前纽约马车经营者面对出租车的冲击的感受相差无几。

笔者查阅了 Wind 数据库，将阿里巴巴的营业收入与重庆百货等 41 家百货商店类上市公司、百联股份等 13 家大卖场和超市类上市公司以及苏宁易购等 4 家电脑与电子产品零售类上市公司进行比较，发现这些行业的上市公司受到阿里巴巴严重摧残，被口里夺食的愤怒程度可想而知。图 12 列示了阿里巴巴过去 10 年营业收入与这 58 家传统零售类上市公司的比较。必须指出的是，如果采用商品销售总额（GMV）而不是营业收入，则阿里巴巴与传统零售业的差距就达到指数级别了。

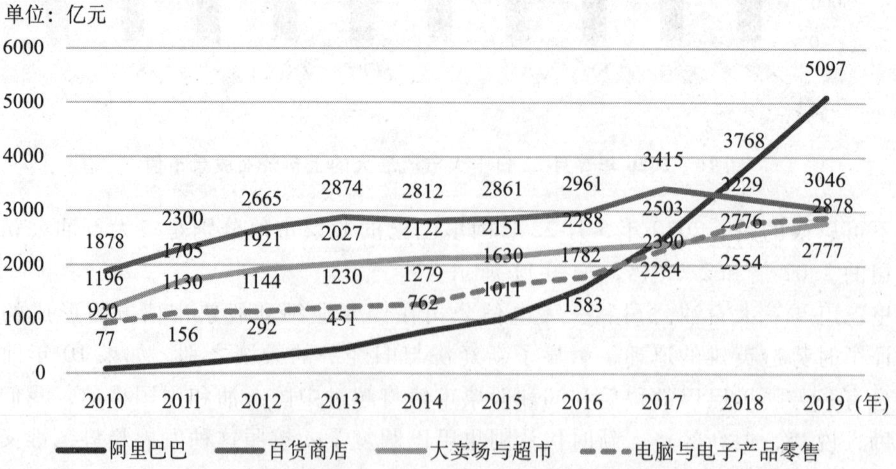

图 12　阿里巴巴与传统零售类上市公司 2010—2019 会计年度营业收入对比

过去 10 年，阿里巴巴营业收入的年均复合增长率高达 59. 34%，彻底碾压了传统零售业的上市公司，如图 13 所示。

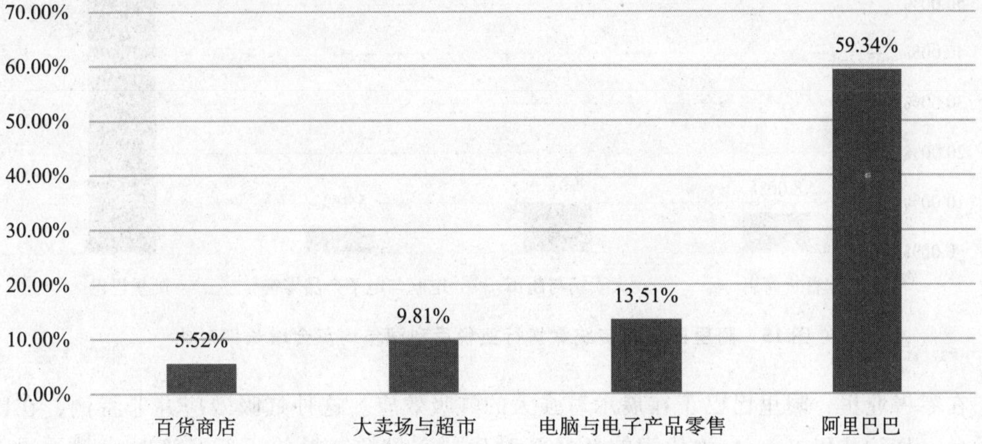

图 13　阿里巴巴与传统零售行业营业收入年均复合增长率对比

比营业收入被不断蚕食更惨的是税后利润的巨大反差，最近一个会计年度，上述 58 家传统零售类上市公司的税后利润仅占阿里巴巴的 16. 88%，如图 14 所示。

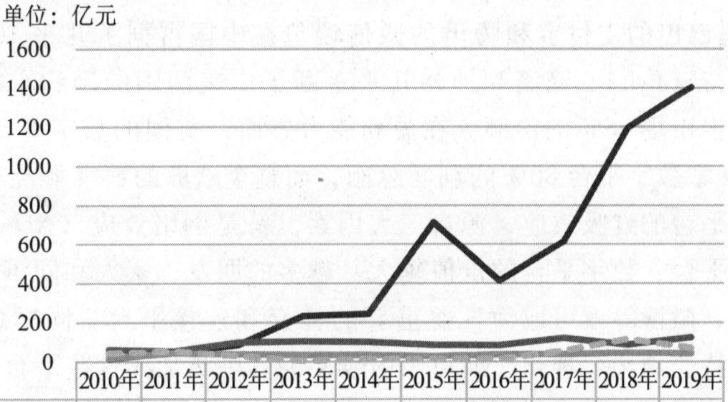

	2010年	2011年	2012年	2013年	2014年	2015年	2016年	2017年	2018年	2019年
阿里巴巴	16	47	86	234	243	713	412	614	1196	1404
百货商店	62	53	99	104	101	85	84	121	87	124
大卖场与超市	18	44	39	36	35	29	37	39	45	42
电脑与电子产品零售	44	53	30	6	13	14	13	55	116	71

图 14　阿里巴巴与传统零售行业 2010—2019 会计年度盈利能力对比

过去 10 年阿里巴巴税后利润的年均复合增长率与传统零售类上市公司的差距如图 15 所示。

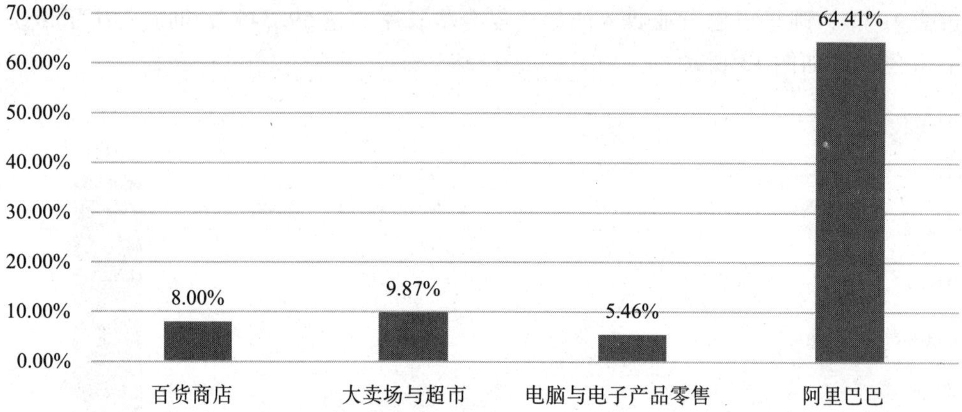

图 15　阿里巴巴与传统零售行业税后利润年均复合增长率对比

在零售业里，阿里巴巴正在展示着强大的虹吸效应。这种虹吸效应并非特例，在以数字平台（Digital Platform）为代表的新经济时代司空见惯。得益于新经济时代赋予的天时地利，阿里巴巴等数字平台野蛮生长，已经发展成为令人生畏的超级物种。数字平台通过构筑“技术护城河”，不断提高市场集中度，产生十分惊人的虹吸效应，构成实质性的垄断。新经济高市场集中度的现象，在中美两国尤其明显。谷歌的互联网搜索市场份额超过90%，脸书在社交媒体的市场份额高达66%，亚马逊在线零售和云服务市场份额均超过1/3，阿里巴巴的支付宝和腾讯的微信钱包在中国占据了几乎100%的移动支付市场，优步、力夫特（Lyft）、滴滴和神州几乎垄断了中美两国的网约车市场，谷歌和脸书占据了全世界广告市场66%的份额。在盈利能力方面，美国的数字平台2015年实现的利润超过全世界50家数字平台80%的利润总额，而整个欧洲的数字平台实现的利润仅占5%左右。

数字平台的虹吸效应，源自三大因素。一是网络效应（Network Effects），越多的用户使用数字平台，数字平台的价值越大。越多的朋友、家人和同事使用社交平台，脸书、推特、微信、微博等就可成为日益重要的社交和连接平台。同样地，越多的出行者使用优步、力夫特、滴滴、神州，就可吸引越多的驾驶员加入这些平台，从而提高平台的出行匹配效率，这反过来又吸引更多的出行者更加频繁地使用平台。二是数据能力（Data Ability），数字平台的规模越大，其挖掘和积累的数据越多，新经济企业利用大数据技术分析和利用数据的能力越强，不断筑牢信息技术护城河，在一定程度上遏制潜在的进入者。三是转换成本（Switching Costs），使用者一旦长期使用特定数字平台，就会形成路径依赖（Path Dependence），从而提高转换成本。例如，使用者过去长期使用微信，如果改用脸书或推特，则其储存在微信的通讯录、照片等资料就得重新更换。

由于网络效应、数据处理和转换成本等技术因素，短期内不可能发生重大变化，数字平台威力强大的虹吸效应，预计在未来10—20年也不会消停，强者恒强、弱者恒弱的马太效应现象仍将延续。阿里研究院预测，未来20年阿里巴巴平台将成为全球“第五大”经济体，支持全球1000万家小企业盈利和发展、服务全球20亿位消费者，创造1亿个就业机会。未来30年，80%的全球贸易将由小企业和个人借助数字平台开展。当然，这并不意味着不会产生其他新兴的数据平台，近年来快速发展的抖音、拼多多、今日头条，足以说明个性化、差异化、特色化的新兴数据平台仍可在现有数字平台巨大的夹缝中找到生存发展的空间。

针对数字平台的垄断现象，存在着两种极端的观点。一种观点认为这种垄断来自信息技术和商业模式的创新，应当予以保护，否则会严重挫伤创新的积极性。另一种观点则认为这种垄断应当予以抑制，否则有违公平竞争原则，不利于中小微企业的生存发展，甚至可能导致强大的数字平台绑架整个经济社会的发展。两种观点孰对孰错，没有定论。这是新经济遇到的新问题和新挑战，考验着立法和行政监管部门，解决这些问题、化解这些挑战，需要新思维、新智慧。

笔者认为，应辩证看待数字平台对中小微企业影响的两面性。一方面，数字平台可能危及中小微企业的生存与发展，众多传统的中小零售批发企业和广告商可能因为数字平台的强势而消失，展现出了数字平台的负面性。另一方面，数字平台的发展又为中小微企业提供了与大型企业同台竞争的机会。在旧经济时代，单个中小微企业犹如蚂蚁，势单力薄，无法与体量庞大的大象公司相匹敌，而在新经济时代，借助于强大数字平台的赋能，中小微企业利用平台提供的信息技术、交易规则、海量数据、价值链等商业基础设施，结伴而行，分工合作，就有能力与大象公司同台竞争，可领风骚，如图 16 所示。

图 16　新旧经济时代竞争格局的变迁

资料来源：阿里研究院《2018 全球数字经济发展指数》。

以阿里巴巴为例，其在对传统零售企业和现代中小零售企业产生挤出效应的同时，也为中小企业和个人创造了商业机会和就业机会。中国人民大学劳动人事学院（2019）发布的《阿里巴巴零售平台就业机会测算与平台就业体系研究报告》显示，阿里巴巴零售平台 2018 年为我国创造了 4082 个就业机会，其中包括 1558 个交易型就业机会，2524 个带动型就业机会。

当然，以阿里巴巴为代表的数字平台，也带来税收是否公平的极大争议。联合国（2019）的研究报告也从跨国的角度呼吁关注数字化平台的税收不公平问题。该报告以脸书和谷歌这两个数字平台的经营业绩与税收缴纳的不对称性分布为例，指出了国与国之间十分突出的税收不公平问题，如表 2 所示。

表 2　　脸书、谷歌 2017 年经营业绩与税收缴纳的不对称性分布　　单位：亿美元

		来自外国	来自美国	合计	外国占比	美国占比
脸书	营业收入	229.19	177.34	406.53	56%	44%
	利润总额	135.15	70.79	205.94	66%	34%
	缴纳税收	3.89	46.45	50.34	8%	92%

续表

		来自外国	来自美国	合计	外国占比	美国占比
谷歌	营业收入	584.06	524.49	1108.55	53%	47%
	利润总额	165.00	106.93	271.93	61%	39%
	缴纳税收	17.46	126.08	143.54	12%	88%

资料来源：UN Digital Economy Report 2019。

3. 令人困惑的财务分析

严格地说，以上的总括性财务分析并不十分严谨。更严谨的财务分析需要结合行业因素进行更加深入细致的横向比较。但横向比较存在诸多困惑和困难。

横向比较离开不对标，但对标必须考虑可比性问题。首先，将阿里巴巴等现代零售企业与传统零售企业进行对比，有可比性吗？答案恐怕是否定的。例如，零售行业十分重视存货周转率、毛利率、销售利润率以及净资产收益率等财务指标。将阿里巴巴的上述指标与传统零售企业进行对比，不是不可能，就是没意义。一是因为阿里巴巴的存货历来为零，无法计算存货周转率。二是阿里巴巴采用净额法确认营业收入，而传统零售企业通常采用总额法确认营业收入，收入确认基础不同，毛利率、销售利润率的差异难以进行有意义的解释。三是阿里巴巴有大量的表外资产如平台资产、数字资源（包括大数据、算法和算力）、研发能力、网络效应、智慧资本（包括人力资本、结构资本和客户资本）等大量的无形资产因为不符合会计上严苛的确认标准或者难以计量，而没有在财务报表上确认，严重低估了其净资产，而传统零售企业通常不存在这方面的问题，而且阿里巴巴为创新投入的研发资源金额巨大（过去10年累计1586亿元。如图17所示），这些资本性支出基于稳健考虑往往费用化，低估了其盈利能力。这些缺陷必定扭曲阿里巴巴的净资产收益率，将其与传统零售企业进行对比，缺乏经济意义。

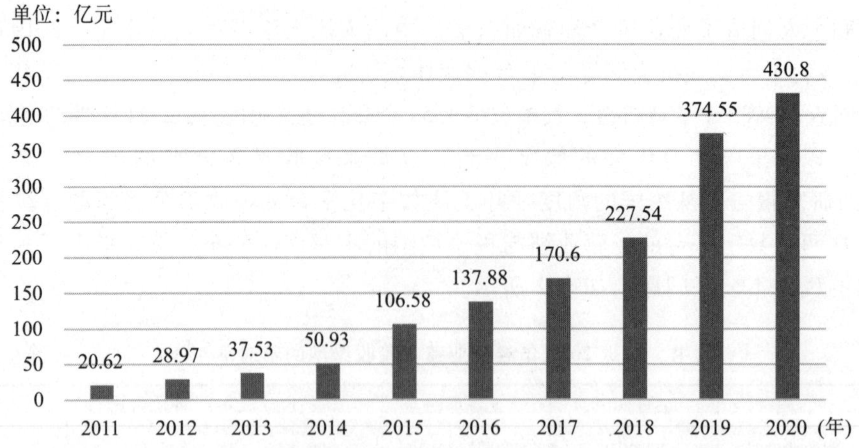

图17　阿里巴巴2011—2020会计年度研发费用

既然将阿里巴巴与传统零售企业进行横向对比分析缺乏可比性，那么将阿里巴巴与亚马逊和京东等电商巨头进行对比分析，是否就有可比性？遗憾的是，答案同样是否定的。首先，阿里巴巴的商业模式与亚马逊和京东的商业模式存在重大差异，导致收入确认方法迥异。最近的年报显示，亚马逊、京东的营业收入分别为2805亿美元（折合19350亿元）和5769亿元，高于阿里巴巴的5097亿元营业收入，但税后利润分别为116亿美元（折合800亿元）和119亿元，均低于阿里巴巴的1404亿元税后利润。这主要是亚马逊和京东采用的是自营型商业模式，扮演着主要责任人（Principal）的角色，对商品销售和服务提供承担主要责任、负责定价政策、承担存货和信用风险，因而按总额法确认营业收入，而阿里巴巴采用的则是平台型商业模式，扮演着代理人（Agent）而不是主要责任人的角色，故按净额法确认营业收入，其主要收入来自商品推介费（即广告费）和佣金等。收入确认基础不同，毛利率和销售利润率必然存在重大差异，这种盈利能力的差异是由会计方法而不是业务本身造成的，将其直接对比缺乏经济意义。其次，阿里巴巴只是为在淘宝和天猫上开网店的业主们提供一个高效率的交易撮合平台，对在平台上销售的存货不承担与所有权相关的风险，因而无须确认存货，资产负债表上的存货为零，而亚马逊和京东资产负债表上反映的存货余额则高达205亿美元（折合1431亿元）和579亿元，此时对比分析这3家公司的存货周转率显然不切实际。最后，3家公司的营业收入和经营利润来源存在重大差异。分部报告显示，2019年亚马逊的云计算收入高达747亿美元，占营业收入的26.63%，云计算的经营利润为92亿美元，对经营利润总额的贡献率高达63.44%。相比之下，阿里巴巴2020会计年度来自云计算的营业收入只有400亿元，占营业收入的比例仅为7.85%，云计算亏损70亿元，拖累了经营业绩。相比之下，京东88.54%的营业收入来自产品销售，云计算贡献的营业收入和经营利润微乎其微。

Wind等数据库的行业分类往往名不副实，例如，谷歌和百度虽然分类为搜索引擎行业，但从营业收入来源看，谷歌是全球最大的广告商，百度是中国最大的广告商，脸书和腾讯虽然分类为社交媒体，但脸书其实是全球的第二大广告商，而腾讯则是全球最大的游戏提供商。可见，严谨的财务分析不应满足于这些名实不符的行业分类，而应借助分部报告的信息披露，选择合适的对标对象，唯有如此，才能得出令人信服的结论。

参考文献：

[1] 中国人民大学劳动人事学院课题组. 阿里巴巴零售平台就业机会测算与平台就业体系研究报告（R/OL）. 2019.

[2] UN. Digital Economy Report 2019. Value Creation and Capture：Implication for Developing Countries（R/OL）. www.unctad.org.

茅台是好酒还是好股？

——基于财务分析的视角

黄世忠[1]

1. 引言

2020 年 4 月 21 日晚间，茅台股份公布了 2019 年报，一如以往的靓丽业绩已经让投资者视为理所当然，似乎已经不能引起资本市场和媒体的兴趣了。行为金融学的研究表明，良好的业绩如果已在心理预期之内，业绩公布就不再是令人激动的利好消息。如果有一天茅台报告了超乎预期的业绩坍塌甚至亏损，就一定成为媒体争相报道、资本市场广泛热议的话题。这个年头，好人总做好事不是新闻，好人偶尔做坏事就成了新闻，上了热搜。看来绩优公司也是如此。

其实，茅台的“三高”（高价格、高市值、高业绩）现象从来都是资本市场关注的对象。这几天石油期货出现前所未有的“负油价”，让大家再次领略了茅台是仅次于香奈儿的奢侈品这一现象，如图 1 所示。

图 1 石油与其他商品价格对照表（2020 年 3 月初）

① 黄世忠系厦门国家会计学院教授，厦门国家会计学院院长，厦门大学教授、博士生导师。

在中国十大市值上市公司中，茅台名列第四，其市值超过三大电信公司之和，与三大石油公司市值之和只差一个涨停板了。更不可思议的是，茅台一家的市值超过了五粮液等17 家白酒类上市公司的总和，如图 2 和图 3 所示。

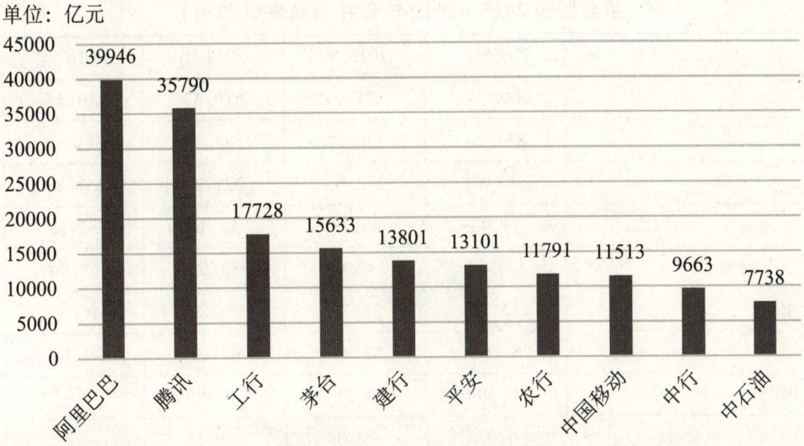

图 2　中国十大市值上市公司 2020 年 4 月 22 日股票市值

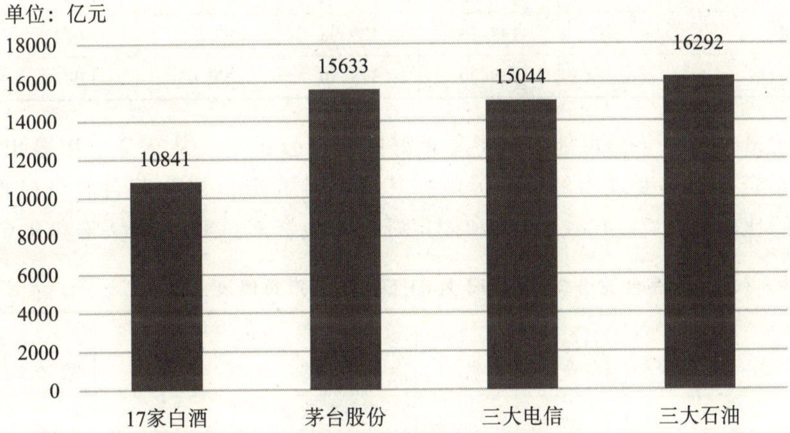

图 3　2020 年 4 月 22 日茅台股票市值与其他上市公司对比

茅台是好酒还是好股票？可能多数人会认为茅台既是好酒，又是好股票。过去我也一直有同样的看法，但经过多年解读和分析茅台的财务报告，我得出的初步结论是：茅台是好股票，可以佐证这一结论的证据汗牛充栋，但茅台是不是好酒，尚无定论。从财务分析的角度看，茅台根本就不是好酒，与五粮液、古井贡等白酒相差无几；从化学成分的角度看，茅台就是一瓶被酒精“污染”的水，与其他白酒没有什么两样。

2. 茅台市值有良好的业绩支撑

从财务学的角度看，股票市值的大小取决于三大要素：盈利质量、资产质量和业绩成长。在这 3 个方面，茅台出类拔萃，堪称股市极品。

表 1 列示了茅台股份过去 5 年的合并利润表，从中可以计算出，茅台过去 5 年的平均毛利率高达 89.6%，平均销售利润率高达 50.3%，平均净资产收益率高达 30.2%，盈利质量无与伦比。

表 1　　茅台股份 2015—2019 年合并利润表（简表）　　单位：亿元人民币

	2019 年	2018 年	2017 年	2016 年	2015 年
营业总收入	888.54	771.99	610.63	401.55	334.47
其中：营业收入	854.30	736.39	582.18	388.62	326.60
营业总成本	298.18	258.66	221.23	158.89	112.92
其中：营业成本	74.03	65.23	59.40	34.10	25.38
营业税金及附加	127.33	112.89	84.04	65.09	34.39
销售费用	32.79	25.72	29.86	16.81	14.85
管理费用	61.68	53.26	47.02	41.87	38.13
研发费用	0.49	0.22	0.19	—	—
财务费用	0.07	-0.04	-0.56	-0.33	-0.67
营业利润	590.41	513.43	389.40	242.66	221.59
利润总额	587.83	508.28	387.40	239.58	220.02
减：所得税费用	148.13	129.98	97.34	60.27	55.47
净利润	439.70	378.30	290.03	179.31	164.55

在资产质量方面，茅台可能是世界上最好的上市公司了。从表 2 可以算出，现金性资产（包括货币资金和高变现力的资金拆借和其他金融资产）成为茅台股份最重要的资产，占资产总额的比例高达 71.4%，存货和固定资产仅占资产总额的 13.8% 和 9.6%。

表 2　　茅台股份 2019 年 12 月 31 日合并资产负债表（简表）　　单位：亿元人民币

流动资产		流动负债	
现金性资产	1306.30	短期借款	0
应收账款	0	应付账款	15.14
存货	252.85	预收账款	137.40
其他流动资产	31.09	吸收存款	110.49
流动资产合计	1590.24	应付职工薪酬	24.45
非流动资产		应付税费	87.56
其他非流动金融资产	3.20	其他流动负债	35.89
固定资产和在建工程	176.62	流动负债合计	410.93
无形资产	47.28	长期负债	
递延所得税资产	10.99	递延所得税负债	0.73
其他非流动资产	2.09	负债合计	411.66
非流动资产合计	240.18	股东权益	1418.76
资产总计	1830.42	负债与股东权益总计	1830.42

与巨额现金性资产形成巨大反差的是，茅台的短期和长期银行借款均为零，这不是2019年特有的现象，过去5年均是如此！有1000多亿元的现金性资产，却没有一分钱的银行借款，说明茅台根本不缺钱。既然不缺钱，茅台为何要上市？

更令人匪夷所思的是，过去5年茅台的应收账款均为零！如果有人告诉你一家公司的应收账款为零，这家公司不是骗子公司，就是茅台股份。没有应收账款，在上市公司中如果不是绝无仅有的，也必定是凤毛麟角的。与零应收账款对应的是居高不下的预收账款，如图4所示。这两组数字足以说明茅台的市场统治能力有多恐怖：向茅台买酒，不仅赊账免谈，而且必须提前预付账款。一家公司最大的负债如果一直是预收账款，足见其产品在市场上的统治力有多强大。

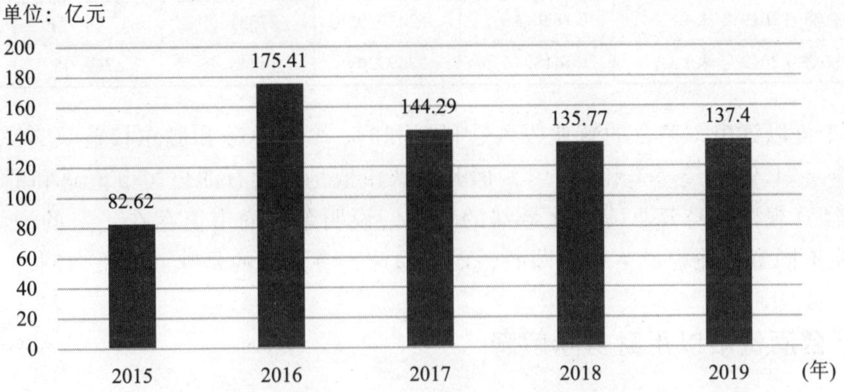

图4　茅台股份2015—2019年预收账款余额

在成长性方面，茅台也是令人刮目相看。从图5可以看出，"八项规定"以来，茅台的营业收入和营业利润不降反升，一种潜在的解释是，禁止公款吃喝后，老百姓买到真茅台的可能性大增，从而激发了民间对茅台的消费热情。

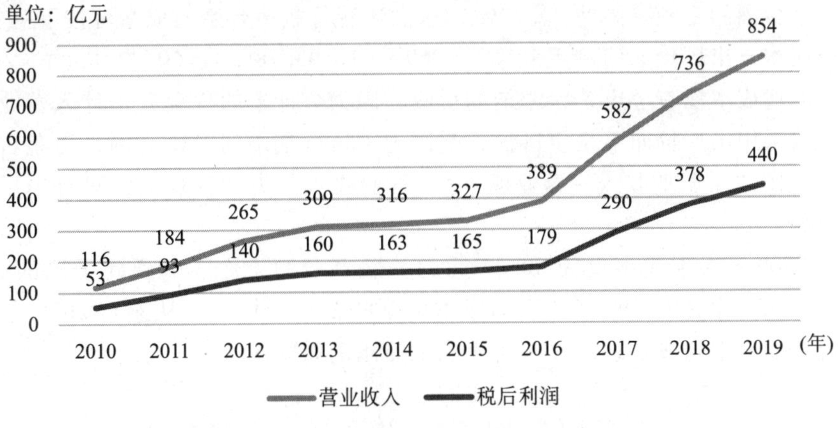

图5　茅台股份2010—2019年业绩增长情况

上述分析表明，茅台的高股价高市值是由其卓越的业绩和良好的成长性所决定的，有其一定的合理性。但横向比较看，茅台的市值就难以理解了。按2020年4月22日收盘价计算，茅台的市值高达 15633 亿元，已经相当接近于三大石油公司的市值总和了①。但 2019 年茅台不论在经营规模上，还是在经营业绩上，却与三大石油公司相去甚远，如表 3 所示。

表 3　　茅台与三大石油公司相关财务指标　　单位：亿元人民币

	茅台股份	三大石油公司			
		合计	中石油	中石化	中海油
股票市值（2020. 4. 22）	15633	16292	7740	5185	3367
营业收入（2019 年度）	888. 54	57162. 02	25168. 10	29661. 93	2331. 99
税后利润（2019 年度）	439. 70	2001. 77	670. 10	721. 22	610. 45
资产总额（2019 年末）	1830. 42	52459. 92	27331. 90	17550. 71	7577. 31
股东权益（2019 年末）	1418. 76	27697. 09	14445. 78	8769. 05	4482. 26

从表 3 可以算出，茅台的营业收入、税后利润、资产总额和股东权益只有三大石油公司的 1. 6%、21. 9%、3. 5% 和 5. 1%，但其股票市值是三大石油公司市值总和的 96%。股票市值与经营规模和经营业绩如此悬殊的背离，说明茅台的市值存在一定的泡沫。对此，但斌②可能不同意，他曾说茅台是国酒，没有泡沫，有泡沫的是啤酒不是白酒。

3. 茅台酒价难以用财务学解释

500 毫升的茅台酒近两年的出厂价是 969 元，零售价介于 1500—2000 元。如此之高的价格，定价是否合理？2019 年全国居民人均可支配收入为 30733 元，相当于每月 2561 元，全国居民人均可支配收入中位数为 26523 元，相当于每月 2210 元③，这意味着月人均可支配收入不足以买两瓶茅台酒，这显然不是普通老百姓喝得起的。

财务学告诉我们，成本是定价的重要考虑因素之一。每瓶茅台酒的成本是多少？2019 年报显示，茅台酒的毛利率高达 93. 78%，这意味着每瓶茅台酒的成本可按下列方式推算：

茅台酒成本 = 出厂价 ×（1 − 毛利率）= 969 ×（1 − 93. 78%）= 60. 27（元）

当然，上述成本没有考虑茅台缴纳的税收，因为会计上的税金并不计入营业成本。上述计算之所以采用出厂价而不是零售价，是因为零售价是中间商赚走的，与茅台无关，茅台的毛利率是按“（营业收入 − 营业成本）÷ 营业收入”方式计算的，只有出厂价才与其营业成本相关。

你花了 1500 元买了成本仅为 60. 27 元的一瓶茅台酒，你能喝到肚子里的又有多少？要弄清这个问题，你必须了解茅台酒的成本由哪些要素所构成。从茅台 2019 年报披露的数据，茅台酒的成本构成要素及其占营业成本的比例如图 6 所示。

---

① 2020 年 6 月 16 日，茅台的股票市值为 17636 亿元，超过了三大石油公司的 15744 亿元股票市值总和。

② 但斌系深圳东方港湾投资管理公司董事长。

③ 针对中国有 6 亿人每月收入不足 1000 元的质疑，国家统计局新闻发言人付凌辉 2020 年 6 月 15 日予以回应。他指出，根据 2019 年相关数据，低收入组和中间偏下收入组共 40% 家庭户，对应的人口为 6. 1 亿人，年人均收入为 11485 元，月人均收入近 1000 元。其中，低收入组户月人均收入低于 1000 元，中间偏下收入组户月人均收入高于 1000 元。

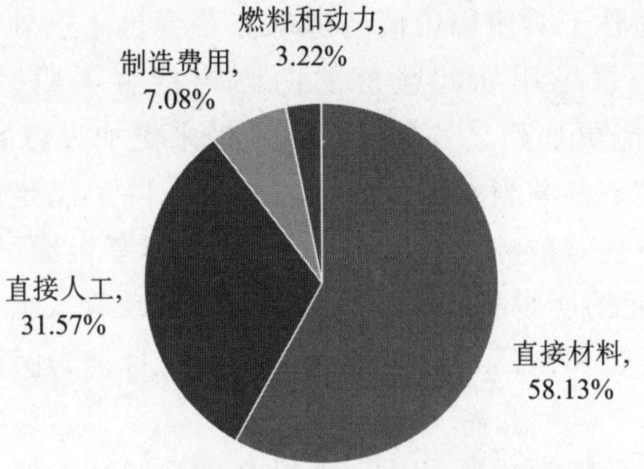

图 6　茅台营业成本构成比例

直接人工、制造费用、燃料和动力你无论如何是喝不到肚子里去的，只有直接材料才能喝下去，因此可以算出，你花 1500 元买的茅台酒喝到肚子里的只有 35 元（60.27 × 58.13%）。其实这个算法还不够精确，尚未扣除酒瓶成本，因为酒瓶也喝不下去。茅台没有披露做工精细的酒瓶成本是多少，网络上说至少 15 元一个，若真如此，你喝下去的就只有 20 元，占你耗费 1500 元的 1.33%！

当然，茅台是奢侈品，所以定价与成本弱相关，而与品牌强相关。例如，2019 年茅台的营业收入比 2018 年增长了 117.91 亿元，但营业成本仅仅比 2018 年增长了 8.8 亿元。可见，茅台的定价是供求驱动型的，而不是成本驱动型的。

4. 茅台现象适合用心理学解释

60.27 元成本生产出来的茅台酒竟然卖了 1500 元的天价，确实难以从财务学上解释清楚。从财务学的角度看，60.27 元根本不可能生产出什么好酒。按照五粮液 2018 年报（2019 年报尚未披露）的数据可以算出，每瓶五粮液的成本约为 141.05 元。如果从成本投入的角度看，建议大家少喝茅台，多喝五粮液。但从身体健康的角度看，只要是白酒，建议大家少喝，最好不喝。茅台也好，五粮液也罢，其主要化学成分是水和乙醇，两者约占 99%，剩下的 1% 是调香精。从这个意义上说，一瓶纯净水被乙醇和调香精“污染”后，就变成了茅台或是其他白酒了。

但凡学过会计的，都会觉得喝茅台酒违反成本效益原则，得不偿失。茅台既没有营养价值，又没有药用价值，那么为何如此热销呢？一种说法是喝茅台不伤肝，但这是没有任何科学依据的。另一种说法是喝茅台不上头，但喝水、喝茶、喝可乐不也不上头吗？还有一种说法是喝茅台可以加速血液循环，但跑步、游泳等体育锻炼，甚至看恐怖片同样可以加速血液循环，而且不会在身体里留下酒精。

既然上述说法都不成立，那只好诉诸心理学的解释了。从心理学的角度看，茅台确实是好酒，具有很高的心理价值，因为它极大地满足了人们的虚荣心，请人喝酒的有成就感，被请喝酒的有被尊重感，仅此而已！茅台酒已然成为身份和地位的象征，这是个人的荣耀，但何尝不是社会的悲哀。心理学中有一个著名的凡勃伦效应（Veblen Effect）：商品价格定得越高越畅销。很多奢侈品都存在凡勃伦效应，因为奢侈品消费者对心理价值（如虚荣心的满足）的追求远胜于对使用价值的追求。茅台也不例外。如果哪一天茅台酒跌至100元一瓶，富豪们还好意思用如此贱价的白酒招待客人吗？反之，如果茅台酒升至10000元一瓶，富豪们可能更加趋之若鹜，并由此带来更加火爆的“挥霍性消费”。

存在的就是合理的！茅台酒当然也不是一无是处。除了满足心理感受外，喝茅台酒至少对两个部门有好处。一是对税务部门有好处，2019年茅台缴纳了127.33亿元的营业税金和附加以及148.13亿元的所得税①，在减税降费、财政收入增势趋缓的情况下，贡献巨大，值得点赞。二是对医院和制药行业有好处，喝酒伤身，为医院和制药行业创造了不少就业机会。

本人不会喝酒，也不爱喝酒，所以从未觉得茅台是好酒。但本人并不反对喝茅台，与常抽烟的一样，常喝茅台的也是纳税积极分子，为社会贡献良多。

综上所述，本文分析似可得出一个初步结论：茅台是好股票，而不一定是好酒。为此，给大家一个趋利避害的建议：少喝茅台酒，把省下的钱多买一些茅台股票。

参考文献：

[1] 茅台股份2010—2019年报. www. cninfo. com. cn。

[2] MBA智库百科. 凡勃伦效应. www. wiki. mbalib. com。

---

① 在纳税方面，茅台酒与中石化和中石油相比，显得相形见绌。2019年中石油和中石化缴纳的税收（包括消费税、所得税等，但不含价外的增值税）高达2631.08亿元和2604.29亿元。

集中核算、平台变革与输入前端重塑对会计岗位影响

黄京菁①

20世纪90年代初期，毕马威合伙人鲍勃·埃利奥特曾发文称“IT引起的变革浪潮正在冲撞着会计的海岸，会计界将接受它的洗礼②”。这30年间，我们日趋感受到信息化浪潮对会计行业横向和纵向两个方向不断地侵蚀。横向变化是指在一个集团组织内部，与会计相联系的部门或者岗位之间的变化。纵向变化是指会计从信息采集到凭单形成，进而从账簿体系到对外报表的过程变化，随着信息技术能力提升，以会计系统为代表的企业经营数据体系可以进一步直接穿透到业务过程多个维度。这两种方向的变化都导致会计岗位的不断流失。

1. 会计集中核算阶段的变化

基于信息技术发展，会计核算的基础——纸质凭单通过影印、摄影等图文技术变成电子表单，意味着会计原始单据可以远距离自由传输，一个集团组织内部不同业务单元的会计信息加工过程，归集同类项合并在一起，实现集团内各个业务单元会计集中核算。2013年前后，我国已有相当多企业集团实现会计集中核算，建立集中核算中心或财务共享中心，将原来分散在各个业务单元的会计人员集中到一起办公，这是实质上的物理集中。

会计核算共享模式的发展无疑强化了组织集中管理。在不少组织中，首先从资金集中管理开始，如各业务单元资金零余额管理，倒逼其他财务流程集中核算。成熟的共享服务中心把所有会计核算涉及的循环全部纳入。在实际发展中，会计集中核算是一个渐进过程，从收入集中核算、工资集中核算、资金集中核算和费用集中核算等逐步完成，形成共享服务中心的全流程模式，涵盖资金和核算，因而常被称为财务共享。

在外部人看来这一阶段变化最显著，牵动集团组织所有业务单元及内部不同部门。以往的物理实物票据或者是其影印单据审核和核算加工流程都发生在业务单元内部，而在集中核算之后，会计部门完全可以独立于各业务单元，成为集团组织内部的单独体系。这种

① 黄京菁系厦门国家会计学院教授，厦门国家会计学院副院长。

② B. Elliott. The Third Wave Breaks the Shores of Accounting. Accounting Horizons, June 1992, 61.

大幅度变化往往也被认为是集团内部与会计相关业务的流程再造。

最初的集中核算伴随着相关集中势必付出人员移动成本、组织的物理空间重新调整的成本。一些集团组织通过对会计核算系统的进一步强化，让会计核算基础数据在会计信息系统内流动更充分，也就是会计人员在物理空间内不需要移动到一起，也许费用审核处理人员在贵州，处理付款的人员在杭州，但所有参与会计信息处理的人员，全部在集团组织统一的会计核算信息系统上处理业务数据，各种业务数据在系统内是集中处理的，负责处理的人员分散办公，这种模式被称为会计核算实质共享，也有人称会计核算虚拟集中。

会计集中核算后，原始单据审核工作依然保留在各个业务单元还是集中到会计部门，不同组织采取差异性的处理方式。单据审核职能依然留在各业务单元，审核者对业务过程的理解更充分，更好地适应业务处理过程中的各种非常规方法，但是容易造成不同单位审核标准不平衡。此外，从内控角度看，审核者和业务单元的物理距离较近，制衡有效性不如集中处理。也有单位采用委派会计人员在业务单元从事单据审核，这种处理方法从人员考核激励方面入手，保证业务和审核的适当分割。若单据审核放在集中核算端，因为距离实际业务较远，且集中核算的人员同时处理多个业务单元票据，对某一业务单元的业务过程理解不见得深入，审核过程的交互时间较长，尤其是前端业务活动的变异程度愈大，审核者理解业务更为困难，业务部门与会计集中核算部门之间容易产生矛盾。

目前已经实现会计核算集中的组织大多完成了这个阶段的变革①。从信息系统的角度来看，这是一个端对端作业方式的变化②，各个业务单元实物物理单据是输入端，获取会计系统需要处理的信息，构成会计信息系统的前端。所有会计记账由会计集中核算共享中心完成，原本分散在各个业务单元的工作集中在一起，为进一步会计核算集成平台提供基础条件。

会计集中核算能够迅速普及，是专业分工原则在财务领域的应用。借助会计内部职能更精细、更专业分工，从劳动力成本最低的人力市场招聘财务人员、借助核算流程的标准化，达到提高核算效率、降低财务成本的目的。集中核算明显更具有管理优势，不仅解决传统上总部获取会计核算信息滞后性，保证会计记录和报告的规范、结构统一，也同时解决总部对下属业务单位会计信息真实性疑虑。更重要的是，伴随着财务、资金和会计核算集中的财务共享中心，通过集中化、标准化和端到端的会计核算流程管理，低成本、高效率地为集团组织提供会计信息决策支持，极大地强化总部对下属业务单元的控制能力。所有财务活动集中处理，可以防止核算制度在实际执行中产生的偏离，便于总部集中监控各业务单元财务核算执行情况，从采购合同到付款，从销售订单到回款，从财务日常业务到财务结账，每一个环节分工明确，相互制约，降低内部控制风险。

会计集中核算只是一个会计信息加工过程管理方式的变革，并没有修改会计信息加工过程，依然是从原始单据（只是从物理单据变成电子单据）到记账凭证，再到账簿和报表

---

① 目前，世界500强企业中，已有超过90%的企业建立或正在建立财务共享服务中心。摩托罗拉、HP、埃森哲、GE、IBM等跨国公司在多年前已在中国建立财务共享中心。华为、海尔、长虹、中兴等中国企业也搭建财务共享中心，银行、保险、电信等行业也基本实现了核算共享。

② 每个行业都有自己的前、中、后台业务，前、中、后台基本上是按“与客户的联系的紧密程度”来划分的。一般来说，前台负责获取客户，中台负责处理获得的客户，而后台就是为客户服务创造环境的。

体系。即使电子发票出现，也只是替代业务端口扫描物理票据过程。原本分散在集团内部不同业务单元的会计人员，集中到一起（既有真正集中到一起办公也有虚拟在网络上集中办公）进行会计核算处理，会计人员原本看着物理实物单据编制记账分录（标签过程），演变成看着扫描或者直接生成的电子单据编制记账分录。原本某一个业务单元的会计人员在处理完该业务单元所有原始单据之后，可能还有一些剩余工作时间。但是当会计集中核算之后，这个剩余量就可以处理其他业务单元的会计原始单据。集中合并同类业务实际共享的是会计人的工作时间，提升会计人员工作强度，使得每位会计人员工作更趋于饱满。实际数据也显示，会计集中核算所需要的人员数量比组织内部各个业务单元变革之前会计人员数量之和明显减少，即使留在会计核算共享中心的人员也感受到自身更像是庞大机器上的一个运转部件①。如中兴通讯国际化以后，在全球 140 多个国家设有 107 个分支机构。建立财务共享中心把全球的财务基础业务集中到一个点进行，所有分公司、子公司的全部财务业务，包括记账、资金收付等业务全部集中在总部财务部。中兴通讯从事基础财务业务的人员减少了 40%，从原有的 70 人降到 40 人②。2006 年海尔打造财务共享中心，企业内从事基础会计的财务人员下降至原先的 20% 左右③。

会计集中核算引发大量会计基础核算岗位的流失。会计核算共享中心内部为了业务处理更加标准化，减少错误率，倾向于归集同类业务到一个岗位，工作岗位被切割成很多细小的部分。留在共享核算中心工作的会计人员，面对大量重复性工作，专业判断空间不断缩小，“每个财务人员都变成摩登时代里那个拧螺丝的工人”④。为了降低人力成本，共享中心地理位置不断向二三线城市转移⑤。换言之，会计信息化进程的推动力一直是组织的整体竞争力，无法考虑个体感受。这充分印证人类学家的观点，演化进程只是考虑物种的生存和繁殖，并不顾及个体的痛苦或幸福⑥。

2. 会计核算平台变革的影响

平台变革的最主要特征是，原始凭单人工审核变成系统核单，审核后原始单据标注会计科目的过程也由系统完成。平台变革完成后，基本可以实现绝大多数业务过程从获取原始单据到会计报表自动生成，实现从业务单据到会计核算的无缝对接。

为实现原始单据的系统审核，首先需要对所有原始单据进行结构化处理，这是实现会计信息自动化平台处理的第一个困难。无论是实物物理单据还是影印单据，都是一种图像，不是能够让系统从中抓取数据的结构性数据源。为了方便系统识别单据，最佳办法是所有原始单据在业务过程中都生成为电子表单，比如销售环节业务处理生产的全部是组织内部单据，可以全部在系统中生成为相应电子数据。这几年银行柜台处理业务时，尽可能

① 张庆龙．财务共享服务中心现实问题与未来何去何从．商业会计，2017（19）．
② 中兴通讯陈虎．财务处理成本每笔 7 元，http：//soft. chinabyte. com/423/11647423. shtml。
③ 财务共享：一个足以让八成财务人员产生危机的变革，https：//www. sohu. com/a/139974852_315560。
④ 财务共享中心的前景怎么样？https：//www. zhihu. com/question/40071136。
⑤ 财务共享：一个足以让八成财务人员产生危机的变革，https：//www. sohu. com/a/139974852_315560。
⑥ 尤瓦尔·赫拉利．人类简史．中信出版社。

减少储户填写凭单，而是柜员在电脑完成电子表单，储户予以电子签名确认。这些都是解决数据采集端的结构化数据问题。但是，在实际中，组织的某些业务环节势必需要与组织外部进行数据的交换，如获取和支付环节的相当多的业务数据来自组织外部，传统上就是组织自外部获得的票据。这些票据信息如何结构化为组织内部可以系统处理的数据，是实现系统审核的一个前提。目前看，有两种解决思路，一个是由各个组织自己解决，就是利用图文识别技术实现替代人眼的功能，系统从图像化的影印凭单中，识别出不同票据代表的不同业务。如果原始单据原本就是电子表单的打印件，成熟的扫描识别技术就容易将这个单据还原成电子单据；手工单据的处理难度明显偏大，不同人员书写习惯的不同，使得识别难度加大。所以就有一些单位采用把手工单据影印件识别的工作外包，转换为结构化电子单据进入会计处理系统。另一种解决思路是全社会统一采用电子票据①，各类业务交换过程中均采用电子票据，从而方便会计核算中直接获取的是结构化数据。因实务中各类单据的来源不同，以及国际交往的复杂性都影响着该实现进程。

信息技术替代人眼识别进行票据审核，有几个方面的优势：避免了会计审核人员能力差异导致原始单据真伪的鉴别效果不平衡；会计审核人员关注的往往是金额、时间、签章等几个要素，而系统识别时，理论上票据上所有内容都可以被系统鉴别，其鉴别的深度、广度明显提升；伴随互联技术，系统可以将每张票据与税务部门相核对，更准确地验证票据的真伪；系统强大的查重能力也可以防止电子票据打印后的多次重复报账。此外，包含全部结构化原始单据的数据就构成会计核算系统的基础性数据库，拓展和细化了会计所涵盖的数据源，为日后的数据挖掘做好准备。

平台变革的第二点，是审核后原始单据标注会计科目的过程也由系统完成，实现大部分业务事项从原始单据到账簿体系的完全自动化。一个组织内部的会计核算业务，具备高度标准化和业务量大的特征。如果能够进行充分梳理和分解会计记账规则，再结合前端数据采集功能，就能够实现基于规则的核算共享处理转换为系统的自动处理。实现这个过程需要几个步骤：梳理出不同业务票据对应不同会计分录；如果同一格式票据和会计分录一一对应是最简单的。但是在实务中，可能存在着同一格式票据却对应不同会计分录，比如同样某一张物品购置发票，票据本身格式内容是完全一样的，因为物品使用部门不同，在会计处理上就需要对应不同费用科目。这就需要信息技术中的语义理解，系统需要根据购买申请部门的不同，票据中摘要的描述不同，按照申购部门和摘要归属到销售费用、管理费用或者生产成本中。这个确认费用归属过程既可以通过明确界定票据和单据填写过程来加以实现，也可以通过机器学习大量已经处理过的原始单据的会计科目标注方法，从而系统自主标注相应的会计标签（会计科目）。

对一个组织而言，信息技术能否自动为业务单据标注会计标签，最大困难还是对各种原始票据审核规则和科目标注规则的梳理，比如什么业务对应什么报销标准等，不同单位的规则设定不同，自然会计处理也不尽相同。这个过程需要组织内部对自身的业务处理规则进行详细梳理，不能留下系统无法处理的判断自由空间。这个梳理工作量随着组织业务的繁杂程度而加倍递增。从制度建设角度看，规则梳理过程就是财务管理制度清晰化过

---

① 2017 年起国家税务总局已经全面推开了电子发票的使用，但包括财政票据等其他单据依然没有实现电子化。

程，将规则融入系统则避免了人工执行过程中的随意性，是组织强化内部管理的重要一步。

显然，不同组织的内部构成不同，实现会计集中核算和后续平台变革的难度也不尽相同。核算集中的背后是整个企业流程的重构。对于数据平台来说，业务流程越标准化，场景越封闭单一，背后知识图谱将越简单，数据平台越容易形成。如果组织内各个业务单元的业务活动内容近似度越高，比如发电集团下属各个电厂的地理位置不同，但是主要业务基本一致；商业银行网点众多，但每个网点处理业务几乎一致；尽管大卖场连锁店位置不同，但业务处理过程也相似，这些组织共同特点是在每个业务单元上的业务活动近似，只是业务单元所处位置分布不同。信息技术可以帮助会计核算过程忽略位置差异，也就是除了代表位置的代码不同，业务单元生产票据和随后的会计处理过程都是一样的。这样的集团组织实施会计集中核算中台变革难度比较小一些。国内实施集中核算的先头组织，往往都是同一业务复制在不同地理位置的公司，比如银行、发电集团、电信行业，某个品牌的不同专营零售店等。这种业务一致性为后续会计集中核算和平台变革提供非常良好的流程基础。业务的标准化后就方便将业务流程固化到信息系统，让每一个业务有固定模板，从而使得大量的凭证能自动生成，减少人为因素带来的不确定因素。也有些组织内部各业务单元的业务内容差异较大，但某些业务仍然具有相同性质，比如差旅费和日常办公费等报销流程，依然可以采用类似某类业务的标准化自动处理流程。

某些集团组织不是按照业务一致性发展起来，而是基于某个区域管辖权设立，在区域内所有类型业务都涉及，比如一些省市属国有企业集团，其下属可能有公交、运输、房地产开发和酒店管理企业，或是某些投资集团下属子公司的业务类型也是千差万别，这种业务差异性无疑给会计集中核算和平台变革带来流程整理上的困难。

目前会计处理自动化平台开发成本依然较高。往往是各业务单元内容较一致的大型企业能够跨过进入门槛的限制，实现会计集中核算和平台自动化处理。小型企业受制于系统开发成本。但是业务单元和会计部门的物理分离，就意味着会计部门核算工作可以外包，尤其是票据审核依然在业务单元情况下，中小企业最初做法是租借大型企业的会计集中核算和平台处理的系统①，实现部分会计核算外包；目前一些代理记账组织日趋普遍地承接中小企业的会计核算过程②，智能代理记账服务的蓬勃兴起，是会计核算数据处理进一步独立于组织之外的突出表现。会计信息加工过程外包需要衡量两个方面之间的利弊：一是企业牺牲的会计信息自主拥有的保密性，二是以较低代价获取会计集中核算和自动中台处理的成本优势和信息迅捷性。

实现会计信息平台变革后，会计信息系统从数据输入到信息加工完成和输出，都可以借助信息化技术完成，人工只需要介入少量的系统无法自动识别和处理的部分业务，以及基于内部控制要求，依然保留少量人工处理部分抽样业务，以便对信息系统进行内核与纠偏。伴随着积累大量记账规则和处理数据后，机器学习等方式会进一步提升会计核算效率，消减人工识别部分，促使整个会计信息加工环节的流程自动化。集中核算环节所保留

① 无论是长虹集团还是平安集团都曾将自身的几种核算系统有条件地向其他中小企业开放。

② “共享会计”来了？如何“保饭碗”，做老板需要的会计？http：//www.sohu.com/a/281560720_100284078。

的会计凭证审核岗位、会计科目标注（分录编制）的会计工作岗位随之进一步消失，预计该阶段可以保留的工作岗位仅仅是原来的 20%。

3. 会计信息输入前端重构

即使上述变革实现后，会计核算系统依然只能追溯到原始凭单，无法直接和业务活动相联系。举例说明如下：

一项常规的销售业务，包含以下几个过程：

事件 1：与客户的多次沟通，每一次沟通都会产生有编号的销售约见单据，含有的数据如销售员、客户名、日期、起始时间、约见地点、相关费用及单据、细节描述。

事件 2：取得客户订单并生成销售订单号，含有数据如销售员、客户名、日期、时间、装运指令、截止日期、订货地点、联系电话、传真、邮件等方式、金额约定和细节约定。

事件 3：从仓库提取货物，形成提货单号，包含信息如绑定的销售订单号、仓库号、仓管员号、日期、起始时间，若货物都有编码，还包括发出货物的编码以及对相关运输的要求信息。

事件 4：装运货物及交付环节，形成装运的单据、关联发票号、提货单号、客户名、承运人信息、相关节点的时间、运输路线、包装信息以及相关费用信息。

事件 5：收款有收入银行账号、收到的时间、相关客户信息和收款人信息等。

可以看出一项销售业务实际执行中会产生上述诸多业务数据，但传统会计模式下，受制于技术和人力资源限制，会计系统只采集业务流程部分数据，如客户名、货物数量及金额、日期等。这些数据通常被汇集在销售发票、出库提货单等原始凭单中。相关人员取得这些票据输入到会计信息系统中，作为后续会计信息加工处理的起点。尽管经过前述信息化进程阶段，进入会计信息系统最初数据源实现电子化，但这种变化仅是数据介质，不是数据来源口径的变化。长期以来，会计系统忽略业务过程诸多数据，如上述业务活动中每个销售人员、装运人员的工作成绩等无法在传统会计信息系统中显现出来，必须设置若干辅助账册，才能核算出具体业务人员的绩效。

前述会计系统变革发生在特定数据进入会计处理领域之后。从数据传递角度看，业务活动产生众多数据一直在业务系统中，但只是通过特定原始票据把部分数据转移到会计系统中。会计信息系统和业务系统实际上是两个独立的数据处理系统，尽管之间通过原始票据含有的部分信息相联系。从当下看，这种联系不够紧密，系统间不能自发核对真实业务活动和原始凭单之间的联系，业务活动和其经济后果不能直接关联，存在着信息处理的裂口，不同系统之间的数据提取和对应核查存在障碍，如编码不唯一导致无法对应等。会计信息输入前端重构就是打通业务系统和会计系统，会计系统起点端口不再是业务链条生成的部分原始凭单，而可以直接追溯到业务过程。

法国数学家拉普拉斯认为，只要有足够的数据，就能计算出未来。随着市场经济环境的变化，做出决策需要的支持性数据的精准性越来越强，信息使用者希望能够得到更为多样、及时且精准的信息。会计传统功能就是为提供组织决策支持信息，管理者希望会计渠道提供的不仅仅是几张财务报表的综合信息，更希望能够提供支持决策的更为多样详细的信息。从加工会计核算信息角度看，系统替代人力的进程已经基本结束，会计信息采集和加工成本的高昂壁垒已经破除，会计信息系统前端重构成为下一步变革焦点，打通会计信息系统和业务系统之间的壁垒，将二者整合在一起。该变革也有两个方向：一是横向上细化会计核算信息基础单位，不再以法律主体为核算对象，进一步划分到作业领域，提供更为精细的信息，满足管理者多样化需要，二是纵向改变目前核算系统只能追踪到业务生成原始单据，无法穿透业务过程的现状，强化会计信息系统到业务的穿透力。

从横向看，会计核算系统需要提供更为精细的信息，不仅仅满足对外报账的需要，更要满足内部管理考核激励的要求。传统的财务会计信息通常以一个法人单位为核算的基本单位，也就是会计主体通常是一个法人单位（也有部分组织基于考核需要，对独立核算的非法人单位单独进行会计核算）。虽然从20世纪60年代开始，国际上一些管理先进的企业已经采用利润中心和成本中心，甚至划分到作业这样的内部细分核算主体，但是大多数组织依然按照法人主体进行核算。

如果我们站在数据分析角度看，数据粒度是指数据仓库中数据的细化和综合程度，数据颗粒度就是用于表示某一数据集组成的最小单元。其细化程度越高，粒度越小；细化程度越低，粒度越大。一个法人单位内部有多个利润中心和成本中心，更可以细化到每个中心含有多个作业。会计核算以法人为主体还是以法人内部的利润中心、成本中心为主体，甚至可以细化到每个作业为核算的基本单位，实质上是对数据统计粒度详细程度的要求不同。以较大数据颗粒度为核算主体，也就是允许其内部含有多个混合小颗粒度主体，不进一步区分这些细分主体的不同和差异。相对而言，这种核算统计方便而快捷，传统手工加工模式下的信息加工能力有限，尤其是一些共同费用，分摊需要的计算基础数据的采集困难重重，因此采取大颗粒度的核算方式具有成本优势。但是这种粗线条的核算方式，在组织内部进行精细化的考核激励和决策时，显然有所不足。

为了满足细化会计信息颗粒度的需要，数据采集过程就必须重构。数据核算单位尽可能按照管理的最小颗粒度进行归集。传统的组织往往采取多层次管理，组织内部横向按照业务类型划分，同类型业务尽可能归集在一个口径内，若在同一业务内需要细化，则采取纵向细分方式，通过母公司、子公司、孙公司或者层层下属方式进行管理细化。而数据重构阶段的管理细化则是在横向上，多个同类业务划分为更细层级，这些层级直接对应平台的会计核算，相互之间不存在上下级关系。例如，中国铁塔股份有限公司的运营主要业务就是建设铁塔，并在塔身加挂通信设备，收取相应租金。每个铁塔实际就是一个利润中心。铁塔公司的会计核算采用以每个铁塔物理站址为基础核算单位，归集相关的建设成本、运营成本、收入等信息，实现“一个站址一张损益表、一个经营责任人一张损益表、一个经营主体一张损益表”。艾比森公司创始人解读公司经营密诀之一就是小前端大平台，小前端就是划细销售端核算范围，销售作为其业务重要部分，划分为多个细小销售部门直接进行各自核算，各自直接对应包括会计核算在内的大平台，平台还有财务、资金和审计合规等部门。新零售运动的重要变革之一就是采用各个门店，甚至是销售员为核算的基本单位，平台对此进行数据的归集和采集。变革会计核算数据采集的基础单位，实际上打破长期以来会计系统对组织架构的认识，需要重新定义什么是组织所需要的关键能力和组织中的关键活动，一个组织的架构基础不是传统的部门，而是最小业务单元。

从纵向看，随着互联网迅速发展，数据信息采集难度不断降低，业务数据颗粒度随之不断细化，数据总量不断膨胀。如按照系统事件驱动体系①设计业务活动，并在此基础上搭建会计信息加工系统。以上述的销售活动为例，5 项业务活动可以构成几份连续编号的业务表格（结构化数据呈现）：与客户沟通形成销售洽谈表，包含事件 1 中发生的所有信息；销售订单及执行表包含所有与销售相关事件 2—5 的数据，也就是包含了销售这一事件对应资源、内外参与者、地点等数据。销售发票不再需要手工或者电子填写，将根据系统设定，从销售订单及执行表的数据自动采集数量、客户名、金额等信息。换言之，支持会计系统的基础层是根据业务活动逻辑生成的表格和数据库，而发票等凭单信息根据需要从数据库提取数据加工而成。物联网的发展和运用将使得业务过程数据的提取和记录变得更加便捷，真正实现业务数据采集和传递过程中的无缝连接，相关会计审核岗位会进一步减少。

重构后的会计信息系统前端，支持系统从最终账簿体系追溯到销售对应具体业务，每一项会计处理可以直接联系到对应的业务过程自身的所有数据，而不是简单有选择的部分单据，从这个意义上看，业务和财务真正实现融合。会计信息系统包含的业务活动数据范围和数据类型更广泛，减少业务数据转换，避免了从业务系统到会计系统之间的数据重复，相关数据全部集中在一个数据库中，且根据业务逻辑标注多维度标签，业务活动画像像素更细致。一个业务既可以从传统会计科目角度做出数据标签，也可以从销售人员、客户、时间、价格或者地点、装运人等角度进行信息标注与采集，方便管理者对业务过程中纷繁芜杂的信息进行合理的组织、分类，可以根据自身需要进行数据加工，比如销售人员进行销售订单的查找，进而统计出销售人员的业绩。基础数据越充分，相关数据挖掘和整理就能获得更多有用信息。会计活动在信息层面业务和财务真正融合在一起，会计信息可以直接穿透到业务活动中。

4. 会计信息的深度挖掘与应用

直接联系业务活动的会计信息系统将更为有效和减少数据冗余，使得组织减少对物理会计系统结构的依赖，扩大财务和非财务分析的范围。这种新信息系统本身，并非替代会计规则和准则。后者依然规范如何报告业务活动，会计信息系统不断演化过程是关于数据收集、存储和处理方法的变革。只要向组织外部投资人等机构有报送信息的需求存在，会计准则和规则的学习就不可缺少，但是信息技术发展，使得遵循规则进行会计信息加工的从业人员数量急剧减少。

另外，技术进步促成组织运作过程的转变，会计人员不可能具有和工程师一样的 IT 知识，后者更多是基于技术路径，单纯复述会计信息技术细节，而会计人的价值不在于他们对信息加工技术的深入理解，而是来自他们计量业务活动、控制业务风险的能力。就如同汽车驾驶，普通驾驶人员更关心汽车用途和价值，并不热衷理解汽车运作技术细节。会计人员需要思考的是获取什么样的数据能更清楚地阐明组织的运行状况，怎么度量每一个

① 阿妮塔·S. 霍兰德等．现代会计信息系统．经济科学出版社．

业务活动耗费的资源和对最终战略目标的贡献。对会计人而言，采集什么样的数据并从中挖掘有价值信息更有意义。由于会计部门天生拥有对组织数据的垄断优势，源源不断地把数据转化成信息，一方面支持业务经营，另一方面支持企业管理决策。信息技术进步使得组织可以更有效地提供有价值的商品和服务，会计人的贡献就是清楚地寻找出这个最优价值点和实现路径。

舞弊研究方法探讨：结合业务逻辑复盘分析新中基案例

叶　凡　叶钦华[①]

1. 案例背景

1.1　新中基

本文研究新中基（000972）2006—2011 年的财务舞弊行为。新中基成立于 1994 年，主要业务是番茄酱加工和销售，2000 年在深交所主板上市。上市后，新中基于 2005 年完成股权分置改革，并于 2006 年、2010 年两次进行了定向增发。近年来新中基的经营情况并不好：2012 年进行了破产重整，当年被深交所“*ST”处理；2016 年更名为“中基健康产业股份有限公司”；2017 年再次被“*ST”处理。新中基舞弊事件的过程如表 1[②]。

表 1　新中基财务舞弊事件的过程

时间	过程
2012 年 3 月 20 日	新中基公告：因公司涉嫌违规，被证监会新疆局立案调查
2012 年 8 月 13 日	新中基公告：新疆局于 8 月 10 日下达了《责令改正决定书》
2012 年 9 月 3 日	新中基公告：公司的整改情况；公司调整了前期会计差错；国富浩华会计师事务所对 2006—2009 年年报、信永中和会计师事务所对 2010—2011 年年报重新审计，出具审计报告
2014 年 6 月 27 日	证监会公告：新中基 2006—2011 年的年报信息披露存在虚假记载及重大遗漏；证监会公布对新中基及其高管的行政处罚、市场禁入决定
2014 年 7 月 8 日	新中基公告：公司收到证监会处罚决定书
2014 年 7 月 9 日	新中基公告：7 月 8 日的公告将部分“虚减利润”错写为“虚增利润”

① 叶凡单位为厦门国家会计学院中国财务舞弊研究中心；叶钦华单位为厦门大学管理学院会计系。本文感谢厦门天健财智科技有限公司陈丽丽参与资料初步整理。

② 本文资料主要来源于新中基年报、公告，证监会处罚公告。

在发生财务舞弊行为的2006—2011年，新中基的主要业务一直是生产和销售大包装浓缩番茄酱，去皮番茄和番茄丁、小罐番茄制品，番茄红素胶囊、番茄纤维片、番茄籽精油等。其90%以上的收入来自大包装番茄酱、小包装番茄制品、蔬菜罐头制品3类产品。另外，新中基的收入主要来自国外销售，2006年、2007年国外销售占比分别约为73.36%、60.94%，2008年后更是上升到90%以上。2006—2011年，新中基的资产规模在50亿元左右，收入规模在20亿元左右，净利润和经营活动现金流则波动较大。

1.2 证监会处罚

根据证监会披露的行政处罚决定书和市场禁入决定书，新中基的财务舞弊手段是虚构采购和销售业务，具体如图1所示。

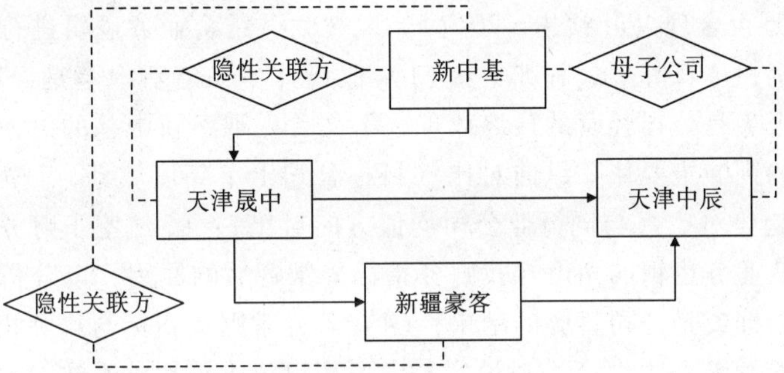

图1 新中基虚构采购和销售业务的过程

首先，涉及的公司包括：（1）新中基，实施舞弊的主体；（2）天津晟中，新中基的隐性关联方，2006年1月由新中基通过隐蔽出资设立的空壳公司，法律上与新中基没有关系，但实质上由新中基控制其业务与财务；（3）新疆豪客，新中基的隐性关联方，由新中基销售负责人、已辞职独立经商的吴新安控制；（4）天津中辰，新中基的控股子公司。

其次，新中基通过前述公司虚构"真实"的采购和销售番茄酱业务：（1）新中基销售给天津晟中；（2）天津晟中直接销售给天津中辰；（3）天津晟中销售给新疆豪客，新疆豪客加上应交税款与净利润后，再销售给天津中辰。这一过程的起点是新中基，终点又回到新中基的子公司。新疆豪客中转与过账时，甚至基本不动货物，只是转移仓单。

最后，财务舞弊行为对新中基年报的影响如表2所示。其中列示了证监会处罚时披露的虚增收入、成本、利润的数据（负值为虚减），新疆局责令整改后新中基进行差错更正时对应的数据，以及新中基整改前的净利润数据。可以看到新中基前两年虚增利润，导致2006年利润由亏转盈；后4年则开始转回，导致利润虚减，"抵销"影响；2006—2011年对利润的累计影响约为0。

表2　　新中基的虚增数据　　单位：万元人民币

项目	2011年	2010年	2009年	2008年	2007年	2006年
处罚：收入	0	0	0	7559.67	26849.77	31566.92
处罚：成本	1890.47	5648.11	675.04	10365.51	24915.95	22481.37
处罚：利润	-1890.47	-5648.11	-675.04	-2805.84	1933.81	9085.55

续表

项目	2011 年	2010 年	2009 年	2008 年	2007 年	2006 年
整改：收入	0	0	0	7559.67	26849.77	31569.92
整改：成本	1890.47	5648.11	798.80	10241.65	24915.95	22484.37
整改：利润	-1890.47	-5648.11	-798.80	-2681.98	1933.81	9085.55
整改前净利润	-133611.19	-48676.34	651.91	-9353.81	7835.77	7529.57

2. 结合业务逻辑的复盘分析

财务报表的背后需要经济业务实质的支撑，因此可以从“业务逻辑”的角度判断与反证“财务表现”是否合理（叶钦华，2017）。本文尝试结合业务逻辑进行复盘分析，从事前预测的角度识别财务舞弊。过程如下：（1）假设并不知道新中基是否舞弊；（2）鉴于财务数据、财务报表是公司经营的最终体现，本文首先观察新中基的财务指标，寻找指标的异常。对异常的判断主要依靠纵向对比（目标公司上下年度波动）、横向对比（与同行业公司对比）和趋势对比（与同行业公司均值方向对比）；（3）鉴于财务数据是对业务事项的反映，本文从业务逻辑的角度寻找财务指标异常背后的原因，以分析异常现象是公司经营的正常体现，抑或是公司舞弊的结果；（4）若异常财务指标与舞弊相关，则进一步分析公司可能采用的舞弊手法；（5）讨论实务中可用以核查该舞弊手法的方法和手段。

表 3 对应列示了对新中基财务舞弊事件的分析，并将财务指标异常、业务逻辑分析、舞弊手法和核查方法对应。这里仅列示和讨论该案例中最核心的收入异常问题。

表 3　　新中基财务舞弊事件的分析

<table>
<tr><th>财务指标</th><th>业务逻辑</th><th>舞弊手法</th><th>核查方法</th></tr>
<tr><td rowspan="3">收入增长率：2006 年、2007 年收入大幅上涨，国内销售收入占比大幅上升；2008 年起收入大幅下降，国内销售收入占比大幅下降</td><td>2006 年合并法国普罗旺斯公司全年销售收入，上年仅合并一个季度
2007 年子公司天津中辰全面投产、销量大幅上升
收入变动与同行业趋势不一致</td><td rowspan="3">通过隐性关联方虚构采购和销售业务</td><td>通过核查生产过程相关单据，关注天津中辰产能扩张、产销量上升是否真实
关注生产工人与产能、产量是否匹配</td></tr>
<tr><td>2006 年、2007 年国内销售收入占比大幅上升，2008 年起国内销售收入占比大幅下降</td><td>关注国内销售主要新增客户并核实收入真实性
分析国内销售增长与行业市场环境是否匹配</td></tr>
<tr><td>主要客户、供应商变动频繁
2006 年前五大客户销售收入占比大幅上涨，2007 年大幅下降后 2008 年起又大幅上涨
客户/供应商的公司规模与交易金额相背离
2006 年新增客户天津晟中系当年新成立公司
关联方核查——隐性关联方——工商注册信息——供应商
主要供应商新疆豪客实际控制人吴新安曾任新中基销售负责人</td><td>关注前五名客户，特别是新增客户及变动较大的客户，核实客户是否为空壳公司、客户规模及其与公司交易规模是否匹配、关注客户与公司是否存在隐性关联关系
对客户走访、函证
关注公司支付客户货款最终去向</td></tr>
</table>

2.1 财务指标异常

根据新中基年报披露，其2006年和2007年收入大幅上涨，收入增长率分别达75.12%和30.45%，且国内销售收入占比大幅上升，该变动与行业趋势不匹配。之后4年收入却逆转持续下降，且国内销售收入占比大幅下降。以下具体分析异常背后的业务逻辑。

2.2 业务逻辑分析

表4列示了新中基的收入构成，并加入财务舞弊前的2005年数据作为对比，以讨论新中基的收入变动是否有业务上的合理支撑和解释。

2.2.1 分产品收入分析

新中基的主要产品共三类：大包装番茄酱、小包装番茄制品、蔬菜罐头制品。

针对蔬菜罐头制品。根据年报介绍，法国普罗旺斯公司主要生产蔬菜罐头制品，2006年收入增长原因之一即为合并该公司全年收入5.74亿元。由此可见，2006年蔬菜罐头制品收入均来自该公司。该公司2005年第四季度并入合并报表，2006年合并全年收入导致收入大幅上涨，原因较为合理。但2006年之后，蔬菜罐头制品收入则持续下降。根据年报披露，这部分收入的变动尚可解释：主要与公司经营有关，例如欧洲取消农业补贴政策、公司技术改造导致短期停产等。

针对小包装番茄制品。该项收入2006年为4.3亿元，2007年继续大幅上升95.04%，2007年之后略有波动。根据年报介绍，天津中辰主要生产小包装番茄制品，该子公司2006年全面投产，是当年收入增长的另一主要原因。2007年小包装番茄制品收入增长主要系该子公司出口番茄制品销量增长。但是该公司2006年的资产总额为190121.84万元，净利润为3027.23万元，2007年的资产总额为205016.55万元，净利润为-1152.41万元。也就是说，2007年资产总额差异不大，但收入大幅上升的同时，净利润却大幅下降。而且天津中辰此后的净利润一直为负。在亏损的情况下，继续大规模销售小包装番茄制品的合理性值得商榷。因此小包装番茄制品的变动原因及其合理性存在疑问。

针对大包装番茄酱，该类收入波动较大。其中2008年下降8.37%，新中基的解释是，"虽然大桶番茄酱国际市场价格大幅上涨，但由于番茄原料供应紧张及人民币升值等因素影响本年大桶番茄酱销售收入减少"。对比新中基的同行业上市公司新疆屯河（600737），其2008年番茄制品的收入仍继续增长58.02%（2006—2007年的收入均增长），原因同样是2008年番茄制品国际市场价格高涨。再对比两家公司2009年的收入，新疆屯河番茄制品收入减少27.52%，新中基也下降28.43%，指出的原因均是全球番茄丰产，供给充足[①]。因此，新中基2008年收入下降的原因可能是前两年的收入虚高，其前两年的增长率均高于新疆屯河。

---

① 新疆屯河年报中并没有细分番茄制品。新中基对大包装番茄酱变动的解释与新疆屯河相近，因此在此对比。即使加上小包装番茄制品的收入，其2008年、2009年的收入仍分别下降5.56%、20.21%。

表 4　　新中基主营业务收入构成特征　　单位：万元人民币

类别	项目	2005 年	2006 年	2007 年	2008 年
分产品	大包装番茄酱	95312.6	67859.07	87289.99	79981.20
	小包装番茄制品		43292.73	84437.78	82199.56
	蔬菜罐头制品		57423.80	54437.73	39025.22
	收入合计	95312.6	168575.6	226165.49	201205.98
分区域	国外销售	79874.24	135602.31	146951.34	192611.93
	国内销售	23180.42	49239.38	94177.44	11700.70
分客户	前 5 名客户收入占比	38.96%	58.35%	9.85%	50.07%
类别	项目	2009 年	2010 年	2011 年	
分产品	大包装番茄酱	57244.79	36712.14	33402.43	
	小包装番茄制品	72158.30	90532.30	86486.30	
	蔬菜罐头制品	31234.04	14550.50	13192.61	
	收入合计	160637.13	141794.93	133081.34	
分区域	国外销售	160425.77	136989.77	134542.82	
	国内销售	3878.12	9049.47	2309.35	
分客户	前 5 名客户收入占比	42.65%	50.51%	54.84%	

2.2.2　分地区收入分析

新中基的国外销售收入 2005—2008 年持续增长，2009 年开始下降，这与新中基和新疆屯河均提及的全球番茄丰产有关。但是其国内销售收入和占比波动极大，2006 年、2007 年收入大幅增长，2008 年、2009 年又均大幅下降①。这一变动并没有足够的业务基础及商业合理性可以支撑。

2.2.3　分客户收入分析

新中基 2006 年收入增长较大的同时，前 5 名客户的销售收入占比也大幅增长了 19.39%，2007 年大幅下降后 2008 年又大幅上涨②。年报中并没有相关解释。因此，收入增长的客户基础亦存疑。

另外，如果可以获取内部信息（如作为审计师），本文认为在业务逻辑上还可以进行分析的是客户/供应商的规模、关联关系。例如 2006 年新增客户天津晟中是新成立的公司，主要供应商新疆豪客的实际控制人曾任新中基销售负责人。

2.3　财务舞弊手法与核查方法

以上分析表明，新中基财务指标异常的背后，业务逻辑存在一定程度上的不合理性。通过证监会的处罚结果可以看出，新中基的财务舞弊手法主要是通过隐性关联方虚构采购

① 2009—2011 年的国内外销售收入为主营业务收入，而非全部的营业收入。但差异不大。

② 新中基年报披露 2007 年前 5 名客户的销售收入仅占 9.85%，与前后年差异较大，可能有误。新中基并未披露前 5 名客户的名称。

和销售业务。该手法会在财务指标上留下相应的异常，例如2006年、2007年收入异常增长。进一步的，可以通过业务逻辑的分析，例如分部收入、前五大客户等，讨论财务指标异常是否可能指向舞弊。

针对这类财务舞弊手法的内外部核查方法，本文认为可行的方法如表3所述，例如：关注收入变动是否符合行业惯例，分析市场环境变化对收入的影响；核查主要交易对象关联关系，特别是重要客户的情况；分析资金流向，是否存在第三方回款的现象；核查生产过程业务数据，访谈公司生产人员等。

3. 总结与讨论

3.1 财务舞弊动机是财务舞弊案例复盘分析的重要途径之一

避免退市是我国公司财务舞弊的动机之一（连竑彬，2008；郑朝晖，2015）。回到舞弊事件的出发点，即舞弊动机来看，从还原后的报表可见，若2006年未进行舞弊，则当年度亏损金额巨大。考虑到连续两年亏损即面临退市风险警示，新中基不惜“铤而走险”。

3.2 财务舞弊案例复盘分析离不开对行业特点的关注

新中基的主要产品是番茄制品。我国财务舞弊公司主要集中在制造业，同时农业也是舞弊高发的行业（陈慧璇和朱君，2013；郑朝晖，2015）。

3.3 以“财务+业务逻辑”作为案例复盘方法可以借鉴

从上述的分析过程可以看出，新中基的财务舞弊手法并不高明。其通过体外设置的隐性关联方实现收入成本的虚增、虚减，且相应的舞弊结果最终体现为财务指标的异常、与业务逻辑的不匹配。若针对上述分析所关注的异常点进行核查，则应能事前发现舞弊端倪。可见，业务数据变动最终均会落到财务数据上，反之，财务指标上的变动需要有足够的业务逻辑作为支撑。

因此，单纯从财务指标视角，或者单纯从业务数据视角，都比较难以事前对财务舞弊迹象进行识别；如何借助于案例分析提炼不同舞弊手法，搭建财务指标与业务逻辑维度的不同组合模型，可能对事前识别财务舞弊有所启示，期望本文的分析方式能够对后续案例研究、财务舞弊事前识别提供一定的借鉴。

参考文献：

[1] 连竑彬. 中国上市公司财务报表舞弊现状分析及甄别模型研究 [D]. 厦门：厦门大学，2008.

[2] 郑朝晖. 中国证券市场会计舞弊研究 [D]. 厦门：厦门大学，2015.

[3] 陈慧璇，朱君. 我国上市公司财务报告舞弊特征分析 [J]. 税务与经济，2013 (02)：52-57.

[4] 叶钦华. 关于IPO财务舞弊识别的一些思考 [J]. 财务与会计，2017 (14)：71-72.

闲话概念框架：从交规到准则

——目标和框架

陈朝琳[①]

对于普通财务会计工作者来说，财务报告概念框架理论性强，相当晦涩难懂。但它是会计规则背后的规则，极其重要。本文希望通过轻松有趣的形式，以交通法规做类比，闲话概念框架，介绍其中的目标和框架。

2018 年 3 月，国际会计准则理事会（IASB）公布最新版《财务报告概念框架》，该文件对以前版本做了不少修改和增加，也有不少亮点，对于我国基本准则的修订有所启发、值得借鉴，对于我们理解和运用准则也有所助益。本文将以该文件内容为研究对象，讲解笔者对概念框架的认识，希望能够帮助读者更直观地理解准则、理解会计。

1. 交通法规测试

1.1 考题

请回答下列 9 道交通法规测试题：

（1）中间画虚线的三车道上，左右两侧车道的车辆同时向中间车道并线时，

A. 左侧车让右侧车先行　　B. 右侧车让左侧车先行

（2）在没有交通信号灯和标线的十字路口，相邻车道的两辆车都要直行，

A. 左手边的车让右手边的车　　B. 右手边的车让左手边的车

（3）在狭窄的山路上，一边靠山体，一边靠悬崖，两辆车相向而行，

A. 靠山体的车让靠悬崖的车　　B. 靠悬崖的车让靠山体的车

（4）在狭窄的坡路上，

A. 上坡的车让下坡的车　　B. 下坡的车让上坡的车

（5）外面的车要进环形路，

A. 环形路口内的车让路口外的车　　B. 环形路口外的车让路口内的车

① 陈朝琳系厦门国家会计学院副教授。本文刊发于《财务与会计》2019 年第 9 期。

(6) 在允许掉头的路口，

A. 直行车辆让掉头车辆　　B. 掉头车辆让直行车辆

(7) 在没有红绿灯的十字路口，路面上的标线显示可以左拐，挂在杆上的圆形标识显示禁止左拐。此时，通行的车辆

A. 可以左拐　　B. 不能左拐

(8) 十字路口，路面上的标线显示可以左拐，挂在杆上的圆形标识显示禁止左拐，此时，左拐的绿灯亮了，通行的车辆

A. 可以左拐　　B. 不能左拐

(9) 十字路口，路面上的标线显示可以左拐，挂在杆上的圆形标识显示禁止左拐，左拐的绿灯正亮，此时，交警示意不能左拐，通行的车辆

A. 可以左拐　　B. 不能左拐

1.2　答案

很多人都会觉得，第3、6、9题比较容易，第2、5、7题还可以，第1、4、8题却很纠结。事实也是如此，第3、6、9题，绝大部分人都能答对；第2、5、7题也不是很难，都答对的可能性也很大；但是，第1、4、8题，很多人都会错一两道，即使都对，基本上也是蒙的。

正确答案分别是：A、A、A、B、B、B、B、A、B。

我们知道，只有在科目一考试达到90分以上的考生，才能参加科目二考试，如果这是全部考题，很遗憾，很多人都要补考了！

1.3　讲评

实际上，每三道题，相互之间是有联系的。

先看第3题。在狭窄的山路上，一边靠山体，一边靠悬崖，两辆车相向而行。如果靠悬崖的车往外侧靠，或者被撞击，有可能跌落悬崖，粉身碎骨；如果靠山体的车往内侧靠，或者被撞击，只是车体受损，里面的驾驶员和乘客不会有大问题。所以，靠山体的车应当让靠悬崖的车。因此，在某些情况下，如果肯定会出交通事故，我们希望，事故造成的总体损害最好尽量小一点。我们把“损害最小”这个原则用在前面两道题，考虑到驾驶座在车内的左侧，就可以很轻松地推断出正确答案。

再看第6题。在允许掉头的路口，直行车辆的驾驶员正常行驶，不容易想到对面来的车辆会掉头；准备掉头车辆的驾驶员则很清楚自己要掉头。所以，（有准备的）掉头车辆应当让（没准备的）直行车辆。我们把“有准备让没准备”这个原则用在前面两道题，对于第4题，考虑到车辆下坡时一直踩刹车，更有准备踩死而使车辆停下来，而车辆上坡时踩油门，更难准备从踩油门换成踩刹车，这样就知道该怎么选择了；对于第5题，考虑到环形路口外车辆驾驶员要变道，更有准备，而环形路口内车辆驾驶员是正常行驶，更没准备，这样就能得出正确答案。

最后是第9题。十字路口，路面上的标线显示可以左拐，挂在杆上的圆形标识显示禁止左拐，左拐的绿灯正亮，此时，交警示意不能左拐——当然要听交警的，因为交警会罚

款！——答案对了，理由错了——因为交警是活的！在通行标识出现相互矛盾的时候，驾驶员应当服从最机动的标识，这是“机动优先”原则。从机动性程度来看，从大到小的排序分别是交警、红绿灯、圆形标识、路面标线。把这个道理想清楚了，前面两题的正确答案就出来了。

2. 规则背后的规则

2.1 原则

交规是道路交通需要遵守的规则，规则背后是有规则的。刚才说的三个理由，就是“规则背后的规则”，也就是“原则”。

对于一些以前没有遇到的情况，如果我们理解了原则，就可以推测出适用的规则。

2.2 目标

如果在制定某项规则的时候，发现要应用的一些原则本身相互矛盾，怎么办？因此，我们需要探究原则的背后是什么？

原则和规则一样，都不是自然规律，而是人为制定出来的，它必须是有意义的，或者说，它必须服从于我们预先设定的某个目标。制定出交规的目标，当然是要让道路上的车辆和行人尽可能安全快速地通过——原则也要服从这个目标。我们可以把“目标”称为“总规则”。

2.3 一致性

规则涉及制定和遵循规则的人，对于这两类人来说，一套“好”的规则，应该是有道理的，符合逻辑的。

一方面，对于制定规则的人来说，新情况不断出现，需要有新规则。新规则要有道理，不与旧规则相矛盾（冲突）。最简单的办法，就是要让新规则背后的原则与旧规则背后的原则不矛盾，最好能够完全一致（保持一致性）。也就是说，新规则要遵循旧规则所遵循的那套原则。当然，它们都必须符合目标。

另一方面，对于需要遵循规则的人来说，规则不可能针对每一种情况都有非常详细明确的规定，但是，也不等于在规则没有规定的情况下，自己可以横行霸道，想怎么做就怎么做，而是需要在目标的引导下，想到一些原则，引申出一些规则来，处理好当时遇到的情况。

只有遵循逻辑，在目标指引下，才能制定和应用一套一致性的规则。

2.4 从交通法规到会计准则

跟交规一样，企业会计准则也是规则，是企业会计人员在做账、编制财务报告时需要遵守的规则。这套规则当然也需要在目标指引下，保持一致性。由于会计处理要比道路交通更复杂、更不直观，需要的规则更多、更经常需要补充和修改，要做到这一点，就需要一整套理论。我们把这套理论称为“概念框架”。

财务报告包括财务报表和表外披露，为了更好地反映企业在财务方面的情况，仅有财务报表还不够，恰当的表外披露是必需的。除非特别说明，本文都用“财务报告”或“报告”来指代企业通过财务会计工作而向外界提供的系统的财务信息。因此，“概念框架”全称是“财务报告概念框架”，有时也被称为“财务会计概念框架”。

3. 财务报告的目标

做账是为了编报告，编报告是为了给别人看，所以，别人是谁？他们为什么要看报告？看了报告以后会怎么样？这些问题都与会计准则的目标直接相关。

3.1 主要使用者

3.1.1 不可能针对所有人

互联网时代，每个人都能看到企业对外公开的财务报告。但是，对于编制报告的企业来说，并不能因为这一点，就必须为所有人编制一套大家都觉得满意（有用）的财务报告。实际上，众口难调，也不可能有这么一套完美的报告。当然，受限于时间精力，企业也不可能为每一位看报告的人分别编制一套他（她）认为有用的报告。财务报告主要是给某些人看的，只要他们觉得有用就可以了。

3.1.2 通用目的财务报告的主要使用者

从需求方面来看，这些人之所以关注企业财务报告，是因为财务报告会反映一些他们需要知道的企业相关信息，而他们自己的利益，与看这些报告有关。从供给方面来看，这些信息只能通过企业财务报告来反映，而且，因为某种利益关系，企业也必须向这些人提供财务报告。

在这里，我们把这些人称为“主要使用者”。他们要向企业提供资金，所以更关心企业的财务情况，而财务报告能够提供他们所关心的这些信息。具体来说，他们就是那些已经或正准备向企业提供资金的人。当然，提供资金的方式很多，可能是作为股东向企业投资，也可能是贷款给企业，或者以其他方式借款给企业，成为其他债权人。我们将他们统称为“现有和潜在投资者、贷款人和其他债权人”。

这些主要使用者，虽然能够对企业做一些股权或债权投资，但是，其中很多人，因为所持有某家企业的股权或债权太少，没有权利要求企业直接向其提供信息。与那些没有投资的人相比，他们在企业财务信息方面，并没有什么优势。可是，因为多少也投了钱，他们不可能像那些没有投资的人那么超脱，总是会对所投资企业的财务情况更上心，他们需要依赖通用目的财务报告来获取所需要的信息，是“通用目的财务报告的主要使用者”。

3.1.3 有必要排除一些使用者

另外，使用者里面，还有一些人，他们的利益和企业的联系更紧密，比如，企业的管理者和监管机构（行业监管机构、证监会等），他们可能需要关于这家企业的更多、更有针对性的财务信息。是不是需要把他们也当作“主要使用者”？

必须承认，这两类使用者对企业财务信息当然有需求，而且，他们根据企业财务信息做出的决策对企业会有很大的影响。但是，与前面说的那些人相比，他们向企业索要各种财务数据的权力更大，条件也更便利。他们更有能力获得额外的财务信息。

企业没有必要特别针对管理者的需求来提供“通用”财务报告——管理者需要的企业财务报告并不那么“通用”，而且，他们有办法得到他们“专用”的财务信息。另外，某些监管机构希望企业在公布财务报告时能够实现一些监管上的目标，比如，资本监管机构（证监会）可能会认为，由于当前形势非常严峻，要想维持金融稳定，企业现在最好不报告或推迟报告资产或负债的某些价值变动。很明显，如果企业答应这个对监管机构来说“非常有理”的要求，必然会导致前面提到的那些“通用目的财务报告的主要使用者”没办法获得他们所需要的信息，对他们来说，这个要求“非常无理”。所以，监管者也不能作为“通用目的”财务报告的“主要使用者”，同样是因为他们的“专用目的”可以通过法律赋予他们的某些手段来实现。

当然，无论是管理者还是监管者，都可以根据他们的需求，借用通用目的财务报告中的一些财务数据。

3.2 他们对企业财务信息共同的主要需求是什么？

当然，这些“主要使用者”人数众多，各人的想法不一，甚至每个人在同一时间会有很多想法，以后的想法会推翻以前的想法。所以，不可能满足所有主要使用者的所有想法，只能尽量满足大部分主要使用者共有的想法，找到他们对企业财务报告的要求的“公约数”。

这就要考虑两个方面：一是他们的共同需求；二是财务报告能做什么。前者是从需要角度提出的财务报告目标，后者是财务报告的局限性，两者叠加起来，就是财务报告的现实目标。

在考虑目标问题时，必须包含对局限性的考虑。我们需要了解，主要使用者希望财务报告达到的目标是什么，财务报告的局限性是什么。在这些局限性下，财务报告具体能做些什么，来实现这个目标。

3.3 目标

主要使用者为什么要看报告？这个问题可以转换成下一个问题——他们看了报告以后会怎么样？

如果看没看报告都一样，就没有必要花那么多时间和人力去编制一套没用的报告了。在看了报告之后，主要使用者会获得一些信息，他们在某些事情上的想法很可能会和看报告之前有所不同。进而，他们可能做出和以前不一样的决策。

作为资本市场的参与者，看企业财务报告的主要目的是要做出向这家企业提供财务资源方面的决策，包括买卖或持有权益工具和债务工具、提供或清偿贷款及其他形式的信贷；对管理层影响企业经济资源的行动行使表决权或施加影响。

要做出这些决策，主要使用者需要了解投资或借款给企业的钱是不是能够达到他们的预期回报；要了解对回报的预期，就需要评估这家企业未来有没有钱、有多少钱、有多大的可能性会缺钱，换句比较正式的话，就是要了解企业净现金流入的金额、时间和不确定性（前景）。当然，还要评估这家企业的管理层对企业经济资源管理得怎么样。

3.4 局限性

主要使用者的要求很多，大多合理。要完全满足这些要求，可能需要知道企业的很多信息。可是，企业提供的只是财务报告，不可能面面俱到。

3.4.1 财务报告能做什么？

财务报告只能提供企业在财务方面的信息（财务信息），这些信息主要是关于企业的经济资源（有多少、有哪些资产）、求偿权（有多少、有哪些负债）；资产和负债相抵以后，剩下来多少（所有者权益），以及经济资源与求偿权的变动（资产、负债和所有者权益的变动，企业的盈亏）。当然，企业总是需要有人来管的，赚钱还是亏钱也主要看管事的人管得怎么样，所以，财务报告还需要提供企业管理层使用企业经济资源的效率和效果怎么样。

3.4.2 财务报告不能做什么？

另外，知道自己不能做什么，这与宣称自己能做什么，一样重要。

企业财务报告的主要使用者是资本市场的参与者，自然，他们中的很多人很关心这家企业的价值是多少。可是，严格一点来说，相对于作为市场交易结果的“价格”，“价值”本身是一个非常主观的概念，由此，与“价值”组成的术语，自然就含有非常强烈，但又经常容易被忽视的主观意味。虽然财务会计需要主观判断，但是，在本质上，财务会计是要如实反映企业“客观”的财务情况，就这一点，它与“主观”的“企业价值”之间并不相容。所以，通用目的财务报告并不是要反映一家企业的价值。

当然，企业财务报告也并不是对这一点毫无贡献，它可以提供相关信息，协助主要使用者估计这家企业的价值。

4. 概念框架的框架

4.1 只有目标还不够

会计准则是一套人造的用于规范企业做账并编制财务报告（财务会计的主要工作）的规则，必须有它的目标。但是，对于一套比较复杂的人造系统来说，还需要其他东西的配合，使它能够实现预设的目标——财务会计也是如此。

4.2 信息质量特征

财务会计向主要使用者提供的财务报告，本质上，并不是那几（十、百）张纸，而是纸上面所表达的信息。所以，我们关心的是，这些信息需要具备什么样的特征，才有可能实现我们预设的目标——这些特征被称为“有用财务信息的质量特征”。我们需要知道，主要使用者基于财务信息做出关于企业的决策时，对他们最为有用的信息类型有什么特征。

4.3 财务报表要素

受限于自身特点，财务报告只能提供关于企业的经济资源、求偿权以及经济资源与求偿权变动的信息。要得到这些信息，就需要使用会计特有的语言来表达。这就需要能够反映企业的经济资源、求偿权及其变动的项目，我们把它们称为“财务报表要素”。

4.4 确认、计量、列报和披露

只有这些要素还不够。企业需要在对其产生财务影响的某件事情发生的时候，判断这种影响是什么，把它记到账上去，进而编制成财务报表。要记账，就要知道记什么项目，后面跟多少钱——前者是“确认”，后者是“计量”。在确认和计量的基础上，要按一定程序编制成财务报表，这叫“列报”。有时候，还需要企业在财务报表外面做一些说明和解释，这叫“披露”。

4.5 财务报告概念框架的框架

总体来说，要实现目标，还需要了解几个基础概念：有用财务信息的质量特征、财务报表要素、确认、计量、列报和披露。它们都以目标为核心，相互之间（包括与目标之间）又有所联系。基本情况如图所示。

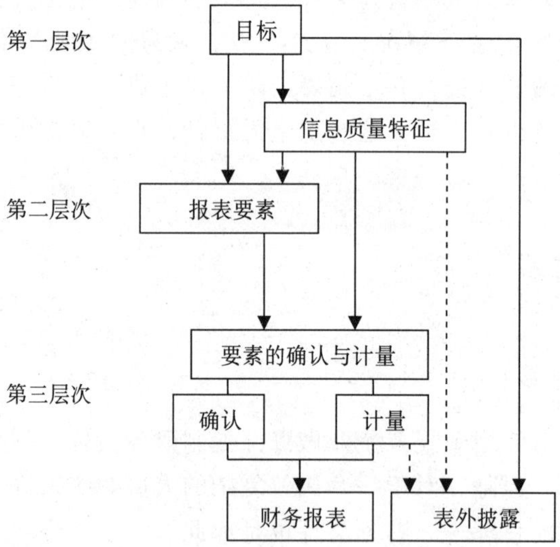

参考文献：

[1] ASB. The Conceptual Framework for Financial Reporting. 2018.

[2] ASB. Basis for Conclusions: The Conceptual Framework for Financial Reporting. 2018.

[3] 华人民共和国财政部．企业会计准则．北京：经济科学出版社，2006：1-6.

[4] 葛家澍，陈朝琳．财务报告概念框架的新篇章——评美国 FASB 第 8 号概念公告．会计研究，2011（3）：3-8，94.

[5] 陈朝琳，叶丰滢．财务会计概念框架的框架性探索．中国会计研究与教育，2012(6)：1－23.

[6] 黄晓韡，黄世忠．财务报告概念框架热点问题综述．会计研究，2016（1）：25－30.

[7] 陆建桥．新国际财务报告概念框架的主要内容及其对会计准则制定和会计审计实务发展的影响．中国注册会计师，2018：9－17.

加密数字货币审计问题研究

蹇　薇　夏玉梅[①]

1. 研究背景

近年来，以区块链（Blockchain）为底层技术的加密数字货币（Cryptocurrency）发展迅速，已形成较完整的上下游产业链，包括数字货币发行、挖矿、交易和存储等基本环节，也衍生出矿机生产、矿场和矿池运营、场外交易、数字货币托管、数字货币投资理财、数字货币钱包开发等相关业务。数字货币行业内企业基于业务开拓、股权融资和获得征信等需求，聘请外部审计师对其财务报表等进行审计。2018 年，以生产比特币矿机而闻名的中国比特大陆公司，聘请毕马威会计师事务所作为申报会计师，为其向香港联交所提交的招股说明书中的财务报表数据提供审计服务。同年，欧洲数字资产管理公司 Iconomi 聘请德勤华永会计师事务所对其偿付能力做出鉴证。

2. 审计业务的承接

在审计业务承接阶段，审计师首先需要了解客户持有和交易数字货币的目的，高度关注业务活动的合法性，对严令禁止的业务活动予以警惕。例如，在我国大陆地区，根据 2017 年发布的《关于防范代币发行融资风险的公告》，首次指出代币发行融资（ICO）不具有合法性。然而，在我国香港，部分 ICO 活动属于合法证券发行行为，可纳入证券法律监管框架。再例如，在我国大陆地区，开设数字货币交易所亦非合法活动，而在日本，数字货币交易所可以在金融厅注册登记，获得许可即可运营。此外，无论客户在何地，审计师都须明辨伪数字货币业务，识别那些打着“数字资产创新”“区块链”等旗号，实则开展的非法集资、传销和诈骗活动。因此，审计师需要了解客户股东和高级管理层的诚信，是否有参与非法业务的历史，必要时，对股东和高级管理层展开深度的背景调查。

其次，审计师需对客户所涉数字货币业务相关内部控制进行初步评估，除常规审计需

---

① 蹇薇系厦门国家会计学院副教授；夏玉梅系中审众环会计师事务所（特殊普通合伙）深圳分所合伙人。本文已刊发于《财会月刊》2019 年第 19 期。

要关注的内部环境、风险评估、控制活动、信息与沟通以及内部监督等方面外，需特别关注与数字货币相关的内部控制流程，包括但不限于数字货币钱包层级设置、数字货币钱包的管理权限设置，反黑客的技术手段等。尤其对于数字货币是其重大资产的客户，数字货币的安全性管理是第一要素。基于区块链的匿名性和数字货币转移的便利性，缺乏数字货币的安全管理方法，企业将面临巨大的风险。

最后，审计师需要评估自身对数据货币进行审计的胜任能力。数字货币行业属于新兴产业，随着技术革新和商业模式创新，新业务层出不穷。对行业缺乏了解可能是审计师对数字货币行业进行审计的最大障碍。审计师需要了解该行业概况、产业链价值分布、区块链的基本原理，知晓行业术语，掌握必要的信息技术，创新审计技术方法。审计师还可以利用信息技术专家的工作，以协助理解数字货币交易发行和交易原理，从而获取充分、适当的审计证据。

3. 审计目标和审计应对

根据财务报表审计总目标，确定数字货币项目的具体审计目标时，我们建议审计师关注以下几个方面：

3.1 真实性

审计师需验证涉及数字货币各类交易和事项的发生，以确定已记录的交易是真实的，且期末账户显示数字货币是存在的。

分布式记账为查阅区块链上的记录提供了技术支持，审计师可以借助区块链浏览器（Blockchain Explorer）来验证数字货币钱包交易和数字货币钱包余额。区块链浏览器是提供账户查询、区块查询和交易查询的工具。审计师输入某钱包地址或某笔交易 ID，就可以查询此钱包的余额和任意一笔交易的详细信息。例如图 1，我们在某区块链浏览器上查询的地址为“3JVjgoyLv7Q4TdA35boXeAzARrK6atNEDg”的比特币钱包的余额和历史交易情况。查询结果显示，该钱包在查询时，比特币余额为零，该钱包曾于 2017 年 12 月 30 日各转入和转出过 249.296599 枚比特币。这两笔交易的发生均被记录在区块高度为 501741 的区块上。在查询时，这两笔交易已经得到了 64395 块区块的确认，随着时间的推移，它们将获得更多的区块确认。

在对数字货币交易所或者数字货币管理平台审计时，笔者建议还可以借助默克尔树（Merkle Trees）。默克尔树是存储哈希值的二叉树，又称为哈希树。图 2 简单展示了默克尔树的原理。首先，一个任意长度的数据通过哈希算法映射成固定长度数据的函数，例如 A1 转化为 B1。哈希值放置于默克尔树的叶子节点上，叶子节点的值两两运算得到新的哈希值，例如 B1 和 B2 运算得到了 C1。随后，层层递归，最终得到默克尔树根节点。新记录的生成先影响默克尔树某个叶子节点，最终影响默克尔树的根节点。默克尔树的运算原理保证了识别未经授权的记录篡改行为。在运用默克尔树进行审计过程中，审计师的关注点不再是逐一对各笔交易记录进行复核，而是关注哈希值生成的合理性，以及各级叶子节点运算的正确性。在对欧洲数字资产管理公司 Iconomi 的用户持有的数字货币进行鉴证过程中，德勤华永会计师事务所就采用了默克尔树。他们利用用户账号和持有的数字货币余额数生成随机审计编号，再通过哈希 SHA256 算法将用户账号、持有的数字货币余额数和随机审计编号三者联合生成哈希值。这一哈希加密过程保障了 Iconomi 的用户数据的匿名性，审计师在不接触用户账号具体情况下获得了所有用户数据。随后，审计师检验了默克尔树各级叶子节点计算的正确性，并公开了最终的根节点值。Iconomi 公司的用户可以借助该公司的查询平台，输入自己的账号，查询默克尔树的部分叶子节点值以及最终的根节点值。如果得到的根节点值与德勤公开的根节点值一致，则说明所持账号所显示的数字货币资产真实、完整。

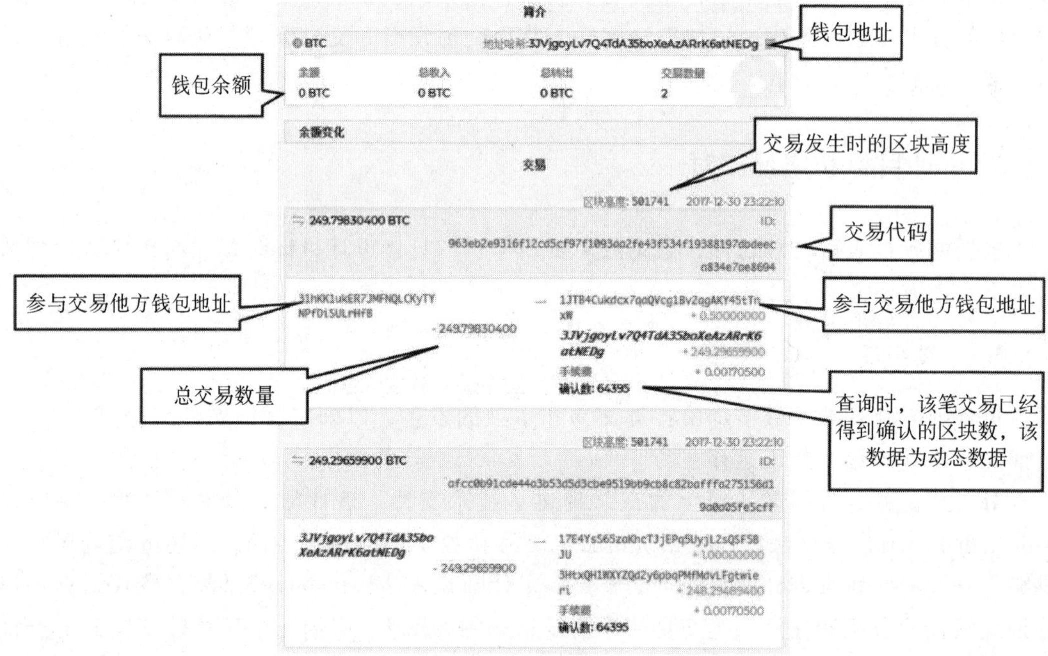

图 1　使用区块浏览器进行查询示例

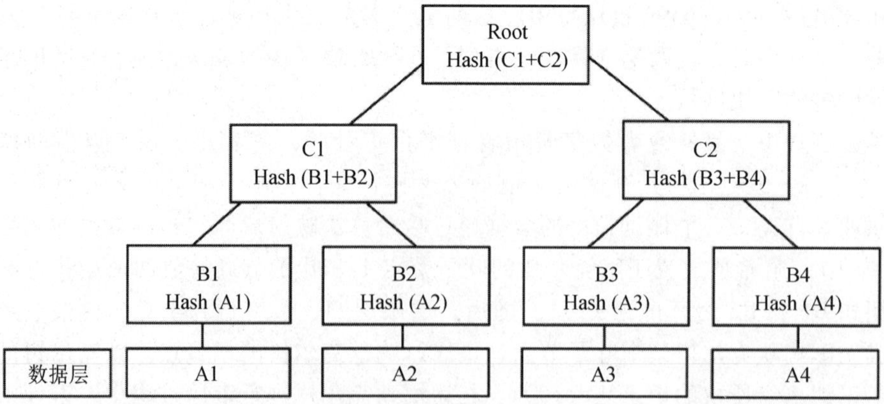

图 2　默克尔树原理简示

3.2 完整性

审计师需验证数字货币各类交易和事项的发生的完整性，以及期末余额所显示数字货币的完整性。

基于分布式记录原理，借助区块链浏览器，审计师可核实某特定钱包地址的交易完整性。然而，这仅是针对特定钱包进行的审计。每个人可以拥有多个数字货币钱包地址，开具多个数字货币账户。如果被审计单位未提供完整的数字货币钱包清单，审计师无法核实数字货币钱包的数量，未知账户的存在性难以确定。

3.3 所有权

审计师需明确期末余额所显示的数字货币的所有权。

基于非对称加密的哈希算法，区块链上各个节点之间的数据交换都是按固定规则进行的，因此可以实现仅通过地址而非个人实际身份进行数据交换。这一技术特点赋予了数字货币以高度匿名性。从审计师的角度来看，匿名性为数字货币地址或者钱包的所有权的核实带来了巨大的困难。目前，只有通过私人密钥持有和使用来证明数字货币的所有权。我们建议审计师预先持有一个供测试用的钱包地址，然后与被审计单位约定，令其在特定时间新启一笔交易，用自身钱包向测试钱包进行约定金额的转账，以验证被审计单位是否持有该钱包密钥，并是否可以正常使用该钱包。但如果多人或多个机构拥有数字钱包密钥，就难以判断钱包所有权。因此，该审计过程只能是间接推断，难以直接证明数字货币的所有权。

3.4 计量准确性

审计师需确定已记录的交易是按正确金额反映的。

数字货币在不同的数字货币交易所报价存在价格差异，有的数字货币在某交易所某段时间内的成交量较小。因此在确定可参考的交易所报价时，我们建议选择成交量最大的3家数字货币交易所的报价，取加权平均值作为最新市价。此外，鉴于众多的交易所都采用24小时全天候交易，建议在获取价格时以确定的固定时间点为依据。如果数字货币不具有活跃交易市场，审计师需警惕其减值风险。因为目前行业内无活跃交易市场的数字货币以“空气币”居多，其数字货币变现风险和减值风险巨大。

3.5 截止

审计师需确定数字货币业务会计记录归属期是否正确，防止跨期事项。

数字货币的交易需若干网络节点的确认，完成这个过程的时间一般为几分钟到几个小时不等。以比特币钱包的转账为例，需等待交易打包和6个区块确认，才能完成这笔转账，而这个过程大概需要花费30分钟至1小时。但是，有的数字货币交易时间需要滞后数天，这将为截止性测试带来难题。我们建议审计师对发生在接近截止日期但尚未得到区块认证的交易予以警惕，如果存在大额或者较长时间尚未得到确认的交易，应询问被审计单位，查明原因。

4. 其他关注事项

4.1 安全风险评估

数字货币由于自身技术依赖、发行机制及交易特点，存在诸多安全风险。审计师除了在业务承接阶段需了解被审计单位的风险管理和内部控制，在审计过程中也应格外关注数字货币的安全风险，了解相关制度的设计、制定的合理性及执行的有效性。

以存储数字货币的钱包为例，钱包密钥的存储方式不同，面临的安全风险也不同。钱包可以被分为热钱包和冷钱包，其中热钱包是保持联网上线的在线钱包，冷钱包是脱离网络连接的离线钱包。热钱包存在遭受网络黑客和木马攻击，导致钱包密钥丢失和被盗币的风险。冷钱包的被盗风险较低，但又面临着较高的物理丢失风险，例如电脑硬盘损坏，电脑丢失等。审计师应查看被审计单位是否选择了安全可靠的数字货币钱包，对钱包密钥的管理是否启用了助记词，对重大的数字货币支付是否采用了多重签名管理制度等。

4.2 场外交易

数字货币交易所在某些国家和地区存在合法性问题，致使场外交易（Over - the - Counter Market，简称 OTC）近年发展迅速。场外交易主要形式包括线上 P2P 交易、线上 B2C 交易和线下交易等，交易渠道包括 P2P 平台、即时通讯软件，甚至有的交易是个人面对面完成的。

在场外交易的形式下，缺乏交易所的集中撮合，交易双方信任不足，划转资金或者数字货币存在更高的风险。某些 P2P 平台虽然提供了交易撮合服务，但交易双方可能没有使用数字货币钱包，而将数字货币交由平台代管，因此，交易记录并没有记录在区块链上。此时，审计师只能借助场外交易平台的后台系统提供的流水、日志、聊天记录等进行审计，这些数据的质量良莠不齐，可信度难以保证。此外，有的场外交易平台提供杠杆交易，即将数字货币抵押给交易平台作为保证金，从交易平台借出数倍于自有货币的货币数量进行交易的形式。杠杆交易具有极高的风险，因为数字货币本身价格波动较大，再带杠杆投机炒作，盈亏将被数倍放大。如果被审计单位涉及数字货币场外交易，数字货币的账户余额和交易的真实性、完整性更难验证，审计风险更高，审计师需投入更多的内部控制测试和实质性测试。

4.3 涉税问题

数字货币价格和交易量的上升引起了税务监管机构的关注。部分国家和地区已经或计划对数字货币资产及交易征税，增加了持有和交易的涉税风险。

美国是数字货币应用和监管的先驱。2014 年，美国国家税务局发布《投资者指南和规则》（IRS Notice 2014 - 21），将数字货币视为财产（Property），其适用财产交易的一般税收原则。个人接受数字货币作为出售商品的收入或提供劳务的报酬，必须以接受时的公允价格为基准，以美元为计价单位计入当期应纳税收益中。若将数字货币作为交易或是投资工具进行持有，此时数字货币被定性为资本资产（Capital Asset），出售数字货币的盈利需缴纳资本利得税。在监管途径上，美国国家税务局通过数字货币交易平台来对数字货币纳税进行监控，要求在交易平台上同年内有超过200笔交易且交易金额超过2万美元的客户，需要填写美国国税局的1009 - K《支付卡和第三方网络交易》纳税表单。

5. 总结与展望

加密数字货币作为当前区块链技术最令人瞩目的应用，对数字货币审计进行研究，是对“区块链 + 审计”探索做出的有益尝试。加密数字货币行业存续时间尚短，技术含量高，业务形式新颖，对数字货币业务进行审计时，一些传统的审计方法可能失效，审计师可以根据数字货币的分布式记账、记录可追溯等技术特征，借助新的技术手段开展审计。此外，审计师应加强对数字货币行业的了解，学习必要的信息技术，并充分利用外部专家的工作。

会计信息相关性的恶化与原因探究

李　诗　王璟岚①

会计信息相关性，顾名思义，是指财务报告所提供的会计信息要与财务报告使用者的经济决策有关，这几乎是所有刚刚进入会计领域的人都会接触到的概念，也是财务报告提供信息的原则之一。随着新经济模式的兴起，商业模式的创新颠覆了传统企业的价值创造过程，企业的盈利要素正悄然改变，然而现有财务报告的信息提供方向却仍未有较大的改变。那么这种“以不变应万变”的模式是否还能够在新经济的背景下为财务报告使用者的经济决策提供有效信息呢？我们将在本文探索这个问题的答案。

1. “以史为鉴”并无作用？

如果要询问某家公司的经营情况，相信大多数人都会首先问，“利润是多少？”会计利润作为财务报表的损益结果，最直接地反映了企业过去的运营状况，受到企业运营中各因素的综合影响，因此，会计利润成为许多投资者决策时的首选指标。如图1和图2所示，

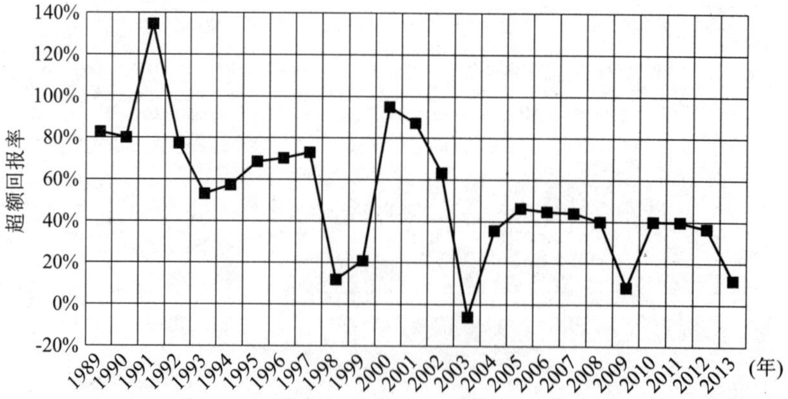

图1　美国股市基于公司盈利的12个月超额回报率（1989—2013年）

资料来源：Lev and Gu，2018。

① 李诗系厦门国家会计学院“一带一路”财经发展研究中心副教授，王璟岚诗系厦门国家会计学院研究生。本文刊发于《财会月刊》2020年第15期。

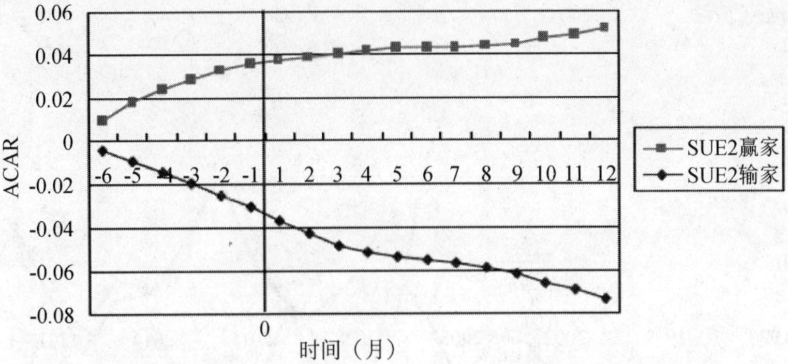

图 2　中国股市基于公司盈利的 12 个月平均收益率（1998—2005 年）

资料来源：朱曦、陈俊芳、许振声，2008。

美国学者 Baruch Lev、Gu（2008）与我国学者朱曦、陈俊芳、许拯声等（2008）的研究认为，利用会计利润构建的投资组合可以获得显著的超额回报。我们似乎可以得出一个结论：利用历史数据预测未来会计利润，再根据预测结果进行投资就可以获得超额收益。那么事实果真如此吗？

我们通过 WIND 数据库获取数据，将 A 股上市公司第 t 年会计利润乘以在过去的 3 年或 5 年内会计利润平均增长率可以得出相应的预测值，再计算该值与上市公司实际会计利润之间的偏差，然后按照年度汇总计算预测偏差的中位数，结果如图 3 和图 4 所示。我们发现无论是在主板、中小板、创业板或是整个 A 股板块，预测偏差中位数一直处于大幅波动的状态，说明使用历史数据无法准确地预测未来会计利润。

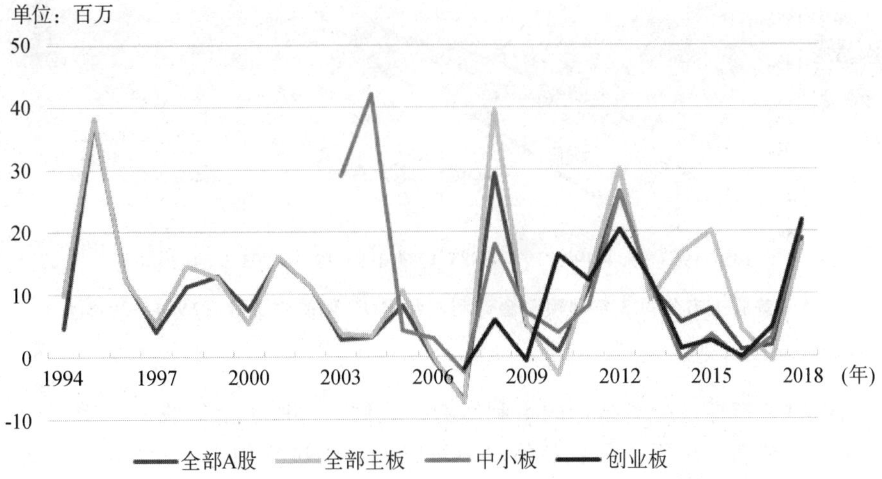

图 3　中国股市 3 年期预测净利润偏差中位数（1994—2018 年）

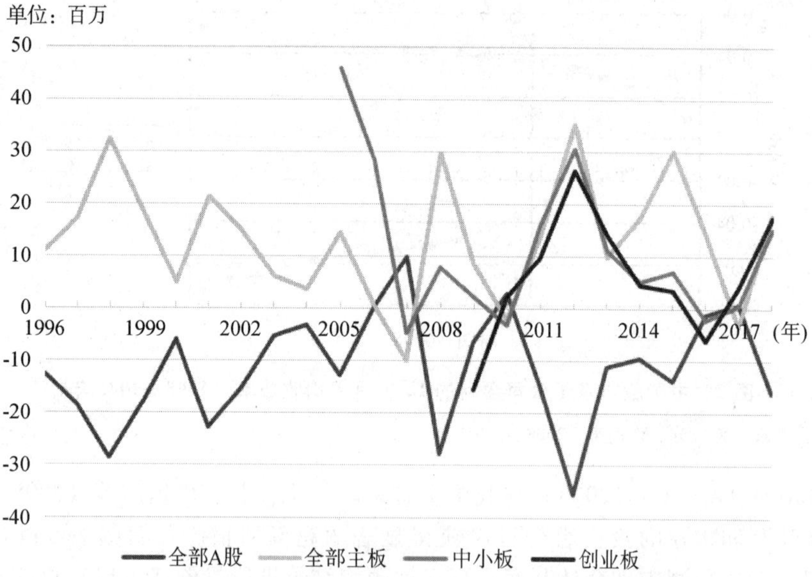

图 4 中国股市 5 年期预测净利润偏差中位数（1996—2018 年）

事实上，这样的结果并非特例，图 5 展示了 Lev 和 Gu 在 2018 年的研究结果，我们甚至发现，美国资本市场的预测偏差在最近半个世纪以来不断扩大。

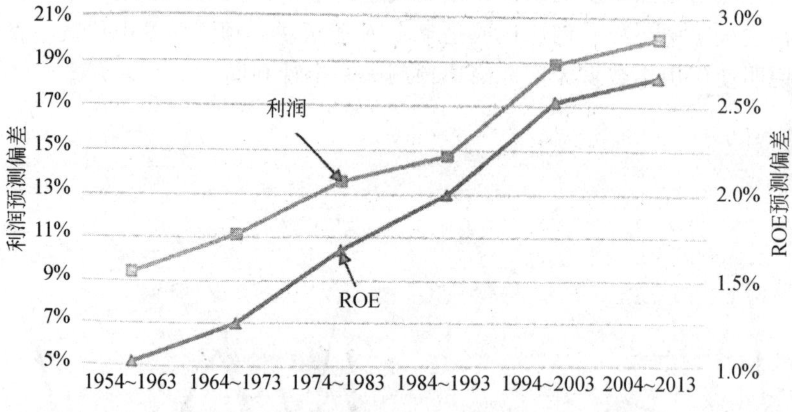

图 5 美股上市公司 3 年期预测会计利润和 ROE 偏差中位数（1954—2013 年）

资料来源：Lev and Gu，2018。

为了消除财务指标过少对结论的不利影响，我们又选取了销售收入、销售成本、行政与管理费用、净利润、总资产和总负债等多重指标，尝试利用 Lev 和 Gu（2018）使用的回归模型，对公司市场价值进行解释，结果如图 6 和图 7 所示。

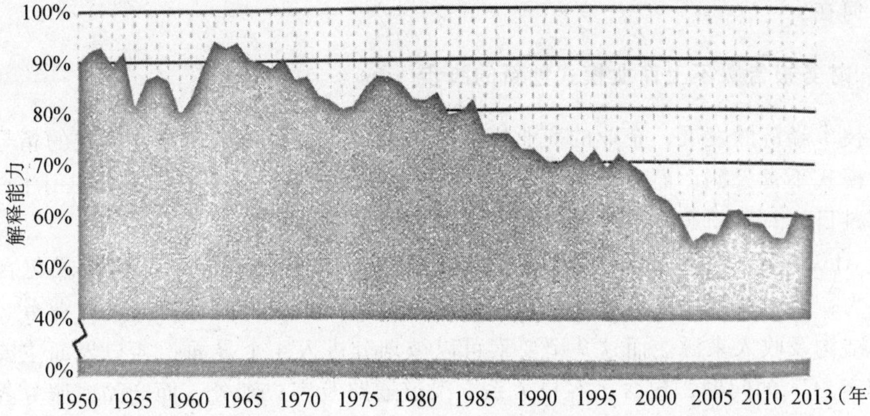

图 6　美股上市公司多重财务指标对 3 个月后市值的解释力度（1950—2013 年）

资料来源：Lev and Gu，2018。

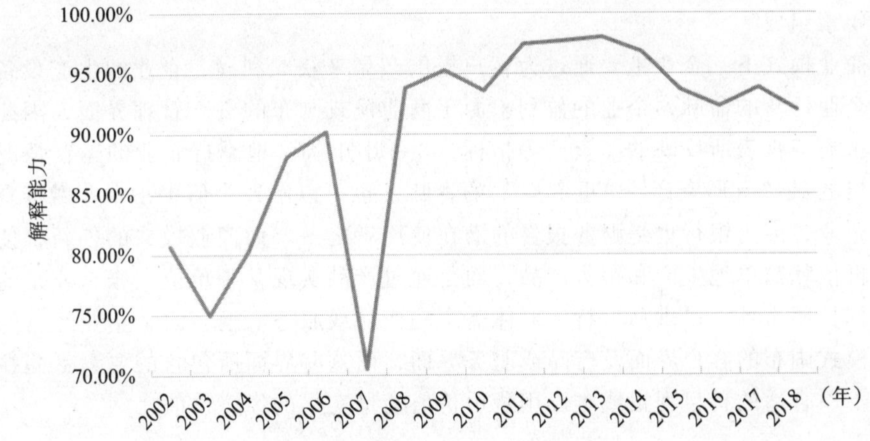

图 7　A 股上市公司多重财务指标对 3 个月后市值的解释力度（2002—2018 年）

我们惊讶地发现，这些在财务报告中一直备受使用者青睐、用以判断公司经营状况的指标，对于公司价值的解释能力都呈现出了剧烈波动或是大幅下降态势，甚至在美股市场和我国 A 股市场股价震荡的时期内，例如 2007—2008 年，解释能力也同时达到了最低水平，几乎无法与公司价值建立联系。换句话说，我们很难通过财务报告所提供的这些会计信息来了解公司的真实经营状况，会计信息相关性正在恶化。

综上所述，中美资本市场财务报告所提供的会计信息相关性在过去的半个世纪内持续下降。财务报告在指导投资决策中发挥的作用逐渐减弱，这与“财务报告能指导投资决策”的认知相悖。

2. 原因究竟何在?

通过上面的描述，我们发现财务报告提供的会计信息相关性已经恶化，这似乎让财务报告的存在失去了意义，财务报告似乎已经无法为投资者“拨云见月”。那么造成这种情况的原因何在?

2.1 财务报告跟不上商业模式创新的脚步

随着技术经济的发展，企业的商业模式也逐渐分化和创新，在商业模式的指导下，企业的经营模式不啻天渊。而现行财务报告体系最初服务于传统企业，多关注于固定资产、净利润等科目，对于新经济下企业的创新运营模式适应性不强。

根据 Alexander Osterwalder（2016）提出的商业模式画布理论，商业模式包含 9 个要素，分别为：客户关系、渠道通路、客户细分、价值主张、重要合作、关键业务、核心资源、成本结构及收入来源。而这 9 个要素可以被划分进入 4 个界面：客户界面主要负责解决“谁是客户”的问题，包含了客户关系、渠道通路及客户细分；而产品或服务界面紧接着针对确定的客户解决“给客户提供什么”的问题，因此价值主张被包含在内；资产管理界面最后负责解决“如何为客户提供产品”的问题，关注重要合作、关键业务及核心资源 3 个要素；财务界面则是从财务的角度反映以上 3 个界面的运营结果，由成本结构和收入来源 2 个要素组成。

传统商业模式下，企业主要通过为客户提供产品来获取利润，企业的生产设备、存货等资产是企业运营的命脉，企业的盈利来源于商业模式画布的资产管理界面，因此我们可以通过分析财务报表所反映的净资产等指标，“一叶知秋”地掌握企业的运营情况。财务报告传达出的对“有形资产”“重资产”的青睐，也可以解释为何中小企业融资贷款难于传统大型企业，因为银行也是财务报告的潜在使用者之一。而商业模式的创新，使得企业的盈利不再依赖简单地生产和销售产品，而是通过产品实现某种价值主张，或是通过客户的细分挖掘长尾市场，提供贴近特定群体需求的产品或服务。换言之，企业经营的关键点在于商业模式画布的客户界面及产品或服务界面，而这些界面所包含的要素，往往难以在财务报表上以合适的科目列报或难以用货币价值衡量实际的经济价值。

2.2 职业判断比重加剧

随着我国会计准则逐步向国际会计准则趋同，原则导向模式的会计处理也开始在我国广泛应用。什么是原则导向模式呢？我们可以理解为，在这种模式下，只规定各有关经济交易通用的会计处理原则，这样的准则为了普遍适用，大多较为宽泛，在实际应用时则需要更多地依赖会计人员的职业判断。俗话说，“一千个读者就有一千个哈姆雷特”，大量的职业判断容易导致对类似交易和事项的不同解释，为会计政策的选择增加了空间，因此可能导致财务报告呈现出的最终结果会因会计人员的主观性而显著不同。

例如，财政部于 2017 年颁布的新收入准则，将原本的收入确认时点由重要风险报酬转移改为控制权的转移，“五步法”模型的使用，涉及大量的职业判断，新增合同部分是否反映单独售价？合同规定的义务是否可以分解为单项履约义务？可变对价的最佳估计数是多少，能不能计入交易价格？如何将商品的交易价格分摊至每项履约义务……这些都需要会计人员进行职业判断。而每一步的判断差异都可能最终影响收入确认的时点和金额。

又例如，财政部同年修订发布的新金融工具准则，要求在金融工具的划分时进行现金流量测试，同时对其业务模式进行划分，还将应收账款坏账准备的计提基础由已发生损失模型改为预期信用损失模型，无一不需要进行复杂的职业判断。此外，金融工具的公允价值在大多数情况下不能直接取得或受市场影响较大，很大程度上依赖估值模型的选择和使用，也增加了人为操纵的空间。金融资产的转移也需要对资产的风险报酬转移情况做出判断。

实际上，职业判断并非在这几年才横空出世，财务报告中会计政策的选择、做出的会计估计都建立在职业判断的基础上，近年间也被越来越广泛地使用在财务报告中，证据之一就是A股上市公司年报中出现了大量“估计”“预估”“预测”等字眼。我们选取“上证50”50家上市公司作为样本，统计这些上市公司2000—2018年年报中会计估计相关词汇出现的次数，结果如图8所示，我们从图中可以很明显地看出，财务报告中出现会计估计相关词汇的频率随时间而激增，并且使用频率在2006—2007年出现明显的跃升，这是因为2007年我国颁布的新准则对会计政策、会计估计变更的披露要求更为具体，例如增加了会计政策变更的性质、当期和各个列报前期财务报表中受影响的项目名称和调整金额，无法追溯调整的，也需说明该事实和原因以及开始应用变更后的会计政策的时点和具体应用情况。另外，我们对于“上证50”中的代表行业金融业与制造业进行了行业细分，结果依旧与大样本的趋势保持一致，可以合理推测出会计估计等职业判断在各个行业均被广泛采纳，很大程度上影响了财务报告会计信息的相关性。

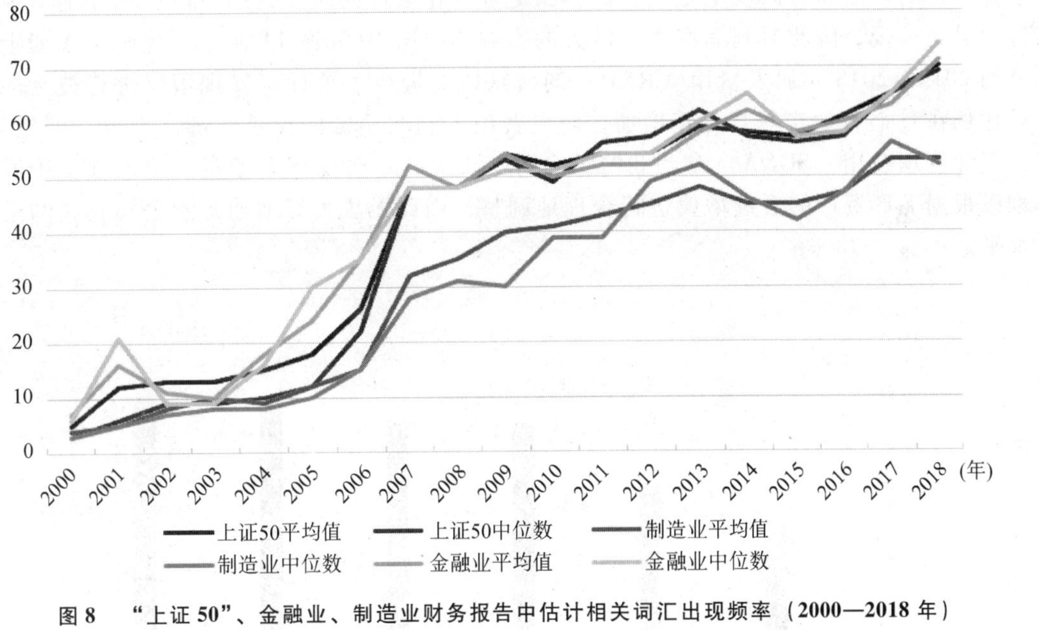

图8 “上证50”、金融业、制造业财务报告中估计相关词汇出现频率（2000—2018年）

上述的研究方法同样来自Lev和Gu（2018），他们用此检验方法随机抽取了美国标准普尔500指数中的50家上市公司作为样本进行研究。图9所展现的结果与我国类似，说明会计估计在美国的使用呈现逐渐广泛的趋势，其中增长最迅速的时期为2000—2011年，与美国GAAP当时力推公允价值会计政策的措施相吻合。

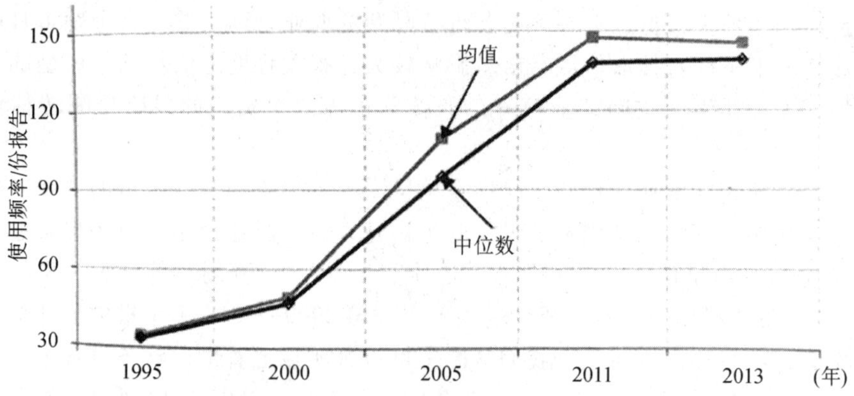

图 9　美股上市公司财务报告中估计相关词汇出现频率（1995—2013 年）

资料来源：Lev and Gu，2018。

2.3　无形资产与“无形”资产

另一个造成会计信息相关性恶化的原因，则是在企业运营和财务报告中扮演着越来越重要角色的无形资产。按照现行会计准则，无形资产的重要确认途径之一是资本化，但资本化条件的判断具有高度主观性，而不满足资本化条件的研发费用只能在当年的财务报告中昙花一现，因此对利润产生了巨大的影响。如图 10 和图 11 所示，我们对 A 股上市公司 2013—2018 年研发费用（R&D）的披露情况进行了统计，发现不仅进行披露的公司比例在整个 A 股市场均逐年增加，研发费用占利润总额的比重也随之上升，而销售、一般和管理费用（SG&A）对利润的影响则逐渐式微。而现行无形资产价值计量手段也难以根据无形资产的后续增值进行合理地调整，因此无法很好地捕捉到公司真实的运营水平。

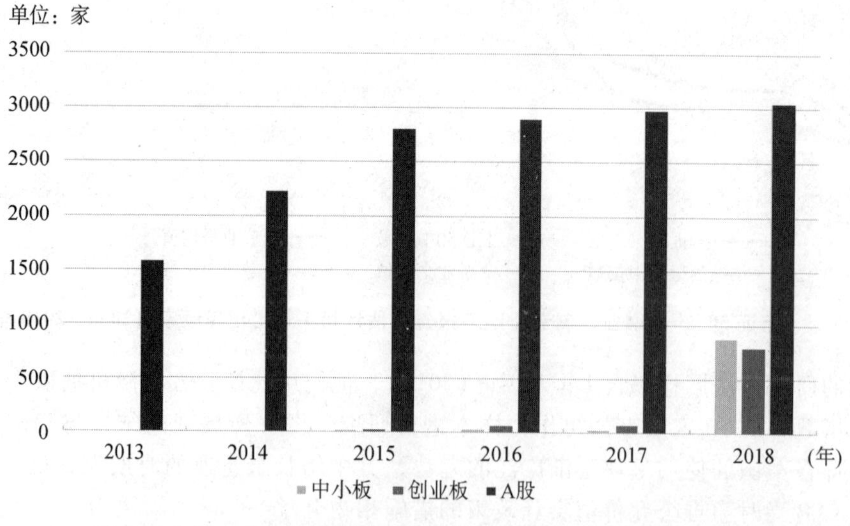

图 10　A 股上市公司披露研发费用的公司家数（2013—2018 年）

资料来源：WIND。

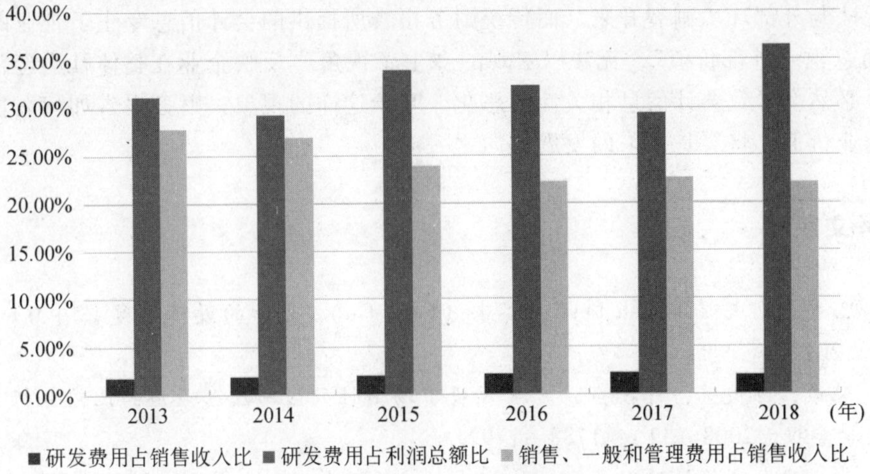

图 11　A 股上市公司 R&D 和 SG&A 占比情况（2013—2018 年）

资料来源：WIND。

会计估计和无形资产的存在，虽然使财务报告的会计信息相关性逐渐恶化，但我们至少可以在财务报表内寻觅到它们的踪迹，而真正存在于表外的“无形”资产，又为会计信息相关性的恶化火上浇油。

看到这里或许有人会问，“无形”资产和我们所熟知的“无形资产”有什么区别吗？这里我们所说的“无形”资产，能为企业带来经济利益流入，符合资产的部分特征，但它无法可靠计量或在目前不可计量，因此无法在“无形资产”的科目中列示，如企业的价值主张。例如，宜家贯彻“简约、美观、实用”的价值主张，将产品进行模块化的生产以方便顾客组装和组合，配以体验式营销鲜明地将产品的价值主张传递给客户。实际上，吸引客户购买的，是宜家的价值主张，因此价值主张才是宜家能够维持盈利的核心要素，但却无法在财务报告中准确而有效地体现。

又例如，以构建平台作为提供服务基础的互联网企业，虽然通过收取佣金或平台上的增值服务盈利，在利润表中能够体现其收入来源，但平台带来的“隐形收益”却无法在财务报告中体现——当平台拥有的用户数逐渐增加，平台的网络外部性使平台能够以更低的成本巩固和吸引用户，而增加的用户又会增强其网络外部性，形成良性循环。这种外部性是企业持续盈利的不竭源泉，但它却无法以货币价值准确地计量，财务报告的各个项目之中也没有它的容身之处，毕竟它只是个看不见摸不着的“效应”，而发明专利等无形资产起码可以在革新的生产技术、出版的期刊读物中留下它们的身影。

虽然上述两个例子都属于商业模式创新的范畴，而财务报告仍要服务大量传统模式下的企业，那么财务报告是否仍能够提供有效的会计信息呢？其实不然，这样的“无形”资产并不仅仅存在于商业模式创新的企业之中，在传统商业模式的企业中同样存在，例如长期业务沉淀而来的客户资源或是优质服务带来的良好商誉，都可以为企业在未来创造新的价值，然而这些“无形”资产始终都被掩藏在财务报告之后。

“No man is an island”。在如今产业链分工合作逐渐细化的时代，企业与外界环境的联系更加紧密，产业链上下游、各个行业之间往往“牵一发而动全身”，企业价值的实现和评估也无法与外部环境割裂开来。而传统财务报告所提供的会计信息专注于企业的“内部价值”而忽视“外部价值”，无法以宏观的“上帝视角”反映企业在整体社会经济环境中的价值，必然会导致会计信息相关性的恶化。基于这样的现象，财务报告如何才能更完整地展现企业价值，将会是未来的发展方向之一。

参考文献：

[1] 巴鲁克列夫（Baruch Lev），谷丰（Feng Gu）. 会计的没落与复兴［M］. 北京大学出版社. 2018.

[2] 朱曦，陈俊芳，许拯声. 沪深A股市场惯性效应与反转效应的比较分析［J］. 上海交通大学学报，2008（11）：1788－1792.

[3] 黄世忠. 新经济对财务会计的影响与启示［J］. 财会月刊，2020（07）：3－8.

[4] 鞠亚辉，张鞠，王学瓅. 新收入准则与创造性会计探讨［J］. 财会通讯，2020（07）：85－87，147.

[5] Alexander Osterwalder，Pigneur Y. Business Model Generation［M］. John Wiley & Sons，2016.

第二部分
财政税收与政府会计专题

新预算法实施条例下政府部门单位预算、财务与会计工作创新

——从政府部门单位视角解读新《预算法实施条例》

刘用铨[1]

1. 引言

党的十九大提出，加快建立现代财政制度，其“三大任务”之一是建立全面规范透明、标准科学、约束有力的预算制度，全面实施绩效管理。按照全面依法治国和依法理财的要求，我国通过《预算法》及其实施条例修订推进政府预算管理制度改革。2014 年 8 月 31 日十二届全国人大常委会第十次会议表决通过了《关于修改〈预算法〉的决定》，于 2015 年 1 月 1 日起施行。《预算法》修订奠定政府预算管理改革的总体框架。一般法律公布后 1 年内出台法律实施条例，但是预算管理改革极其复杂。经过 6 年充分酝酿，我国终于完成《预算法实施条例》（后文简称《实施条例》）修订工作，并于 2020 年 8 月 3 日李克强总理签署国务院令第 729 号予以公布，自 2020 年 10 月 1 日起施行。《实施条例》进一步对政府预算管理改革进行细化部署。

众所周知，预算是政府部门财务管理的基础、主线和核心环节。《实施条例》第五十一条规定，预算执行中，政府财政部门负责“制定组织预算收入、管理预算支出以及相关财务、会计、内部控制、监督等制度和办法”；“指导和监督各部门、各单位建立健全财务制度和会计核算体系，规范账户管理，健全内部控制机制，按照规定使用预算资金”。因此，政府部门单位财务制度、会计核算体系、内部控制制度都属于预算执行管理中的重要环节与制度基础，也都以《预算法》及其《实施条例》为基础制定。《预算法》及其《实施条例》修订对政府部门单位财务管理和会计核算产生深远而广泛的影响。新《预算法》及其《实施条例》下政府部门预算、财务管理与会计核算等工作将面临许多重大挑战与创新。

---

① 刘用铨系厦门国家会计学院副教授、硕士生导师，政府综合财务报告研究中心主任。

2. 构建部门预算收支框架体系，巩固部门预算改革成果

部门预算是政府预算的重要构成，也是政府预算的进一步细化。2000 年我国开始推行“一个部门一本预算”的部门预算改革，时至今日已 20 年。《预算法》及其《实施条例》修订充分吸收我国部门预算成果并以法律法规形式加以固化。《预算法》第四条、第五条主要对政府预算构成体系及其预算收支范围进行原则规定，《实施条例》在《预算法》基础上对部门预算收支框架体系进行进一步细化。

《实施条例》第五条明确了部门预算资金涵盖的范围，包括“一般公共预算、政府性基金预算、国有资本经营预算安排给本部门及其所属各单位的所有预算资金”。而《预算法》第五条规定我国完整政府预算体系包括“一般公共预算、政府性基金预算、国有资本经营预算、社会保险基金预算”。一般认为，部门预算资金主要涉及一般公共预算资金和政府性基金资金，新《实施条例》则明确规定，部门预算资金也包括“国有资本经营预算安排给本部门及其所属各单位的预算资金”。而部门预算资金不涉及社会保险基金预算资金。

《实施条例》第五条第二款和第四十条第一款、第二款明确规定，“各部门、各单位预算收入编制内容包括本级预算拨款收入、预算拨款结转和其他收入”，“各部门、各单位预算支出编制内容包括基本支出和项目支出”。《实施条例》这一规定是对《预算法》第四条所要求的“综合预算”改革的进一步细化。《预算法》第四条规定：“预算由预算收入和预算支出组成。政府的全部收入和支出都应当纳入预算。”我们认为，《实施条例》中“其他收入”表述也为不同级次不同地方因地制宜地推行“综合预算”改革提供了灵活空间。

《实施条例》关于“部门预算收入”范围的规定为我国政府部门单位执行政府会计准则制度体系奠定了重要基础。根据《政府会计制度》以及《政府会计准则制度解释第 1 号》规定，我国政府会计“平行记账”对象亦即预算会计核算对象是“纳入本年度部门预算管理的现金收支业务”。在政府会计实务中许多实务部门同志困惑哪些现金收支纳入部门预算管理，哪些现金收支不纳入部门预算管理。《实施条例》第五条第二款和第四十条第一款明确规定“各部门、各单位预算收入编制内容包括本级预算拨款收入、预算拨款结转和其他收入”，特别是部门单位预算收入包括“预算拨款结转”，为上一年度预算拨款结转资金在下一年度进行预算会计核算奠定了基础，否则，下一年度对“预算拨款结转资金”进行预算会计核算缺乏依据。

《实施条例》第五条第三款对我国部门预算管理中最基本的“基本支出”和“项目支出”概念以法规形式进行固化，“基本支出”是“保吃饭、保运转”，“项目支出”是“谋发展、促发展”。第四十条第三款要求部门单位预算支出应当按照政府收支分类体系中“功能分类”和“经济性质分类”分别细化，编列到最底级（最细化）科目。

按照“一级政府一级预算”原则，一级政府事权主要由一级政府承担支出责任，相应地，一级政府部门单位预算收入主要来自本级财政预算拨款。为此，《实施条例》第五条第四款要求“各部门及其所属各单位的本级预算拨款收入和其相对应的支出，应当在部门

预算中单独反映”。

3. 推动政府部门单位科学编制预算草案

《实施条例》第二十六条、第十九条、第二十一条、第三十一条明确部门编制预算草案的规程和具体要求，包括预算支出标准、报表格式、编报方法、报送期限等。特别是第二十一条规定“地方各级政府财政部门应当根据财政部制定的预算支出标准，结合本地区经济社会发展水平、财力状况等，制定本地区或者本级的预算支出标准”，而“预算支出标准，是指对预算事项合理分类并分别规定的支出预算编制标准，包括基本支出标准和项目支出标准”。制定预算支出标准将推动各地各级部门预算支出编制更加科学、更加准确。

《实施条例》第三十二条规定“各部门、各单位在编制预算草案时，应当根据资产配置标准，结合存量资产情况编制相关支出预算”，充分体现“预算管理与资产管理相结合”原则。2015 年 12 月财政部资产管理司发布《关于进一步规范和加强行政事业单位国有资产管理的指导意见》（财资〔2015〕90 号），强调“资产管理与预算管理相结合，建立健全新增资产配置预算管理制度，以存量制约增量，以增量调整存量，提高资产配置的科学性与合理性”。我们认为，存量资产是确定基本支出中的日常公用经费分配的重要依据；存量资产及使用、管理情况也是安排增量资产购置预算的重要依据，而增量资产购置预算项目是项目支出重要构成部分。

项目支出是部门预算支出的重点内容，《实施条例》第四十一条进一步要求“加强项目支出管理”，包括项目支出预算评审制度和实行项目库项目滚动管理机制。政府投资项目又是项目支出的重要内容，2018 年 12 月 5 日国务院第 33 次常务会议通过《政府投资条例》（国务院令第 712 号）对政府投资进行规范管理，其中重要创新之一是要求“编制政府投资年度计划”，并且“政府投资年度计划应当和本级预算相衔接”。《实施条例》第九十六条也规定“政府投资年度计划应当和本级预算相衔接，政府投资决策、项目实施和监督管理按照政府投资有关行政法规执行”，与《政府投资条例》相关规定相协调、相衔接。

4. 夯实政府部门会计核算体系，明确政府财务报告构成

一般认为，政府会计核算是最重要的预算执行机制之一。前已述及，《实施条例》第五十一条规定，预算执行中，政府财政部门负责“制定组织预算收入、管理预算支出以及相关财务、会计、内部控制、监督等制度和办法”，“指导和监督各部门、各单位建立健全财务制度和会计核算体系”。《实施条例》第五条第二款和第四十条第一款明确规定“各部门、各单位预算收入编制内容包括本级预算拨款收入、预算拨款结转和其他收入”，明确界定了我国政府会计“平行记账”对象亦即预算会计核算对象。

在此基础上，《实施条例》第五十三条规定“预算执行中，各部门、各单位的主要职责之一是对单位的各项经济业务进行会计核算”；第六十一条规定要求“各部门、各单位应当按照本级政府财政部门的要求建立健全财务制度，加强会计核算”；第八十三条第二

款和第八十六条强调“决算各项数据应当以经核实的各级政府、各部门、各单位会计数据为准。不得以估计数据替代，不得弄虚作假”，充分体现预算会计核算是编制决算的基础。

第七十条规定“国务院各部门制定的规章、文件，凡涉及……会计核算等事项的，应当符合国家统一的规定”，强调“国家统一会计制度”的法定地位。

《预算法》第九十七条要求“各级政府财政部门应当按年度编制以权责发生制为基础的政府综合财务报告”，在这个基础上《实施条例》第九十五条进一步明确政府财务报告构成内容包括“政府资产负债表、收入费用表等财务报表和报表附注，以及以此为基础进行的综合分析等”，并突出综合分析的重要作用。众所周知，政府部门财务报告是编制政府综合财务报告的基础，政府部门财务报告构成应当与政府综合财务报告保持一致。而构建政府财务报告分析应用体系是下一步提升政府财务报告作用的关键环节，也是改革难点。

5. 进一步明确绩效评价标准、程序、内容和结果应用

《预算法》重要改革创新是加强预算绩效管理与绩效评价。《预算法》第十二条增加“讲求绩效”原则；第三十二条第一款规定各级预算编制应当参考因素包括“支出绩效评价结果”；第三十二条第一款规定各部门、各单位编制本部门、本单位预算草案遵循的预算编制规定之一是“绩效目标管理”规定。特别是《预算法》第五十七条第三款规定“各级政府、各部门、各单位应当对预算支出情况开展绩效评价”，这是政府及其部门单位开展绩效评价的最直接法律依据和法律要求。

在此基础上，《实施条例》第二十条对“绩效评价”的评价标准（设定的绩效目标）、评价程序、评价内容（预算资金的投入、使用过程、产出与效果）进行细化规定，并强调“绩效评价结果应用”，“应当按照规定作为改进管理和编制以后年度预算的依据”。《实施条例》第五十三条也规定“预算执行中，各部门、各单位的主要职责是实施绩效监控，开展绩效评价，提高资金使用效益；定期向本级政府财政部门报送绩效评价报告”。

6. 确立内部控制在预算执行中法定地位，强化预算监督

为了进一步提高行政事业单位内部管理水平，规范内部控制，加强廉政风险防控机制建设，根据《会计法》《预算法》等法律法规和相关规定，2012 年财政部制定《行政事业单位内部控制规范（试行）》（财会〔2012〕21 号），自 2014 年 1 月 1 日起施行。但是，实际上仅《会计法》第二十七条规定“各单位应当建立、健全本单位内部会计监督制度”，我国行政事业单位内部控制法定地位并不明确。

《实施条例》确立内部控制在预算执行中法定地位，第五十一条规定，“预算执行中，政府财政部门制定内部控制制度和办法”，“指导和监督各部门、各单位建立健全内部控制机制”；第五十三条规定，“预算执行中，各部门、各单位制定本部门、本单位预算执行制度，建立健全内部控制机制。”但值得强调的是，内部控制机制主要是作为“预算执行”机制，并与绩效评价、政府会计等工作并行不悖。

习近平总书记在十九届中央纪委四次全会上发表重要讲话，强调“要完善党和国家监督体系”，“完善全覆盖的制度执行监督机制”，并首次将“财会监督”纳入以党内监督为主导、有机贯通和相互协调的九大监督体系的行列。财会监督成为“党和国家监督体系”的不可或缺的重要组成部分。《实施条例》强化部门及所属单位预算管理的财政监督与审计监督。第七十三条规定：“各级政府财政部门有权监督本级各部门及其所属各单位的预算管理有关工作，对各部门的预算执行情况和绩效进行评价、考核。”第九十一条规定：“各部门及其所属各单位应当接受本级政府财政部门对预算管理有关工作的监督。”

具体而言，第五十一条进一步规定预算执行中“财政监督”重点是“各部门、各单位预算资金使用管理情况；监督各部门、各单位建立健全财务制度和会计核算体系，规范账户管理，健全内部控制机制，按照规定使用预算资金”。第九十二条规定明确预算管理中各级政府审计部门“审计监督”重点是“本级预算执行情况和决算草案，本级各部门、各单位和下级政府的预算执行情况和决算”。

7. 进一步厘清结转资金和结余资金之间界限，为盘活财政存量资金奠定基础

近年来盘活财政存量资金是我国财政预算管理改革和部门单位财务管理改革重要内容之一，也是疫情冲击下各级财政部门化解财政收支矛盾加深的重要方法之一。2012 年《行政单位财务规则》修订中重要改革之一就是将传统结余资金管理要求从“结余留用”改为“结转和结余按规定使用”。如表 1 所示。

表 1

1998 年《行政单位财务规则》	2012 年《行政单位财务规则》
第九条　财政部门对行政单位实行收支统一管理，定额、定项拨款，超支不补，结余留用的预算管理办法	第九条　财政部门对行政单位实行收支统一管理，定额、定项拨款，超支不补，结转和结余按规定使用的预算管理办法

2014 年《预算法》修订时进一步明确预算结转资金、结余资金管理要求。最明显的变化是原《预算法》对上年结余资金管理要求是非强制性的，采用“可以”表述；而新《预算法》对于预算结转资金、结余资金管理要求则是强制性的，采用“应当”表述。如表 2 所示。

表 2

原《预算法》	新《预算法》
第三十四条　各级政府预算的上年结余，可以在下年用于上年结转项目的支出；有余额的，可以补充预算周转金；再有余额的，可以用于下年必需的预算支出	第四十二条［第一款］各级政府上一年预算的结转资金，应当在下一年用于结转项目的支出；连续两年未用完的结转资金，应当作为结余资金管理。［第二款］各部门、各单位上一年预算的结转、结余资金按照国务院财政部门的规定办理

盘活财政存量资金，加强结转资金和结余资金管理的基础是对“结转资金”“结余资金”进行明确的界定，特别是之前实务界对于“连续两年未用完的结转资金”到底一共使用两年还是三年存在分歧。《实施条例》第五十条就进一步明确了“结转资金”与“结余资金”之间界限，并规定“连续两年未用完的结转资金，是指预算安排项目的支出在下一年度终了时仍未用完的资金”，也就是，前后一共使用两年仍未用完的结转资金就应当作为“结余资金”管理，因此，财政存量资金管理要求更加严格。《实施条例》第八十三条还要求“各部门、各单位决算应当列示结转、结余资金”。

8. 细化部门单位决算草案编制和上报要求，强调预算会计核算基础性作用

预算管理完整的环节包括预算编制、预算审批、预算执行、预算调整与决算审计等，决算是预算管理的重要环节。《预算法》修订的重要改革创新是强化决算管理与决算审计，特别是第七十五条第二款规定，“决算草案应当与预算相对应，按预算数、调整预算数、决算数分别列出”；第七十七条第二款规定，各级政府财政部门编制本级决算草案，报本级政府审定，由本级政府提请本级人民代表大会常务委员会审查和批准之前需“经本级政府审计部门审计”。

在此基础上《实施条例》第七十七条、第八十三条、第八十四条进一步规定部门单位应当做好决算数据对账工作，按照规定的期限和要求编制决算草案并及时上报。特别强调“决算各项数据应当以经核实的各级政府、各部门、各单位会计数据为准，不得以估计数据替代，不得弄虚作假”，凸显预算会计核算是编制决算的重要基础。

9. 预算公开应当细化到政府收支分类“底级”科目，并明确单位预算公开时限

预算公开与预算透明也是我国财政预算管理改革的重要方向。《预算法》第十四条规定，涉及国家秘密的除外，经本级人大或其常委会批准的预算、预算调整、决算、预算执行情况的报告及报表，应当在批准后20日内由本级政府财政部门向社会公开。经本级政府财政部门批复的部门预算、决算及报表，应当在批复后20日内由各部门向社会公开。

预算公开是预算透明的基础，但是预算公开不等于预算透明。预算公开应当全面、完整、细化。如果政府预算不完整不细化，即使预算公开也是“内行说不清，外行看不懂”。前已述及，《实施条例》第五条第二款和第四十条第一款、第二款对于编制全面、完整的部门预算收入和支出进行明确的界定。《实施条例》第六条第三款则对预算公开的细化程度进行明确规定，“部门预算、决算应当公开基本支出和项目支出。部门预算、决算支出按其功能分类应当公开到项；按其经济性质分类，基本支出应当公开到款”。即部门预算、决算支出公开的细化程度，应当按照政府收支分类体系中“功能分类”和“经济性质分类”分别细化编列到最“底级”（细化）科目。

《实施条例》第五条第四款规定，“各部门所属单位的预算、决算及报表，应当在部门批复后二十日内由单位向社会公开”，即单位预算、决算公开的时限与财政部门、政府部门预算、决算公开的时限一样，都是预算、决算批复后20日内。

自然人转让合伙企业份额如何缴纳个人所得税？

——基于2018年12月最新《个人所得税法实施条例》的理解

陈爱华①

1. 剪不断、理还乱的应税项目争议

1.1 转让合伙份额该如何定性？

自然人转让合伙企业的份额如何缴纳个人所得税？首先要解决的是，转让合伙份额该如何定性？《合伙企业法》第二十二条明确规定："除合伙协议另有约定外，合伙人向合伙人以外的人转让其在合伙企业中的全部或部分财产份额时，须经其他合伙人一致同意。"与此同时，从法律责任角度来看，《合伙企业法》第四十四条规定："入伙的新合伙人与原合伙人享有同等权利，承担同等责任。入伙协议另有约定的，从其约定。"《民法通则》第三十五条也规定，合伙的债务，由合伙人按照出资比例或者协议的约定，以各自的财产承担清偿责任。合伙人对合伙的债务承担连带责任，法律另有规定的除外。偿还合伙债务超过自己应当承担数额的合伙人，有权向其他合伙人追偿。因此，转让合伙企业份额，新合伙人对入伙前合伙企业的债务仍需承担无限连带责任，转让所得不确定，属于一般的概况承受债务，这和一般意义上的财产转让的财产金额固定以及不承担连带责任的特征显著不同。由此可见，《合伙企业法》将合伙份额称之为"财产份额"，与一般公司的股权、股份等有本质区别。然而，现实情况是，很多地方税务局并没有厘清这一重要概念，如湘西自治州地税（2016）对于纳税人的询问："我在一普通合伙企业——水电站出资20万元持有该电站10%的份额，由于家庭原因，拟以我出资原值20万元的价格全部转让给侄女。请问我需要缴纳个人所得税吗？如需要缴纳，怎么计算？"其答复为："根据《中华人民共和国个人所得税法及实施细则》的规定，股权转让按'财产转让所得'缴纳个人所得

① 陈爱华系厦门国家会计学院副教授、硕士生导师、财务会计与审计研究所所长。本文刊发于《新理财》2019年第2期。

税。”可以看出，湘西地税将股权和合伙企业财产份额混同了。

与此同时，《关于发布〈股权转让所得个人所得税管理办法（试行）的公告〉》（总局公告〔2014〕67 号）第二条明确规定，“本办法所称股权是指自然人股东（以下简称个人）投资于在中国境内成立的企业或组织（以下统称被投资企业，不包括个人独资企业和合伙企业）的股权或股份”，由此可见，67 号公告的规定不适合合伙企业，这其中蕴含的道理在哪里呢？江苏镇江市丹阳地税局袁松涛①（2017）从多个维度解读、阐述了关于自然人转让股权与转让财产份额税收管理差异，他认为，首先，“合伙人”的法律性质与“股东”的法律性质存在本质的区别，合伙人对企业财产的权利也并非是股权，而是一种特殊的民事权利；其次，财产转让时，转让方所附带的债务虽然没有转移，但受让方却承担连带债务责任，从而导致出现转让的对象（不包括负债）金额与受让的对象（包括负债）金额不一致的情形，确定应纳税所得额成为难题；最后，如果参照股权转让办法征收，将存在重复征税问题。

因此，公司股权转让与合伙份额转让之间存在本质的区别，自然人转让合伙份额不能简单套用股权转让相关财税政策。

1.2 总局公告〔2011〕41 号文能够用于合伙企业份额转让吗？

现实情况是，大部分观点认为，自然人转让合伙企业份额属于“财产转让所得”，如蔡桂如和许华鑫（2017）持有这一观点②。2011 年 7 月 25 日，《关于个人终止投资经营收回款项征收个人所得税问题的公告》（总局公告〔2011〕41 号）明确规定：个人因各种原因终止投资、联营、经营合作等行为，从被投资企业或合作项目、被投资企业的其他投资者以及合作项目的经营合作人取得股权转让收入、违约金、补偿金、赔偿金及以其他名目收回的款项等，均属于个人所得税应税收入，应按照“财产转让所得”项目适用的规定计算缴纳个人所得税。不少税务机构认为：（1）份额转让属于终止投资情形；（2）41 号公告中所称的企业包括合伙企业；（3）份额转让收入属于其他名目收回的款项，等等。故此，该文件被税务机构广泛用于对合伙企业财产份额转让征收个人所得税的理由。

然而，实践中也有诸多争议：（1）由于按照 41 号公告的做法，财产转让所得以转让收入减去投资成本后的差额计算应纳税所得税，可能导致对以前年度留存收益重复征税；（2）“财产”的定性偏颇。王骏（2018）认为，合伙企业是一个实体，但是合伙企业合伙人拥有的不是股权，而是权益份额，其计税原值确认方式完全不同。41 号公告涉及的股权转让可以针对某个企业的投资终止、转让、退出，也包含不构成企业主体属性的合作项目，但是，是否可以用于合伙企业财产份额转让，似乎依据并不充分。他认为，应该结合《合伙企业法》《个人所得税法》等法律的相关规定，从财产转让的标的“财产”角度进行论证。

---

① 袁松涛．关于自然人转让股权与转让财产份额税收管理差异的探讨．网络文章，2017 年 9 月 13 日。

② 蔡桂如，许华鑫．关于企业向个人支付“合伙企业份额”转让款——个税纳税地点的浅析．网络文章，2017 年 10 月。

1.3 转让合伙份额可以看作清算和再投资吗？

正如前面阐述的，也有学者站在法律责任的角度，认为自然人转让合伙企业份额，转让所得不确定，属于一般的概况承受债务，这和一般意义上的财产转让的财产金额固定以及不承担连带责任的特征具有本质区别，因此，应该按照“个体工商户的生产经营所得”（5%—35%）缴纳个人所得税。

黄河和吴来成（2018）认为，基于合伙企业的人合性质，可将转让过程分为3步：（1）投资者收回投资、注销清算其财产份额；（2）将投资转让给新的投资者；（3）新投资者将资产重新注入合伙企业。因此，转让的财产份额对应的公允价值，扣除财产份额对应的清算费用、损失、负债、以前年度留存的利润后，超过实缴资本的部分，应按照“个体工商户的生产经营所得”项目征税①。他们给出了3点理由：（1）转让合伙企业财产份额，适用“个体工商户的生产经营所得”项目的部分，比适用“财产转让所得”更具确定性，由于转让财产份额取得收入不一定高于公允价值；（2）按照“财产转让所得”采用代扣代缴的源泉扣缴模式，可能存在税款流失风险；（3）个人转让合伙财产份额，其本质是收回投资，对自然人投资者而言，其知晓合伙企业的生产经营情况和转让收入，由其自行申报是合适的，可以避免少报和漏报问题。同时，也符合国务院关于优化营商环境和深化“放管服”改革的部署要求，还权于纳税人，还责于纳税人。

针对合伙企业清算的税务处理，财税〔2000〕91号第十六条明确，企业进行清算时，投资者应当在注销工商登记之前，向主管税务机关结清有关税务事宜。企业的清算所得应当视为年度生产经营所得（5%—35%），由投资者依法缴纳个人所得税。前款所称清算所得，是指企业清算时的全部资产或者财产的公允价值扣除各项清算费用、损失、负债、以前年度留存的利润后，超过实缴资本的部分。例如，福建省地税局曾做过类似答复。2015年2月14日，福建地方税务局留言信箱，有纳税人针对合伙企业的合伙人转让份额是否征收个人所得税提问，省级所得税处给出的答复是：“根据《关于印发〈关于个人独资企业和合伙企业投资者征收个人所得税的规定〉的通知》（财税〔2000〕91号）规定，个人独资和合伙企业自然人投资者按照‘个体工商户生产经营所得’项目征收个人所得税，独资企业变更投资人或合伙企业合伙人退伙等自然人投资者退出生产经营的情形，不适用总局〔2014〕67号公告的规定，应按照财税〔2000〕91号进行清算。”

1.4 2018年个税改革后，真的尘埃落定了吗？

2018年12月22日，《个人所得税法实施条例》发布，其中第六条第八款明确规定：“财产转让所得，是指个人转让有价证券、股权、合伙企业中的财产份额、不动产、机器设备、车船以及其他财产取得的所得。”这基本意味着将转让合伙企业份额定性为“财产转让所得”，是否真的意味着争议事项尘埃落定呢？还有哪些事项有待解决呢？我们在后文还将进一步分析。

笔者预计，将合伙企业份额转让认定为“财产转让所得”的话，可能存在一定的避税

---

① 《中华人民共和国个人所得税法》（2018年8月31日修正），明确将“生产经营所得”调整为“经营所得”。

空间。笔者曾经碰到一位私募投资基金的管理人咨询过类似问题，经过适当处理后，具体表述如下：

2016 年 5 月 10 日，自然人 A、法人投资者 B 各出资 1000 万元（各占 50%），通过投资设立合伙型私募基金 M，M 将 2000 万元资金投资到拟上市公司 N，占股权比例约 5%，不具有重大影响。2018 年 1 月初，N 公司成功在主板上市。2019 年 1 月初，该股票评估增值至 5000 万元，可以解禁并流通。在会计处理上，私募基金 M 持有的 N 公司的股票采用历史成本计量，合伙企业 M 层面不存在生产经营所得，因而，自然人 A 也不会调整资产的计税基础。退一步讲，即使按照《私募投资基金非上市股权投资估值指引（试行）》（2018）的规定，私募基金 M 会根据公允价格调整持有的 N 公司的账面价值，也只是存在会计和税法之间的差异，自然人 A 也不会调整持有的 M 私募基金份额的计税基础。那么，如果私募基金 M 直接出售股权，对于自然人 A 而言，预计将按照“经营所得”适用 35% 的税率缴纳个人所得税（当然，不排除有地方出台优惠政策，按照 20% 缴纳，此处我们不予讨论）；如果自然人 A 经过一定隐蔽渠道，将持有的合伙份额转让给另外一个有关联关系的合伙人 A1 时，则按照“财产转让所得”征收 20% 的个人所得税，相比而言，后者税负肯定是偏低一些。

前述做法的税务风险在哪里呢？根据《个人所得税法》（2018）第八条的规定，“有下列情形之一的，税务机关有权按照合理方法进行纳税调整：…（三）个人实施其他不具有合理商业目的的安排而获取不当税收利益”。笔者认为，如果税务局基于此一般反避税条款进行纳税调整的话，才是企业应该注意的潜在风险。

接下来，我们将对自然人合伙人持有的合伙企业份额的计税基础调整、转让合伙份额的纳税方式和地点等问题展开探讨。

2. 自然人持有合伙企业份额的资产计税基础，需要动态调整吗？

笔者发现广州、常州等地曾出台了地方规定，对转让合伙企业份额如何缴纳个人所得税进行明确。广州市地方税务局《个人所得税若干征税业务指引（2010 年）》（穗地税函〔2010〕141 号）第四条明确规定：“个人独资企业和合伙企业投资者转让其在企业财产份额，应以其转让收入额减除财产原值和合理费用后的余额为应纳税所得额，按照‘财产转让所得’项目适用 20% 税率缴纳个人所得税。对合伙企业投资者退伙时分得的财产份额，比照前款规定计征‘财产转让所得’项目个人所得税，但在计算投资者应纳税所得额时，可扣除被投资企业未分配利润等投资者留存收益中所分配金额。”同时，2011 年 2 月 28 日，常州市地方税务局法规处发布的《常州市地税局第 25 期政策解读合伙企业有关问题》第 4 条规定：“个人独资合伙企业投资者（合伙人）转让其持有的该企业出资份额，是否适用国税函〔2009〕285 号文件[①]，投资人或合伙人是否应当缴纳个人所得税？答复：个人独资合伙企业投资者转让出资份额，应根据‘转让收入’减除转让者的‘原始出资成本’及其‘对应的留存收益’和相关税费后的余额，按‘财产转让所得’税目征收个人

① 国税函〔2009〕285 号已经废止，总局公告〔2014〕67 号已更新替代。

所得税。”我们发现，由于在财税〔2008〕159号文“先分后税”的基本原则①约束下，即使合伙企业没有实际分配，其自然人合伙人也应该按照季度或者月度缴纳个人所得税。但是，广州和常州等地均先后明确，在退伙或转让合伙份额环节，可以扣除被投资企业未分配利润（实际已经纳税）等留存收益，否则会导致自然人投资者重复纳税，这些做法无疑是值得肯定的。具体做法是：（1）由于未分配利润等留存收益，并未实际分配，但是自然人投资者已经按照“先分后税”的纳税原则，缴纳了个人所得税，可以先按照分配比例调整各个合伙人持有的合伙份额的计税基础；（2）合伙企业实际分配红利时，再由各个合伙人调减资产计税基础。我们发现，美国《国内收入法典》中所涉及的内部计税基础和外部计税基础的做法，也有类似的规定②。由此可见，从广州和常州等地的地方口径、美国《国内收入法典》的做法来看，调整自然人合伙人持有的合伙企业份额的资产计税基础是非常合理的，能够有效地避免重复征税问题。

此外，如果合伙人转让合伙企业的份额时，存在溢价或者折价的情况下，可能也会调整新合伙人持有合伙份额的计税基础。例如，自然人M将转让其持有合伙企业A的份额（计税基础：3亿元），简化起见，合伙企业A将3亿元全部投资于非上市公司K，同时，合伙企业层面不存在生产经营所得，现在，自然人M将合伙份额作价5亿元转让给自然人N，则自然人合伙人持有的合伙企业份额的计税基础调整为5亿元。

总结而言，合伙企业取得和实际分配收益环节、合伙人转让合伙企业份额环节，均涉及合伙人调整资产的计税基础，以便将来按照“财产转让所得”项目，正确、合理地计算应纳税所得额。

3. 自然人转让合伙份额的纳税地点和申报方式在哪里？

对自然人转让合伙份额的定性差异，影响纳税地点的选择，具体如下：

3.1 采取“个体工商户的生产经营所得”的自主申报模式

如果采取“个体工商户的生产经营所得”的自行申报模式，自然人转让合伙份额的，由自然人投资者向合伙企业实际经营管理所在地主管税务机构申报缴纳个人所得税，有利于加强税源管理。依据《个体工商户个人所得税计税办法》（2014）第四条的规定：个体工商户以业主为个人所得税纳税义务人。同时，财税〔2008〕159号第二条也明确规定：合伙企业以每一个合伙人为纳税义务人。合伙企业合伙人是自然人的，缴纳个人所得税；合伙人是法人和其他组织的，缴纳企业所得税。总局〔2014〕67号虽然不适合合伙企业，但是其第十九条明确规定：个人转让股权所得以被投资企业所在地税务机关为主管税务机

① 财税〔2008〕159号第三条明确：“三、合伙企业生产经营所得和其他所得采取‘先分后税’的原则。前款所称生产经营所得和其他所得，包括合伙企业分配给所有合伙人的所得和企业当年留存的所得（利润）。”

② 内部计税基础指合伙企业对于其资产的计税基础；外部计税基础是合伙人对于其合伙权益的计税基础，包括：计税资本账户（所有者权益）和合伙负债份额。通常情况下，合伙人的外部计税基础数额等于合伙企业的内部计税基础，与此同时，美国税法有专门规则（《国内收入法典》第754节：关于合伙企业财产分配的相关规定）协调内外计税基础不一致问题。

关。这一规定，在税源管理方面有较好的借鉴意义。随着2018年12月《个人所得税法实施条例》对合伙份额转让的定性，预计采取“个体工商户的生产经营所得”的自主申报模式也将戛然而止。

3.2 采取“财产转让所得”的代扣代缴模式

如果采取“财产转让所得”的代扣代缴模式，根据《关于个人终止投资经营收回款项征收个人所得税问题的公告》（总局公告〔2011〕41号）第二条规定：“本公告有关个人所得税征管问题，按照《关于加强股权转让所得征收个人所得税管理的通知》（国税函〔2009〕285号）执行。”其中，285号文第三条明确，个人股东股权转让所得个人所得税以发生股权变更企业所在地地税机关为主管税务机关。纳税人或扣缴义务人应到主管税务机关办理纳税申报和税款入库手续。主管税务机关应按照《个人所得税法》和《税收征收管理法》的规定，获取个人股权转让信息，对股权转让涉税事项进行管理、评估和检查，并对其中涉及的税收违法行为依法进行处罚。然而，自2015年1月1日起，总局公告〔2014〕67号将国税函〔2009〕285号废止了。67号公告第十九条规定：个人股权转让所得个人所得税以被投资企业所在地地税机关为主管税务机关。但是，67号公告第二条特别强调不适合合伙企业。

那么，针对自然人转让合伙份额的纳税地点和申报方式问题，最终将适用《个人所得税法》（2018）的相关规定。根据《个人所得税法》（2018）第九条的规定，由支付所得的单位或个人为扣缴义务人。与此同时，《个人所得税扣缴申报管理办法（试行）》（国家税务总局公告〔2018〕61号）第二条和第四条分别规定，扣缴义务人应当依法办理全员全额扣缴申报，实行个人所得税全员全额扣缴申报的应税所得包括财产转让所得。扣缴义务人向个人支付应税所得时，应当在代扣税款的次月15日内，向主管税务机关报送其支付所得的所有个人的有关信息、支付所得数额、扣除事项和数额、扣缴税款的具体数额和总额以及其他相关涉税信息资料。因此，从国家税务总局公告〔2018〕61号文分析来看，自然人转让合伙企业财产份额的个人所得税应由扣缴义务人（即接受合伙企业份额的单位或个人）向其主管税务机关代扣代缴个人所得税。然而，支付所得的单位或个人为扣缴义务人，由其所在地主管税务机关负责管理，当前征管难度较大，这受到多方面因素制约：第一，支付所得一方可能不容易掌握合伙份额的计税基础。第二，虽然《个人所得税法》（2018）第九条明确，以支付所得的单位或者个人为扣缴义务人，但是从短期来看，受让方为自然人投资者时，其主观纳税意识或者扣缴意识还相对薄弱。除此之外，如果自然人将合伙份额转让给资管产品，虽然在2018年10月发布的《个人所得税法实施条例》（征求意见稿）（2018）第三十二条最后一款中明确，“国务院税务主管部门可以指定掌握所得信息并对所得取得过程有控制权的单位为扣缴义务人”，但是，在2018年12月22日发布的正式稿中删除了该条款规定。因此，目前并没有明确资管产品的管理人对个人所得税有代扣代缴义务。第三，扣缴义务人在合伙企业所在地的税务机关缴纳，还是在自身税务机关所在地缴纳也不太明确，正和本文在前面文中所分析的，同样存在纳税申报地点的困境，当然，笔者倾向于按照国家税务总局公告〔2018〕61号的规定，扣缴义务人（即接受合伙企业份额的单位或个人）向其主管税务机关代扣代缴个人所得税。

与此同时，对于自然人转让合伙企业份额的情形，如果扣缴义务人没有扣缴税款，自然人需要主动纳税申报。根据《关于个人所得税自行纳税申报有关问题的公告》（国家税务总局公告〔2018〕62 号）第三条“取得应税所得，扣缴义务人未扣缴税款的纳税申报”第（三）款规定，纳税人取得利息、股息、红利所得，财产租赁所得，财产转让所得和偶然所得的，应当在取得所得的次年 6 月 30 日前，按相关规定向主管税务机关办理纳税申报，并报送《个人所得税自行纳税申报表（A 表）》（格式详见国家税务总局 2019 年 7 号公告附件 3）。

此外，笔者建议，为解决合伙企业、原来合伙人和新的合伙人三方均不管个人所得税的问题，可以借鉴《中华人民共和国个人所得税法》（2018）第十九条的规定，个人转让股权办理变更登记的，市场主体登记机关应当查验与该股权交易相关的个人所得税的完税凭证。虽然这一规定，仅针对个人转让股权实施个人所得税前置，并没有对个人转让合伙份额作出类似的规定。但是可以借鉴相关规定，个人转让合伙企业财产份额的，合伙企业所在地的登记机关将来也可查验与该财产份额交易相关的个人所得税的完税凭证。

因此，自然人转让合伙企业份额，自 2019 年 1 月 1 日起，明确按照“财产转让所得”项目征收个人所得税，还是有诸多实际操作问题有待政策明朗。

参考文献：

［1］王骏．税收上那个张冠李戴的事终于要被纠正了．《中国财税浪子》微信公众号，2018 年 10 月 29 日．

［2］黄河，吴来成．个人转让合伙企业财产份额如何纳税．中国税务报，2018 年 9 月 26 日．

［3］蔡桂如，许华鑫．关于企业向个人支付“合伙企业份额”转让款——个税纳税地点的浅析．网络文章，2017 年 10 月．

［4］袁松涛．关于自然人转让股权与转让财产份额税收管理差异的探讨．网络文章，2017 年 9 月 13 日．

［5］高亚军．合伙人转让合伙企业份额所得税征管问题［J］．税务研究，2014（04）：78 – 83.

第三部分
金融、经济和贸易专题

REITs 融资模式的跨国/跨地区比较研究

邓建平　查秀珠[①]

房地产投资信托基金（Real Estate Investment Trusts，REITs）起源于美国，发展至今已经有近 60 年的历史。REITs 不仅具有回报率高、流动性强、风险适中等特点，很多国家还就 REITs 发布了相关的税收优惠政策，因此，REITs 在全球范围获得了较大的发展。根据美国 Nareit 网站的数据，目前全球已经有 39 个国家和地区对 REITs 进行专项立法，截至 2018 年年底，全球的 REITs 资产规模达到 1.7 万亿美元。近年来，在我国境内发展 REITs 的呼声越来越高，有关部门也出台政策鼓励 REITs 试点，但是相关的法律制度规定尚未完善，REITs 的基本运作模式尚未标准化，因此我国 REITs 发展仍处于萌芽期，在多个方面需要借鉴各国/各地区 REITs 发展的成功经验。美国 REITs 市场发展最为成熟，日本、新加坡和香港的 REITs 市场也基本成熟，本文主要分析了美国、日本、新加坡和中国香港等国家和地区 REITs 发展的制度背景和运作模式，并基于以上两个角度在不同国家间进行对比和分析，以期为我国 REITs 市场的发展提供参考借鉴。

1. 美国 REITs 的发展情况

1.1　美国 REITs 发展的制度背景

REITs 的前身是商业信托，于 19 世纪 50 年代在美国马萨诸塞州波士顿设立。当时的产业革命给马萨诸塞州人带来巨大的财富，拥有闲置资金的人们开始筹划将钱投入房地产行业，但是由于房地产的投资门槛较高，人们便寻求别的工具来投资于房地产。当时的法律规定，公司除特殊情况外不可以拥有房地产。商业信托的设立可以满足法律的要求，它不具有公司的形式，但实质上具有公司相同的权利，而且还可以避免缴纳企业所得税，成为躲避公司所得税的有利工具，因此商业信托迅速在美国各州扩张发展。1929 年，美国经济大萧条阻碍了商业信托的发展，房地产行业也受到了很大的影响，严重损害了美国居民的利益。为了改善现状，经过信托公司的不断努力，美国国会迫于压力，在 1960 年颁布了《国内税收法典》，规定了有关 REITs 的法律条文，开创了美国以及全球 REITs 发展的

① 邓建平系厦门国家会计学院教授；查秀珠系厦门国家会计学院研究生。

新纪元。

REITs在美国的发展经历了摸索期、规范期、衰退期和调整发展期4个时期，各时期具体特点如表1所示。

表1　　美国REITs发展历程

时间	阶段	关键事项
1960—1966年	摸索期	•《国内税收法典》的颁布，开创美国乃至全球REITs新纪元 • 享受税收优惠，可以避免双重征税 • REITs投资经营受限制较多，如只能设立权益型REITs，REITs的基础资产禁止主动转让等 • 由于限制较多，REITs相比其他产品吸引力较低 • 截至1966年，在美国资本市场流通的仅38只REITs产品
1967—1974年	规范期	• 允许设立抵押型REITs，利用贷款利息获取收益 • 相较银行储蓄等方式，利率水平不受法律限制 • 混合型REITs诞生，REITs的总数和资产量快速增长，从1967年的5只发展到1974年的96只
1975—1985年	衰退期	• 1975年美国经济出现衰退，房地产供给过剩，市场利率上升 • 房地产行业泡沫破灭，REITs也出现衰退态势 • 房地产商利用资金短贷长投，"拆东墙补西墙"，由于市场利率上升，最后资金链断裂，宣告破产 • 抵押型REITs由于法律限制缺乏灵活性，对市场变化反映不及时，不足逐渐显现，在金融市场逐渐失去吸引力
1986年至今	调整发展期	• 1986年美国《税制改革法案》颁布，对REITs的税收政策和管理制度进行了较大幅度的调整 • 允许REITs拥有和经营管理大部分商业房地产，放宽REITs的内部管理权，降低委托代理风险 • 权益型REITs大幅增长，在1993—1995年间，总规模从260.82亿美元增加到499.13亿美元 • REITs行业开始专业化发展，REITs间出现并购活动；全球金融危机后，REITs的增值保值能力逐渐显现 • 权益型REITs突破千亿美元大关，加速发展

资料来源：自行整理。

表2展示了1971—2018年间，美国股票市场上各种类型的REITs的规模和市场价值。可以看出，相比20世纪70年代权益型REITs和抵押型REITs并重的局面，后期权益型REITs在市场中占据主导地位。权益型REITs的崛起开始于1993年，经历了1975年的经济衰退和1986年的《税制改革方案》颁布后，抵押型REITs"短贷长投"的弊端显现，导致多家房地产公司破产，权益型REITs则在经济衰退中展现了良好的增值和保值功能，逐渐受到投资者的青睐。截至2018年年末，权益型REITs市值总额为9803.15亿美元，约占REITs市场总价值的94%。

表 2 **1971—2018 年 REITs 规模和市场价值** 单位：百万美元

年份	REITs总数	总市场价值	权益型REITs	市场价值	抵押型REITs	市场价值	混合型REITs	市场价值
1971	34	1494.3	12	332.0	12	570.8	10	591.6
1976	62	1308.0	27	409.6	22	415.6	13	482.8
1981	76	2438.9	36	977.5	21	541.3	19	846.8
1986	96	9923.6	45	4336.1	35	3625.8	16	1961.7
1991	138	12968.2	86	8785.5	28	2586.3	24	1596.4
1996	199	88776.3	166	78302.0	20	4778.6	13	5695.8
2001	182	154898.6	151	147092.1	22	3990.5	9	3816.0
2006	183	438071.1	138	400741.4	38	29195.3	7	8134.3
2011	182	154898.6	151	147092.1	22	3990.5	9	3816.0
2016	224	1018729.9	184	960192.8	40	58537.1	—	—
2018	226	1047641.3	186	980314.9	40	67326.4	—	—

1.2 美国 REITs 的运作模式

美国 REITs 在设立条件上有组织结构、股权结构、资产结构和收入结构 4 个方面的要求，具体如表 3 所示。

表 3 **美国 REITs 设立条件**

核心点	主要要求
组织结构	• 必须采用公司、商业信托或者协会的组织形式 • 必须由一个或多个董事或者受托人进行管理 • 征税时视为国内公司法人，不属于金融机构和保险公司
股权结构	• 股票或者收益凭证可以流通转让 • 至少有 100 名股东 • 有 5 名或者 5 名以下的个人持有至少 50% 的股份
资产结构	• 公司必须将其资产总额的 75% 以上投资于房地产 • 除政府证券外，REITs 持有单个发行人的证券不得超过总资产的 5%，不得超过发行人已发行有投票权证券余额的 10%
收入结构	• 至少 75% 的总收入来自房地产租金 • 收益来源的 90% 以上必须来源于抵押贷款、房地产融资或者房地产处置收益，从其他 REITs 投资中取得的收益等

资料来源：自行整理。

此外，根据 NAREIT 网站的资料，美国 REITs 关于基础资产的要求比较严格，主要体现在以下几方面：

1. 资产类型和资产权属：已经签订租约的成熟商业地产等经营性资产，且资产的权属完整，不存在经济或者法律纠纷，应充分披露资产上的抵押权等项目权利；

2. 租金收益率：资产租金的收益率需要大于 10%；

3. 经营性标准：出租的基础资产应该运营满 2 年，出租率需要超过 80%，零散出售比率不超过资产总面积的 5%，并充分披露；

4. 资产特征：资产所处的位置需要相对核心，要求为一、二级城市核心位置且为商圈的代表项目。资产后期资本性开支、融资支出的可能性不大，物业客户的质量需要有保障。同时物业的管理质量要求较高，能够带来租金上涨的收益。

这些严格的要求保证了 REITs 所依托的基础资产能够产生稳定的现金流，具有增值和保值的功能，保障投资者的权益。虽然美国对于 REITs 的基础资产有较严格的要求，但是由于 REITs 在美国可以享有较大的税收优惠，因此美国 REITs 得到了大规模的发展。

美国 REITs 的运作模式比较典型，随市场需求而变化，具有多元化趋势。目前市场上通常采用的有：有限合伙型、伞形 REITs 和伞形多重合伙 REITs。

1. 有限合伙型。有限合伙型 REITs 是 20 世纪 80 年代美国 REITs 的主导模式，与有限合伙公司相似，由一位普通合伙人发起成立 REITs 并集中其他合伙人的资金，按照信托合约的规定将资金投资于房地产。有限合伙型 REITs 的关键点是由主要合伙人对基金债务承担无限责任，有限合伙人以其出资额为限承担连带责任。因此这种模式的优势在于：主要的合伙人需要承担的风险较大，因此由其负责投资运营和管理，不存在由于委托代理关系产生的道德风险和逆向选择问题，可以降低风险。

2. 伞形房地产投资信托基金（Umbrella Partnership REITs，UPREITs）。其是在有限合伙型 REITs 基础上发展起来的，于 1992 年成立。由于新设立的 UPREITs 能够较快达到上市的资产规模，因此在 1993—1994 年间美国出现了 IPO 热潮。

在 UPREITs 结构中，多名拥有房地产的合伙人共同设立一个有限合伙公司，并将房地产转让给有限合伙公司，以获取代表有限合伙权益的权益凭证，在设立有限合伙公司的同时采用公募方式设立 REITs，公募 REITs 利用筹集的资金向有限合伙企业出资并获取权益凭证，成为普通合伙人。有限合伙公司成立一段时间后（通常是 1 年），有限合伙人可以向 REITs 将权益凭证转换为 REITs 股份或者现金，转换后 REITs 的资产包中将包含较大的合伙权益。根据美国相关政策的规定，有限合伙人以房地产出资换取权益凭证时，无须纳税，只有在合伙人将权益凭证与 REITs 转换时才需要纳税。因此，UPREITs 具有延迟纳税的优势。此外，通过聚集多名拥有房地产的合伙人，可以让 REITs 迅速达到上市融资的资产规模要求。UPREITs 的运作过程如图 1 所示。

3. 伞形多重合伙房地产投资信托基金（DOWN REITs）。伞形多重合伙房地产投资信托在 UPREITs 的基础上进行创新，拥有多家房地产经营合伙公司，可以大规模吸收新的房地产所有者，并与其组成多个有限合伙企业，从而进一步扩大资产的规模，谋求上市融资并获取规模效益。在 DOWN REITs 结构中，REITs 可以成为多个有限合伙公司的普通合伙人，持有多家公司的 OP 单位（图 2）。

在该模式下，REITs 既可以以房地产投资信托的形式拥有房地产资产，也可以以合伙公司的形式拥有资产，因此相较 UPREITs，该模式具有更大的灵活性，但是在经营管理以及相关决策方面，会耗费更多的时间和精力。

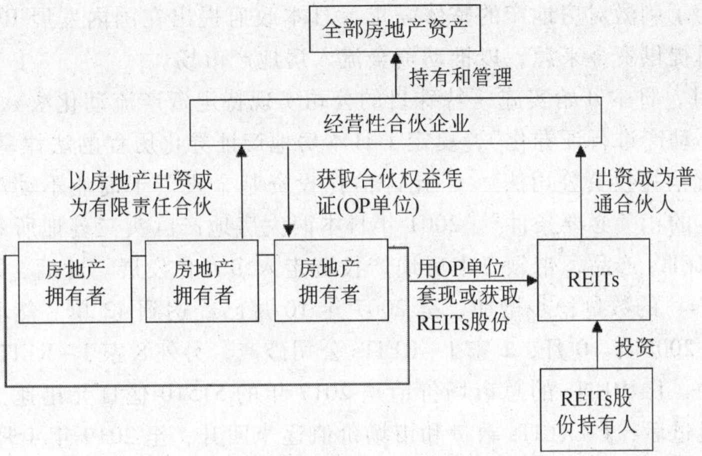

图 1　UPREITs 交易结构

资料来源：自行整理。

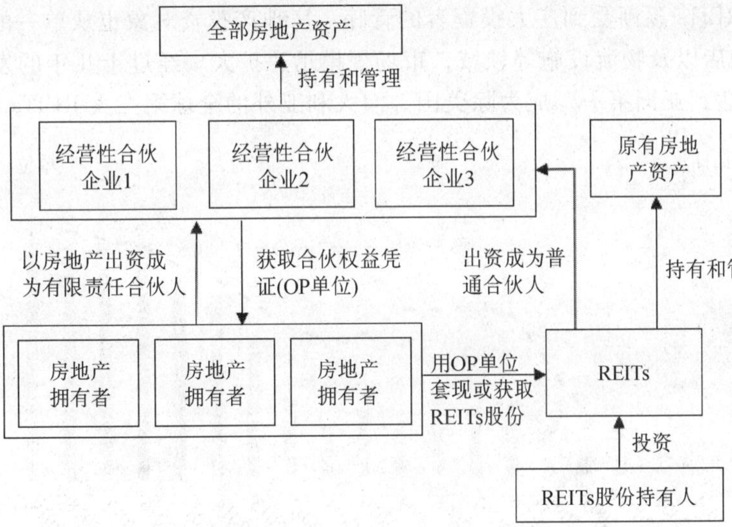

图 2　DOWN REITs 交易结构

资料来源：自行整理。

2. 日本 REITs 的发展情况

2.1　日本 REITs 发展的制度背景

20 世纪 80 年代，"广场协议"签订后，日元升值导致国内资金量急速扩张，很多的资金流入房地产行业，带动房地产行业迅猛发展，渐渐的供大于求形成房地产泡沫，也导致日本国内的经济泡沫急剧扩大。在房地产行业泡沫破灭后，日本整体经济出现长期的停滞。90 年代中期短暂的政策刺激过后，日本经济再次进入负增长，房地产市场也长期处于低迷状态。为了刺激对房地产的整体需求，日本政府提出在国内发展 REITs，为新开发的商业地产项目提供资金来源，以推动资金流入房地产市场。

1998 年 9 月，日本开始实施《特殊目的公司实现特定资产流动化法》，规定“特殊目的公司可以用不动产进行证券化”，奠定了日本房地产证券化历程的法律基础。2000 年 11 月日本修改了《信托投资公司法》，“允许信托投资基金投资于商业不动产领域，并明确要求成立 REITs 的相关必要条件”。2001 年日本两大房地产巨头三菱地所和三井不动产分别发起了两单 REITs 产品，带领日本房地产投资走入多元化发展。此后，日本 REITs（以下简称 J－REITs）的数量稳步增加，至 2007 年 10 月已经达到 42 单。然而，在全球金融危机的影响下，2008 年 10 月，1 家 J－REITs 公司破产，另外 8 家 J－REITs 公司或合并或被其他公司收购，J－REITs 的总市场价值从 2017 年的 51510 亿日元迅速下滑到 27381 亿日元。金融危机过后，J－REITs 数量和市场价值逐步回升，至 2019 年 4 月市场上共有 63 单 J－REITs 产品。图 3 反映了 J－REITs 2001—2019 年的数量和市场价值变化情况。

由于 J－REITs 为传统的物业持有者和房地产商退出项目提供了有效的退出渠道，降低了资产的投资回收期，为中小投资者提供了以房地产为基础的投资工具，并具有税收优惠，因此，J－REITs 逐渐受到广大投资者的青睐。房地产投资对象也从单一的写字楼扩展到商业地产、酒店以及物流设施等领域，市场规模迅速扩大。经过十几年的发展，J－REITs 的规模已经达到亚洲第一，成为除美国、澳大利亚外的全球第三大 REITs 市场。

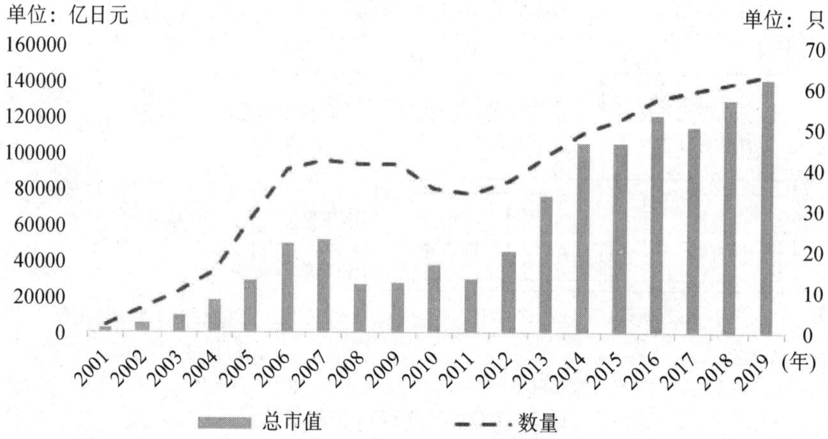

图 3　2001—2009 年 J－REITs 数量和市值

资料来源：JAPAN－REIT 网站。

2.2　日本 REITs 的运作模式

J－REITs 借鉴了美国 REITs 的形式，组织结构上不仅可以采用信托契约的形式，还可以成立资产投资公司。由于采用信托契约形式的 REITs 管理成本相对较高，公司型 REITs 更有长期发展和投资价值，因此 J－REITs 大多以公司形式成立。根据日本相关法律制度要求，J－REITs 的设立条件如表 4 所示。

表 4 **J－REITs 设立条件**

核心点	主要要求
组织结构	• 必须是封闭式，采用公司制 • 财年末，至少有 50 名投资者 • 起初的流通股至少超过 4000 份，前十大份额持有者持有份额之和不得超过总份额的 75%，剩余份额持有者总人数必须超过 1000 人 • 资产管理必须外包给资产管理人，资产托管功能必须外包给托管公司
资产要求	• 净资产必须超过 10 亿日元，总资产必须超过 50 亿日元 • 总资产中至少 70% 投资于房地产直接相关资产 • 资产总额中 50% 以上可以投资于房地产的投资公司股票、证券等
收益要求	• 至少 50% 的房地产资产必须产生收益
红利分配要求	• 要想获得所得税免除优惠，必须将不少于 90% 的可分配利润进行分红

资料来源：自行整理。

J－REITs 的运作过程如图 4，具体的运作流程如下所示：

1. J－REITs 发起人将其持有的土地和建筑物分售给投资者，投资者向其支付相应的价款，并将持有的不动产委托给信托银行进行管理，同时信托银行向投资者发行收益凭证；
2. 房地产信托投资公司对房地产产权信托进行经营管理；
3. 信托银行将全部房地产租赁给房地产开发企业，并收取租赁费用；
4. 房地产开发企业可以将房地产转租获取租赁费用；
5. 信托银行将税后收入中不低于 90% 的部分作为红利分配给投资者；
6. 信托银行也可以在市场上出售房地产，取得的对价按照投资比例分配给投资者。

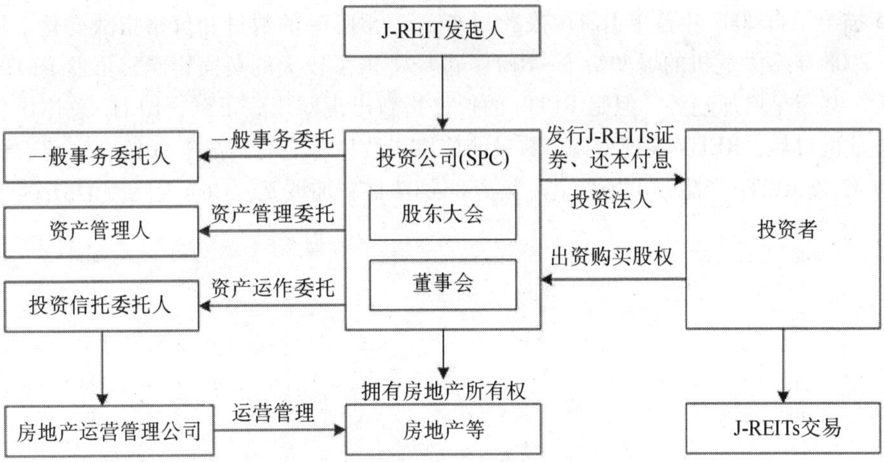

图 4　J－REITs 的交易结构

资料来源：东京证券交易所官方网站。

综上所述，与美国 REITs 不同的是，在 J－REITs 中原始权益人不动产的出售对象是投资者，信托银行接受投资人的委托而发行 REITs 来获取资金进行投资，并对投资者受让的不动产进行管理。从这个角度来说，信托银行与投资者之间存在着多重委托代理关系，可能存在一定的风险。

3. REITs 在新加坡的发展状况

3.1 新加坡 REITs 发展的制度背景

自 20 世纪 80 年代起，新加坡的房地产行业便对 REITs 表现出浓厚的兴趣。1985 年，新加坡出现经济衰退，房地产市场也陷入低迷。1986 年，政府及一些私营机构成立新加坡房地产咨询委员会，提出将 REITs 引入新加坡的金融市场。1997 年的东南亚金融危机，给新加坡房地产市场造成了很大的影响。当时新加坡的金融体系和亚洲国家普遍情况类似，实体经济过度依赖银行贷款，带来系统性风险。为了有效解决者这一困境，新加坡政府开始为资本密集型产业寻找新的融资渠道。1997 年，新加坡证券交易所审核委员会提出设立新加坡房地产投资信托基金，1999 年，新加坡金融管理局颁布《房地产信托指引》，标志着新加坡 REITs（以下简称 S－REITs）的正式起步。

2001 年，新加坡政府颁布了《证券和期货法》，与随后的《证券期货法则》《新加坡公司法》《财产信托指引》等法律法规共同规范了 REITs 的运营和管理。S－REITs 的一大特点是法律允许其拥有离岸资产，根据新加坡证券交易所的数据，超过 75% 的 S－REITs 在亚太地区、南亚和非洲等地拥有离岸资产。2006 年 12 月 8 日在新加坡交易所主板上市的凯德商用中国信托便是我国首单在新加坡上市的 REITs 产品，以中国境内的资产为标的进行上市发行。S－REITs 自 2002 年推出以来，至今已经涉及房地产的多个领域，包括零售、住宅、写字楼、工业、酒店以及医院。目前的规模在亚洲排名第二。在股息派发率方面，新加坡的年化股息派发率在 6.4% 左右，领先于日本和中国香港市场，且长期维持稳定。

图 5 描绘了自 2002 年首单 REITs 发行以来，S－REITs 的数量和价格指数变化。从图中可以看出，2008 年金融危机的爆发给 S－REITs 市场带来了较大的负面影响，虽然 REITs 的数量变化不大，甚至呈增加趋势，但是 REITs 的价格指数出现断崖式下跌，REITs 总体市值大幅下降。金融危机过后，REITs 表现良好，数量和价格指数稳步上升，截至 2019 年 4 月，S－REITs 市场共有 42 单 REITs 产品，市场价值总额为 884.07 亿新加坡元，约合人民币 4367.04 亿元。

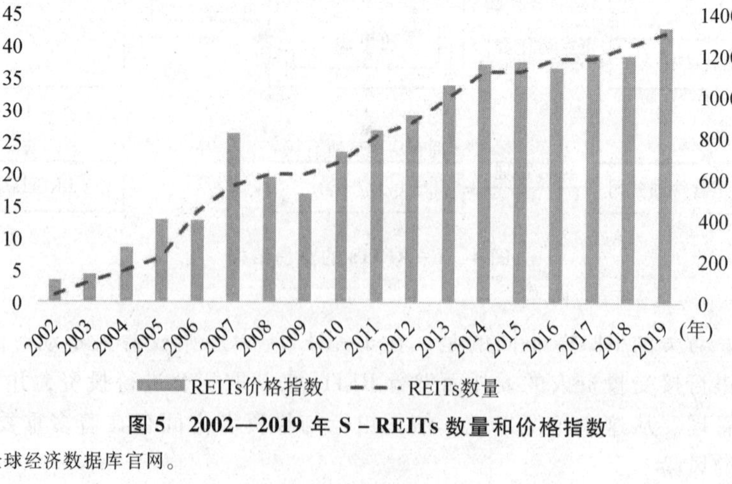

图 5 2002—2019 年 S－REITs 数量和价格指数

资料来源：全球经济数据库官网。

3.2 新加坡 REITs 的运作模式

新加坡相关法律规定了有关 S－REITs 设立的条件，具体包括组织结构、资产要求、收入分配和长期负债等多各方面的要求，具体内容如表 5 所示。

表 5　新加坡 REITs 设立条件

核心点	主要条件
组织结构	• 初始股本最低为 3 亿新加坡元 • REITs 管理人应该在新加坡有实体办公室 • 股东出资最低为 100 万新加坡元 • 至少 25% 的信托单位由至少 500 名自然人投资者持有
资产要求	• 总资产中至少 75% 是房地产或者与房地产有关 • REITs 不能从事或参与房地产开发活动 • 投资于新加坡境外的未开发完成房地产比重不得超过总资产的 20%
收入分配	• 每年 90% 以上税后收入用于分配，转让利得没有最低分红限制
长期负债要求	• 长期负债不能超过资产总值的 35% • REITs 达到相应的评级标准时可以提高到 60%

在税收要求方面，新加坡没有明确的政策规定 S－REITs 可以免征企业所得税，但是允许 S－REITs 向税务部门申请免税资格。如果 S－REITs 免征企业所得税，则投资者需要对投资收益纳税。相较而言，个人投资者可以享受收益免税的税收优惠。

S－REITs 的运行结构（图 6）与标准的 REITs 结构基本相似，不同之处在于 S－REITs 可以介入贷款，因此在发起伊始便需要和银行确定债务融资金额以及银行贷款意愿。债务融资不仅会影响到财务模型的测算，也是 REITs 是否可以成功上市的重点，因此 S－REITs 上市过程中会对债务融资始终保持关注。

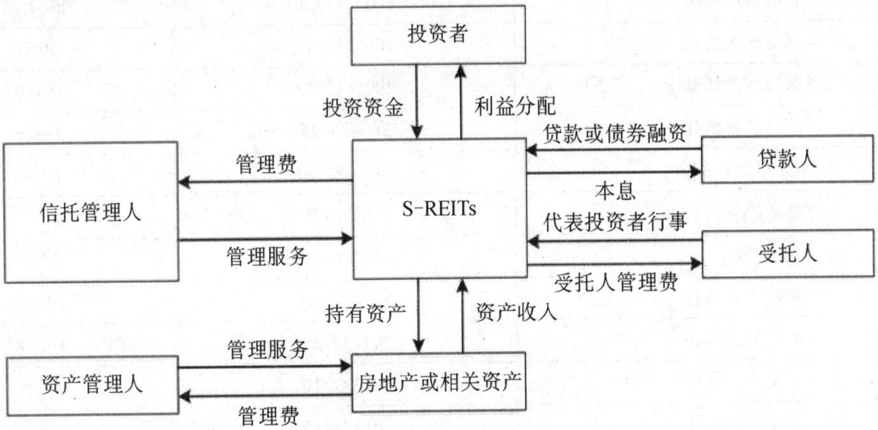

图 6　S－REITs 结构

4. REITs在中国香港的发展状况

4.1 中国香港 REITs 发展的制度背景

20 世纪 90 年代，作为亚洲四小龙之一的中国香港，经济发展加快，人均收入持续攀高，逐渐迈进消费型社会。随着 1997 年爆发亚洲金融危机，中国香港的经济受到冲击，经济开始下行，房价出现大幅下跌，房地产市场中的住宅和商业地产发展缓慢。为了房地产行业的健康发展，中国香港借鉴了美国、日本等国 REITs 的发展经验，结合当地的实际情况，开始在资本市场推出 REITs 产品。

2003 年，香港特区政府在征询社会公众意见的基础上，正式颁布《房地产投资信托基金守则》，对 REITs 的设立条件、组织结构、投资范围和利润分配等做出明确规定。中国香港要求 REITs 必须在香港证券交易所上市，且上市的 REITs 必须聘请一个托管人和基金管理公司分别对资产和 REITs 基金进行专业管理，其中的管理公司必须是受到香港证券及期货事务监察委员会认可的公司。2005 年 3 月 30 日，中国香港发布《关于证监会认可的 REITs 海外投资的应用指引草拟的咨询文件》，将内地房地产业纳入投资范围。2005 年 11 月，第一只 REITs 产品——领汇基金，正式在香港上市，开启香港 REITs（以下简称 H－REITs）市场新纪元。同年 12 月 21 日，广东越秀城建地产 REITs 在港上市，成为内地首只在香港上市的 REITs。H－REITs 与 S－REITs 有很大程度的相似性，都是以信托计划为投资实体，由房地产管理公司和信托人提供专业的服务。截至 2019 年 4 月，H－REITs 市场共有 11 单 REITs 产品，市场价值合计为人民币 3146.1 亿元，表 6 展示了中国香港市场上 REITs 的上市时间和市场价值。

表 6　现有 H－REITs 的上市时间和市值

单位：亿元

名称	上市时间	当前市值
领展房产基金	2005/11/26	1902.6
泓富产业信托	2005/12/16	50.0
越秀房产信托基金	2005/12/21	164.0
冠君产业信托	2006/5/24	386.6
阳光房地产基金	2006/12/21	94.8
富豪产业信托	2007/3/30	80.7
睿富房地产基金	2007/6/22	20.1
置富产业信托	2010/4/20	193.0
汇贤产业信托	2011/4/29	192.2
开元产业信托	2013/7/10	17.5
春泉产业信托	2013/12/5	44.6

资料来源：香港交易所。

4.2 中国香港 REITs 的运作模式

根据香港《房地产信托基金守则》的规定，H－REITs 的设立需要满足组织结构、投资资产、红利分配和长期负债等方面的要求，如表 7 所示。

表 7 现有 H－REITs 设立条件

核心点	主要要求
组织结构	• REITs 需要以信托形式设立，在香港交易所交易 • 可以通过特殊目的实体购买和拥有不动产
资产要求	• REITs 只可以投资于房地产项目 • 禁止投资于空置土地或参与物业发展活动 • 不能投资获得任何须承担无限责任的资产 • 持有每个物业项目至少 2 年
红利分配要求	• 每年须将不少于经审计的税后净收入的 90% 分配给信托持有者
长期负债要求	• 借款总额不得超过 REITs 资产总值的 45%

资料来源：作者自行整理。

H－REITs 和美国 REITs 的区别主要体现在投资的不动产的地理区域、分配要求以及税收优惠等 3 个方面。在投资的地理区域方面：香港特区相关法律规定，REITs 只能投资于香港的房地产，2005 年放宽政策，H－REITs 可以投资于内地的房地产。美国则没有对地理区域进行限制。在分配要求方面，香港特区明确提出，REITs 每年必须以不低于 90% 的税后利润分配给投资者，与税收制度无关。美国的分红政策与税收优惠条款相关，没有严格规定相应的百分比。

H－REITs 的主要特点如下：

1. 专项立法推动，全程严格监督。H－REITs 没有专门的税收优惠，REITs 和房地产公司享受相同的税务待遇，主要是通过专项立法来驱动。要求基金的托管者和资产管理公司之间保持相互独立，一定程度上可以避免资产管理过程中的利益冲突。

2. REITs 类型单一。香港规定 REITs 只能持有物业而不可以提供信贷，因此香港目前仅存在权益型 REITs，暂时无法发行债权型和混合型的 REITs。

3. 采用单一的外部管理模式。由于香港要求所有 REITs 必须都采用外部管理模式，以避免内部人员控制产生的问题，但也会带来新的委托代理风险。

4. 封闭型基金运作模式。H－REITs 规定基金持有人在 REITs 存续期间不能赎回，需持有 REITs 至到期。

综上所述，香港采用的是限制性较强的模式，在一定程度上可以降低风险，但也降低了 H－REITs 的创新性，限制了 REITs 的发展。此外，缺乏税收优惠，间接提高了融资成本，在一定程度上降低了 REITs 的优势。

5. 跨国/跨地区 REITs 融资模式比较分析

5.1 基于制度背景的角度

从上文的介绍可以看到，除了美国以外，日本、新加坡和中国香港 REITs 的发展都是源于经济危机的影响，房地产市场低迷，国内经济亟须提振。相反，美国 REITs 的发展主要是由于民间财富的积累，中小型投资者为了投资于房地产行业，开辟了商业信托模式来规避相关法律的要求。从这个角度来看，美国 REITs 的发展是房地产行业发展的产物，期间结合市场变化适当的进行调整和改变，顺应了市场的需求，经历了市场的成长和衰退，灵活性更高。因此，美国 REITs 的主要职能是投资工具，据统计，有 8000 多万美国人直接或通过交易所投资于 REITs。日本、新加坡和中国香港的 REITs 的发展更多的受益于政府政策的支持和规范，是在借鉴美国 REITs 的基础上，结合自身的相关政策环境进行专项立法，推动 REITs 在本国的发展。因此，日本、新加坡和中国香港的 REITs 主要的职能是融资工具，用以带动本国房地产市场的成长和转型。

美国 REITs 市场是成熟的 REITs 市场，既存在权益型 REITs 又存在抵押型 REITs，更具有多样性；日本、新加坡和中国香港 REITs 则都是权益型 REITs，避免了抵押型 REITs 带来的抵押贷款无法偿还的风险，但也在一定程度上阻碍了 REITs 市场的横向发展。此外，美国市场上公司型和契约型 REITs 并存，日本的 REITs 主要是公司型，新加坡和中国香港的 REITs 则都是契约型，这种区别也是由于各国/各地区的经济发展模式具有较大的差别导致的。

5.2 基于运作模式的角度

对各国/各地区 REITs 的相关设立条件列表如表 8 所示。可以看出，各国/各地区都有明确的法律条文对 REITs 的组织架构、投资标的以及收入分配等方面进行了严格的规定。总体来说，美国 REITs 的发展主要得益于国内税收法律制度的推动，其主要目的在于为中小投资者提供投资于房地产的有效工具。日本、新加坡和中国香港则是在借鉴美国的基础上，根据国情和市场发展程度，在国内推出专项法律制度，规范 REITs 的行为。

表 8　各国/各地区 REITs 设立条件对比

国家/地区	美国	日本	新加坡	中国香港
组织结构	公司	投资公司或投资信托	信托单位或共同基金	信托单位
税收制度	税法	专项立法	专项立法	专项立法
运作模式	复杂	简单	简单	简单
投资于房地产的最低份额	75%	70%	75%	90%
最低分红比例	90%	90%	90%	90%

续表

国家/地区	美国	日本	新加坡	中国香港
负债比例限制	无	无	35%或65%（信用评级较高）	45%
开发投资限制	无	无	不能从事或参与房地产开发活动	禁止
税收优惠	分红有优惠	分红有优惠	分红和交易有优惠	分红无优惠
特殊限制	至少有100名股东	至少50%的房地产资产必须产生收益	至少25%的信托单位由500名自然人投资者持有	持有每个物业项目至少2年

资料来源：作者自行整理。

由于美国REITs具有较长的发展历史，因此其组织结构模式随着市场环境变化而改变，除了上文提到的有限合伙型、UPREITs和DOWN REITs，还有合订式结构和纸夹式结构。其中合订式结构是将两家公司的股票合订在一起交易，互惠互利。纸夹式结构更加灵活，由REITs和运营公司组成，两家公司通过契约连接，投资者可以分别购买两家股票。两家公司既可以分别投资也可以合作投资，以此降低运营成本。

相较而言，日本、新加坡和中国香港REITs的发展时间比较短，运作模式也更加简单，没有受到市场环境的影响而改变结构，目前主要是公司型和契约型两种结构模式。亚洲大多数国家都采用契约型结构，各组织之间相互独立，更便于监控管理，可以降低风险。各国/各地区法律制度对相关的托管机构和基金管理公司都有严格的规定，避免由于利益冲突而侵害投资者的权益。

5.3 小结

综上所述，REITs不论是作为投资工具还是融资工具在各国/各地区的发展都获得了成功，在法律制度的规范和监督下，REITs不仅可以成为房地产行业一大融资选择，还有利于降低投资门槛，推动民间资本进入房地产行业。

根据目前我国的市场形式，未来REITs在境内的发展可以借鉴中国香港和新加坡的模式，主要作为一种融资工具，为中小型企业提供融资渠道。同时，可以引入机构投资者，降低投资门槛，采用公募发行形式，吸收海外资金以及民间资本，推动REITs在境内的规模化发展。此外，法律是一切的基础。我国应该根据市场需要和资本市场现有条件，借鉴日本、新加坡的做法，采用专项立法，适当的推出税收优惠政策，并保持对REITs发行和运作等全程的监督。通过多项措施来调动房地产公司发行REITs的积极性，并促进更多的中小型投资者参与房地产投资，推动REITs在境内的规范化、多样化发展。

参考文献：

[1] 张寒燕．房地产投资信托（REITs）研究［D］．中国社会科学院研究生

院，2005.

[2] 任佩．美国房地产投资信托（REIT）的模式及其对我国的启示［J］．商业研究，2003（22）：164－166.

[3] 林述斌．日本不动产证券化市场对中国 REITs 发展的借鉴［J］．中国资产评估，2018（06）：39－49.

[4] 周婷．新加坡房地产投资信托基金发展模式的经验借鉴［J］．时代经贸（中旬刊），2007（S4）：97－98.

[5] 张寒燕．房地产投资信托（REITs）研究［D］．中国社会科学院研究生院，2005.

[6] 杨龙，孙宇，常月明．香港房地产投资信托基金发展现状、主要特点及启示［J］．经贸实践，2018（24）：118.

阿里无“云”？

——浅析马云的控制权逻辑

邓建平①

2019年9月10日，是中国的教师节，马云55岁生日，阿里巴巴20周年，也是马云正式卸任阿里巴巴集团董事局主席的日子。作为一位曾经是教师的互联网创业者，从“风清扬”到“马老师”，马云选择这一天退休，具有特殊的意义。这已不是马云第一次选择“放手”。2013年淘宝10周年庆典，48岁的马云单膝下跪，宣布卸任阿里巴巴集团CEO，说到动情处，马云说：48岁以前，工作就是我的生活；48岁以后，生活就是我的工作。这是马云的第一次“放手”。2018年9月10日教师节这一天，阿里巴巴在官微发表《恭喜马老师，教师节快乐》公开信中宣布：一年后的阿里巴巴20周年之际，马云将不再担任集团董事局主席，届时由现任集团CEO张勇接任。张勇2007年从盛大网络CFO当上了淘宝网CFO。马云曾对一位会计出身的创业者说：“天不怕，地不怕，就怕CFO当CEO，财务官当CEO有问题。”阴差阳错，CFO出身的张勇不仅当上阿里巴巴的CEO，2019年9月10日，张勇还正式上任阿里巴巴集团董事局主席，马云退位，阿里巴巴步入张勇时代。马云真的退休了吗？其实在过去20年间马云通过股权回购、投资协议、代理权委托以及合伙人制度设计不断在融资与控制权安排求得平衡，并依然掌握对于公司足够的影响力。

1. 阿里巴巴的融资与控制权安排

1999年，阿里巴巴成立，可最开始的发展并不顺利，当时，全国的网民数量仅有890万名，互联网企业生存极其困难。和许多小企业面临的问题一样：阿里巴巴缺钱。对于马云来说，融资是摆在面前必须要解决的一个问题。

1999年5月，蔡崇信加入阿里巴巴。蔡崇信拥有耶鲁大学经济学学士、东亚研究学士和法学博士学位，是纽约州执业律师、瑞典AB投资亚洲区负责人。蔡崇信开始利用在高盛的关系帮阿里巴巴融资。很快地，由高盛牵头，联合美国、亚洲、欧洲的投资机构，包

---

① 邓建平系厦门国家会计学院教授。

括新加坡 TDF 基金、瑞典 AB 公司等向阿里巴巴投资 500 万美元。

2000 年，阿里巴巴引进第二轮 2500 万美元的融资，软银孙正义领投 2000 万美元，富达、汇亚资金、TDF、Investor AB、日本亚洲投资公司等跟投 500 万美元。

2000 年伊始，互联网狂热泡沫也开始破裂，行业热度迅速冷却下来，这两笔融资对于阿里巴巴度过行业低谷非常重要。

经过两轮融资之后，阿里巴巴进入了快速发展期。2003 年 7 月建立淘宝网，正式进军 C2C；2003 年年底，淘宝网又推出支付宝，开始在市场攻城略地。

2002 年，全球最大的 C2C 电子商务平台 eBay 通过入股易趣网，杀入中国市场。2003 年，eBay 完成了对易趣的全资收购，在中国 C2C 市场的占有率达到了 79%。但是，随后淘宝网通过完全免费的策略迅速卷走了大量新生卖家，到了 2005 年年初，eBay 的市场占有率下滑到 24%，而淘宝则上升到了 57%。淘宝战胜 eBay 十分关键的一个策略就是免费，而这背后需要大量的资金来支持。

2003 年，阿里巴巴第三轮融资 8200 万美元，成为当时中国互联网历史上融到的最大一笔资金。软银牵头出资 6000 万美元，其余 2200 万美元由富达、TDF 和 GGV 出资。软银的 6000 万美元全部投到淘宝项目上。

第三轮融资后，马云及其创业团队仍是阿里巴巴第一大股东，持股 47%；软银持股 20%，为第二大股东；第三大股东富达持股 18%；其余股东持股 15%。

2005 年对于阿里巴巴来说是个重要的转折点，阿里巴巴收购雅虎中国全部资产，同时得到雅虎 10 亿美元投资。此次的交易非常复杂，主要包括以下内容（表 1）。

表 1　雅虎与阿里巴巴的交易内容

交易一	雅虎以 3.6 亿美元收购软银所持有的全部淘宝股权
交易二	软银在套现淘宝股权所得的 3.6 亿美元中，拿出 1.8 亿美元用于接手阿里巴巴前三轮投资人所转让的 2770 万股阿里巴巴股票
交易三	雅虎以 3.9 亿美元收购阿里巴巴前三轮投资人（除软银外）所持有的剩余 6000 万股阿里巴巴股票
交易四	雅虎以 2.5 亿美元现金 + 从软银手上购得的淘宝股权 + 雅虎中国的全部资产，换取阿里巴巴集团向雅虎增发 2.016 亿股股票

与此同时，阿里巴巴、雅虎、软银、部分管理层和部分其他股东共同签订一份股东协议。该协议主要强化了马云的控制权（期限在 2010 年 10 月前），具体包括：

1. 2010 年 10 月前，雅虎 40% 的股份只拥有 35% 的投票权，其余投票权归马云团队；

2. 2010 年 10 月前，在任何情况下，董事会不得解除马云阿里巴巴 CEO 的职务；

3. 只要马云还有一股阿里巴巴的股票，就始终在公司的董事会占有一席之地；

4. 如果软银减持交易完成日持阿里巴巴股票的 50%，将没有权利在董事会中任命董事，由雅虎增加一名董事顶替空缺。软银和管理层不减持，2010 年 10 月之后，雅虎追加一个董事会席位，变成阿里巴巴 2 席、雅虎 2 席和软银 1 席。

交易完成之后，阿里巴巴集团形成了三足鼎立的股东构成，雅虎持股 40%，马云团队持股 30.7%，软银持股 29.3%。此时，马云及其团队的投票权为 35.7%（雅虎 40% 的股份只拥有35%的投票权，其余投票权归马云团队），仍为“控制者”（表2）。

表2　　交易完成后阿里巴巴的股权与投票权结构

	股权	投票权
雅虎	40%	35%
马云及其团队	30.7%	35.7%
软银	29.3%	29.3%

雅虎的入股，使得马云获得了雅虎的搜索技术及全球品牌带来的影响力。同时，淘宝网的后续发展资金有了着落，并解决了前几轮投资人套现退出的问题。

但是，马云也要开始面对其最大的隐患：自己的大股东地位不保，雅虎成了阿里巴巴集团的第一大股东，马云有可能丧失对企业的控制权。因为根据协议，从2010年10月开始，雅虎的投票权将增加至40%，而马云及其团队的投票权将从35.7%降为30.7%，软银的股权和投票权都保持在29.3%不变。同时，到2010年10月，该协议规定的“阿里巴巴首席执行官马云不会被辞退”的条款也将取消。

随着杨致远辞任雅虎CEO，阿里巴巴与雅虎之间的“蜜月期”结束，马云与雅虎之间的矛盾也日益公开化，特别是“支付宝”风波后，马云不断寻求回购雅虎所持阿里巴巴股权的机会。

2012年5月，阿里巴巴与雅虎终于签署协议，条款主要有：阿里巴巴以13.5美元/股，总计71亿美元的代价，向雅虎回购5.23亿股股票（雅虎持股总量的大约一半）。同时，如果阿里巴巴集团IPO，阿里巴巴有权在IPO时以IPO价格回购雅虎剩余股份的50%（约10%的阿里巴巴集团股份）。而其余的10%的股票，则等阿里巴巴集团上市禁售期之后，雅虎可以选择出售。

交易完成后，马云及创业团队、其他投资人等持股45.1%，软银持股31.9%，雅虎持股23%（图1）。同时，雅虎放弃委任第二名董事权力，马云及创业团队、雅虎和软银推荐董事人数比例为2∶1∶1。

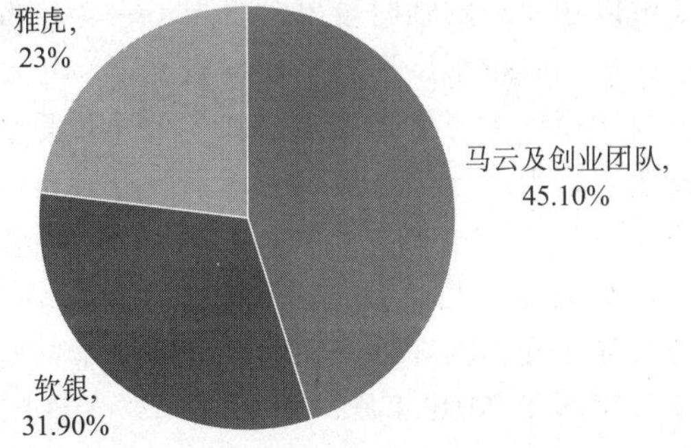

图1　阿里巴巴回购雅虎股权后的股权结构

2014年9月19日，阿里巴巴正式在美国纽交所挂牌交易，估值2314亿美元，融资218亿美元。上市后，软银持股32.4%，雅虎持股15.6%，马云持股7.8%。从股份占比来看，马云是小股东，但是，马云与软银达成协议，IPO之后，软银需将30%的投票权授予马云和蔡崇信，等于马云及团队握有超过40%的投票权。也就是马云通过投票权代理协议实现在股东大会上投票权的控制。另外，假如软银在阿里巴巴的持股低于15%，它将失去提名董事的权利（表3）。

表3　　IPO前后阿里巴巴的股权结构

姓名	IPO前持股比例	IPO后持股比例
马云	8.9%	7.8%
软银	34%	32.4%
雅虎	22.6%	15.56%
蔡崇信	3.6%	3.2%
其他	30.56%	41.04%

2. 阿里巴巴的合伙人制度

关于交接与传承，马云说整整准备了10年，其实，早在2009年，阿里巴巴就建立了合伙人制度。因其创建于湖畔花园，故阿里巴巴合伙人制度又被称为“湖畔花园合伙人制度”。制度设立的初衷是通过制度安排，以掌握公司控制权为手段保证核心创始人和管理层的权益，并传承他们所代表的企业文化。我们知道要对公司的经营产生影响，主要有两个场所，一个是股东大会，另一个是董事会。上述的投票权代理协议实现了在股东大会上的控制，而合伙人制度的重要目的就是为了控制公司董事会。

2.1　强大的“董事提名权和任命权”

阿里巴巴的合伙人到底有什么权力？其实说起来很简单，就是阿里巴巴合伙人拥有提名简单多数（50%以上）董事会成员候选人的权力。即公司章程规定，合伙人提名的董事占董事会人数一半以上，因任何原因董事会成员中由合伙人提名或任命的董事不足半数时，合伙人有权任命额外的董事以确保其半数以上董事控制权；如果股东不同意选举合伙人提名的董事的，合伙人可以任命新的临时董事，直至下一年度股东大会；如果董事因任何原因离职，合伙人有权任命临时董事以填补空缺，直至下一年度股东大会。

也就是说，通过这一制度设计，合伙人牢牢控制了公司最重要机构——董事会，股东的否决权在很大程度已被架空，无论合伙人提名的董事股东会是否同意，合伙人总能让自己人行使董事权力。

其实也正是这个制度使得阿里巴巴无法在香港上市，因为香港是同股同权的制度安排，阿里巴巴的合伙人制度等于变相剥夺了其他股东提名董事的权力，有违同股同权的原则。错失阿里巴巴的香港联交所于2018年修改上市规则，允许同股不同权的公司在香港上市，面临类似问题的小米和美团也才得以在香港上市。

2.2　改变合伙人制度容易吗？

很难！因为修改合伙人制度要通过修改公司章程来实现。而阿里巴巴现有的章程规定，阿里巴巴合伙人制度变更需通过董事和股东表决两重批准。从董事层面看，对于合伙协议中有关提名董事程序的修改则须取得独立董事的一致同意；从股东层面看，根据上市后修订的公司章程，修改阿里巴巴合伙人的提名权和公司章程中的相关条款，必须获得出席股东大会的股东所持表决票数95%以上同意方可通过。

也就是只要马云等合伙人的持股比例不低于5%，这个条款就难以更改。这种制度安排实际上使得作为阿里巴巴合伙人制度核心内容的董事提名权及其运作方式具有了极强的稳定性，很难变革。

2.3 谁能当合伙人？

根据阿里巴巴公布的资料，阿里巴巴合伙人的任职资格中的条件包括：为阿里巴巴或密切关联公司工作5年以上、拥有一定的阿里巴巴股份、有正直的人品、对公司发展有积极贡献，以及能传承公司文化或者愿为公司价值观竭尽全力。

符合上述条件的候选人，由现有合伙人向合伙人委员会提名，在被提名成为湖畔合伙人候选人之后，并不是马上进行投票，而是先要进行为期一年的考察期。只有在考察期过后，才可以进行合伙人投票，并且得票数不得低于75%，湖畔合伙人投票是按照一人一票的方式进行的。

2014年，阿里巴巴首次对外公布阿里巴巴的27位“合伙人”。随后，几乎每一年阿里巴巴都会公布新的合伙人人选。目前最新数据显示合伙人是38名（图2）。

2.4 谁是合伙人制度核心？

阿里巴巴的合伙人分为永久合伙人、合伙人委员会以及一般合伙人3种层次。

在第一层级中，目前只有马云、蔡崇信两人为阿里巴巴永久合伙人，无须遵守60岁自动退休的规定，直到自己选择退休、死亡，或丧失行为能力或被选举除名，才会不再是永久合伙人。

第二层级是作为阿里巴巴合伙人中的“常设机构”的合伙人委员会。委员会委员实施差额选举，任期3年，可连选连任。合伙人委员会把握着合伙人的审核及选举事宜。目前共有5名委员组成，包括马云、蔡崇信、彭蕾、张勇、井贤栋。

第三层级是在合伙人委员会下面的一般合伙人（目前人数38人）。合伙人的退出机制如下，合伙人不设期限，符合以下某一情形，则丧失了合伙人资格：（1）60岁时自动退休；（2）不在阿里巴巴工作；（3）死亡或者丧失行为能力；（4）被合伙人会议50%以上投票除名。

由此可以看出，阿里巴巴合伙人制度，相当于董事会的董事会，牢牢地控制着公司及董事会；阿里巴巴合伙人中，除了马云、蔡崇信两位永久合伙人，其他都要经过提名、考察和投票选出来，永久合伙人相当于最终控制人。因此，马云并没有真正退休！

Name	Age	Gender	Year Joined Alibaba Group	Current position with Alibaba Group or related/affiliated companies
Jingxian CAI（蔡景现）	42	M	2000	Senior Researcher
Li CHENG（程立）	44	M	2005	Chief Technology Officer, Ant Financial
Trudy Shan DAI（戴珊）	42	F	1999	President, Wholesale Marketplaces
Luyuan FAN（樊路远）	45	M	2007	President, Alibaba Digital Media and Entertainment
Yongxin FANG（方永新）	45	M	2000	Senior Director, DingTalk
Felix Xi HU（胡喜）	38	M	2007	Deputy Chief Technology Officer, Ant Financial
Simon Xiaoming HU（胡晓明）	49	M	2005	President, Ant Financial
Fan JIANG（蒋凡）	33	M	2013	President, Taobao and Tmall
Jane Fang JIANG（蒋芳）	45	F	1999	Deputy Chief People Officer
Jiangwei JIANG（蒋江伟）	37	M	2008	Researcher
Eric Xiandong JING（井贤栋）†	46	M	2007	Chairman and Chief Executive Officer, Ant Financial
Zhenfei LIU（刘振飞）	47	M	2006	President, Amap
Jack Yun MA（马云）†	54	M	1999	Executive Chairman
Xingjun NI（倪行军）	41	M	2003	President, Alipay, Ant Financial
Lucy Lei PENG（彭蕾）†	45	F	1999	Director, Ant Financial; Chairwoman and President, Alipay China; Chairwoman, Lazada
Sabrina Yijie PENG（彭翼捷）	40	F	2000	Chief Marketing Officer, Ant Financial
Xiaofeng SHAO（邵晓锋）	53	M	2005	Secretary-General
Jie SONG（宋洁）	40	F	2000	Vice President
Timothy A. STEINERT	59	M	2007	General Counsel and Secretary
Lijun SUN（孙利军）	42	M	2002	General Manager of Social Responsibility
Judy Wenhong TONG（童文红）	48	F	2000	Chief People Officer
Joseph C. TSAI（蔡崇信）†	55	M	1999	Executive Vice Chairman
Jian WANG（王坚）	56	M	2008	Chairman, Technology Steering Committee
Lei WANG（王磊）	39	M	2003	President, Local Services
Shuai WANG（王帅）	44	M	2003	Chairman, Marketing and Public Relations Committee
Winnie Jia WEN（闻佳）	42	F	2007	Vice President, Office of the Chairman
Sophie Minzhi WU（吴敏芝）	43	F	2000	Chief Customer Officer
Maggie Wei WU（武卫）	51	F	2007	Chief Financial Officer
Eddie Yongming WU（吴泳铭）	44	M	1999	Chairman, Alibaba Health
Zeming WU（吴泽明）	38	M	2004	President, New Retail Technology
Sara Siying YU（俞思瑛）	44	F	2005	Deputy General Counsel
Yongfu YU（俞永福）	42	M	2014	Head of eWTP Investment Working Group
Sam Songbai ZENG（曾松柏）	52	M	2012	Senior Vice President, Human Resources, Ant Financial
Jeff Jianfeng ZHANG（张建锋）	45	M	2004	Chief Technology Officer and President, Alibaba Cloud Intelligence
Daniel Yong ZHANG（张勇）†	47	M	2007	Chief Executive Officer
Yu ZHANG（张宇）	49	F	2004	Vice President
Angel Ying ZHAO（赵颖）	45	F	2005	Head of Alibaba Globalization Leadership Group
Jessie Junfang ZHENG（郑俊芳）	45	F	2010	Chief Risk Officer and Chief Platform Governance Officer

图 2　阿里巴巴合伙人

3. 启示

3.1　控制权安排与基业长青

2004 年，在阿里巴巴 5 周年庆的时候，马云提出阿里巴巴的愿景是要成为一家 102 年的企业。公司若期望能够持久发展 102 年，不可能只依靠创始人的力量，需要持之有效的“治理制度、文化体系和源源不断的人才梯队”。正如詹姆斯·柯林斯等在《基业长青》一书中写道，企业拥有一个高瞻远瞩的魅力型精神领袖，就好比拥有一个能够精确“报时”的人；而建立一个经历许多次产品生命周期仍然能够欣欣向荣的组织与机制，就好比是“造钟”。说明要想基业长青，制度比人更靠得住。

2014 年，蔡崇信曾公开撰文阐释阿里巴巴建立合伙人制度的思考：“不少优秀的公司在创始人离开后，迅速衰落，但同样也有不少成功的创始人犯下致命的错误。我们最终设定的机制，就是用合伙人取代创始人。道理非常简单：一群志同道合的合伙人，比一两个创始人更有可能把优秀的文化持久地传承，发扬。”

马云对于合伙人制度的完善一直在路上，根据年报显示，截至 2018 年 3 月 31 日，阿里巴巴集团共拥有 500 家中国境内子公司、420 家境外分公司。这些公司透过 VIE 架构被注册在开曼和英属维尔京群岛的 5 个 VIE 公司所控制，而这些 VIE 的主要所有者恰恰是马云和谢世煌。

为了减少关键人员和权力继承的风险，阿里巴巴将 VIE 实体的股东由马云和谢世煌调整为由阿里巴巴合伙人所控制的有限责任公司和有限合伙企业。

年报还首次介绍 2019 年阿里巴巴 VIE 架构将进行的改革（图 3）：这 5 家实体 VIE 公司将被一家中国投资持股公司控制，这家投资持股公司又被两个有限合伙企业各控制 50% 的股份。阿里巴巴的合伙人或者高管们分别控制这些有限合伙企业。

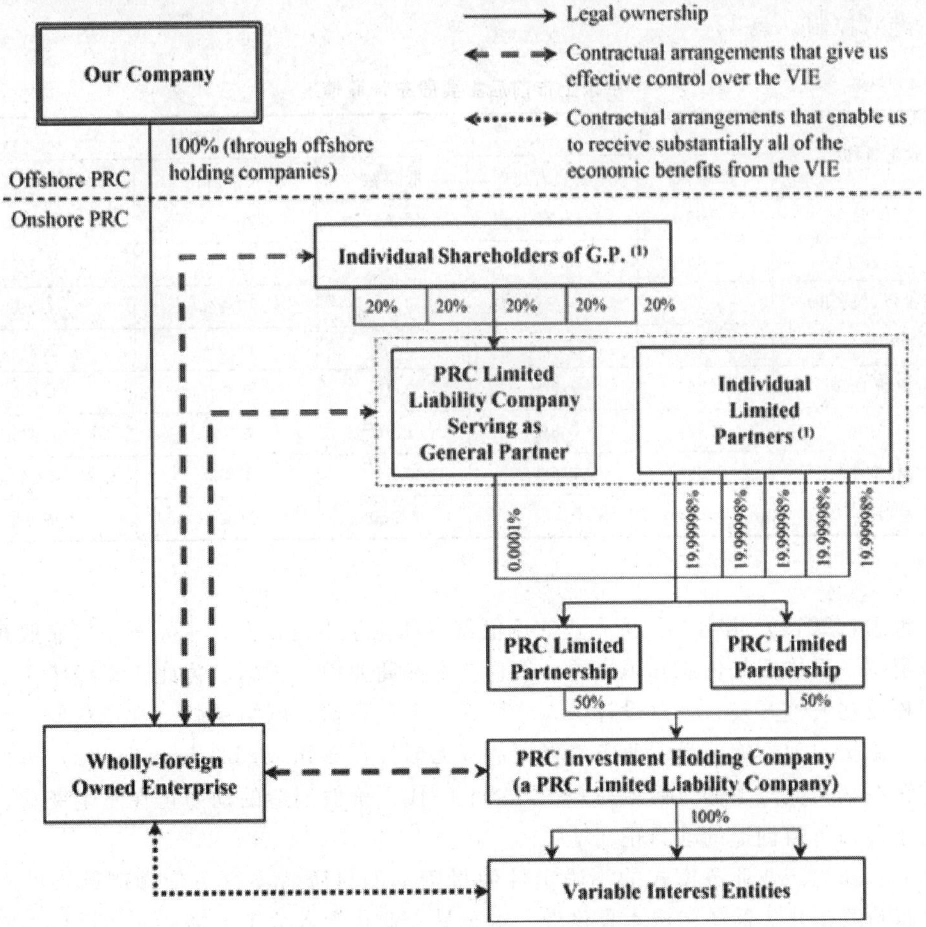

图 3　调整后的阿里巴巴 VIE 结构

VIE 架构变革的主要目的是减少关键人员和权力继承的风险，保证合伙人团队对于 VIE 的控制，提高 VIE 实体股权的稳定性。

很多华人企业的权力交接与传承都造成公司价值的损耗，香港中文大学范博宏教授曾对近 20 年来中国香港、中国台湾、新加坡、泰国等 200 宗家族企业传承案例进行研究，结果显示，家族企业在继承过程中都面临巨大的财富损失，股权所有人于企业传承前 5 年每份价值 100 元的股权，在传承完成时只剩下 40 元。相比其他两地，中国香港近 80 宗经历传承企业的价值损失更大，高达 80%。在交接与传承过程中财富损失很重要的原因就是关键人风险与权力交接的困难。所以做好权力交接与传承的制度安排非常重要。

3.2 新经济与合伙人制度创新

其实，阿里巴巴合伙人制度具有类似发行双重股权结构股票一样的公司治理功能。最近几年来，我们逐渐看到双层股权结构在资本市场特别是在新经济中的运用，比如 Google、Facebook 等。2014 年，京东在美国纳斯达克上市时发行两类股票。其中，A 类股票一股具有一票投票权，而 B 类股票一股则具有 20 票投票权。因此，京东创始人刘强东的出资规模虽然只占 20.5%，但由于通过持有 B 类股票获得 83.7% 的投票权，实现了对京东的绝对控制（表 4）。

表 4　　京东上市前后主要股东持股情况　　单位：亿元

股东名称	上市前		上市后		
	股票数	股票占比	股票数	股票占比	投票权占比
刘强东	4.63	18.8%	5.66	20.5%	83.7%
老虎基金	4.45	18.1%	4.32	15.7%	3.2%
黄河投资（腾讯）	3.51	14.3%	4.90	17.8%	3.7%
高瓴资本	3.18	13.0%	3.09	11.2%	2.3%
俄罗斯 DST	2.25	9.2%	2.19	7.9%	1.6%
今日资本	1.92	7.8%	1.86	6.7%	1.4%
红杉资本	0.39	1.6%	0.39	1.4%	0.3%
总股本	24.58		27.60	81.2%	96.2%

黄世忠（2019）指出新经济企业的价值创造和竞争力的提升，主要不是依靠股东投入的财务资源，而主要是依靠知识资源、信息技术和商业模式创新。为此，新经济企业将大量资源投放在研究开发、创意设计、人才培养、专利申请、网络更新、客户获取、市场开拓、品牌维护、数据库建设、业务流程再造等无形投资（Intangible Investments）方面。目前全球正在从工业经济的时代走向知识经济的时代，价值创造的动力正在发生变化，无形资产对于公司价值创造的动力正在增强。

因此，新兴产业业务模式的不确定性使得资本的投资者不得不依赖创始人的专业知识，使得自身退化为简单的资本提供者，这也是专业化深入分工的需要，如合伙人专注业务模式创新，软银、雅虎等股东专注风险分担，二者之间的专业化分工程度加深，能进一步提升价值创造能力（郑志刚，2017）。

同时，合伙人制度有助于防止野蛮人入侵，解决创始股东融资与控股权旁落的矛盾，激励创业团队围绕技术与商业模式创新进行更多的人力资本投资，从而带来效率的提升。

当然，合伙人制度所带来的控制权与现金流量权的分离也可能带一定的代理问题，造成管理层与股东之间的利益冲突，也就是谁来监督和控制这个合伙人团体可能的腐败和权力滥用？这也正是为什么双层股权结构在法治环境较好的美国较常见，而在对于投资者保护较不充分的国家较少见的原因。

理论是灰色的，但是生命之树常青。马云的控制模式（包括合伙人制度）是由新兴产业快速发展的特殊环境、公司优良的业绩、创始人的人格魅力和独特的企业文化，以及美国资本市场规范和包容等各种力量共同作用形成的，具有阿里巴巴特殊的文化基因。我们也乐于见到在中国的资本市场上有更多公司治理制度的新尝试和新创新。

2019 年 9 月 10 日，在卸任阿里巴巴董事局主席的年会上，马云说，“今天不是马云的退休，而是一个制度传承的开始”，让我们拭目以待吧。

参考文献：

[1] 黄世忠．旧标尺衡量不了新经济．云顶财说，2019.

[2] 范博宏．交托之重：范博宏论家族企业传承．东方出版社，2014.

[3] 刘润．马云三退阿里，但命中还有第 4 次．商业评论，2018.

[4] 苏龙飞．马云：虚拟帝国的“加冕”之路．新财富，2014.

[5] 郑志刚，邹宇，崔丽．合伙人制度与创业团队控制权安排模式选择——基于阿里巴巴的案例研究．中国工业经济，2018.

[6] 郑志刚．从阿里到万科．北京大学出版社，2017.

[7] 张诗信，王学敏．合伙人制度顶层设计．企业管理出版社，2018.

[8] 张玮．解密阿里巴巴合伙人制度．家族企业，2018.

[9] 从阿里的四次融资看马云的控制权安排．尚股咨询，2019.

我国LPR利率报价机制形成背景及走势分析

胡 锋 陈智华 江日初[①]

深化利率市场化改革，提高利率传导效率，推动降低实体经济融资成本是我国金融管理部门的重要目标。为此，中国人民银行〔2019〕第15号文明确了各商业银行自2019年8月20日起应在新发放的贷款中主要参考贷款市场报价利率（LPR）定价，并在浮动利率贷款合同中采用贷款市场报价利率（LPR）作为定价基准，而中国人民银行〔2019〕第30号文又明确了存量浮动利率贷款的定价基准转换问题。

那么，贷款市场报价利率（LPR）是如何作为基准利率影响融资成本？

1. 什么是LPR

此前，商业银行的存款与贷款报价主要参考央行公布的存贷款基准利率，一方面，央行公布的存贷款基准利率无法根据市场资金供求关系进行及时调整；另一方面，个别银行通过协同行为以贷款基准利率的一定倍数（如基准利率上浮10%即人行公布的贷款基准利率的1.1倍）设定隐性下限，对市场利率向实体经济传导形成了阻碍，所以，尽管市场利率明显下降，但是贷款利率并没有相应回落，因此，实体经济对融资成本下降的感受并不明显。

在利率市场化大趋势的背景下，LPR应运而生。为进一步推进利率市场化，完善金融市场基准利率体系，指导信贷市场产品定价，2013年10月25日，贷款基础利率（Loan Prime Rate，简称LPR）集中报价和发布机制正式运行。到了2019年8月，贷款市场报价利率由原有1年期一个期限品种扩大至1年期和5年期以上两个期限品种，这也标志着全面的贷款基础利率（LPR）报价和发布机制的形成。

LPR采用“MLF（Medium－term Lending Facility，中期借贷便利）加点”定价方式而形成，由LPR引导贷款利率，传导路径由原先的“贷款基准利率—贷款利率”转变为“货币政策—MLF—LPR—贷款利率”（图1）。MLF是一种重要的货币政策工具，MLF变

---

① 胡锋系厦门国家会计学院讲师；陈智华系厦门国家会计学院“一带一路”财经发展研究中心副教授；江日初系厦门国家会计学院“一带一路”财经发展研究中心副教授。

动对银行间市场利率有较强引导作用，能在一定程度上反映商业银行的负债成本。将 MLF 作为 LPR 定价基准，增加货币政策利率影响贷款利率的渠道，通过加减点方式体现市场自主定价特性，有助于进一步疏通货币政策的传导渠道，实现利率双轨制（市场化的 LPR 利率与行政管理的贷款基准利率）并轨。

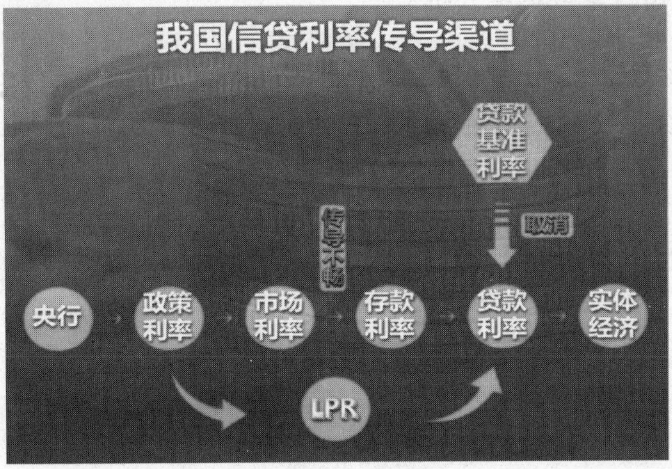

图 1　新旧信贷利率传导途径示意图

LPR = 央行 MLF 利率 + 上下浮动点数

MLF 为中期借贷便利利率，是主要的公开市场操作利率。

中期借贷便利期限以 1 年期为主，反映了银行平均的边际资金成本，加点幅度则主要取决于各行自身资金成本、市场供求、风险溢价等因素。

人民银行〔2019〕第 15 号文主要解决的是增量贷款定价市场化的问题。通过改革明确要求银行的贷款利率以后要与 LPR 挂钩，LPR 又与 MLF 利率挂钩，这样就建立了比较顺畅的传导机制。未来如果政策利率（比如 MLF）下降，贷款利率也会跟着下降，有助于降低企业的融资成本。

人民银行〔2019〕第 30 号文则要求商业银行就存量贷款定价同客户进行协商，至此，增量贷款及存量贷款都将基于市场化的定价基准 LPR，信贷产品定价效率和透明度得以提高。

2. LPR 报价运行机制

LPR 利率每月 20 日在各报价行报出本行贷款基础利率的基础上，剔除最高、最低各 1 家报价后，将剩余报价作为有效报价，进行算术平均，得出贷款市场报价平均利率，并在每月 20 日通过上海银行间同业拆放利率网对外公布。

$$\frac{\text{贷款市场报价利率}}{\text{LPR}} = \frac{\sum_{i=1}^{16} P_{i\text{报价行有效报价}}}{16}$$

2019 年 8 月，在原有的 10 家全国性银行基础上增加城市商业银行、农村商业银行、外资银行和民营银行各 2 家（微众银行和网商银行），扩大到 18 家。新增加的报价行都是在同类型银行中贷款市场影响力较大、贷款定价能力较强、服务小微企业效果较好的中小银行，能够有效增强 LPR 的代表性。

3. LPR 影响因素与走势分析

近年来，为降低实体经济融资成本，管理层利用一系列货币政策工具推动市场利率下降，LPR 利率持续下降（图 2）。在我国经济增速放缓，新旧动能转换之际，哪些因素会影响我国 LPR 中长期走势呢？

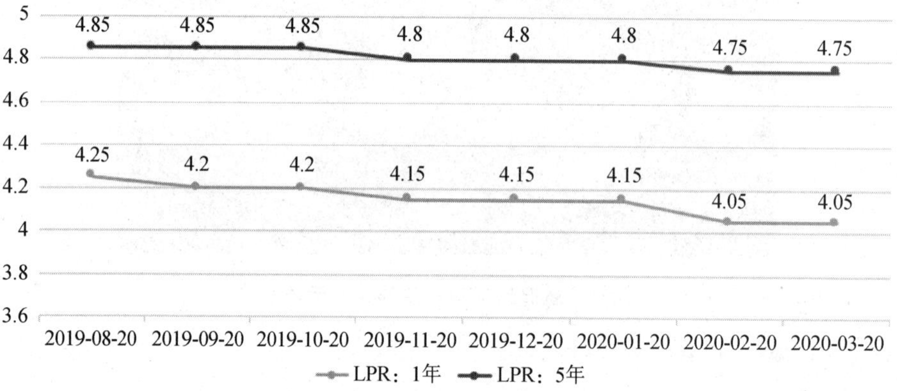

图 2　LPR 利率走势图

3.1　经济增速放缓

利率是资金的价格，市场利率由资金的供求关系决定。

在经济高速增长时，一方面，实体经济带来的投资回报率较高，使得资金的需求方追逐更多的资金以获得更多的投资回报，较高的投资回报率也使得资金的需求方对于较高的资金成本的可接受度提高，所以，对资金的需求在增加；另一方面，为防止经济过热，宏观经济管理部门倾向收缩银根，比如通过公开市场减少货币供应，提高基础利率，这些措施导致资金的供给减少。所以，一国经济高速增长时往往对应于较高的市场利率。

反之，经济萎缩使得实体经济投资机会减少。一方面，投资回报率下降，实体经济倾向收缩投资，所以，资金的需求在减少；另一方面，为对冲经济萎缩的消极作用，宏观经济管理部门往往会放松银根，比如通过公开市场增加货币供应，降低基础利率，增加货币供应。所以，一国经济活动收缩时往往对应于较低的市场利率。

同国际比较来看，一国名义利率同该国所处经济增长阶段与经济增长速度有较强的相关性。由图 3 与图 4 可见，中国、印度作为金砖五国的代表，有较高的经济增长速度，对应较高的名义利率；日本自签订广场协议后，经济持续萎缩，利率走低，日本央行甚至将基础利率降至 0 以下。从表 1 与表 2 可见，发达经济体的利率普遍高于新兴经济体的金砖五国利率。

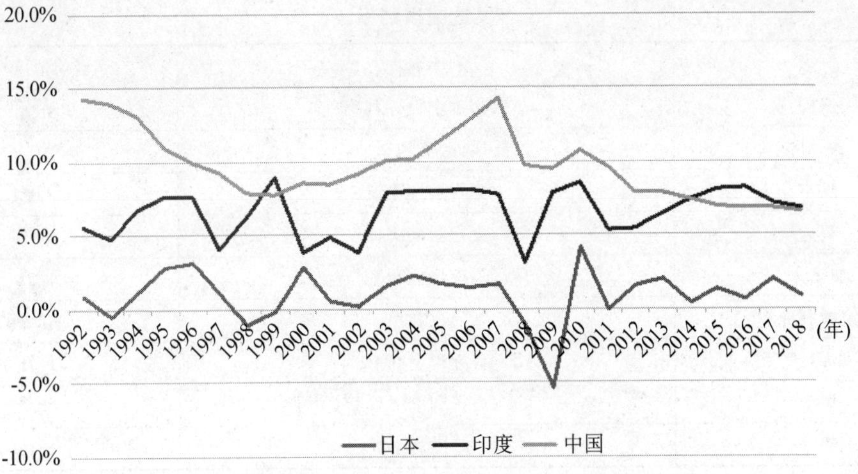

图 3 中国、日本、印度 GDP 增长率走势图

资料来源：万得资讯。

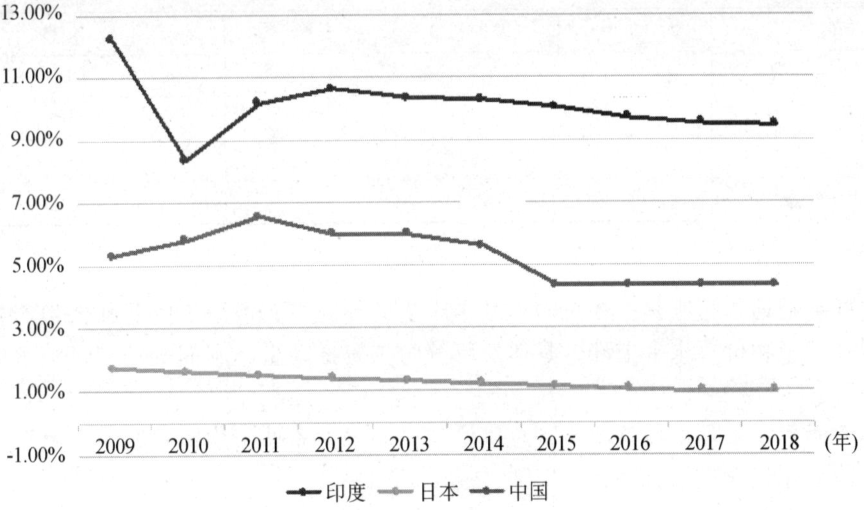

图 4 世界银行发布的中国、日本、印度的银行贷款利率

资料来源：万得资讯。

同成熟经济体相比，我国虽仍处于较高经济增长阶段，但在成为全球第二大经济体后，经济规模已经足够大，经济增长速度呈逐年下降态势，经济增长目标从追求数量增长到调结构、优化经济增长质量为主，期间社会平均利润下降使得可接受融资成本下降。在货币政策传导机制顺畅的情况下，LPR 利率中长期走低是大概率事件。

3.2 通货膨胀压力较小

通货膨胀可分为需求拉动型、成本推动型与结构型通货膨胀。

需求拉动型通货膨胀是指由于总需求的增长超过了在现行价格条件下社会可能的供给量，造成强大的货币购买力对应较少的商品和劳务，导致物价总水平上涨。

表 1　　发达国家利率

国家	利率名称	当前值（%）
美国	联邦基金目标利率	0 至 0.25
欧元区	再融资利率	0
日本	央行利率决议	-0.1
英国	央行利率决议	0.1
加拿大	隔夜目标利率	1.25
澳大利亚	隔夜利率	0.5
新西兰	官方现金利率	1.75
瑞士	央行利率决议	-0.75
韩国	基准利率	1.25

表 2　　金砖五国利率

国家	利率名称	当前值（%）
巴西	基准利率	4.25
俄罗斯	再融资利率	6.5
南非	再回购利率	6.5
印度	再回购利率	4.9
中国	LPR 利率（1 年期）	4.05

资料来源：东方财富网。

成本推动型通货膨胀是指在总需求基本未变的情况下，由于工资及其他生产要素成本的增加而推动了物价总水平上涨，具体又可分为工资推动型、利润推动型、汇率成本推动型等类型。

结构型通货膨胀是指在整个经济总供给与总需求大体处于均衡状态时，由于经济结构方面因素的变化，导致物价总水平上涨。

通胀往往和货币超发有关。货币超发，指货币发行增长速度超过货币需求的增长速度，即货币发行量超过了维持经济正常运行所需要的货币量。所以，1976 年诺贝尔经济学奖得主米尔顿·弗里德曼曾说：一切通胀问题都是货币问题。

改革开放以来，中国的 M2 的同比增速超过两位数增长几乎维持了近 40 年，在 2017 年终于跌落至个位数增长，并保持至今，这反映了近年来我国经济放缓的事实。CPI 总体则保持稳定，货币政策总体稳健，通货膨胀的压力较小，2019 年 CPI 的上涨主要由非洲猪瘟导致的猪肉价格推动，这种上涨不具备可持续性（图 5）。

总体上而言，我国通货膨胀压力较小，基础货币发行量增速降低，对应的稳健的货币政策将推动中长期 LPR 下降。

3.3　宏观经济调控的趋势

全球化的经济下行压力较大，全球各大央行都在降息。2020 年新冠肺炎疫情在全球扩

图 5　中国 M2 与 CPI 同比走势图

资料来源：万得资讯。

散，导致了经济下行的压力进一步加大。而在当前经济压力增大的情况下，稳增长的呼声也很高。

在经济下行的压力下，货币宽松可期。中国人民银行于 2020 年 4 月 7 日宣布，将于 4 月 15 日和 5 月 15 日分两次降低存款准备金率，每次下调 0.5 个百分点，共释放长期资金约 4000 亿元。并且，中国人民银行决定自 4 月 7 日起将金融机构在央行超额存款准备金利率从 0.72% 下调至 0.35%。不排除央行还会进一步通过降低存款准备金率及通过 MLF 等货币政策工具引导 LPR 利率进一步下行。

因此，在新冠疫情的冲击，大国贸易博弈存在较大不确定性，进出口波动显著的情况下，出口、投资、消费三驾马车压力与日俱增。因此，宏观经济管理部门引导 LPR 下行是较为确定的事件。

4. 结语

从利率形成机制及国际比较来看，从中长期来看，作为市场化利率的 LPR 将确定性地走低。

一些高新技术产业、民营企业以及中小微企业，因为在贷款的新增信贷投放中的占比比较大，他们将成为最大的受益者。

参考文献：

[1] 中国人民银行公告〔2019〕第 15 号.
[2] 中国人民银行公告〔2019〕第 30 号.

股利分配决策背后："馅饼"，还是"陷阱"？

——基于贵州茅台与中国工商银行等公司的案例分析

陈爱华[①]

1. 股利分配决策影响公司价值吗？

从会计本质来讲，股利分配一般包括将公司未分配利润、盈余公积等留存收益转出分配的现金股利形式，或者将留存收益转出至实收资本/股本、资本公积的股票股利形式，或者资本公积转增股本等形式。那么，股利分配决策影响公司价值吗？米勒等（1961）在其著名论文《股利政策、增长和股票价值》中提出 MM 理论，基于完美的资本市场假设提出股利无关论，认为投资者并不关心公司股利的分配，股利的支付比例不影响公司的价值。但是，基于信号理论、代理理论等的学者们的观点认为，股利分配对信息不对称导致的企业融资约束问题具有缓解、信号功能，同时，对自由现金流充足、代理冲突导致的投资过度问题具有制约、治理功能。

1.1 具体分配行为如何理解？

作为高现金分红和"高送转"的典型代表，我们以贵州茅台和精测电子 2017 年的分红为对比案例。具体如表 1 所示。

表 1

利润分配事项	贵州茅台（2017 年）	精测电子（2017 年）
具体方案	10 派 109.99 元（含税）	10 送 5 股 转 5 股 派 5 元（含税）
预案公布日	2018 - 3 - 28	2018 - 1 - 26
股东大会审议日	2018 - 5 - 23	2018 - 4 - 23
股东大会决议公告日	2018 - 5 - 24	2018 - 4 - 24
实施公告日	2018 - 6 - 8	2018 - 5 - 4
股权登记日	2018 - 6 - 14	2018 - 5 - 10

① 陈爱华系厦门国家会计学院副教授、硕士生导师、财务会计与审计研究所所长。

续表

利润分配事项	贵州茅台（2017年）	精测电子（2017年）
除权除息日	2018-6-15	2018-5-11
红利发放日	2018-6-15	2018-5-11
送转股上市日		2018-5-11

在除权除息具体分配行为前后（贵州茅台：2018年6月15日为除权除息日；精测电子：2018年5月11日为除权除息日）的价值比较如表2所示。

表2

利润分配事项	贵州茅台（2017年）	精测电子（2017年）
具体方案	10派109.99元（含税）	10送5股 转5股 派5元（含税）
股权登记日	2018-6-14	2018-5-10
分配前价值M	786.13元/股×12.561978亿股	155.70元/股×8182.4万股
红利发放日	2018-6-15	2018-5-11
分配后价值N	775.13元/股×12.561978亿股+ 10.999元/每股股利×12.561978亿股	77.60元/股×8182.4×2万股+ 0.5元/股×8182.4万股
结论	M=N	M=N

由此可见，单纯的具体分配行为本身并不影响投资者的价值，别傻傻地以为分配现金股利，你账户的钱就多啦。更让你意想不到的是，考虑到对于不同类型投资者而言，分配的现金股利或者股票股利，可能需要缴纳个人所得税/企业所得税，分配后的投资者累计净价值会变小［备注：本文股利分配的税收因素部分再做详细分析］。

然而，股利分配决策导致的股价变动，或许是投资者更在意的。笔者发现，精测电子2018年1月26日公布股利分配预案后的两个月（1月26日—3月26日）的股价累计增幅相比较深圳指数涨幅多42.63%，高送转的分配方案无疑向投资者释放了积极信号。因而，具体除权除息行为事件，对现有投资者与潜在投资者等是利好或者利空事件，影响股价走势，进而影响投资者潜在的利得收益。

1.2 一鸟在手：如何正确理性看待现金股利政策？

作为历来"最土豪"的贵州茅台，2017年每10股派发现金红利109.99元（含税）；"宇宙行"中国工商银行，2017年度每10股分红2.408元（含税），累计分红约700亿元，独占鳌头，那么两者谁更豪爽一些呢？如表3所示。

表3

	贵州茅台	中国工商银行
2017年	10派109.99元（含税）	10派2.408元（含税）
以2017年1月1日的股价为基准的回报率	10.999/697.49=1.58%	0.2408/5.42=4.44%
以股权登记日当天收盘价为基准的回报率	10.999/775.13=1.42%	0.2408/5.98=4.03%
净利润	270.793603亿元	2860.49亿元

续表

	贵州茅台	中国工商银行
基本每股收益	21.56 元	0.79 元
每股未分配利润	63.6932 元	3.0795 元
每股经营现金流量	17.6350 元	2.1629 元

从单纯的现金股利的股息回报率来讲，中国工商银行回报率（超过4%）远超过贵州茅台（约1.5%），但是从基本收益对应的分配率来讲，好像贵州茅台更慷慨，基本每股收益中超过一半分配给投资者。由此可见，每股现金分红绝对值的高低并不能代表现金股息率更高。

接下来，我们把分析周期拉长一点，来看看贵州茅台和中国工商银行近8年的分红情况，具体数据如表4所示。

表 4

	贵州茅台	中国工商银行
2017 年	10 派 109.99 元（含税）	10 派 2.408 元（含税）
2016 年	10 派 67.87 元（含税）	10 派 2.343 元（含税）
2015 年	10 派 61.71 元（含税）	10 派 2.333 元（含税）
2014 年	10 送 1 股 派 43.74 元（含税）	10 派 2.554 元（含税）
2013 年	10 送 1 股 派 43.74 元（含税）	10 派 2.617 元（含税）
2012 年	10 派 64.19 元（含税）	10 派 2.39 元（含税）
2011 年	10 派 39.97 元（含税）	10 派 2.03 元（含税）
2010 年	10 送 1 股 派 23 元（含税）	10 派 1.84 元（含税）
现金股利（每 100 股）	累计约 4889 元	累计约 185.15 元
股票股利（每 100 股）	三次送股（133.1 股）	没有

备注：

①假设投资者以2009年12月31日收盘价为基准买入100股，同时不考虑2010年初发放2009年的股利影响；

②由于贵州茅台涉及三次送股，因此需要考虑复权因素的影响，在计算现金股利时，需要送股后实际持股数。并且考虑股价变动时，也要考虑除权因素。

从表4中可以看出，两家公司的股利政策都比较稳定，主要以现金股利为主。假设投资者以2009年12月31日的收盘价分别买入贵州茅台与中国工商银行100股，并持续持有至今，到底谁获利更多呢？如表5所示。

表 5

2010.1.1—2018.11.6	贵州茅台	中国工商银行
累计现金分红率	57.6%	55.8%
股价增长率	5.79 倍	0.67 倍

备注：假设投资者以2009年12月31日收盘价为基准，并需要考虑复权因素的影响。另外，2018年11月6日为截止日，是笔者撰写本文的日期。

从现金股利来看，贵州茅台和中国工商银行最近 8 年累计现金分红比例比较接近［如果以贷款年回报率 6% 作为对比，2010 年后的 8 年的单利回报为 48%，复利回报为 59.38%］。可以得出结论，这两家公司的现金股利回报率（复利）约为 6%。但是，股价增长率却相差较大，接近 9 倍差距。对投资者的总回报而言，影响较大。

如果您是投资者，会偏好选择投资哪家公司？2018 年，茅台酒好喝也好贵，茅台股好疯狂，今时今日您还敢买吗？

2. 谁有权决定股利分配决策及考量因素？

从股利分配方案的决策程序来说，《公司法》明确规定，公司董事会制定利润分配方案，并由股东大会审议批准。股东们一般按照出资比例行使表决权，除涉及修改公司章程、增加或者减少注册资本的决议，以及公司合并、分立、解散或者变更公司形式的决议等必须经出席会议的股东所持表决权的 2/3 以上通过外，其他决议必须经出席会议的股东所持表决权过半数通过。因此，如果公司的大股东处于绝对控股地位，股利决策更可能代表大股东的意志与利益，而如果公司的股权相对比较分散，中小股东持股比例较大，能够对大股东形成制衡作用时，股利分配更可能是集体妥协的结果，代表股东们共同的利益。

那么做出股利分配决策时，需要考虑哪些因素呢？包括但不限于：（1）股东层面因素，股东们基于市值管理、避税、获得稳定现金股利收入、控制权、IPO 或者再融资、解禁套现等因素，释放积极信号，做出有利于自身利益的股利决策；（2）公司层面因素，包括未来投资机会、公司流动性、举债能力、资本成本等；（3）资本保全、企业累计未分配与净利润水平、债务合同约束等法律因素或者其他因素。

例如，贵州茅台和中国工商银行的大股东，处于绝对控股并保持持续稳定，且现金流充裕，保持较高比例的现金分红。而精测电子，作为新上市的公司，大股东持股约为 30%，十大股东中有多家合伙型投资公司或资管产品，其股利分配方案可能更多地代表大家共同的利益。

大股东想什么？您知道吗？前面是"陷阱"还是"馅饼"？

3. 股利决策：投资者视角的税负代价

诚如前面分析的是，单纯从具体除权除息行为来看，除权除息前后投资者累计价值并没有变化。但是，如果考虑股息红利的税负代价，投资者价值可能降低了，只是您浑然不知而已。

我们以精测电子 2017 年年报中披露的前十大股东为例（分配方案：10 股送 5 股转 5 股派 5 元（含税）），具体如表 6 所示。

表 6

排名	股东名称	持股数量（万股）	占总股本比例（%）
1	彭骞	2390.4	29.18
2	陈凯	1047.6	12.79

续表

排名	股东名称	持股数量（万股）	占总股本比例（%）
3	西藏比邻医疗科技产业中心（有限合伙）	810	9.89
4	武汉精至投资中心（有限合伙）	480	5.86
5	胡隽	360	4.40
6	曲水鼎龙泰豪企业管理有限公司	195	2.38
7	柯常进	185.6	2.27
8	沈亚非	144	1.76
9	武汉精锐投资中心（有限合伙）	120	1.47
10	中信信托有限责任公司——中信信托锐进52期泓澄投资集合资金信托计划	102.1816	1.25
	合　计	5834.7816	71.25

精测电子十大股东中，除常见的法人投资者、自然人投资者之外，还包括“特殊成员”，即有限合伙企业、信托计划等不同形式的股东，股利分配方案也囊括现金股利、股票股利、转增股本等形态，可以较为全面地分析股利分配方案的税负代价。

根据精测电子2017年年度权益分派实施公告（日期：2018年5月3日）资料，我们整理如表7所示。

表7

投资者类别	每10股送红股5股，派5元现金（含税）	以资本公积金每10股转增5股
QFII、RQFII	每10股派4元	—
持有首发前限售股的个人和证券投资基金	每10股派4元	
持有首发后限售股、股权激励限售股及无限售流通股的个人	股息红利税实行差别化税率征收，本公司暂不扣缴个人所得税，待个人转让股票时，根据其持股期限计算应纳税额	
持有首发后限售股、股权激励限售股及无限售流通股的证券投资基金	对香港投资者持有基金份额部分按10%征收，对内地投资者持有基金份额部分实行差别化税率征收	
法人投资者	直接投资：免企业所得税	
合伙企业投资者	未披露扣缴个税情况	
信托计划等资管产品	未披露扣缴个税情况	

主要税法依据：

［1］QFII：依据国税函〔2009〕47号与国税发〔1994〕89号，QFII按照10%企业所得税，股票股利以1股1元折算，每10股累计缴纳（5元现金+5元股票股利折算）×10% =1元企业所得税，因此实际发放5-1=4（元）。

［2］自然人-首发后股息红利实行差别化征税：依据财税〔2015〕101号、财税〔2012〕85号、财税〔2014〕48号，根据先进先出的原则，以投资者证券账户为单位计算持股期限，1个月以内的20%，1个月到1年之间10%，超

过1年免个税。

〔3〕自然人－首发前限售股等：依据财税〔2012〕85号：解禁前取得的股息红利，继续暂时按照50%计入应纳税所得税，实际税负10%。

〔4〕法人投资者：直接投资免企业所得税。

〔5〕转增股本：依据财税〔2015〕116号、总局公告〔2015〕80号、国税发〔1997〕198号、国税函〔1998〕289号等，上市公司资本公积－股票溢价转增股本，免征个税，也不得垫高法人投资者的计税基础。

最后，需要提醒的4点风险是：

1. 盈余公积和未分配利润，转增股本等，是否需要垫高法人投资者股权投资的计税基础？甘肃国家税务局2018年3月28日曾明确，对于企业分得的股票股利或实物股利，在确认免税同时，也要确认相应的计税基础，这样的免税才是真正意义上的免税。因此，居民企业之间直接投资的分红免征企业所得税，但是，盈余公积、未分配利润等留存收益转增股本等，需要提高股权投资的资产计税基础。

2. 盈余公积、未分配利润等留存收益转增股本时，自然人投资者虽然没有实际拿到钱，但也要按照20%缴纳个人所得税。

3. 合伙企业形式的股东，无论对于现金股利，还是盈余公积、未分配利润等留存收益转增股本等的股票股利，需要按照财税〔2008〕159号"先分后税"原则以及国税函〔2001〕84号规定，自然人合伙人按照股息红利缴纳20%个税，法人合伙人按照25%缴纳企业所得税［备注：法人投资者不满足"直接投资"要求，有被征收企业所得税的风险］。税总稽便函〔2018〕88号第3条明确，自然人合伙人从合伙企业取得的股息红利不适用财税〔2015〕101号股息红利差异化的税收优惠政策。笔者大胆预计，精测电子2017年年度权益分派实施公告（2018年5月3日）并没有披露这方面内容，上市公司没有代扣代缴这一块所得税，由合伙企业的自然人合伙人缴纳股息红利的个人所得税20%，包括现金股利和股票股利部分。

4. 对于信托计划等形式资管产品，虽然财税〔2016〕140号、财税〔2017〕2号、财税〔2017〕56号等明确，资管产品运营层面的增值税由管理人缴纳，但是并没有明确资管产品投资者层面的所得税由管理人代扣代缴等事项，立法上有待明确。笔者了解到，上市公司也并没有代扣代缴这一块的所得税。那么，资管产品的管理人向个人实际分配收益时，个人真的会主动纳税吗？

对于不同类型的股息红利所得，投资者们，您是否已经明确股利分配背后的税负代价或纳税风险，到底是"陷阱"还是"馅饼"，您明白了吗？

科创板、创业板股票发行上市规则简析

陈　菡[①]

2018 年 11 月 5 日，习近平总书记在首届中国国际进口博览会上提出将在上海证券交易所设立科创板并试点注册制，2019 年 3 月 1 日，中国证券监督管理委员会（以下简称“证监会”）和上海证券交易所（以下简称“上交所”）集中发布了科创板相关制度，包括《科创板首次公开发行股票注册管理办法（试行）》和《科创板上市公司持续监管办法（试行）》两项部门规章、《上海证券交易所科创板股票发行上市审核规则》等配套业务规则。2020 年 3 月，深圳证券交易所（以下简称“深交所”）发布《深圳证券交易所创业板股票上市规则（2020 年修订）》的通知。自此，在中国境内形成了包括沪深主板、中小板、创业板、科创板、新三板和区域股权交易市场的多层次资本市场体系。

科创板和创业板试行注册制，允许尚未盈利的企业、红筹企业和具有表决权差异安排的企业上市，强调以市值为核心的指标体系和多元财务指标条件，严格信息披露要求和退市规则。本文从股票发行审核制度、发行条件、上市条件、信息披露、退市规则以及定价机制等方面对比分析中国境内股票发行上市规则的差异。

1. 股票发行审核制度改革

1990 年，上海证券交易所和深圳证券交易所相继成立；1993 年，我国建立了全国统一的股票发行审核制度。在我国资本市场近 30 年的发展历程中，股票发行审核制度历经了“额度管理审批制”（1993—1995 年）、“指标管理审批制”（1996—2000 年）、“通道核准制”（2001—2004 年）、“保荐核准制”（2004 年至今）、“试点注册制”（2019 年至今）的改革路径，股票发行审核制度的改革从行政主导向市场化方向不断推进。

从股票发行审核制度上看，当前沪深主板、中小板实行核准制下的保荐制，由保荐人推荐符合条件的公司发行上市，证监会对发行人的申请文件进行审核，核准发行人的首次公开发行股票申请。科创板和创业板试点注册制，证监会将发行审核的权力下放给交易所，由交易所设立独立的审核部门审核发行人申请文件，并经科创板股票上市委员会审议，由证监会履行发行注册程序。

---

① 陈菡系厦门国家会计学院讲师、硕士生导师，厦门国家会计学院管理会计与财务管理研究所副所长。

从核准保荐制向注册制的发展，实质上更加重视对发行人的事前审查，将对发行人的经营能力、企业成长性、行业前瞻性的实质性审查交由中介机构和交易所，证券监管机构侧重于合规性的形式审查，关注事中、事后监督。当然，现阶段证监会保留了对科创板发行人注册审核的否决权，也就是说，如果证监会认为交易所对影响发行条件的重大事项未予关注或者交易所的审核意见依据明显不充分的，可以退回并要求交易所重新审核，证监会可以做出同意注册或不予注册的决定。

2. 股票发行上市规则对比

2.1 主体资格要求差异

不同市场板块对于发行人的定位略有差异：沪深主板、中小板并没有明确限制发行人的类型和行业，但是对发行人的盈利能力和资产质量要求较高；创业板市场主要定位于为自主创新企业和成长型的创业企业提供融资平台，“支持传统产业与新技术、新产业、新业态、新模式深度融合”；科创板则定位于科技创新型企业，要求“面向世界科技前沿、面向经济主战场、面向国家重大需求”，重点支持“新一代信息技术、高端装备、新材料、新能源、节能环保以及生物医药等高新技术产业和战略性新兴产业”。

在发行人的主体资格上，沪深主板、中小板、创业板和科创板均要求发行人必须是依法设立且持续经营3年以上的股份有限公司，会计基础工作规范，内部控制制度健全且被有效执行，发行人及其董事、监事和高级管理人员合法合规，最近3年无重大违法行为。

沪深主板、中小板、创业板和科创板均对发行人的独立持续经营能力、主营业务、实质控制人与高层管理团队的稳定性提出要求。相比之下，科创板对发行人业务和团队稳定性要求上存在两点差异：一是周期要求更短，沪深主板、中小板需要最近3年无重大变化，科创板和创业板只关注最近两年内的稳定性要求；二是重点关注不利变化，科创板对稳定性要求侧重于发行人是否发生重大不利变化，包括不存在构成重大不利影响的同业竞争、主营业务和核心团队的重大不利变化等。在信息技术快速更新迭代的环境下，科技创新企业对业务的灵活性要求更高，企业为了适应市场竞争，需要适时进行快速调整。科创板的这条规定显然对于发行人在最近两年内的有利变化提供一个接口。

科创板和创业板允许未盈利企业、红筹企业和存在表决权差异安排的企业上市。对于注册地在境外、主要经营活动在境内的红筹企业，其投资者权益保护水平不低于境内法律法规要求，并保障境内外持有人的权益相当，若红筹企业具有协议控制架构或者类似特殊安排的，应当充分、详细披露相关情况。

科创板和创业板均允许有表决权差异安排的企业发行上市，并明确要求表决权差异安排应当是在发行人首次发行上市前设置的，持有特别表决权股份的股东应当为公司发展做出特殊贡献并持续担任重要职务，持股合计数达到公司全部已发行有表决权股份10%以上；每份特别表决权股份的表决权数量相同，且不得超过每份普通股份的表决权数量的10倍；普通表决权比例不低于10%；特别表决权股份不得在二级市场进行交易，但在特定情形下可以按1:1的比例转换为普通股份。具体如表1所示。

表 1　　上市基本条件对比

	主板及中小板	创业板	科创板
上市制度	核准制	核准制	注册制 上交所审核，证监会注册
主体资格	（1）依法设立且持续经营 3 年以上的股份有限公司 （2）会计基础工作规范，财务报表的编制符合企业会计准则和相关会计制度的规定，由注册会计师出具无保留意见的审计报告 （3）内部控制制度健全且被有效执行，由注册会计师出具无保留结论的内部控制鉴证报告 （4）发行人生产经营符合法律、行政法规和公司章程的规定，符合国家产业政策；最近 3 年无重大违法行为 （5）董事、监事和高级管理人员最近 3 年不存在受到行政处罚、立案调查等情形		
主营业务稳定性要求	最近 3 年内无重大变化	最近 2 年内无重大变化	最近 2 年内无重大不利变化
董事、高管团队稳定性要求	最近 3 年内董事、高级管理人员没有发生重大变化	最近 2 年内董事、高级管理人员均没有发生重大变化	最近 2 年内董事、高级管理人员及核心技术人员均没有发生重大不利变化
实际控制人稳定性要求	最近 3 年内实际控制人没有发生变更	最近 2 年内实际控制人没有发生变更	最近 2 年实际控制人没有发生变更，不存在导致控制权可能变更的重大权属纠纷

2.2 股票发行上市财务标准对比

从股票发行上市标准上看，沪深主板及中小板要求发行人最近 3 年连续盈利，重点关注净利润、经营活动现金流量净额、营业收入、股本总额、无形资产占比等指标。相比之下，试行注册制下的科创板和创业板以市值为核心，允许未盈利企业上市，设置多套上市标准，综合考虑收入、净利润、研发投入、现金流等因素，发行人可以根据实际情况，选择一套具体的上市标准。具体如表 2 所示。

表 2　　发行人上市财务指标对比

	主板及中小板	创业板	科创板
重点关注指标	连续盈利要求 重点关注净利润、经营活动现金流量净额、营业收入、股本总额、无形资产占比	无强制盈利要求 重点关注市值、净利润、营业收入、股本总额	无强制盈利要求 重点关注市值、净利润、营业收入、股本总额
股本总额	发行前股本总额不少于人民币 3000 万元；发行后股本总额不少于人民币 5000 万元	发行后股本总额不低于人民币 3000 万元	发行后股本总额不低于人民币 3000 万元

续表

<table>
<tr><th></th><th>主板及中小板</th><th>创业板</th><th>科创板</th></tr>
<tr><td>首发比例</td><td colspan="3">公开发行的股份达到公司股份总数的25%以上
公司股本总额超过人民币4亿元的，公开发行股份的比例为10%以上</td></tr>
<tr><td>盈利要求</td><td>最近3年连续盈利且累计净利润≥3000万元</td><td rowspan="4">至少符合下列标准中的一项：
（1）最近2年净利润均为正，且累计净利润≥5000万元
（2）预计市值≥10亿元，最近1年净利润为正且营业收入≥1亿元
（3）预计市值≥50亿元，且最近1年营业收入≥3亿元
对营业收入快速增长，并符合相应要求的红筹企业，以及存在表决权差异安排的发行人，应至少符合下列标准中的一项：
（1）预计市值≥100亿元，最近1年净利润为正
（2）预计市值≥50亿元，最近1年净利润为正且营业收入≥5亿元</td><td rowspan="4">至少符合下列标准中的一项：
（1）预计市值≥10亿元，最近2年净利润>0，且累计净利润≥5000万元；或预计市值≥10亿元，最近1年净利润>0，且营业收入≥1亿元
（2）预计市值≥15亿元，最近1年营业收入≥2亿元，且最近3年累计研发投入占最近3年累计营业收入的比例≥15%
（3）预计市值≥20亿元，最近1年营业收入≥3亿元，且最近3年经营活动产生的现金流量净额累计≥1亿元
（4）预计市值≥30亿元，且最近1年营业收入≥3亿元
（5）预计市值≥40亿元，主要业务或产品需经国家有关部门批准，市场空间大，目前已取得阶段性成果
医药行业企业需至少有1项核心产品获准开展二期临床试验，其他符合科创板定位的企业需具备明显的技术优势并满足相应条件
对红筹企业和具有表决权差异安排企业的要求：市值及财务指标至少符合下列标准之一：
（1）预计市值≥100亿元
（2）预计市值≥50亿元，且最近1年营业收入≥5亿元</td></tr>
<tr><td>现金流要求</td><td>最近3年经营活动产生的现金流量净额累计≥5000万元；或者最近3年营业收入累计≥3亿元</td></tr>
<tr><td>净资产要求</td><td>最近1期末无形资产（扣除土地使用权、水面养殖权和采矿权等后）占净资产的比例不高于20%</td></tr>
<tr><td>未弥补亏损要求</td><td>最近1期末不存在未弥补亏损</td></tr>
<tr><td>备注</td><td colspan="3">净利润以扣除非经常性损益前后的孰低者为准，净利润、营业收入、经营活动产生的现金流量净额均指经审计的数值</td></tr>
</table>

2.3　信息披露要求差异

在信息披露上，沪深主板、中小板、创业板与科创板均要求发行人及时、公平、真实、准确、完整地披露对投资者有重大影响的信息，不存在虚假记载、误导性陈述或者重大遗漏。在具体的信息披露要求上，科创板对于发行上市申请文件及信息披露内容的审核提出更详细、明确的规范要求，包括披露发行人竞争优势、行业趋势、产业政策、科研水平、研发投入占比、研发进度等重大信息。对于尚未盈利的发行人，还要求披露公司尚未盈利的原因，以及对公司现金流、业务拓展、人才吸引、团队稳定性、研发投入、战略性投入、生产经营可持续性等方面的影响；对于发行人存在与主业不同的新业务，需要披露开展新业务的原因及合理性，公司准备情况，新业务行业情况、管理情况及审批情况，新业务风险提示等。

2.4 退市制度差异

沪深主板和中小板设立风险警示板，如果上市公司股票被实施风险警示或者处于退市整理期的，可以进入风险警示板交易。股票被实施退市风险警示后，上市公司在最近一年净利润、期末净资产、营业收入或其他事项在规定期限内仍未达到要求，由交易所决定暂停其股票上市。上市公司被实施暂停上市后，在规定期限内达到恢复上市相应要求后，可以提出恢复上市要求；如果在规定期限届满，上市公司仍未达到相应要求，则由交易所决定终止其股票上市。沪深主板和中小板上市公司股票被终止上市后，如果其终止上市情形已消除，且符合交易所规定条件的，可以申请重新上市。

科创板和创业板明确规定了4类强制退市情形，包括重大违法强制退市、交易类强制退市、财务类强制退市、规范类强制退市。科创板和创业板上市公司一旦触及相应退市情形的，按照相应情况，交易所对其实施退市风险警示或启动退市程序。科创板上市公司股票如果被实施退市风险警示，不进入风险警示板交易。上市公司被终止上市决定后，进入为期30个交易日的退市整理期，退市整理期届满后5个交易日内，上交所即对公司股票予以摘牌，公司股票终止上市，并转入股份转让场所挂牌转让。同时，科创板对于上市公司欺诈发行、重大信息披露违法的容忍度更低，上市公司出现欺诈发行、重大信息披露违法的情形的，其股票即被终止上市。具体如表3所示。

表3　　终止上市条件主要差异对比

	沪深主板、中小板	科创板	创业板
（一）财务类指标			
触及退市风险警示	（1）最近2年净利润<0 （2）最近1年期末净资产<0 （3）最近1年营业收入<1000万元	（1）最近1年净利润<0，且最近1年营业收入<1亿元 （2）最近1年期末净资产<0 （3）研发型上市公司主要业务、产品或者所依赖的基础技术研发失败或者被禁止使用，且公司无其他业务或者产品符合相应规定要求的	（1）最近1年净利润<0，且最近1年营业收入<1亿元 （2）最近1年期末净资产<0 （3）最近1年被出具无法表示意见或否定意见审计报告
触及暂停上市条件	股票被实施退市风险警示后，公司最近1年的财务指标存在以下之一的： （1）净利润为<0 （2）期末净资产<0 （3）营业收入<1000万元 （4）被会计师事务所出具保留意见、无法表示意见、否定意见的审计报告	无	无

续表

	沪深主板、中小板	科创板	创业板
触及终止上市条件	股票被暂停上市后，公司最近1年的财务指标存在以下之一： （1）净利润为<0 （2）期末净资产<0 （3）营业收入<1000万元 （4）被会计师事务所出具保留意见、无法表示意见、否定意见的审计报告	（1）主营业务大部分停滞或者规模极低 （2）经营资产大幅减少导致无法维持日常经营 （3）营业收入或者利润主要来源于不具备商业实质的关联交易 （4）营业收入或者利润主要来源于与主营业务无关的贸易业务 （5）其他明显丧失持续经营能力的情形	
（二）触及终止上市的交易类指标			
累计股票成交量	连续120个交易日低于500万股（A股） 连续120个交易日低于100万股（B股）	连续120个交易日低于200万股	连续120个交易日低于200万股
每日股票收盘价	连续20个交易日均低于股票面值	连续20个交易日均低于股票面值	连续20个交易日均低于股票面值 连续20个交易日收盘市值均低于3亿元
股东数量	连续20个交易日均低于2000人	连续20个交易日均低于400人	连续20个交易日均低于400人
（三）规范类要求			
重大违法强制退市	实施退市风险警示，交易满30个交易日实施暂停上市，在暂停上市后上交所做出终止上市决定前，如果上市公司符合相应条件的，可以提出恢复上市要求	对欺诈发行和重大信息披露违法，直接启动退市程序	对存在欺诈发行和重大信息披露等损害证券市场秩序的重大违法行为，以及涉及国家安全、公共安全、生态安全、生产安全和公众健康安全等违法行为，直接启动强制退市程序
其他规范类要求（退市风险警示）	（1）财务会计报告存在重大会计差错或者虚假记载，未在限期内改正 （2）未在法定期限内披露年度报告或者半年度报告，且在股票停牌2个月内仍未披露 （3）因信息披露或者规范运作等方面存在重大缺陷，未在规定期限内改正 （4）最近1年被出具无法表示意见或者否定意见的审计报告 （5）公司股本总额或股权分布发生变化，不满足规定条件且未在限期内解决 （6）公司可能被依法强制解散 （7）法院依法受理公司重整、和解和破产清算申请 （8）其他		（1）财务会计报告存在重大会计差错或者虚假记载，未在限期内改正 （2）未在法定期限内披露年度报告或者半年度报告，且在股票停牌2个月内仍未披露 （3）因信息披露或者规范运作等方面存在重大缺陷，未在规定期限内改正 （4）公司股本总额或股权分布发生变化，不满足规定条件且未在限期内解决 （5）公司可能被依法强制解散 （6）法院依法受理公司重整、和解和破产清算申请

从表3可以看到，沪深主板、中小板从上市公司被实施风险警示、暂停上市到最终退市，其间有一个较长的缓冲期，在上市公司股票被终止上市后，如果其终止上市情形已消除，且符合上交所规定条件的，可以申请重新上市。在这一期间内，上市公司可以借助业务调整、资产重组、“卖壳”等方式重生。根据Wind数据，截至2019年3月，共有886家上市公司被实施退市风险警示，但是最终由于连续亏损或暂停上市后未披露定期报告而被终止上市的仅有62家。而科创板上市公司触及退市情形，导致其股票存在被终止上市风险的，即启动退市程序，上市公司股票被终止上市的，不得申请重新上市。

3. 股票定价与发行

新股定价与配售是股票发行制度的重要组成部分。自2005年起，我国开始实施新股上市询价机制，即由发行人和保荐人向网下投资者询价确定股票发行价格。在证监会2017年修订的《证券发行与承销管理办法》（第135号令）中，在股票发行定价的询价机制上，增加了发行人与主承销商自主协商直接定价的方法。实际上当前对新股发行市盈率设定上限，同时对新股设定价格涨跌停限制，这种新股定价与发行的“双限”机制，使得询价机制的价值发现功能无法充分发挥，并导致了一二级市场的价差。这种价值的延迟发现，助推了股票市场上“打新”的无风险套利行为。科创板采用向专业机构投资者以市场化询价的方式确定股票发行价格，在网上网下配售制度的基础上，新增战略配售、保荐跟投、高管参与绿鞋机制4类配售机制，从而绑定各方利益，可以更好地促使股票发行回归合理定价。与当前新股首日上市涨跌幅限制不同，科创板上市后5日内不设涨跌幅限制，之后股价涨跌幅限制为20%。在股票交易方式上，除了竞价交易和大宗交易之外，科创板还引入盘后固定价格交易。

4. 总结与建议

我国资本市场发展走过了近30年的历程，从最初股票发行实施额度管理的行政审批方式，到保荐核准制，再到科创板试点注册制，我国资本市场改革迈出了市场化发展的重要一步。从成熟资本市场的发展看，注册制有助于激发市场活力，更好地发挥资源配置和资本市场价值发现功能，是推动资本市场可持续发展的重要机制。注册制的有效推行需要有一系列的配套机制。一是完善信息披露机制，通过高质量的事前信息披露，让投资者可以公开、公平、充分地了解上市公司的商业模式、经营状况、发展前景等，充分发挥市场的选择机制。二是严格中介机构责任，建立可追溯的事中、事后监管审查制度，充分发挥中介机构专业化实质性审查力量。三是严格退市制度，推动上市公司的优胜劣汰，推动资本市场的良性发展。四是提高资本市场违法违规的惩罚力度，建立对欺诈发行、信息披露违法等行为的赔偿机制和刑事处罚力度，提高违法成本，通过事后严监管、重惩罚为注册制的实施保驾护航。

参考文献：

[1] 证监会．我国股票发行审核制度的演进历程［EB/OL］．http：//www. csrc. gov. cn/pub/newsite/ztzl/xgfxtzgg/xgfxbjcl/201307/t20130703_230251. html，2013 -7 -3.

[2] 上交所．上海证券交易所科创板股票发行承销实施办法（上证发〔2019〕21 号）［EB/OL］．http：//www. sse. com. cn/lawandrules/overview/，2019 -3 -1.

[3] 证监会．科创板首次公开发行股票注册管理办法（试行）（第 153 号令）［EB/OL］．http：//www. csrc. gov. cn/pub/zjhpublic/zjh/201903/t20190301_351633. htm，2019 -3 -1.

[4] 上交所．上海证券交易所科创板股票发行上市审核问答（上证发〔2019〕29 号）［EB/OL］．http：//www. sse. com. cn/lawandrules/overview/，2019 -3 -3.

[5] 上交所．上海证券交易所科创板股票上市规则（上证发〔2019〕22 号）［EB/OL］．http：//www. sse. com. cn/lawandrules/overview/，2019 -3 -1.

[6] 上交所．上海证券交易所科创板股票发行上市审核规则（上证发〔2019〕18 号）［EB/OL］．http：//www. sse. com. cn/lawandrules/overview/，2019 -3 -1.

[7] 证监会．首次公开发行股票并上市管理办法（第 122 号令）［EB/OL］．http：//www. csrc. gov. cn/pub/newsite/flb/flfg/bmgz/fxl/，2015 -12 -30.

[8] 证监会．首次公开发行股票并在创业板上市管理办法（第 123 号令）［EB/OL］．http：//www. csrc. gov. cn/pub/newsite/flb/flfg/bmgz/fxl/，2015 -12 -30.

[9] 证监会．证券发行与承销管理办法（第 135 号令）［EB/OL］．http：//www. csrc. gov. cn/pub/newsite/flb/flfg/bmgz/fxl/，2017 -9 -8.

[10] 上交所．上海证券交易所科创板股票交易特别规定（上证发〔2019〕23 号）［EB/OL］．http：//www. sse. com. cn/lawandrules/overview/，2019 -3 -1.

[11] 深交所．深圳证券交易所创业板股票上市规则（2020 年修订）［EB/OL］．http：//www. szse. cn/，2020 -6 -12.

拼多多：爱“拼”才会赢的商业逻辑

张小三　朱文霞①

1. 前言——从“猫狗大战”到江湖新格局

2019年9月7日美股收盘，拼多多收涨0.32%，报34.98美元，市值407亿美元，超过百度的358亿美元，距离京东453亿美元市值仅一步之遥。2019年平台总成交金额（GMV）达7091亿元，平台年活跃买家数达4.832亿人，月活用户数达3.66亿人，已经超过京东3.213亿人。拼多多的用户群体开始上移，抢占京东、天猫的高端用户群体。

拼多多的快速增长改变了“猫狗大战”，促成了阿里巴巴、京东、拼多多三足鼎立的新江湖。2019年3月，阿里巴巴重启聚划算，淘宝特价版横空出世，拦截下沉市场；9月5日，京东独立京东拼购，改名“京喜”，继续打造“低价不低质”概念；占据国内跨境电商第一的网易考拉，以20亿美元“嫁给”老二天猫国际，阿里巴巴进一步提升跨境电商蓝海市场的竞争优势。

如何在短暂的4年时间里从电商红海中杀出突围，本文首先对比分析拼多多与阿里巴巴、京东的价值创造异同，其次借助价值网模型分析拼多多商业模式和竞争优势，最后指出了拼多多商业模式存在的不足和提出相应启示。

2. 快速成长奠定三足鼎立

2.1　年交易总额

拼多多自2015年成立以来，一直处在快速发展阶段，而阿里巴巴和京东处于相对稳定阶段。如图1所示，2018年，拼多多GMV达4716亿元，仅约为京东GMV的30%、阿里巴巴的8%。然而，从发展速度看，2018年拼多多GMV同比增长234.75%，远高于京东29.6%和阿里巴巴的33.36%，呈现出疯涨模式。

---

① 张小三系厦门国家会计学院“一带一路”财经发展研究中心讲师；朱文霞系中国市政工程中南设计研究总院有限公司会计。

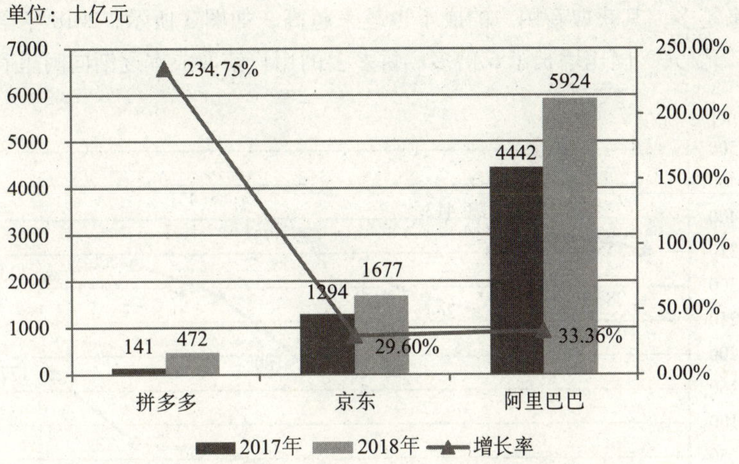

图 1　拼多多、京东和阿里巴巴年度 GMV 对比

资料来源：Supersymmetry Techmologies。

2.2　年活跃用户

如图 2 所示，截至 2018 年底，拼多多年度活跃用户达 4.19 亿人，超过京东的 3.05 亿人，与阿里巴巴的 6.36 亿人还有一定差距。从用户数来看，拼多多已经成为中国第二大电商平台。从年度活跃用户增速来看，拼多多在 2017 年维持在 50% 左右，远高于阿里巴巴和京东的增速。但到了 2018 年，拼多多的用户增速快速下降，并逐渐趋近阿里巴巴的用户增速。

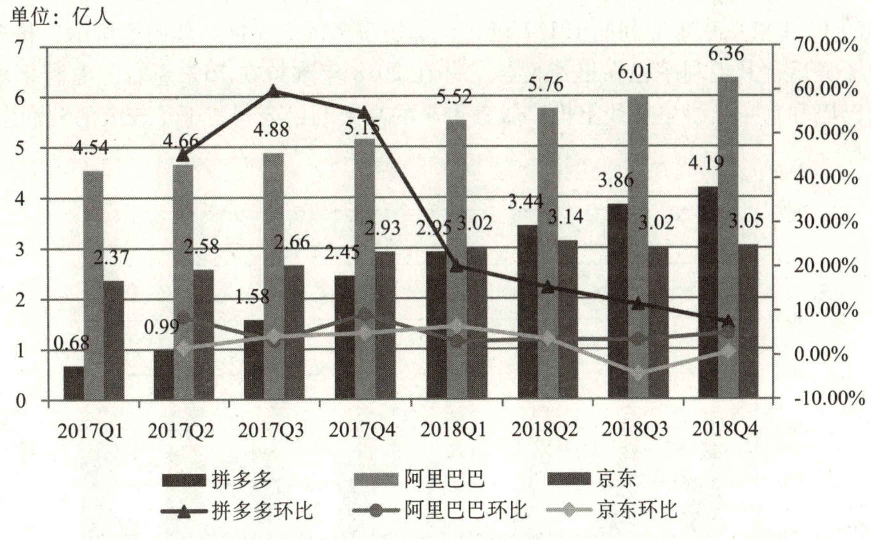

图 2　拼多多、京东和阿里巴巴年度活跃用户对比

资料来源：公司公告。

2.3　单个用户获取成本

拼多多用户获取成本显著低于阿里和京东，这主要得益于其拼团社交的玩法。然而随着其用户数量越来越多，其获取新用户的成本也越来越高，如图 3 所示，2018 年第四季度其用户获取成本为 177 元/人，同比增长了 6 倍多。拼多多的用户获取成本逐渐向阿里和京东趋近。

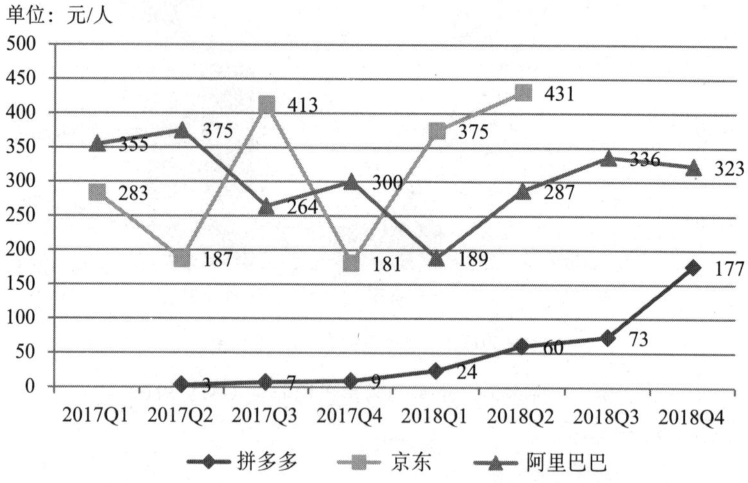

图 3 拼多多、京东和阿里巴巴单个用户获取成本对比

资料来源：公司公告、东吴证券研究所。

2.4 毛利润和净利润

拼多多的毛利润虽然获得快速增长，但与阿里巴巴和京东相比差距还很大。如图 4 所示，2018 年第四季度，拼多多毛利润为 42.3 亿元，而同期，阿里巴巴毛利润为 564.4 亿元，是拼多多的 12.4 倍；京东毛利润 191.7 亿元，是拼多多的 3.5 倍。如图 5 所示，拼多多放弃自营平台业务后，其毛利率也在迅速增长，并在 2018 年维持在 75% 左右，毛利率增长显著高于阿里巴巴和京东。拼多多线上推广服务带来的高毛利给公司留下了较大的利润空间。

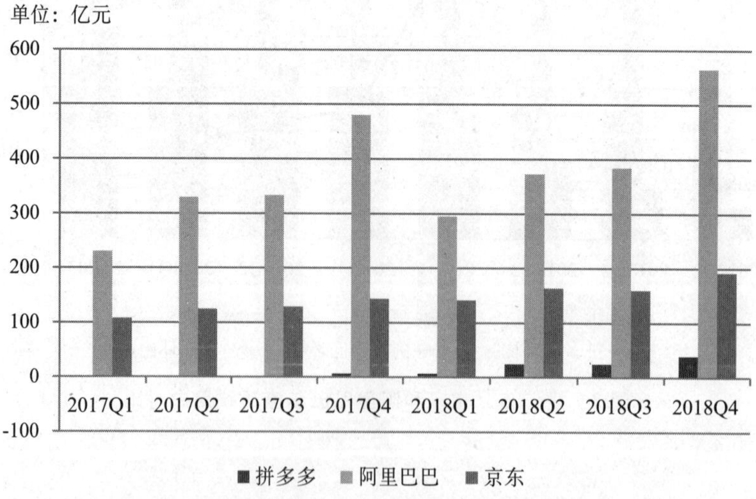

图 4 拼多多、阿里巴巴和京东季度毛利润对比

资料来源：公司公告。

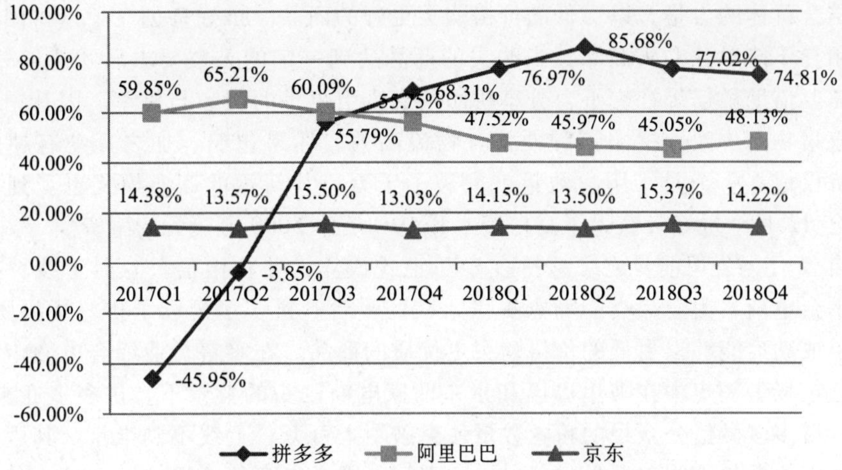

图 5　拼多多、阿里巴巴和京东季度毛利率对比

资料来源：公司公告。

如图 6 所示，处于相对成熟期的阿里巴巴，其净利润远超拼多多和京东。京东于 2017 年实现正净利润后，2018 年继续亏损，全年亏损总额为 28 亿元。对比来看，拼多多的盈利能力远远低于阿里巴巴，也低于处在亏损阶段的京东。

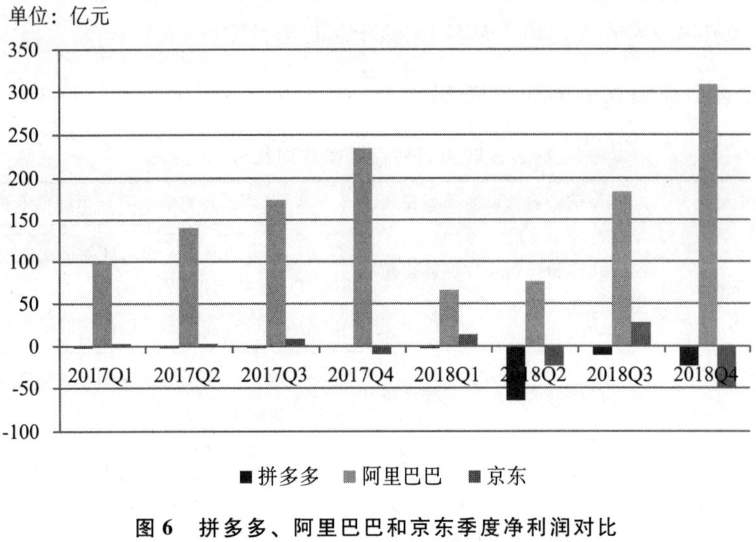

图 6　拼多多、阿里巴巴和京东季度净利润对比

资料来源：公司公告。

3. 爱“拼”才会赢的动态商业模式

3.1　拼多多的动态发展历程

3.1.1　第一阶段：转型前以自营业务为主的拼好货时期（2015—2016 年）

2015 年 4 月，拼多多的前身之一拼好货成立。作为一家 B2C 自营生鲜电商平台，拼好货主张结合群体的力量，以更低的价格购买更好的商品。拼好货创立了以拼团为核心业务模式，用户不能单独购买商品，当购买的商品达到一定的人数要求后才能够开启订单，为此用户需要借助微信等社交平台分享拼团信息吸引更多的人参与拼单。因其销售的生鲜水果产地直采物美价廉、拼团流程便捷、物流高效、坏果包赔、加之互动有趣的拼单模式，拼好货仅成立 9 个月，用户数量就突破了千万。其新颖的商业模式也受到资本的青睐，2015 年 12 月，拼好货获得了高榕资本和 IDG 资本 5000 万美元的融资。

2015 年 9 月，公司前身之二“拼多多”正式成立，并在微信公众号上线。拼多多定位为综合平台电商，为全品类的商家提供入驻的平台。拼多多延续了拼好货拼团的模式，用户在拼单成功后能够以更低的价格购买更优质的商品。在零售行业综合电商市场看似已经饱和，且市场份额集中在阿里巴巴和京东两家电商巨头的背景下，拼多多迎来开门红。上线两周，拼多多微信公众号的粉丝数量便突破了上百万；上线不到半年，其用户总量突破了千万；上线一年，用户总量过亿。由于看到了平台电商的发展前景，2016 年 9 月拼好货与拼多多合并成为一个新的拼多多。

3.1.2 第二阶段：转型后以在线市场服务为主的拼多多时期（2017 年至今）

由于平台入驻的商家越来越多，用户数量越来越多，拼多多很难将精力投入在拼好货的运营上，从 2017 年第二季度开始，拼多多完全放弃了自营业务，全面转型平台电商模式。之后，拼多多一路高歌猛进，营业收入呈指数型增长。2018 年 6 月平台用户数量破 3 亿人。2018 年 7 月在美国纳斯达克上市，股价首日上涨 40.53%。截至 2018 年年底，拼多多活跃用户数量达 4.19 亿人，市值居中国零售电商平台第三。

3.2 拼多多商业模式的演变（表 1）

表 1　　拼多多转型前后商业模式对比分析

价值网构成	组成要素	转型前：自营电商商业模式	转型后：平台电商商业模式
顾客价值	客户细分	白领女性和妈妈女性群体，核心用户为中产阶级	（1）平台消费者：追求高性价比的价格敏感型人群。核心用户为中低收入阶层 （2）商户：为买家提供高性价比产品的商户
	价值主张	结合群体的力量，以更低的价格购买优质的产品	（1）在需求侧致力于为消费者提供高性价比的产品和互动有趣的购物体验 （2）在供给侧致力于提升平台商户所创造的价值
核心能力	渠道通路	（1）借助微信等社交软件通过拼团在用户做口碑传播； （2）售后服务上坏单包赔	（1）借助微信等社交软件通过拼团获取新客户； （2）密集的营销以提升品牌知名度
	核心资源	采购团队；仓储体系	技术基础设施；高级管理团队；买家群体和活跃商家
	关键业务	产地自采；极短供应链	C2M 和反向推荐；严苛的质量控制政策

续表

价值网构成	组成要素	转型前：自营电商商业模式	转型后：平台电商商业模式
相互关系	与客户关系	互利共赢，无较大冲突	（1）与平台消费者：寻求价值主张契合，存在一定冲突 （2）与平台商户：为商户提供便利与扶持，存在一定冲突
	与合作伙伴关系	与农户和合作社互利共赢	与腾讯形成长期协同效应
	与竞争者关系	其新颖的商业模式使其与水果实体店和同类电商企业相比都更具有竞争力	通过与电商巨头错位竞争形成弱竞争关系，但进一步发展会直面电商巨头的狙击

3.2.1 客户细分

拼多多的核心优势在于其精准的用户群体定位，即定位为追求高性价比的中低收入群体。中低端消费人群的巨大消费潜力被电商巨头忽视，拼多多瞄准了这部分用户群体，以低价获取了大量用户，这也成为其快速发展的主要原因。拼多多活跃买家年平均消费额增速快但金额仍较低，活跃买家年平均消费额从 2017 年第一季度的 308 元，增长至 2018 年第三季度的 894.4 元，同比增加了约 2 倍。

3.2.2 价值主张

低价爆款、薄利多销是拼多多主要价值主张。在需求侧，拼多多致力于为客户群体提供物超所值的商品和互动有趣购物体验。在产品的定价上，拼好货上售卖的水果低于市场价格且品质优良，转型后拼多多平台上商户提供的商品也比其他主流电商平台便宜。在供给侧，致力于为平台商户创造价值。拼多多制定了“互联网 + 农业”的计划帮助小农直接对接消费者，以及利用平台短时间内聚集的大量订单，帮助中小微工厂解决产能过剩、降低推广成本并提升品牌认知。

3.2.3 渠道通路

以微信、QQ 等热门社交网站为接口，通过裂变式社交拼团和砍价等模式大量获取新客户。拼好货不到 1 年便拥有数千万活跃用户，过千万微信粉丝。而到了平台电商时期，拼多多不到 3 年时间获取 4.19 亿活跃用户。另外，投入大量资金进行密集的营销宣传以提升品牌知名度。

3.2.4 核心资源

转型前，拼多多核心资源比较重，因为销售自营生鲜水果，拼多多在全国各地建立了多家仓库以满足以供应链的要求。转型后，拼多多转变为一家轻资产公司，核心资源转变为技术资源、人力资源和客户资源等无形资产。截至 2018 年年末，拼多多活跃买家增长至 4.18 亿，活跃商家达到了 360 万户，技术团队成员超过 1700 名，其中有 200 多位工程师专注于算法领域。

3.2.5 关键业务

转型前，拼多多极力打造极简供应链和实现产地直采。通过极简供应链实现对订单的精准预测，实现规模化采购，并确保用户自下订单后能够在24—48小时内收到新鲜的水果。产地直采，既能够在源头上把控水果质量，又可以降低水果采购成本，从而降低客户购买价格。转型后，拼多多通过C2M模式和反向推荐打造低价爆款产品。通过对产品的反向推荐，拼多多将平台巨大的用户流量导向特定的商品当中，从而促成爆款的形成。因此，消费者可以低价采购产品，商家通过爆款实现薄利多销。拼多多通过C2M模式继续缩短供应链时间。

3.2.6 与客户关系

2018年年末，拼多多活跃用户年平均消费额达1126.9元，同比增长1倍。同时，用户黏性也在增加，2018年活跃买家年平均订单同比增长了近一半。用户留存度位于国内零售电商行业前列，2018年11月，拼多多的用户留存度为78%，高于京东的77%与天猫的75%。由于拼多多由第三方供应商供货，拼多多出现了对商品质量有时难以控制，因而引起部分消费者对其平台商品质量的不满，从而拉低了用户对平台的信任度。

3.2.7 与合作伙伴关系

根据招股说明书显示，腾讯持有拼多多8.9%的股份，腾讯不仅是拼多多的第二大股东，而且双方通过密切的战略合作形成了长期的协同效应。借助微信，拼多多获得了在短时间内获客数量呈现指数型的增长以及形成了天然的护城河优势。拼多多充分利用了微信11.38亿用户以及用户间的强社交关系，借助拼团玩法实现了平台商品快速分享和传播。

3.2.8 与竞争者关系

拼多多是在弱竞争环境下成长起来的，与淘宝京东形成了错位竞争。但随着拼多多的飞速崛起，淘宝、京东已经对其发起狙击。京东推出了京东“京喜”，淘宝推出了聚划算，都将矛头对准了拼多多，主打特卖清仓、9.9包邮、0元或砍价免单等。双方现已互相渗透各自市场，竞争将会更加激烈。

4. 拼多多商业价值结果分析

4.1 收入来源

如图7所示，2016年，拼多多营业收入主要来源于拼好货自营业务收入4.57亿元，平台电商服务收入为0.48亿元。转向平台电商后，营业收入保持高速增长，2017年同比增长了245.15%，2018年同比增长了652.73%。2017年，在线市场服务收入成为其收入的主要来源，占比69%，佣金收入占比30%，自营业务收入下降至1%。2018年在线市场服务收入同比增速852.52%，占总营收比为87.77%，佣金收入占比为12.23%。

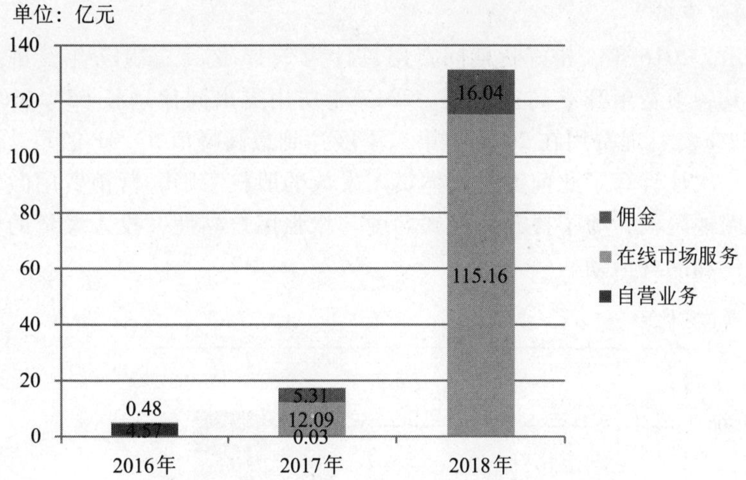

图 7　拼多多 2016—2018 年度营收构成

资料来源：公司公告。

4.2　成本结构

4.2.1　营业成本

营业成本包括平台服务成本，由第三方支付费用、服务器成本、员工成本及其他构成。如图 8 所示，2016 年拼好货营业成本为 4.84 亿元，占总成本的 83.74%，在线业务成本占比 16.26%；2017 年，在线业务成本占比上升至 99.59%；2018 年成本均来自于在线业务。从成本增长看，2017 年同期增长 25.09%；2018 年同比增长 301.80%，主要原因是随着 GMV 的增长，第三方支付费用成本和服务器成本也在大幅度上涨。

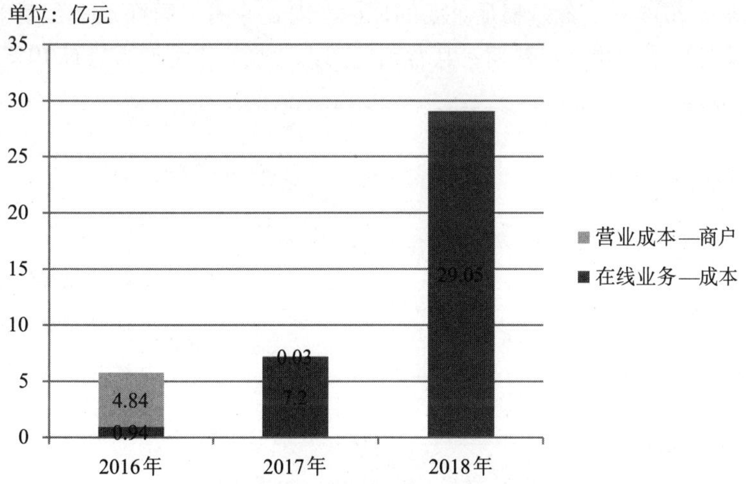

图 8　拼多多 2016—2018 年营业成本构成

资料来源：公司公告。

4.2.2 期间费用

如图 9 所示，2016 年，拼好货期间费用总计为 2.13 亿元。2017 年，拼多多转向平台电商模式后，其各项费用开支高速增长。2017 年费用支出同比增长 654.46%，2018 年同比增长 1207.72%。管理费用在 2018 年第二季度达到最高峰值 53.01 亿元，原因是在上市后首份财报中一次性计算了此前面向全体员工发放的股权激励。营销费用激增的原因在于公司处于跑马圈地阶段，为了提升品牌知名度与增强用户黏性，投入大量的资金进行线上线下广告、促销和品牌活动。

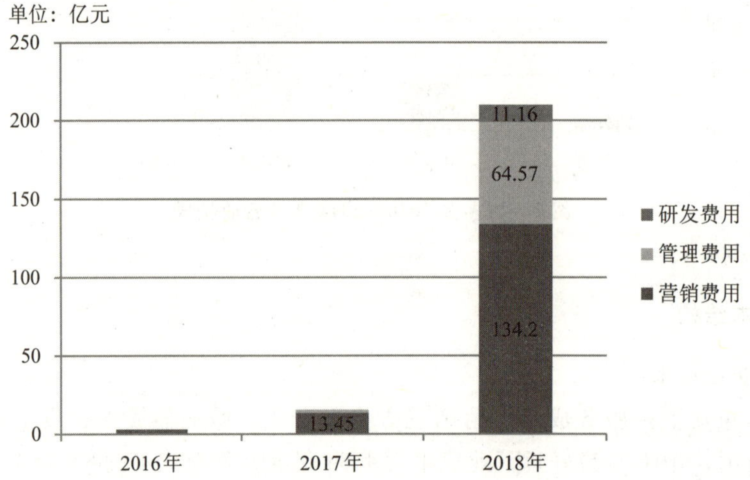

图 9 拼多多 2016—2018 年费用构成图

资料来源：公司公告。

如图 10 所示，拼多多营销费用率最高，并于 2018 年首次超过 1，营销费用超过当年的营业收入，是导致 2018 年巨额亏损最重要的原因。对比来看，同样是平台型电商阿里巴巴，无论是发展期还是现在的相对成熟期，其营销费用占营收的比例最高只有 10% 左右。

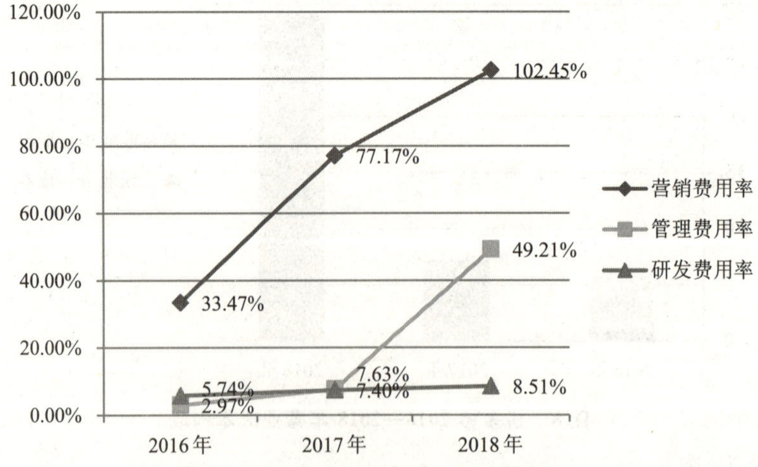

图 10 拼多多 2016—2018 年度费用率

资料来源：公司公告。

4.3 盈利现状

4.3.1 毛利润

随着由自营电商转向平台电商，拼多多的毛利润处于爆发式增长阶段。2017 年第三季度拼多多转型为平台提供商后，毛利润开始由负转正。此后，其单季度毛利润不断增长。如图 11 所示，由 2017 年第三季度的 2.36 亿元增长至 2018 年 42.3 亿元。

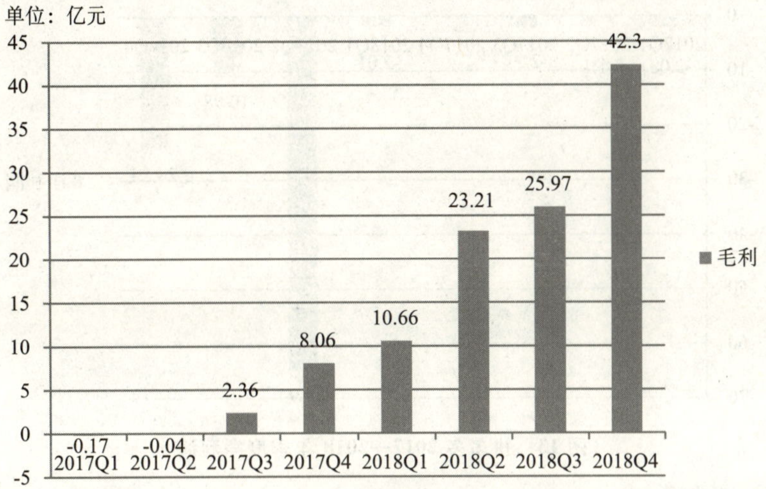

图 11　拼多多 2017—2018 季度毛利润

资料来源：公司公告。

4.3.2 净利润

如图 12 所示，2016 年，拼多多净利润为 -2.92 亿元，2017 年第三季度亏损进一步拉

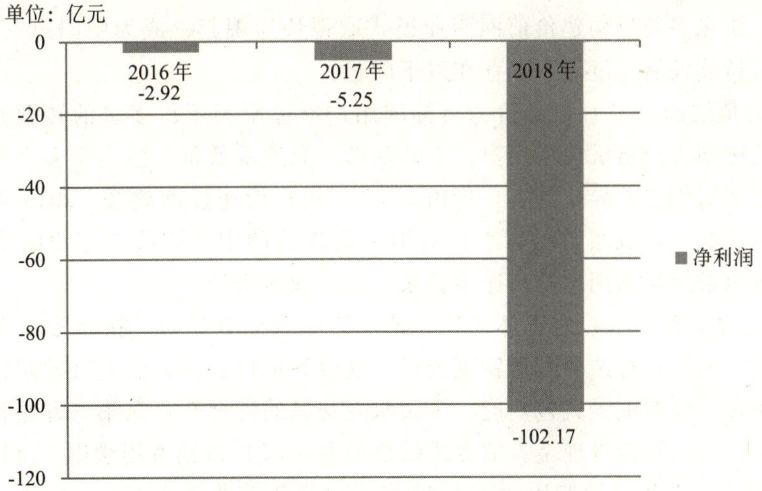

图 12　拼多多 2016—2018 年度净利润

大为 -5.45 亿元，2018 年拼多多成为纯平台后，亏损达到了 102.17 亿元，同比增加了约 17.5 倍。虽然 2018 年拼多多的毛利润达到了 102.15 亿元，但其净利润不增反降，主要原因为 2018 年其管理费用和营销费用分别增加到 64.57 亿元和 134.42 亿元（见图 13）。营销费用的激增虽然提高了公司的 GMV 但却严重影响了平台的盈利水平。

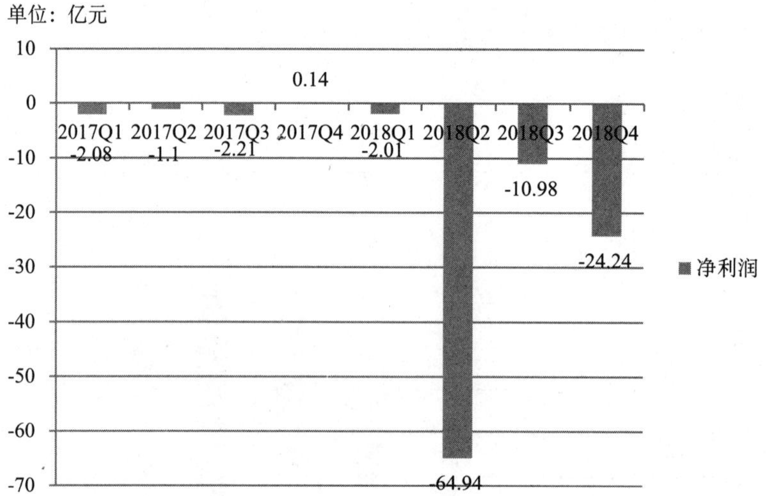

图 13 拼多多 2017—2018 年季度净利润

资料来源：公司公告。

5. 结束语——任重道远

5.1 潜在问题

现阶段，拼多多通过构建价值网商业模式取得快速崛起，成为中国第三大电商平台，但从未来的可持续发展角度看，仍存在以下问题：

1. 顾客价值层面。(1) 以低价为目标的用户群体限制了拼多多的转型升级。拼多多用户画像的关键词为价格敏感型用户，不认品牌，只追求低价。但当拼多多用户群体向上移时，拼多多还需创造差异化的客户价值。(2) 用户增速逐渐放缓。2018 年以来，拼多多的用户增速开始明显放缓，随着平台对追求高性价的中低端收入用户的渗透率逐渐见底，未来将难以通过这类用户的高速增长来支撑其快速增长。

2. 核心能力层面。(1) 生态体系较为薄弱影响其服务质量。拼多多没有形成自己的物流配送体系，商家自行选择配送物流公司，这会导致拼多多无法直接控制物流服务的质量。此外，拼多多没有电子钱包功能，买卖双方交易的资金暂存在第三方监管机构，因此当买家申请赔款时，只能以现金券的方式赔偿顾客。(2) 营销费用激进，市场推广效率趋低。2018 年拼多多全年营销费用达 134.42 亿元。全年营业收入 131.3 亿元，相当于每投入 1 元的营销支出只能够带来 0.98 元的增长，这样的投入产出比并不健康。另外，巨额的营销投入并未能带来用户高速增长。

3. 相互关系层面。(1) 平台的供应链关系积累尚浅，如何构建更加稳固的供应链合作伙伴关系，以保障货源的稳定和产品的质量，拼多多还有很长的路要走。(2) 与阿里巴巴和京东的竞争局面将会更加紧张激烈。

5.2 优化建议

在顾客价值层面，需要进一步加强对前端供应链的赋能能力，寻找更多低价优质的资源满足追求低价消费群体的消费需求；同时，努力吸引优质品牌商入驻，并进一步加强对平台商品的质量控制能力，确保用户向中高层消费群体上移。

在核心能力层面，拼多多应该加强生态体系的建设，在物流和资金流层面加紧布局，弥补当前在物流和支付体系上依赖第三方的短板。同时在渠道通路上，应将宣传重点放在企业为打击假冒伪劣产品所做的努力上，提升在公众当中的品牌形象，而非盲目地在电视节目等上投放广告。

在相互关系层面，应进一步增强与主要商户间的合作关系，从而建立更加稳固的供应链合作伙伴关系，以保障货源的稳定和产品的质量。

总体来说，拼多多需要在以上层面协同改进，以提升整个价值网，持续创造更大的价值。

参考文献：

[1] David Bovet. ValueNets [M]. New Jersey: Wiley, 2000 (04).
[2] 张燕. 价值网：一种新的战略思维组合 [J]. 价值工程，2002 (2): 21-24.

蚂蚁金服：不只是互联网金融与金融科技的引领者

张小三　高　显①

1. 引语

现阶段，我国互联网金融市场出现冰火两重天。一边是 P2P 平台频频爆雷的乱象，另一边是互联网科技企业转向互联网金融服务风生水起的蓬勃景象。引领我国普惠金融和金融科技的蚂蚁金服最近好戏不断。从资本市场看，2019 年 5 月 7 日，胡润发布 2019 一季度大中华区独角兽指数，蚂蚁金服以估值 10000 亿元蝉联榜首（见表 1），陆金所、微众银行和京东数科分别位列第四、第五和第六位。2018 年 6 月，蚂蚁金服新一轮融资 140 亿美元，知名投行巴克莱将蚂蚁金服的估值提升至 1550 亿美元。从全球金融科技领域看，2018 年 10 月 23 日，毕马威联合知名金融科技风投 H2Ventures 发布 2018 金融科技 100 强榜单，蚂蚁金服和京东金融位居第一、第二位。2019 年 8 月 22 日，中国人民银行印发《金融科技（FinTech）发展规划（2019—2021 年）》指出，金融科技是技术驱动的金融创新，应当充分发挥金融科技赋能作用，推动我国金融业高质量发展。蚂蚁金服极大地推动了我国金融业的融合发展。

表 1　　独角兽企业估值排行

排名	企业名称	市场估值（亿元）	所处行业
1	蚂蚁金服	10000	互联网金融
2	今日头条	5000	文化娱乐
3	滴滴出行	3000	互联网服务
4	陆金所	2500	互联网金融
5	微众银行	1500	互联网金融

① 张小三系厦门国家会计学院“一带一路”财经发展研究中心讲师；高显系中国工商银行马鞍山分行职员。

续表

排名	企业名称	市场估值（亿元）	所处行业
6	菜鸟网络	1000	物流服务
7	大疆	1000	机器人
8	京东数字科技	1000	互联网服务
9	快手	1000	文化娱乐
10	京东物流	800	物流服务

资料来源：《2019 年一季度胡润大中华区独角兽指数》。

蚂蚁金服为何能在短暂的 5 年内成长为全球未上市企业的最大的超级独角兽？是依靠其出色的财务绩效，还是其他因素？如图 1 所示，蚂蚁金服税前净利润从 2016 财年的 29.06 亿元上升至 2017 财年的 55.6 亿元，并于 2018 财年达到 91.8 亿元，同比增长率分别达到 86% 和 65%；然而 2019 财年蚂蚁金服税前利润首次出现下降，仅为 13.79 亿元，同比下降幅度达 85%。虽然蚂蚁金服借助阿里系电商、线上线下全场景支付平台的海量用户的导流以及多元化金融业务的拓展，财务绩效获得快速增长，但其增长并不稳定。与传统金融机构相比，其税前净利润规模整体偏小，还难以支持 1600 亿美元的价值。

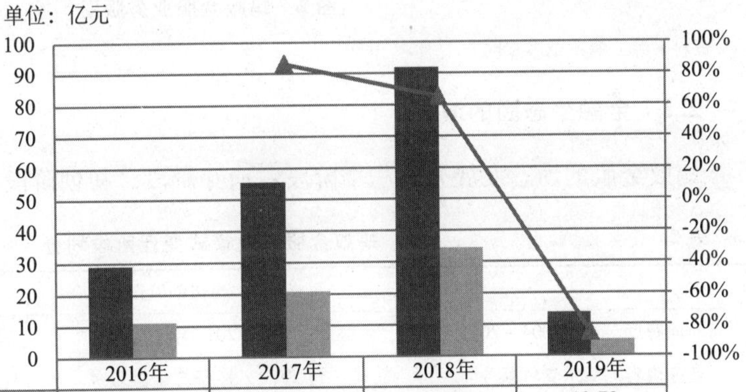

	2016年	2017年	2018年	2019年
税前净利润（亿元）	29.06	55.6	91.8	13.79
特许权和软件技术服务费（亿元）	11.22	20.86	34.44	5.17
税前净利润增长率		86%	65%	-85%

图 1　2016—2019 年财年蚂蚁金服税前净利润

资料来源：阿里巴巴财报数据计算所得；计算依据：阿里巴巴分享蚂蚁金服税前利润的 37.5%。

本文首先描述蚂蚁金服的金融生态圈的组成成分和演化进程，接着从各金融创新的业务板块描述了其市场表现和战略布局，在分析各金融业务板块相互关系和结合九要素商业模式理论阐述独特的商业模式，揭示其成长为世界商业“巨兽”的秘密，最后从商业实践和风险等方面给出了相应启示和建议。

2. 超级独角兽的金融生态圈

2.1 金融生态圈的构成

秉承“为世界带来更多平等的机会”的企业使命，通过技术创新，蚂蚁金服创建了一个开放、共享的信用体系和金融服务平台，旨在为全球消费者和小微企业提供安全、便捷的普惠金融服务。经过 15 年的发展，蚂蚁金服已经从单一的支付平台发展成为以普惠、科技、全球化为三大发展战略，以支付、理财投资、微贷、保险、征信、技术输出为六大业务板块的全产业链互联网金融巨头（见图 2）。现阶段蚂蚁金服的业务范围已突破金融领域，同时涉及人工智能、企业服务、生活娱乐等非金融领域。

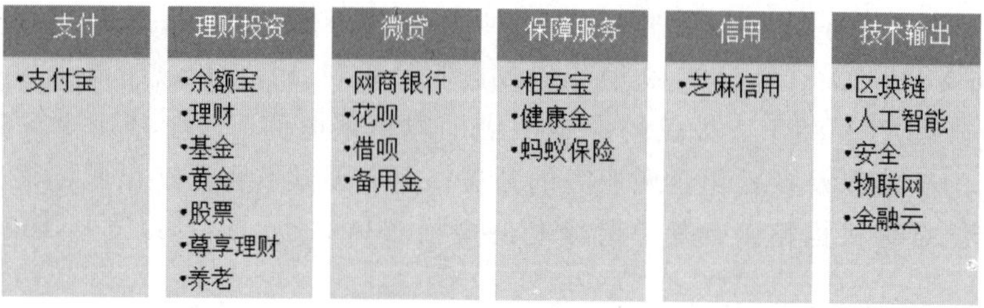

图 2　蚂蚁金服业务版图

资料来源：蚂蚁金服官网。

2.2 金融生态圈的演进

蚂蚁金服的动态发展分为三个阶段：萌芽阶段、初创阶段和扩张阶段（见表 2）。

表 2　蚂蚁金服商业模式变迁阶段划分

	萌芽阶段	初创阶段	扩张阶段
时间跨度	2004 - 2011 年	2012 - 2015 年	2015 年至今
业务内容	支付服务	理财、微贷等金融服务	全球化与科技输出
重要事件	2004 年支付宝成立	2012 年获得《基金销售许可》	2015 年全球化进程正式开启
	2011 年获得《支付业务许可证》；线下支付上线	2015 年蚂蚁借呗上线；芝麻信用成立	2017 年官方宣布进行科技转型

第一阶段：萌芽阶段（2004—2011 年）。该阶段为支付工具和第三方支付平台，业务相对单一，主要集中在与支付相关的各个场景。从 2004 年支付宝成立，到 2011 年支付宝获得央行颁布的第一张《支付业务许可证》，支付业务合规持证上岗；同年，支付宝推出线下扫码支付服务，其线上线下全覆盖的全平台支付网络初见雏形。

第二阶段：初创阶段（2012—2015 年）。蚂蚁金服在 2014 年正式成立前后的重要阶段。基于支付平台的网络效应和普惠金融，蚂蚁金服逐渐形成了包含理财、微贷、保险、征信的金融生态闭圈。2015 年蚂蚁花呗、借呗上线，以及为金融服务提供底层信用支持的芝麻信用成立，宣告蚂蚁金服金融生态圈的初步完成。

第三阶段：扩张阶段（2015 年至今）。蚂蚁金服将战略重点放在全球化扩张和金融科技输出的关键阶段。蚂蚁金服于 2015 年开始金融服务全球化战略，2017 年开始科技化转型。

3. 支撑超级独角兽的市场表现

3.1 支付宝：始于支付，连接一切

支付宝的成立解决了阿里系电商消费者和商家之间的交易信任问题。在不断覆盖绝大多数线上消费场景的同时，不断拓展传统商业、公共服务以及海外市场的服务场景，支付宝已成为连接商家和消费者、消费者和消费者衣食住行的全球领先的第三方支付平台，成为蚂蚁金服众多金融业务的流量入口。

根据蚂蚁金服数据显示，截至 2019 年 1 月 9 日，支付宝在全球已拥有逾 10 亿用户，与超过 200 家金融机构达成合作，为近千万小微商户提供支付服务。截至 2019 年 6 月，支付宝及其本地钱包合作伙伴已经服务超 12 亿的全球用户，用户数依然保持 20% 的高速增长。如图 3 所示，支付宝在我国第三方移动支付市场一直稳居老大地位。

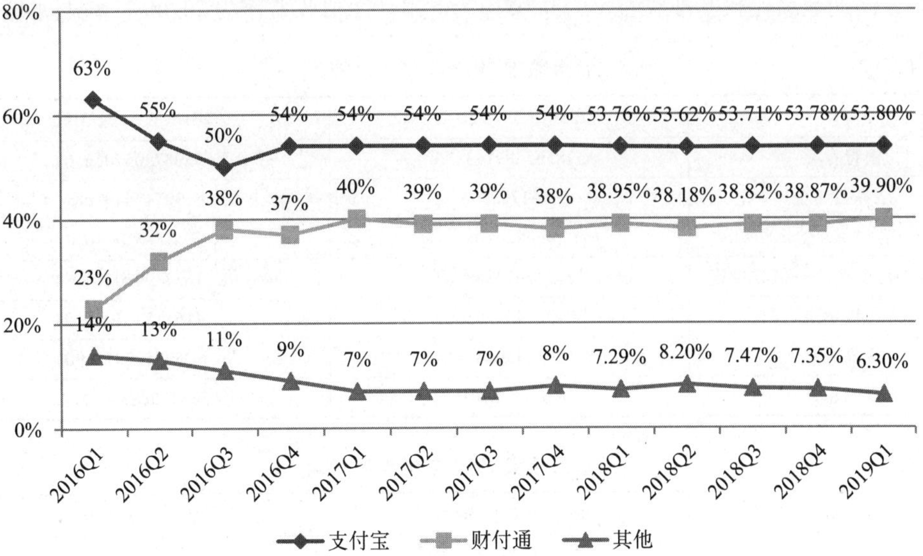

图 3　中国第三方移动支付市场竞争

资料来源：易观。

3.2 余额宝：开启小微理财的先河

依靠支付宝为用户流量入口，2013 年 5 月推出的天弘余额宝货币基金，以“1 元起购”降低理财门槛和不低于甚至远高于银行活期存款的理财收益，迅速点燃了长尾客户的

理财热情。如表3所示，余额宝于2014年快速增长至5789亿元，在2017年猛增至1.58万亿元，年复合增长率高达39.72%。截至2019年第二季度，余额宝资产规模降至1.03万亿元，而用户数增长至6.19亿户，户均持有1670份。

2018年，天弘余额宝规模首次出现下降，主要原因是为控制流动性风险，余额宝从2017年5月起陆续4次调整购买规则进行限额、限购，主动降低了天弘余额宝单只基金增长速度。然而，自2018年5月开始，余额宝开始陆续接入其他基金公司的货币基金，余额宝从单一基金业务开放为货币基金行业底层销售平台。目前，已有包括博时基金、中欧基金等总计20家基金公司的货币基金入驻余额宝平台，2018年第四季度，平台实现整体销售规模达1.92万亿元。

表3　　天弘余额宝货币市场基金市场概况

	2014	2015	2016	2017	2018	2019Q2
用户	1.85	2.62	3.25	4.74	5.88	6.19
规模（万亿）	0.58	0.62	0.84	1.58	1.13	1.03
户均持有（元）	3129	2369	2600	3333	1922	1670

资料来源：天弘余额宝基金财报。

表4描述了天弘余额宝资产的构成情况，银行存款、债券投资和买入返售金融资产是其收益的主要来源。表5显示2019年上半年，其实现收益123.68亿元。本期净值收益率为1.195%，同期业绩比较基准收益率为0.6810%，累计净值收益率为24.66%（见图4）。

表4　　天弘余额宝2019年半年度资产　　单位：元

资产	2019年6月30日	2018年12月31日
银行存款	578565389143.80	550873057066.67
结算备付金	9661782.95	32747449.08
存出保证金	865726.08	188519.40
交易性金融资产——债券投资	127237923348.62	163739030579.84
买入返售金融资产	327061444755.85	416115973040.59
应收利息	1223433944.41	2597898015.90
资产总计	1034098718701.71	1133358894671.48

表5　　天弘余额宝2019年半年度利润　　单位：元

项目	2019年6月30日	2018年6月30日
收入	15642239350.55	36764224736.33
存款利息收入	8780058888.76	23128385986.02
债券利息收入	1775632497.46	2014934680.60
买入返售金融资产——收入	4962145497.99	11619816889.57
债券投资收益	124402466.34	1087180.14
减：费用	3273802683.72	5098734608.05
净利润	12368436666.83	31665490128.28

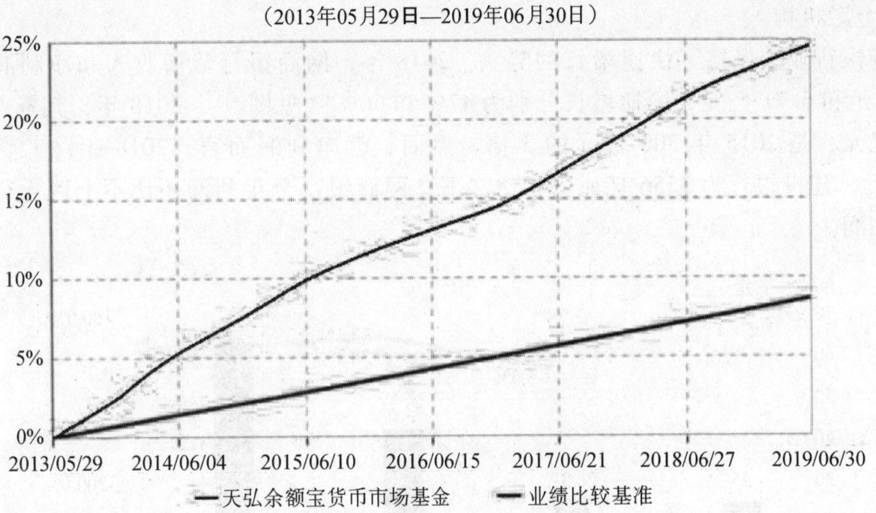

图 4 天弘余额宝货币市场基金累计净值收益率与业绩比较基准收益率历史走势对比图

3.3 蚂蚁基金：基金销售平台的王者

蚂蚁基金的前身为杭州数米基金，于 2012 年 4 月获批基金销售牌照。2015 年 4 月，蚂蚁金服从恒生电子手中买下了数米基金的控制权，2015 年 8 月 18 日，数米基金入驻蚂蚁财富，后于 2016 年 8 月改名蚂蚁（杭州）基金销售有限公司。2017 年，蚂蚁财富号上线，截至 2018 年年底，近 70 家基金公司开通蚂蚁财富号，国内超九成的基金公司旗下的共 4000 余只公募基金产品已接入该平台。

如表 6 所示，2018 年蚂蚁基金的基金代销业务实现 14.04 亿元的营业收入，同比增长 188.46%，增长势头迅猛。基于余额宝巨大的网络效应，2018 年，蚂蚁基金的营收已超出天天基金 3.39 亿元，成功实现了对传统基金销售平台的超越。

表 6 2015—2018 年蚂蚁基金营业收入

蚂蚁基金收入	2015	2016	2017	2018
营业收入（亿元）	2	2.7	7.46	14.04
净利润（万元）		1386.16	-1204.14	2225.33
营收增长率		35%	176%	88%

3.4 网商银行：小微企业信贷的创新者

网商银行成立于 2015 年 6 月 25 日，其前身为阿里小贷，是我国首批试点的民营银行之一。网商银行定位为“普惠金融、服务小微、服务三农”，提供“小存小贷”，即客户单笔存款不超过 20 万元，单笔贷款不超过 500 万元。

网商银行是中国第一家将核心系统架构在金融云上的银行，不设线下网点，依托自身的互联网风险识别能力、科技系统能力和数据分析能力，提供平等、方便、快捷的金融服务。其独创的“310”贷款模式，即 3 分钟审批，1 秒钟放款，中间 0 人干预，已经复制到50家金融机构。

网商银行业绩保持了快速增长的势头。2018年，网商银行营业收入和净利润分别为62.84亿元和6.71亿元，同比增长分别为47%和66%（见图5）。2018年，其资产总额达到959亿元，是2015年300亿元的3倍。然而，就净利润而言，2018年，工商银行为2997亿元，建设银行为2556亿元，相比之下，网商银行全年利润还比不上两大行各自一天的净利润。

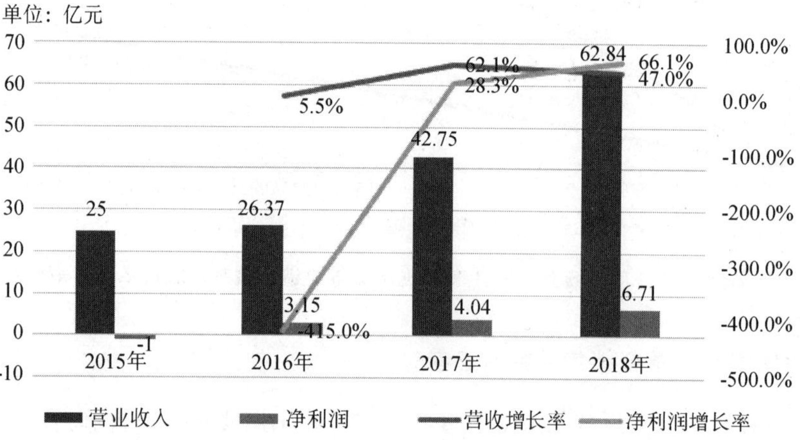

图5 网商银行财务绩效

资料来源：网商银行年报。

从用户数量看，网商银行表现强劲。2018年，网商银行服务的小微企业和小微经营者数量为1227万户，这一数字是同期建设银行225万户的5.45倍，是工商银行30.8万户的39.84倍。网商银行服务的小微用户数量每年都保持超过100%的高速增长（见图6）。

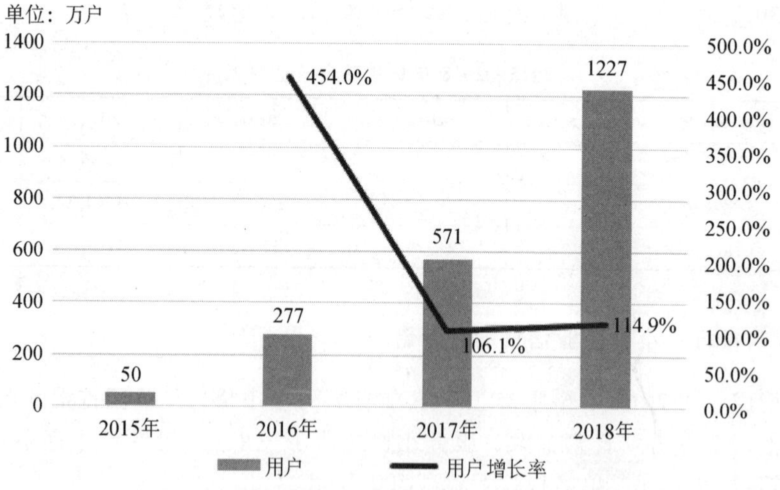

图6 网商银行年度服务小微企业数

资料来源：网商银行年报。

众所周知，小微企业贷款的痛点在于风险控制。网商银行基于用户大数据为风险评估和管理的依据，其不良贷款率远低于传统金融机构。2018 年，这一数字为 1.27%，低于银行业的 1.89%。根据人民银行、银保监会的数据显示，截至 2019 年 5 月末，全国金融机构单户授信 1000 万元以下小微企业贷款不良率达到了 5.9%。

3.5 蚂蚁花呗和借呗：消费信贷的双重颠覆

蚂蚁花呗是一款消费信贷产品，其业务性质是相当于线上虚拟信用卡。用户在申请开通后，蚂蚁金服将依据用户信用情况给予 500—50000 元不等的消费额度，接下来在消费时，用户可以通过预支花呗的额度，享受“先消费，后付款”。蚂蚁花呗的应用场景不仅包括阿里系电商平台，也包括其他有合作项目的第三方线上线下平台。而蚂蚁借呗则是一款线上纯信用类贷款产品，无须抵押和担保，用户只要满足蚂蚁金服关于芝麻信用分的要求，就能够获得 1000—300000 元不等的授信金额。借呗的还款最长期限为 12 个月，贷款日利率 0.015%—0.04%，随借随还。

蚂蚁金服消费金融业务具有强大的行业竞争力。2017 年，花呗发行了 1875 亿元的个人消费贷款 ABS，借呗发行了 1399 亿元，两者合计占 2017 年全年发行总额 5977 亿元的 54.78%。2018 年，花呗发行了 1042 亿元的个人消费贷款 ABS，借呗发行了 475.5 亿元，两者合计占到 2018 年全年发行总额 2800 亿元的 53.35%。2019 年第一、二季度，蚂蚁金服共发行了 11 只产品，占市场 31 只 ABS 产品的 37.93%，发行金额共 255.36 亿元，占市场发现总规模 871.99 亿元的 30.69%。

2017 年蚂蚁借呗和花呗的个人消费贷款 ABS 都出现了爆炸性的增长，其净利润也随之大幅度上升。如图 7 所示，蚂蚁借呗 2017 年全年营业收入 114.3 亿元，净利 61 亿元，同比增长 196.3% 和 217.0%。

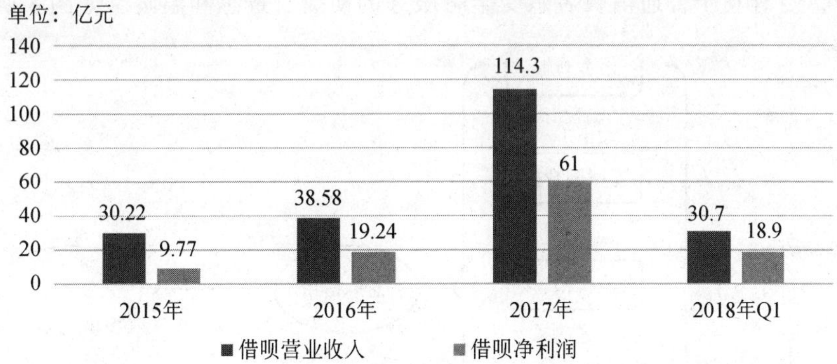

图 7 花呗和借呗财务绩效

资料来源：德邦借呗第 53 期消费贷款资产支持专项计划说明书。

3.6 保险业务：玩转普惠保险

2013 年，蚂蚁金服和腾讯、平安集团联合发起成立了我国首家互联网保险公司——众安保险，正式进驻保险业。

2015 年蚂蚁金服成立保险事业部，在原阿里系电商平台保险业务的基础上，整合建立起综合互联网保险平台，并于2016年升级为保险事业群。除了自身平台的保险业务，蚂蚁金服还拿到了保险代理牌照，通过自己的大数据采集向其他保险公司推介优质的流量，建立起完整的保险服务平台。目前，蚂蚁金服的保险业务覆盖了健康、人寿、意外、财产、旅游、车险、运费险、乐业、公益九大领域，推出超过2000款保险产品，日均保单量超2100万单。

2018年10月，相互宝登录支付宝APP，从保险产品改为大病互助计划。支付宝用户加入后，如有成员遭遇重大疾病（范围是100种），可申请最高30万元的互助金。互助金费用由所有成员分摊，2019年人均分摊上限不超过188元，多出部分由蚂蚁金服承担。自上线以来，用户已经超过7500万人，上线第一周，用户快速突破1000万人。截至2019年7月，累计救助重病成员597名。

蚂蚁金服的保险生态圈的搭建，标志着蚂蚁金服的理财、信贷、保险的全产业链金融服务链条的完成。

3.7 芝麻信用：金融生态圈的风险管理基石

芝麻信用是蚂蚁金服旗下的独立的第三方征信机构，采用云计算、机器学习等技术客观分析个人信用状况，成立的初衷是为解决电商平台交易双方之间的信任问题，后来逐渐发展成为为蚂蚁金服所有金融业务提供信用支持。芝麻信用的所有用户均经实名认证，而征信对象基于蚂蚁金服的产品使用者使芝麻信用广泛覆盖了在传统征信没有信贷记录的人群。目前芝麻信用已经在信用卡、消费金融、融资租赁、抵押贷款、酒店、租房、租车、婚恋、分类信息、学生服务、公共事业服务等上百个场景为用户、商户提供信用服务。

芝麻信用是蚂蚁金服众多金融服务的基础，芝麻信用分刻画了履约概率，推动了信用场景。完善的信用评分体系不仅有利于商家减轻交易中的不信任问题，减少交易成本，提高交易效率，更有利于普通消费者感受金融服务的便捷、普惠和温暖。如图8所示。

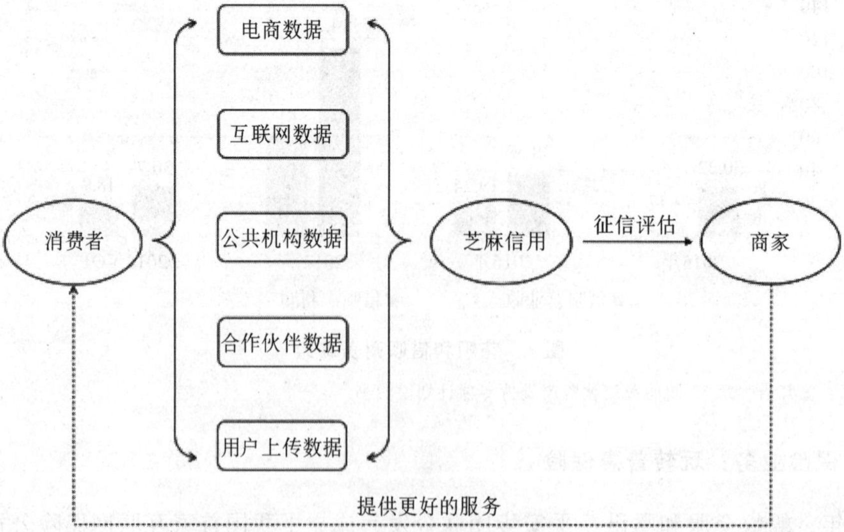

图8 芝麻信用业务体系

资料来源：芝麻信用官网。

3.8 BASIC 技术平台：从金融科技到技术输出

蚂蚁金服的 BASIC 技术输出服务包括 Blockchain（区块链）、AI（人工智能）、Security（安全）、IoT（物联网）、Cloud（金融云）。

1. 区块链。蚂蚁金服利用区块链技术实现去中心化并解决信任问题，目前这一技术已在多个场景实现了应用落地（见表 7）。

表 7 蚂蚁金服区块链应用场景

类型	落地场景	价值	具体项目
链上零售	商品溯源	每件商品都有一张不可篡改的“身份证”	澳新进口奶粉溯源，五常大米溯源
链上金融	跨境支付	跨境支付成本更低且保证实时到账	AlipayHK 向菲律宾 Gcash 跨境支付
	城市服务	城市服务更透明、高效	上海华山医院区块链电子处方
链上民生	司法确认和维权	维权成本降低、过程更高效	杭州互联网法院区块链审判系统
	公益追溯	公益款项的去向和用途都可查	支付宝爱心捐赠溯源，新梅互助保险溯源

资料来源：蚂蚁金服 2018 年 ATEC 大会。

2. AI 人工智能。蚂蚁金服人工智能已经完成在客服、信用、保险、理财等领域的布局，大大降低了蚂蚁金服金融服务的人工成本，提高了服务效率提升了用户的使用体验。

3. 安全。蚂蚁金服的安全技术创新主要集中在支付过程的生物识别和风控领域。2014—2017 年，先后推出了指纹支付、刷脸支付和眼纹识别支付，为支付业务提供了更高的安全性与更好的用户体验。而在风控方面，蚂蚁金服自主研发的智能实时风控系统在每笔交易过程中同时进行 8 个维度的风险监测，确保交易的安全性。

4. 物联网。目前蚂蚁金服在物联网领域的主要贡献在其无人值守技术，该技术通过为商家提供身份核验、风险防控、支付结算等服务，让消费者无须通过商家的人工服务，自助购买商品。

5. 金融云。蚂蚁金融云作为一个开放的云平台，通过升级金融机构的 IT 架构构建更加稳定、安全和低成本的金融级应用，使金融机构可以更好地服务客户。蚂蚁金融云现已具备高可用容灾、资金安全管理、高并发交易、实时安全控制、低成本交易五大特点，形成了大数据、分布式中间件 SOFA、研发运维等十二个业务模块。

3.9 全球化：不断扩大的全球版块

蚂蚁金服的海外本地电子钱包业务已推广至全球 10 个国家或地区，包括印度、泰国、韩国、菲律宾、印度尼西亚、中国香港、马来西亚、巴基斯坦、孟加拉和英国（见图 9）。随着 2019 年 2 月 14 日，英国跨境支付公司万里汇（WorldFirst）已完成所有权变更，成为蚂蚁金服集团子公司，蚂蚁金服的移动支付全球网络初具雏形。另外，支付宝的跨境支付服务已经涵盖 200 多个国家和地区，并为用户提供国际支付服务。

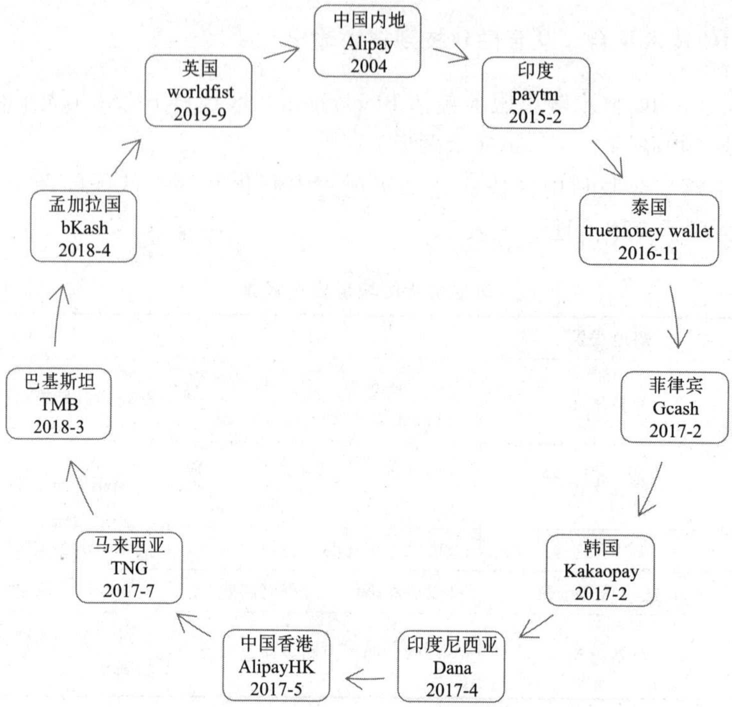

图 9　移动支付全球化：1＋10 个“支付宝”

4. 蚂蚁金服商业模式分析

4.1　蚂蚁金服业务间相互关系

蚂蚁金服已从单一业务向金融生态链转型。如图 10 所示，支付业务是第三方支付平台，理财、微贷、保险业务构成金融服务平台，征信是征信平台，技术输出是科技服务平台。以支付作为流量入口，以金融服务作为普惠金融的载体，以征信为金融业务的风险控制基石，运用科技服务提供技术支持，由此，蚂蚁金服从金融全产业链迈向了金融生态闭环的升级，构建了自身护城河。

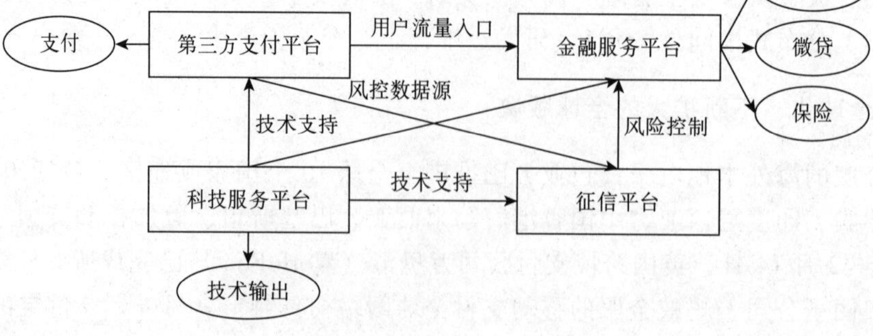

图 10　蚂蚁金服业务间关系

4.2 从主营收入看蚂蚁金服的战略布局

现阶段，蚂蚁金服的收入主要由支付连接、金融服务和技术服务 3 部分组成。如图 11 所示，2015 年和 2016 年，技术服务收入占比最高，分别为 63% 和 65%。自 2016 年以来，蚂蚁金服支付连接和金融服务的收入占比逐年下降，技术服务的收入占比则逐年上升。根据前瞻产业研究院预测，至 2021 年，蚂蚁金服的技术服务收入将超过支付收入成为第一大收入项，意味着技术输出将成为蚂蚁金服今后的发展重心。正如蚂蚁金服公关部张司南所说："我们很大的收入主要还是技术收入，包括区块链技术、人工智能技术以及对其他公司输出技术解决方案。"

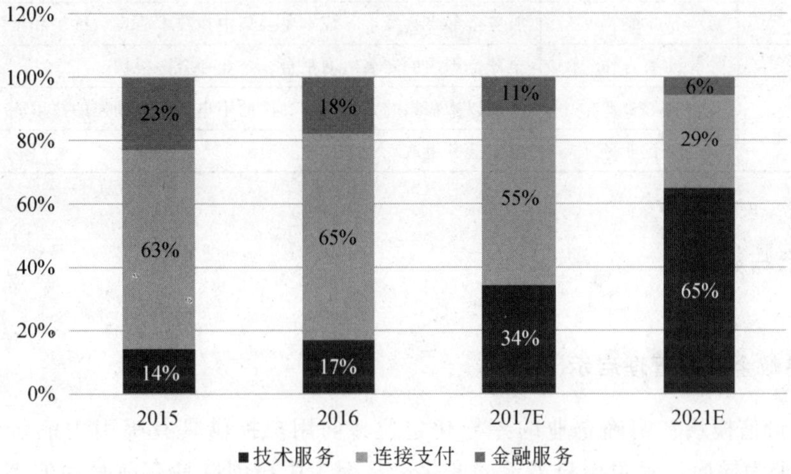

图 11 蚂蚁金服主要收入构成

资料来源：蚂蚁金服、前瞻产业研究院。

4.3 蚂蚁金服商业模式分析

本部分结合价值创造和商业模式画布的构成要素研究，构建了蚂蚁金服"创造价值→传递价值→获取价值→维持价值"的商业模式框架（见表 8）。

1. 创造价值模块。蚂蚁金服的目标客户以长尾市场为主体，创新推出覆盖全体小微企业和个人用户的普惠金融业务，多样化的业务版图满足用户从支付到理财、微贷、保险的全金融服务。

2. 传递价值模块。蚂蚁金服以支付宝 APP 作为用户流量入口和销售渠道，同时又对小微企业用户设计了更贴合其使用要求的网商银行 APP，从个人和企业两个维度提供个性化服务。

3. 获取价值模块。随着业务类型的不断拓展，蚂蚁金服基本形成了支付连接收入、金融服务收入和科技服务收入三大收入组成。

4. 维持价值模块。蚂蚁金服的重要合作已不局限于电商平台及相关企业，随着支付业务逐渐全球化，科技服务业务逐渐成熟，蚂蚁金服的合作伙伴包含全球范围内的知名企业和金融机构。而核心资源方面，除了长期以来积累的大量具有黏性的用户外，技术上的优势为蚂蚁金服形成了更高的市场进入壁垒。

表 8　　蚂蚁金服商业模式小结

要素构成		主要内容
创造价值	价值主张	通过自身的技术创新能力，创建一个开放、共享的信用体系和金融服务平台，为全球消费者和小微企业提供安全、便捷的普惠经融服务
	客户细分	
传递价值	客户关系	以支付宝 APP 作为自己的主要入口，同时又对小微企业用户设计了更贴合其使用要求的网商银行 APP，从个人和企业两个维度提供个性化服务
	渠道通路	
获取价值	收入来源	基本形成了支付连接收入、金融服务收入和科技服务收入三大收入组成
	成本结构	服务全部来自线上，成本主要集中在技术研发、维护和推广
维持价值	重要合作	全球范围内的知名电商平台、企业和金融机构
	核心资源	长期以来积累的大量具有黏性的用户和行业领先的技术能力
	关键业务	六大业务组成

5. 启示与建议

5.1 蚂蚁金服的管理启示

1. 创造价值模块：明确企业的差异化定位，向用户提供具有吸引力的价值主张，坚持以用户需求为导向、紧跟用户需求的变化，甚至为用户创造具有前瞻性的需求，企业才能在激烈的市场竞争中得以生存发展。

2. 传递价值模块：注重互联网思维和平台化模式维护客户关系，采取诸如 BASIC 等新兴技术精准把握用户需求偏好和消费习惯，及时了解和反馈用户的建议，改善用户体验，从而建立良好互动的客户关系，提高用户黏性。

3. 获取价值模块：合理配置和利用各项内外部资源，积极寻求合作，实现用户价值共享和互利共赢，为用户提供具有良好使用体验的产品和服务，从而提升用户黏性、实现用户价值的转化。

4. 维持价值模块：加大企业的新产品研发和人才引进力度，利用新兴技术布局未来市场，注重企业创新能力的培养，为企业长期发展奠定坚实基础。

5.2 蚂蚁金服的风险与应对建议

1. 政策风险。互联网金融作为新兴的金融业态，其相关的法律法规和监管并不健全，蚂蚁金服的历史上也多次出现由于政策原因而暂停项目的事件，因此未来蚂蚁金服应在严格遵守国家相关政策法律规定的同时，加强对政府监管薄弱环节的支持和自身管理。

2. 竞争风险。传统金融机构的信息化建设带来的竞争、新兴互联网金融企业对其造成的冲击、全球化战略的本土适应性和竞争性。蚂蚁金服的发展依赖于电商平台和率先抢占市场带来的人口红利。未来在红利消失后，蚂蚁金服在稳固自身优势的同时，既要积极寻求与其他金融机构的交流合作，同时也要自身积极拓展新的业务模块，谋求新的发展。另外，在全球化的战略上，还需要面临商业模式的本土适应性问题和国际化竞争激烈的局面，例如：Facebook 利用区块链推出的 Libra 全球稳定代币，意在布局新技术下全球新的支付革命；Paypal 宣布进入中国市场，势必引起新的国内支付市场竞争形势。

3. 技术风险。蚂蚁金服完全基于互联网和 BASIC 新兴技术不断进行金融创新，首先需要确保新兴技术的稳定性，其次还需要做好新兴技术可能存在的潜在安全隐患和对用户隐私如何保护等问题的应急应对方案。

参考文献：

[1] Osterwalder, A, Yves Pigneur, and Christopher L Tucci. Clarifying Business Models: Origin, Present, and Future of the Concept [J]. Communication of the Information Systems, 2005, 15 (5): 1 -25.

[2] 谢平，邹传伟．互联网金融模式研究 [J]. 金融研究，2012，390 (12)：11 -22.

[3] 陈威如，余卓轩．平台战略 [M]. 北京：中信出版社，2013.

[4] 吴小燕 .2018 年中国独角兽企业成长趋势解读之——蚂蚁金服：收入重心从金融支付向技术业务转移．前瞻产业研究院，2019 (2).

共享员工

——一场人力资源管理模式的创新

袁政慧[①]

2020年春节，一场不期而至的疫情让共享员工很快在大江南北流行起来，受到政府、市场、企业、消费者和员工的追捧。例如，盒马鲜生入职共享员工1800余人，沃尔玛入职共享员工超3000人，苏宁物流“人才共享”计划已经有超过3000人报名……

一时间，共享员工风起云涌，究竟什么是共享员工？员工如何在企业之间共享？共享员工只是疫情期间的过渡措施还是可以长期持续下去的创新人力资源管理模式？共享员工存在哪些风险及如何避免？本文将研究共享员工在各行业的崛起，分析其背后的原因，期望能找出共享员工这一新生事物产生、发展的规律，为有关企业及管理者提供参考与借鉴。

1. 共享员工的含义

“共享员工”，是指一些企业受市场波动的影响，员工的工作量比预期减少，但企业仍然需要支付员工薪酬；而另一些企业的业务量稳定或突然增加，但却缺乏员工。这时，劳动力富余的企业和劳动力缺乏的企业合作，让劳动力在企业之间按合作协议高效、有序、规范流动，实现共享。

比如，像西贝、温莎KTV等受新冠肺炎疫情的影响较大的企业，暂时难以复工，但却要为员工提供食宿、支付基本工资，成本压力很大，资金链紧张。与此同时，由于网购需求在短时间内大幅增加，线上新零售企业的线下门店的销售、物流、仓储及配送等职位出现大量空缺。“共享员工”让员工在企业之间合理有序流动，实现人力资源的重新配置。

2. 人力资源管理模式创新——共享员工

实际上，共享员工作为共享经济的一种创新形式，与共享单车、共享雨伞以及Airb-

① 袁政慧系厦门国家会计学院“一带一路”财经发展研究中心副教授。

nb、Wework 等类似，本质上是对现有资源的重新配置，提高了资源的配置效率。共享员工作为“灵活用工”方式的一种，与传统的临时工、短期工、季节工和劳务派遣用工等具有本质的区别。

首先，共享员工与临时工、短期工和季节工不同。共享员工是员工输出企业聘用的正式的合同制员工，与原用工单位签订劳动合同，而临时工、短期工和季节工是以完成某项工作为要求，与用工单位签订劳务合同，一般工作完成了劳务合同就结束。

其次，共享员工与劳务派遣不同。虽然共享员工与劳务派遣都与派遣单位签订了劳动合同，都具有正式的劳动关系。但是，在劳务派遣模式下，派遣者的劳动全部都在用工单位，而共享员工虽然也由原单位派遣到用人单位劳动，但其劳动时间和期限根据市场情况的变化由双方单位共同协商。在共享员工模式下，派遣者的劳动可以在派遣单位和用工单位之间共享。

因此，区别于传统的灵活用工模式，共享员工是劳动者与雇用单位签订劳动合同，产生劳动关系，享受相关薪酬待遇，但是在某一时期（固定或灵活）却在别的用工单位工作，领取另一份报酬。这是一种创新的人力资源管理模式。在新冠疫情当中，传统餐饮等企业与线上新零售等企业合作，通过共享员工解决了各自的用工难题，而员工在雇用单位因疫情受影响的收入却在劳动共享中得到弥补（或部分弥补），创造了多赢的局面。

3. 共享员工的发展趋势

共享员工，新冠疫情倒逼之下的企业人力资源管理创新在迅速发展的同时，也面临着质疑的声音。有人认为共享员工仅是当前疫情下的权宜之计，而本文则认为，判断一种商业模式是否能够长久持续下去的关键在于这种模式能否给各利益相关者带来足够丰厚的收益。那么，共享员工这种创新模式会给各利益相关者带来怎样的收益呢？

3.1 对员工输出企业的影响

短期来看，共享员工分摊了餐饮、酒店等企业因停工带来的人力成本支出，减轻了他们的疫后重建的压力。长远来看，共享员工有助于传统餐饮行业的产业转型升级，促进线上线下融合，如打造专门的外卖厨房和家宴厨师上门服务等团队。这些 O2O 模式就可以采用共享员工等灵活用工形式，既能整合行业优质资源，又能降低固定费用，还能站上线上流量的风口，吸引资本的追捧，可谓一举多得。

3.2 对员工输入企业的影响

短期内，线上新零售企业由于疫情急速增加的线上销售使劳动力缺口大增，而共享员工使其人力得到了迅速补充，有效地解决了这类线上企业的“用工荒”。从长远的角度，即便疫情结束而使这些线上零售企业的销量回落到平时的状态，这类企业仍然可以用共享员工这种新型的灵活用工方式来降低用人成本，形成长期有效且具备供给弹性的员工队伍，有利于增加人力资源管理的活力。

3.3 对人力资源中介服务公司的影响

在共享员工领域或将诞生新的人力资源中介行业平台，出现行业领头羊。目前已有广东企业利用大数据匹配各方需求，为共享员工模式搭建平台。根据国家统计局的数据，2019 年末我国 16 至 59 周岁的劳动年龄人口 89640 万，占总人口的比重为 64.0%。假如这其中有 5% 的人愿意进入共享员工模式，将诞生数以千万计的兼职劳动力资源以及数十亿元的人力资源中介服务市场规模，而这无疑是一块诱人的蛋糕。

3.4 对消费者的影响

使用共享员工较多的线上新零售企业在短期内保障了消费者日常生活用品的需求，让大家不必出门，有利于疫情防控。这快速促进了线上零售企业的蓬勃发展，而这类线上企业反过来又为消费者提供了更多服务，使消费者的生活更加便利。这就形成了线上新零售企业与消费者之间的良性互动，促进了线上经济与线下消费的良性循环。

3.5 对员工的影响

一方面，线下传统服务业员工因疫情受到影响的收入由于共享员工模式而得到弥补，增加了个人收入。另一方面，随着工作模式、工作体制的变化，越来越多的人将有机会专注于自己最有时间、最擅长的工作上。员工在完成自己本职工作的同时，还可以通过共享员工平台寻找更加适合自己的兼职来增加收入。未来，职场上将会出现更多的斜杠青年①，择业的灵活变化将使人们获得更多的职场资源，使自己的人生变得更加繁荣。

因此，实现了传统酒店餐饮企业、线上新零售企业、人力资源中介服务公司、消费者和员工五方共赢的共享员工模式，在疫情结束以后是否还能继续下去，不是依靠道德说教与情感等因素，而是取决于这种模式在市场竞争条件下能否给各方带来更多的收益。

4. 共享员工走红的原因

前文从微观的视角分析了共享员工模式崛起的内在原因，即这种创新的人力资源管理模式给各利益相关者带来了较好的收益，以下将采用研究企业竞争优势的宏观环境分析工具 PEST 模型（P 代表 Politics 政治，E 代表 Economy 经济，S 代表 Society 社会，T 代表 Technology 技术）来研究共享员工崛起的原因。

4.1 政治

共享员工之所以走红很大程度上得益于各级政府的积极推动。2020 年 2 月 23 日，统筹推进新冠肺炎疫情防控和经济社会发展工作部署会议在北京召开，习近平总书记在会上发表重要讲话，要求落实分区分级精准复工复产、全面强化稳就业举措、推动企业复工复产、切实保障基本民生以及稳住外贸外资基本盘等，在继续抓好各项防控工作的同时，有

① 斜杠青年：指的是一群不再满足“专一职业”的生活方式，而选择拥有多重职业和身份的多元生活的人群。

序恢复生产生活秩序。很多地方政府在看到共享员工为帮助各行业复工复产取得的巨大成效之后，积极引导，推动了共享员工的高速发展。

4.2 经济

共享员工是共享经济发展到一定阶段的产物。自2015年“共享经济元年”到现在，中国的共享经济经历了一番野蛮生长。据《中国共享经济发展年度报告（2019）》，2018年中国共享经济交易规模29420亿元，比上年增长41.6%。与共享单车、共享汽车、共享雨伞、共享充电宝、共享厨房等类似，共享员工是用人企业“不求拥有，但求使用”的一种人力资源管理的创新模式。

除了共享经济以外，共享员工也是流量经济在人力资源管理领域的一种反映。流量经济是指一个区域以相应的平台和条件，吸引区外的物资、资金、人才、技术、信息等资源要素向区内集聚，通过各种资源要素的重组、整合来促进和带动相关产业的发展。在共享员工模式中，原本具备相当流量的用工大户，如餐饮、酒店、旅游等企业因市场突变而减少了流量，甚至流量为零，而线上零售企业，如盒马鲜生、京东到家等因疫情导致流量暴增，而人力资源作为重要的生产要素，自然而然聚集到流量更大的企业里面。从本质上来说，共享员工就是员工从旧的高流量产业流入新的高流量产业。

因此，从经济的角度，共享员工的崛起是共享经济与流量经济共同作用在人力资源领域的结果，是现阶段中国现代经济发展的一种反映。

4.3 社会

社会因素由人们的人文理念、审美与价值组成，还包括了地方风俗和文化教育水平等。在这个社会上，人们对于共享员工的认识与市场对于共享员工的需求一样，决定了共享员工的发展与走向。

在这次疫情的特定时期，共享员工是运用市场化手段，实现了人力资源在不同产业、不同体系和部门之间的短期临时调配和租用等灵活管理方式，符合市场经济规律，其社会效应值得肯定。

共享员工承担了一份沉甸甸的战“疫”重任。为了保障疫情期间社会的正常运行，让老百姓安心在家抗疫，民生物资的供给成为防疫工作的重点，国家紧急调拨储备物资保障供应，而物资配送的“最后一公里”落在了一个个外卖小哥肩上。

为了保障民生物资的快速、有序流通与配送，共享员工不畏风险与困难，在做好自身防护的基础上，很快投入到店小二、外卖小哥等工作岗位，积极参与到这场稳供给、保民生的战“疫”中，受到社会各界的称赞。共享员工这种新模式体现了中国人众志成城、同心协力去共克时艰的思想理念与价值观，而这种价值观反过来又促进了更多人去支持共享员工，促进其高速发展。

4.4 技术

共享员工是一种提高生产效率的创新方式，而这种创新来源于技术变革。随着互联网、大数据等技术的完善，目前已经具备了把一个人的能力和时间利用得更好的技术条件，每一个劳动者可以为多家企业服务，释放出更大的生产力。

2016 年，马云提出“新零售”这一概念，即“在大数据的驱动下，人、货、场的重构”。比如盒马鲜生，依托阿里的大数据，改变传统商超的格局，增加了堂食及半小时达等服务。在选品上，实现海量商品的精准化筛选，针对“80 后”“90 后”的白领人群，完成了从产品生产的源头到消费者的全数字化链路。盒马采用先进的物流技术，由于分拣、配送效率的提高，实现了半小时 3 公里的生活圈配送，以至于地产界出现了“盒区房”，即距离盒马门店 3 公里以内的房产。2020 年春节，盒马又在全国率先推出共享员工，实现了“技术创新 + 管理创新”的叠加效应。

平台技术的成熟，大数据精准匹配共享员工等的广泛应用让疫情期间的共享员工得到了大力发展，各地政府部门和人力资源中介服务公司也纷纷加入到这场创新当中，推动了共享员工的发展。

5. 共享员工的风险

随着共享员工的不断发展，有关各方，包括员工输出企业、员工输入企业、员工、人力资源中介平台及政府监管部门，各自都面临着不同的风险。下面就从这 5 个方面进行分析。

5.1 员工输出企业的风险

5.1.1 员工流失的风险

共享员工让员工在企业之间临时流动，实现人力资源的重新配置。对于员工输出企业来讲，共享员工只是疫情期间由于无法开工而采取的过渡措施，但派出去共享的员工在输入企业工作一段时间后，由于种种原因愿意继续留下来，不想再回到原员工输出企业。这时候，员工输出企业就会面临员工流失或部分流失的风险，而员工输出企业在自己开业后就可能面临自身的员工短缺问题，不得不重新招聘新员工加以培训上岗。

5.1.2 劳资纠纷的风险

共享员工被派到员工输入企业去上班期间，应当由员工输入企业支付工资。但是，如果遇到拖欠工资的情况，共享员工应当找谁维权？员工输出企业是否应承担连带赔偿责任？此外，共享员工所涉及的社保费用缴纳等问题，也需要员工输入企业认真考虑。

5.1.3 工伤或意外伤害的风险

共享员工在员工输入企业工作期间，劳动保护的问题，例如疫情期间员工出现被感染问题，医疗费用与误工损失如何承担？员工在共享期间如果发生工伤，能否认定为工伤？工伤如何赔偿？或者共享员工发生意外伤害，医疗费用与意外伤害保险的费用由谁支付？这些都是员工输出企业有可能面临的问题。

5.1.4 无劳务派遣资质的风险

有人认为共享员工模式和劳务派遣有点像，都是把员工从一个单位派到另一个单位去劳动。按照劳动法的规定，劳务派遣必须要持有人社部门出具的专门资质，否则就成了非法劳务派遣，将面临行政处罚。员工输出企业作为不具有劳务派遣资质的单位，那么，共享员工是否合法？

5.2 员工输入企业的风险

5.2.1 管理失控的风险

共享员工进入员工输入企业工作后，能否遵守该企业的劳动纪律？如果给该企业造成损失，该由员工输出还是输入企业来承担？假如共享员工有机会接触员工输入企业的商业秘密与核心机密，那么泄密责任该由谁来承担？

5.2.2 劳资纠纷的风险

首先，共享员工如果是以企业之间的合作方式，在员工输入企业已经按时足额支付给员工输出企业相应的劳动报酬之后，但员工输出企业并未按时足额支付给员工，由此引发的责任由谁来承担？其次，假如员工输出企业未支付社保等，将对员工输入企业带来用工风险。此外，共享员工如果是以个人的名义在不同企业之间进行劳务共享，如果没有缴交“五险一金”，假如员工在共享期间工作时一旦受伤，若认定为工伤，员工输入企业将承担较重的法律责任，需要支付一次性伤残补助金、一次性就业补助金、医疗补助金等费用，风险较大。

5.2.3 共享员工流失的风险

有的企业之间约定了共享员工的合作期限，待疫情结束后，共享员工回流至原输出单位，为员工输入企业带来用工缺口。此外，虽然员工输出和输入企业签订了合作协议来共享员工，但是员工本人对输入企业的工作缺乏了解与兴趣，不能到岗履约，或者工作一段时间就离岗，没有按照约定时间来履约，由此带来的人力资源短缺的责任该由谁来承担？

5.2.4 人岗匹配的风险

隔行如隔山在共享员工模式中体现得尤为明显。员工输入企业一般不会让共享员工分担难度较高的任务。共享员工能否胜任员工输入企业的岗位？如果对共享员工进行大量的培训，而共享期结束后员工回流至输出企业，那么员工输入企业付出的培训费用是否造成企业的负担？

5.3 员工面临的风险

5.3.1 劳动权益保障的风险

首先，员工付出了劳动，但工资结算时却不能按时足额领到工资，该找谁负责？其次，对于劳动工时保护，如果员工长期在不同企业中共享，超时劳动的风险如何处理？最后，在工作中的劳动防护问题，比如疫情期间员工输入单位防护措施不到位，导致员工感染致病，由此产生的各种费用与损失该找谁赔偿？

5.3.2 职业生涯规划的问题

共享员工因输出企业展业困难而被“共享”到员工输入企业，对原输出企业的发展状况不了解，而在输入企业工作时，又感到自己是局外人。因此，共享员工职业生涯规划的缺失，缺乏归属感，就会使其在工作中缺乏长远的思考，工作缺乏激情，甚至受短期利益驱使产生短期行为。

5.3.3 被动失业与摩擦性失业的风险

共享员工的被动失业是由于疫情期间原员工输出企业破产倒闭、业务收缩或技术原因导致的产业升级等，待约定的共享期结束后，员工发现原来的企业回不去了，被动失业了。而摩擦性失业（Frictional Unemployment）是指因季节性或技术性原因而引起的失业，即由于经济在调整过程中，或由于资源配置比例失调等原因，使一些人需要在不同的工作中转移，而使其等待转业而产生的失业现象。这些人失业正是因为他们在跳槽时一般需要花一定的时间，而这段时间的失业就是摩擦性失业。如果共享员工在共享期满后，既不愿意回原输出企业，又不想继续留在输入企业，而是选择另行择业，而这段择业期就有可能带来摩擦性失业的风险。

5.4 人力资源中介平台

5.4.1 共享员工信息真实性的风险

如果共享员工不是由员工的输出与输入企业直接对接，而是由第三方的人力资源中介平台来提供居间服务，那么员工供需双方及员工个人信息的真实性如何保证？如果平台核验信息出现失误，给供需双方及员工个人带来损失或损害，应该如何赔偿且由谁来负责赔偿？

5.4.2 平台技术风险

平台技术是否稳定可靠？平台是否掌握大数据，为供需双方提供精准匹配的能力如何？此外，平台如果被黑客攻击，导致信息泄露的风险，中介平台应负什么样的责任等问题，需要厘清各方的权利与义务。

5.5 政府监管部门

劳动监管部门如何顺应共享员工的新模式加强监管，比如当劳动争议发生的时候，是否能及时介入处理？能否对企业出现的共享员工期间的侵害劳动者权益现象进行及时干预纠偏？甚至预测到可能发生的不利于企业和员工的行为，提出事先的预警干预？

6. 共享员工风险控制的应对措施

面对上述风险，共享员工相关各方应采取合理的应对措施，尽可能避免风险的发生或者减少风险带来的损失，应对措施建议如下：

6.1 员工输出企业

首先，作为共享员工的雇主单位，切实履行好雇主责任，在员工共享期间继续缴纳医保等“五险一金”，让劳动者的权益保护至少有一个兜底。

其次，在与员工输入企业、员工充分沟通的基础上，签订共享员工的三方书面协议，约定如下内容：工作内容、地点、时间、劳动保护、员工输入企业承担共享期间的实际薪资及发放的方式、共享期满员工正常回岗及不回岗的赔偿方式等，形成三方权利义务的法律关系。

再次，在对共享员工做出适当的职业生涯规划的同时，员工输出企业对于共享员工的心理健康也要予以关注，加强对派出去的共享员工的管理，经常关心他们的工作、生活情况和心理的变化，做好心理调适。

最后，对于派出共享员工的合法性问题，一般认为如果员工输出企业仅仅只是出于非营利的目的借出员工，不抽取劳务派遣的管理费等费用，那么就不存在无资质的违法劳务派遣的问题。

6.2 员工输入企业

首先，员工输入企业要与输出企业和员工签订三方书面协议，对社保支付、工资结算、应聘准则、员工培训、员工的业务能力要求、商业秘密的保护以及发生劳资纠纷时的解决方式等都要有具体的约定。

其次，对于大家高度关注的共享员工的劳动保护、人身安全以及感染风险等问题，员工输入企业与共享员工之间应达成书面共识，提供口罩、消毒液等安全防护用品以及工作所需的相关劳保用品，并为其购买意外伤害险等商业保险。

再次，如果员工输入企业不是通过与输出企业合作，而是自行与员工个人达成共享员工协议，在协议中需要明确其与员工个人的劳务关系，既要保障员工的合法权益，又要防止被认定成劳动关系带来的用工风险。

最后，员工输入企业应把好员工的“准入关”，做好跨界员工技能培训，加强员工管理，增加心理疏导等，增加共享员工的融入感。如果灵活用工符合企业长期利益，还需要做好共享员工的人力资源长期规划。

6.3 员工

首先，要明确共享期间的劳动关系、工作性质、薪酬计算、社保缴纳、劳动保护以及发生人身损害的责任承担方式等与其自身权利义务相关的内容，保障自身的合法权益，避免产生劳资纠纷。

其次，随着技术的发展，个人就是盈利点，人就是轻资产。员工依靠自身的脑力劳动摆脱固有的办公空间、时间限制的会越来越多，居家办公、云办公将会越来越频繁。共享员工模式提供了主动寻求更多职业发展的机遇，可以帮助其摆脱被动失业的风险。因此，员工在未来要努力提升自己的知识与能力这个最核心的个人资产。

6.4 人力资源中介平台

首先，要对共享员工各参与方的信息真实性进行认真核验，避免虚假信息给各方带来的损失。其次，对平台的信息安全高度负责，杜绝信息泄露。再次，充分利用大数据等技术实现员工输出、输入企业和共享员工需求的精准匹配。最后，人力资源中介平台要加强对共享员工各参与方的管理，对于违反诚信甚至违法行为加以公开披露，并建立黑名单制度将害群之马驱逐出共享员工市场。

6.5 政府监管部门

政府有关部门要根据共享员工的实际情况，制定并细化相关操作规范或相应审核流程、报批程序，指导企业有序、安全、常态化开展这项用工模式。此外，从制度层面进一步规范和完善，明确共享用工的性质、适用条件以及责任承担等。同时，政府劳动监管部门有必要完善相关举措，对共享员工发展中可能出现的侵害劳动者权益现象及时干预纠正，并对企业及员工进行事前风险预警。

总之，共享员工的崛起是在人们的意料之外，情理之中。它的产生并非无源之水，无本之木，它是在我国的政治体制下，共享经济与流量经济在遭遇新冠肺炎疫情的冲击下，企业内外因结合的产物。同时，社会的发展与技术的成熟都为共享员工的崛起提供了良好的土壤。只要这些内外因素继续存在，共享员工这种模式还会继续焕发出勃勃生机。共享员工作为新冠肺炎疫情倒逼之下的人力资源创新模式，虽然在实践过程中难免存在问题和不足，但是要允许它发展，同时各方也要加强管理，防止其野蛮生长。

参考文献：

[1] 新浪科技．“一箭五雕”的共享员工模式　未来会成为主流吗？［EB/01］. https：//tech. sina. com. cn/roll/2020 - 02 - 21/doc - iimxyqvz4683790. shtml，2020 - 02 - 21.

[2] Drent C.，Keizer M. O.，Houtum G. J. Dynamic Dispatching and Repositioning Policies for Fast - Response Service Networks［J］. European Journal of Operational Research，2020（1）.

[3] 沈诣．论多种用工形式下的高效人力资源管理［J］. 人才资源开发，2016（2）.

[4] 李莉．国有企业劳务派遣法律问题研究［J］. 企业改革与管理，2019（24）：48 - 49.

[5] 新浪科技．“共享员工”意外走红　未来会成为常态吗？［EB/01］. https：//tech. sina. com. cn/roll/2020 - 02 - 18/doc - iimxxstf2321695. shtml，2020 - 02 - 18.

[6] 海口资讯网．盒马全面正常运营“共享员工”还能共享吗？［EB/01］. http：//www. hknsmgbs. com/cpyy/32203. html，2020 - 03 - 03.

[7] 谢丹丹．孩子王：平台化是共享员工的前提［J］. 中外管理，2016（3）：52 - 55.

[8] 孙希有．流量经济［M］. 北京：中国经济出版社，2003.

[9] 法制日报·法治周末．“共享员工”走俏的背后［EB/01］. http：//www. legalweekly. cn/hlws/17495. html，2020 - 02 - 19.

[10] 摩擦性失业．词汇由来［J］. 人力资源管理，2013（2）：60.

[11] 杨玉龙．“共享员工”亟待规范管理跟进［N］. 中华工商时报，2020 - 2 - 10（3）.

[12] 盘和林．“共享员工”创新企业用工模式［N］. 环球时报，2020 - 2 - 11（15）.

[13] 昆山市社会保险．共享员工是权宜之计还是变革的开始？［EB/01］. http：//www. kssbzx. net. cn/xxgk/16140. html，2020 - 03 - 04.

董责险是上市公司的“保护伞”吗？

陈秋平 陈丽芳 翁若宇①

1. 什么是董责险？

董事高管责任保险（Directors' and Officers' Liability Insurance，简称董责险）是指由公司或者公司与董事、高级管理人员共同出资购买，对被保险董事及高级管理人员在履行公司管理职责过程中，因被指控工作疏忽或行为不当（其中不包括恶意、违背忠诚义务、信息披露中故意的虚假或误导性陈述、违反法律的行为）而被追究其个人赔偿责任时，由保险人负责赔偿该董事或高级管理人员进行责任抗辩所支出的有关法律费用并代为偿付其应当承担的民事赔偿责任的保险（许荣和王杰，2012）。

作为一种职业责任保险，董责险自20世纪30年代在美国产生以来就受到各国的广泛关注，美国、英国、加拿大等欧美发达国家的公司大部分都进行了投保（Lin et al.，2013），据统计，欧美上市公司董责险投保率达90%以上。与之相比，董责险在我国起步相对较晚，是伴随着投资者民事诉讼制度而共同发展起来的。2002年，最高人民法院发布《最高人民法院关于受理证券市场因虚假陈述引发的民事侵权纠纷案件有关问题的通知》，并规定虚假陈述民事赔偿案件是指证券市场上证券信息披露义务人违反《中华人民共和国证券法》规定的信息披露义务，在提交或公布的信息披露文件中做出违背事实真相的陈述或记载，侵犯了投资者合法权益而发生的民事侵权索赔案件。该《通知》打破了证券民事责任在当时中国证券法中的缺位局面，是保护证券投资者的权益、完善证券民事诉讼机制的重要举措（陈朝阳，2003）。

随着维权意识的不断普及，投资者的维权参与度持续提升。2019年，《证券时报》和平安产险联合推出《A股上市公司风险白皮书（2019）》，通过对近10年市场中的风险敞口和相关数据进行统计以分析上市公司及其董事高管的证券风险。该报告指出，随着投资者保护的全面践行，A股市场针对上市公司的强监管和民事维权持续增长，2009—2018年新增立案调查数量为424件，其中，2014—2018年上市公司被调查比例达到8%，新增调

---

① 陈秋平系厦门国家会计学院讲师；陈丽芳系厦门国家会计学院讲师；翁若宇系厦门国家会计学院讲师。本文刊发于《中国会计报》2020年4月10日第5版。

查数量同比增长 1.3 倍。2009—2018 年新增民事索赔案件数量为 326 件，其中，2014—2018 年上市公司被索赔比例达到 6%，新增维权案件调查数量同比增长 1.1 倍。2009—2018 年，A 股市场上市公司遭受股民索赔的累计金额达 55.4 亿元，涉及近 10% 的上市公司及逾 7 万名股民，其中近 5 年的索赔金额占比接近 80%，其中，2014—2018 年的平均个案索赔金额高达 3119 万元。如图 1、图 2 所示。

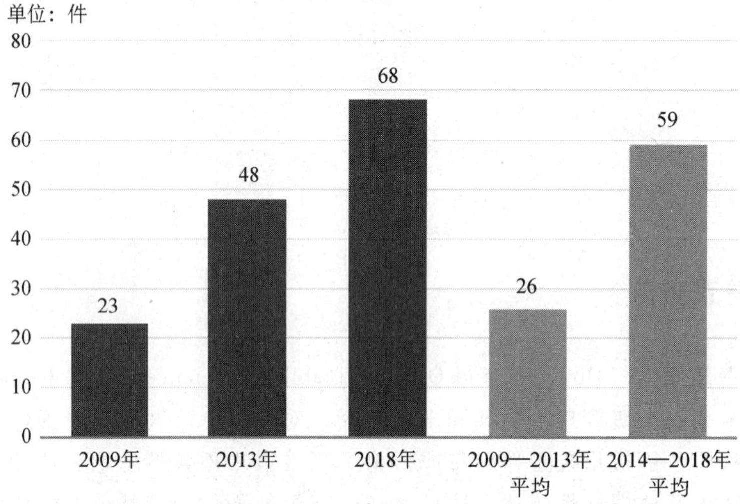

图 1　年度新增上市公立案调查数量（2009—2018 年）

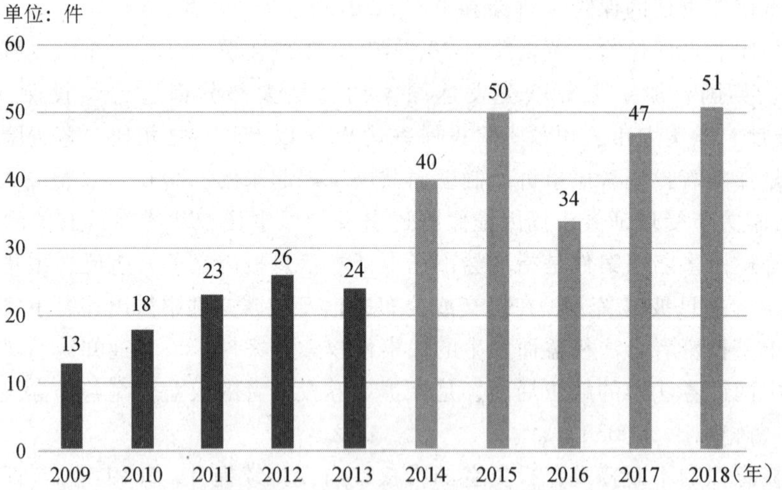

图 2　年度新增投资者民事索赔数量（2009—2018 年）

2019 年 12 月 28 日，全国人大常委会审议通过了修订后的新证券法，本次修订进一步加强了对投资者的保护制度，增加了系列民事损害赔偿的诉讼的措施。在新政策环境下，投资者有更多的方式行使权利和更多的渠道进行诉讼维权，这对于上市公司及其董事高管的经营和企业风险管理提出了更高的要求。因此，有必要为董事和高管投保董责险，降低其履责可能引致的风险及损失。

事实上，早在2002年，为推动上市公司建立和完善现代企业制度，规范上市公司运作，中国证监会发布了《上市公司治理准则》，阐明了投资者权利保护的实现方式以及高管所应当遵循的基本的行为准则和职业道德等内容。特别地，《准则》第三十九条指出，经股东大会批准，上市公司可以为董事购买责任保险，但董事因违反法律法规和公司章程规定而导致的责任除外。同年，中国平安为A股上市公司出具了首张保单，随后，中国人保、华泰财险等保险公司也陆续推出董责险保单。但从整体来看，我国企业的投保率比较低，不足10%（袁蓉丽等，2018）。直到2019年，科创板的股价波动风险及其高管的履职风险又将该险种带进公众视野。据《上海证券报》的报道，相较于主板市场的低投保率，科创板的投保率超过50%。

2. 董责险的效应

关于董责险的效应存在两种截然相反的观点：一种观点认为董责险能够减轻或化解董事及高管的履职风险，减少董事及高管由于疏忽或不当行为造成错误的后顾之忧，有助于吸引和保留优秀的经营人才，并鼓励董事和高管积极进取（Core，1997）；另一种观点认为，董责险存在逆向选择与道德风险的问题，通过分散和转移董事和高管的法律风险弱化了企业的惩戒机制，减弱了董事和高管在履职过程中的责任意识，进而可能诱发其机会主义行为和道德风险（Lin et al.，2013）。

2.1 董责险的正面效应

从激励效应来看，一方面，董责险可视为管理层薪酬刺激的补充方案，能够通过弥补管理层薪酬刺激的不足而吸引和保留优秀的经营人才，降低管理层与股东之间的代理问题（Aguir et al.，2014）；另一方面，通过为董事和公司高管的履职责任提供保险，董责险减少了董事和高管由于疏忽或不当行为造成错误的后顾之忧，能够减轻或化解董事及高管的履职风险（胡国柳和康岚，2014）。从监督效应来看，董责险通过引入保险公司作为外部利益相关者对企业及其管理层持续进行独立监督（Chalmers et al.，2002）。此外，保险公司也可以通过保险条款的设计（如保险费率和保险理赔金额的厘定等）在一定程度上约束董事和高管的行为（Core，1997）。

2.2 董责险的负面效应

从管理层自利的角度来看，由于保险公司能够对董事和高管履职过程中的错误行为造成的损失做出赔偿，在一定程度上降低了管理层自利行为的成本，进而加剧了董事和高管的道德风险问题和机会主义行为（Lin et al.，2013）。因此，董责险和公司治理机制之间存在恶性循环，具体地，公司购买董责险的初衷是为董事和高管承担的法律责任风险提供保障，缓解股东利益的冲突，而投保董责险又会进一步诱发董事和高管的道德风险（许荣和王杰，2012）。值得注意的是，证监会2018年发布的修订后《上市公司治理准则》中第二十四条规定：经股东大会批准，上市公司可以为董事购买责任保险。责任保险范围由合同约定，但董事因违反法律法规和公司章程规定而导致的责任除外。因此，董责险并不是上市公司的“保护伞”。

参考文献：

[1] Aguir I, Burns N, Mansi S A, et al. . Liability protection, director compensation, and incentives [J]. Journal of Financial Intermediation, 2014, 23 (4): 570 -589.

[2] Chalmers J. M. R. , Dann L. Y. , Harford J. Managerial Opportunism? Evidence from Directors' and Officers' Insurance Purchases [J]. The Journal of Finance, 2002, 57 (2): 609 -636.

[3] Core J. E. On the Corporate Demand for Directors' and Officers' Insurance [J]. Journal of Risk & Insurance, 1997, 64 (1): 63.

[4] Lin C. , Officer M. , Wang R. , et al. . Directors' and officers' liability insurance and loan spreads [J]. journal of financial economics, 2013, 110 (1): 37 -60.

[5] 陈朝阳. 证券民事诉讼机制的完善——兼评最高人民法院《关于受理证券市场因虚假陈述引发的民事侵权纠纷案件有关问题的通知》[J]. 华东政法大学学报, 2003 (1): 84 -92.

[6] 胡国柳, 康岚. 董事高管责任保险需求动因及效应研究述评与展望 [J]. 外国经济与管理, 2014 (3): 11 -20.

[7] 许荣, 王杰. 董事责任保险与公司治理机制的互动影响研究——来自中国 A 股上市公司的证据 [J]. 保险研究, 2012 (3): 70 -80.

[8] 袁蓉丽, 文雯, 谢志华. 董事高管责任保险和财务报表重述 [J]. 会计研究, 2018, 367 (5): 23 -29.

[9] 证券时报社, 平安产险.《A 股上市公司风险白皮书 (2019)》.

分拆上市：A 拆 A 的规则、现状与动机

陈　菡①

1. 引言

2000 年 10 月 31 日同仁堂分拆同仁堂科技在香港联交所成功上市，成为 A 股分拆上市第一股并引发了 A 股分拆海外上市的热议，陆续有多家企业分拆赴境外上市。为了规范上市公司分拆境外上市的行为，证监会 2004 年发布 67 号文《关于规范境内上市公司所属企业到境外上市有关问题的通知》，使得 A 股境外分拆政策明朗化。

但是，对于 A 股分拆 A 股上市却存在颇多争论：支持者认为分拆上市可以拓宽上市公司融资渠道，消除集团多元化经营的“负协同效应”；而反对者认为，我国资本市场尚处于成长阶段，IPO 排队现象严重，分拆将挤占市场资源，增加市场扩容压力，而且多方利益协调问题也增加了监管难度。因此，在 2020 年以前尚没有严格意义上的 A 股成功分拆 A 股上市的案例。大部分企业选择分拆境外上市（如华泰证券分拆 AssetMark 在美国纽交所上市、杉杉股份分拆杉杉品牌在香港联交所上市），或者上市母公司通过将所属子公司的部分股权出让给其他股东不再拥有所属子公司的控制权，实现间接分拆上市（如康恩贝分拆佐力药业），东北高速将公司分立为龙江集团和吉林高速两家公司，成为境内分立上市的特例。

2019 年 12 月 12 日，证监会发布《上市公司分拆所属子公司境内上市试点若干规定》（〔2019〕27 号），自此 A 股分拆境内上市有了明确的政策依据。证监会〔2019〕27 号公告掀起了 A 股分拆 A 股上市的热潮，短短 5 个月的时间已有 21 家 A 股上市公司发布分拆子公司境内上市的预案公告。

2. 分拆上市的内涵

分拆上市是公司重组的一种重要形式，公司将部分业务或资产，以其所属子公司的形式在资本市场上市的行为，是对所属子公司部分股票进行首次公开发售，也被称为“分立

① 陈菡系厦门国家会计学院讲师、硕士生导师，厦门国家会计学院管理会计与财务管理研究所副所长。

的 IPO”。

在外部市场环境变化下，公司可以采用以兼并收购为主的资产扩张型重组，也可以选择以分拆、分立、剥离为主的资产收缩型重组。与公司分立、资产剥离相比，分拆上市虽然同为公司资产收缩型重组的方式，但三者又有所区别。资产剥离是指公司将其所拥有的一部分资产出售给第三方，以获取回报的一种商业行为。资产剥离交易的特点在于其交易对象的特定性协议，分拆上市虽然也出售部分股份，但其交易对象为资本市场中不特定的参与主体（郭海星和万迪昉，2010）。公司分立是将公司部分业务分割成立新公司，并将新公司股份按原股东持股比例进行分配，包括新设分立与派生分立。公司分立是将原“母子关系”调整为“兄弟关系”，而分拆上市虽然因公开发行稀释了部分母公司的股份，但仍然保持“母子关系”。

在 20 世纪 60 年代美国并购浪潮之后，部分公司出现并购的负面协同引发集团经营战略的功能性减退，从而推动分拆上市的风行（贺丹，2009）。美国公司的分拆上市实践主要包括：分立分拆上市（pure spin off）和股权切离分拆上市（equity carve out）（李园园，2009）。在分立分拆上市（pure spin off）下，新申请上市公司的股份只获得股份流通权，并不进行股本扩充向公众融资。在股权切离分拆上市（equity arve out）中，可以将子公司部分股份公开发行，面向公众筹集资金。

我国《公司法》和《证券法》并未对分拆做出明确规定，从证监会关于分拆上市的相关规范可以看到，目前监管者对分拆上市行为规范的核心是，上市公司对其有控制权的所属企业分拆到资本市场上市的行为。基于此，本文界定我国 A 股分拆上市的核心要素包括：（1）上市公司将所属子公司的部分股权向社会公众公开发售；（2）所属子公司通过 IPO 变成直接面对公众的上市公司；（3）分拆前上市母公司拥有所属子公司的控制权，分拆后上市母公司仍拥有所属子公司的控制权。

3. A 股分拆境内外上市的规则解读

A 股分拆境内上市除了拟分拆所属子公司需要满足 IPO 的基本条件，母公司首先需要满足〔2019〕27 号公告的相关要求，其审核要素主要包括：

1. 判断母公司的基本盈利条件。从时间上要求母公司必须在境内上市已满 3 年。从盈利性上，要求母公司最近 3 年连续盈利，且最近 3 年扣除按权益享有的拟分拆所属子公司的净利润后，归属于上市公司股东的净利润累计不低于 6 亿元人民币（所称净利润以扣除非经常性损益前后孰低值计算）。

2. 通过盈利占比和净资产占比的限制，防范分拆对母公司盈利水平的影响。规定拟分拆所属子公司的净利润不得超过归属于母公司股东的净利润的 50%，净资产不得超过 30%。

3. 对拆出业务和资产限制。母公司最近 3 个会计年度内发行股份及募集资金投向的业务和资产不得分拆，但拟拆出部分最近 3 个会计年度使用募集资金合计不超过其净资产 10% 的除外；最近 3 个会计年度内通过重大资产重组购买的业务和资产不得分拆；子公司主要从事金融业务不得分拆。

4. 对董事、高管等的持股要求。上市公司董事、高级管理人员及其关联方合计持股不得超过子公司分拆上市前总股本的 10%，拟分拆子公司董事、高级管理人员及其关联方持股比例合计不得超过子公司分拆上市前总股本的 30%。

5. 对母子公司独立性要求。分拆之后母子公司之间的资产、财务、机构需相互独立，且需要符合监管关于同业竞争、关联交易等独立性的要求。

对比证监发〔2004〕67 号文和证监会〔2019〕27 号公告可以看到，A 股分拆境内外上市均需满足母公司盈利性要求、拟分拆子公司净利润和净资产占比要求、拆出部分占用募集资金情况、董事高管持股比例、独立性要求等。在母公司盈利性要求上，分拆境内上市的条件比分拆境外上市更为严格，但在分拆部分占用募集资金以及分拆子公司董事高管持股要求上相对宽松。

4. A 股分拆境内上市的现状分析

2019 年 12 月 18 日，中国铁建首家发布分拆子公司铁建重工在科创板上市的预案，开启了 A 股境内分拆上市的序幕。截至 2020 年 5 月 14 日，已经有 21 家上市公司发布分拆子公司境内上市的预案公告。由于目前尚没有 A 股成功分拆子公司首发上市的案例，本文仅对已公告分拆上市预案情况进行分析。

在上市板块选择上（图 1），大多数公司选择在科创板或创业板上市，仅两家公司选择在上海主板上市；从企业性质上看（图 2），前 3 家发布分拆公告预案的都是国有企业，但已发布分拆预案的民营企业有 12 家，民营企业更为活跃。

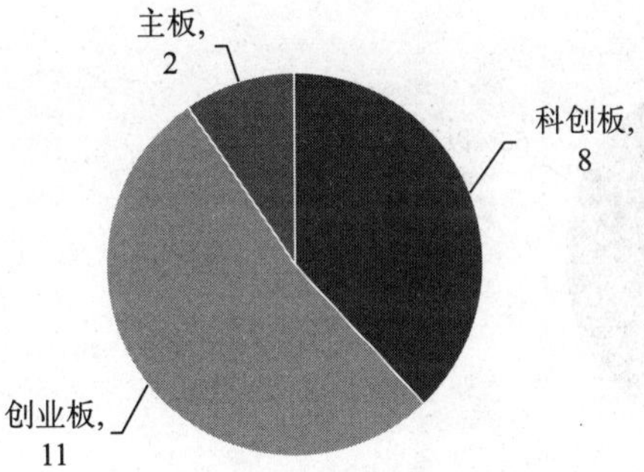

图 1　拟分拆上市板块

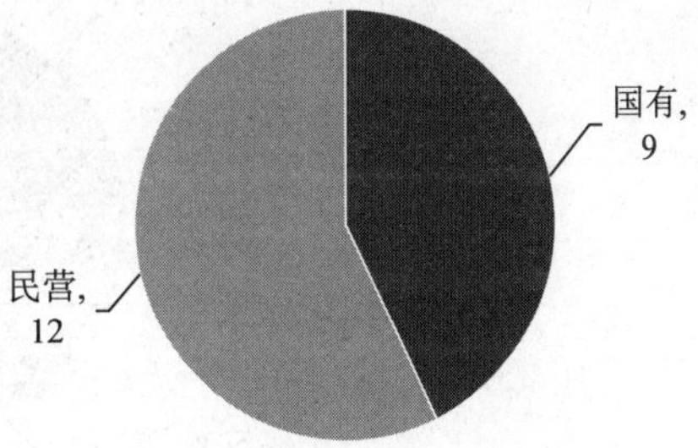

图 2　分拆主体企业性质

分拆主体所拥有控股和参股公司较多（图 3），超过 80% 的公司纳入合并报表范围的控股子公司在 20 家以上，3 家公司拥有的子公司数超过 80 家，其中江苏国泰 2019 年度披露纳入合并范围的子公司数高达 182 家。从规模上看，已公告分拆方案的主体规模较大，2019 年营业总收入超过 100 亿元的公司有 11 家（图 4），资产总额超过 100 亿元的公司有 18 家（图 5）。从盈利水平上看（图 6），分拆主体的盈利表现良好，12 家公司 2019 年的净资产收益率在 10% 以上。从资本结构上看（图 7），有 13 家公司的资产负债率在 50% 以上，有较大的杠杆压力。

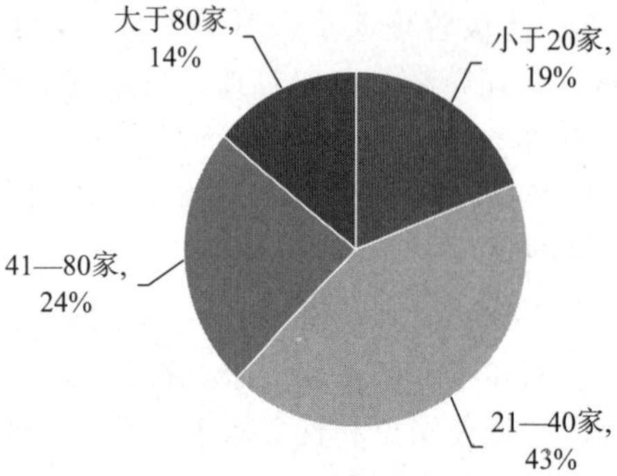

图 3　分拆主体 2019 年纳入合并范围的子公司数

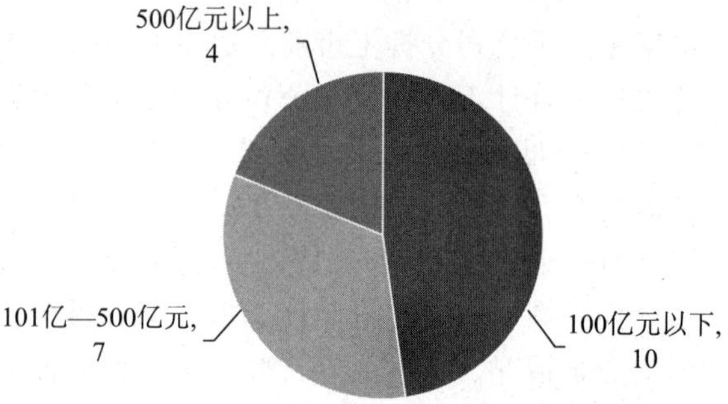

图 4　分拆主体 2019 年营业收入总额

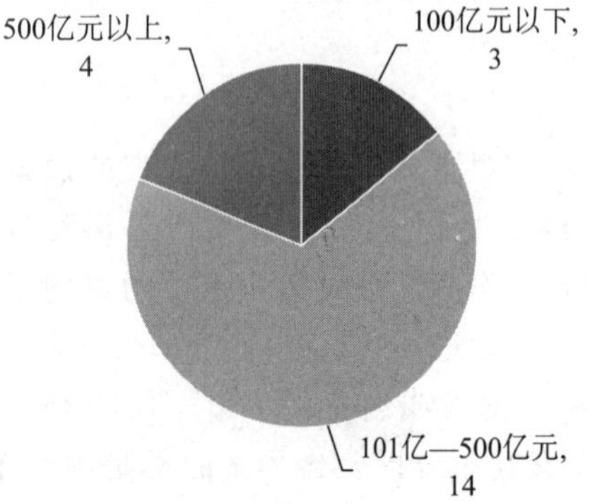

图 5　分拆主体 2019 年资产总额

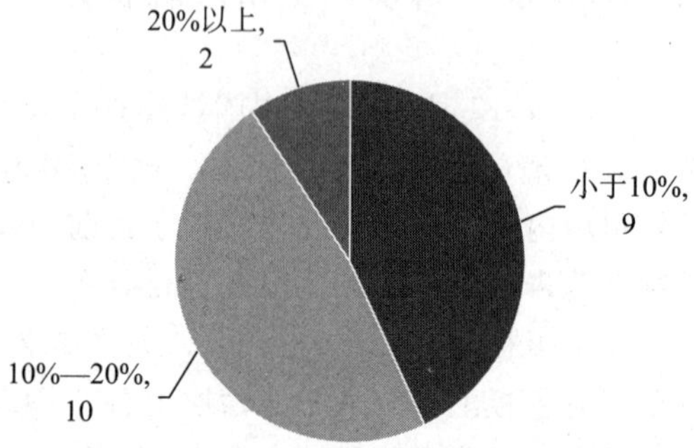

图 6　分拆主体 2019 年净资产收益率

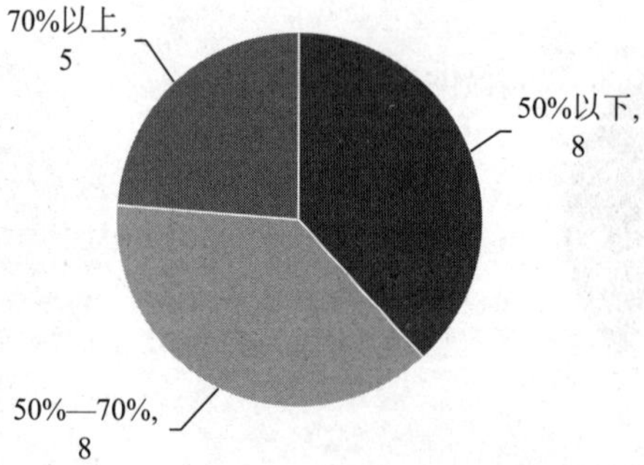

图 7　分拆主体 2019 年资产负债率

为了防止分拆对上市母公司盈利水平产生重大影响，证监会对拟分拆公司净利润和净资产占比分别规定了 50% 和 30% 的上限。从已公告的预案情况上看（图 8、图 9），拟分拆子公司在母公司中的净利润和净资产占比均远低于监管规定的上限。其中，上海电气拟拆出的电气风电和天士力拟拆出的天士力生物 2019 年度的净利润均为负值。这与科创板允许亏损企业上市有关。

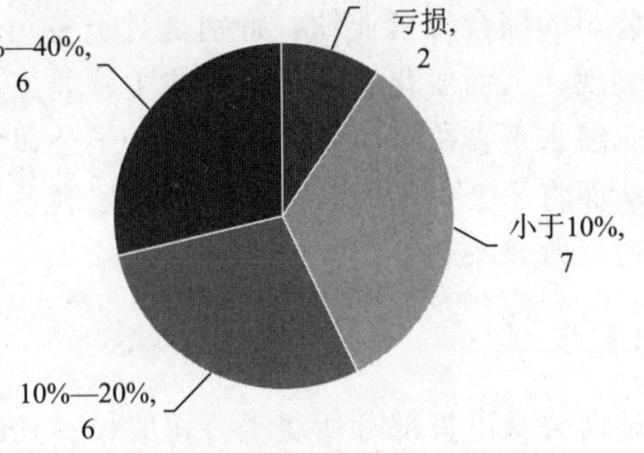

图 8 拟分拆子公司净利润占比

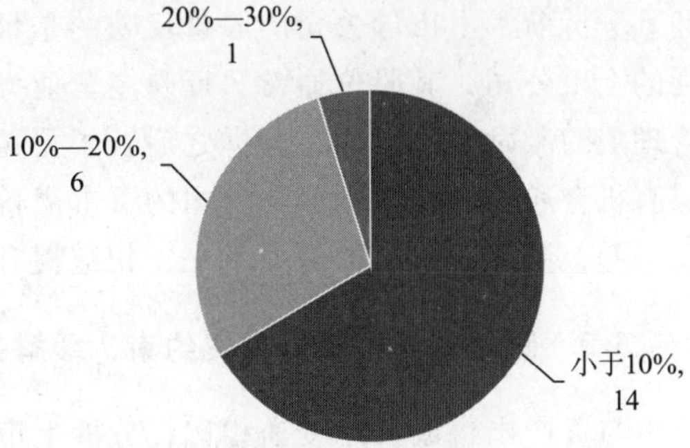

图 9 拟分拆子公司净资产占比

5. 分拆上市的动机与效应分析

科斯告诉我们，企业的边界是由交易成本所决定，企业边界的最优均衡点取决于企业内部交易成本与公开市场交易成本相等的点。企业在比较内部交易成本与市场交易成本的过程中持续尝试寻找企业边界的最佳临界点，从而经历“兼并扩张—分拆收缩—兼并扩张……”不断循环发展以及对企业战略的动态调整（王正斌和洪安玲，2004）。因此，分拆是企业战略变化、业务调整的一个重要工具。从上市公司分拆实践中可以发现，企业选择分拆上市的动机主要包括以下几方面。

5.1 减法效应：解决战略聚焦问题

战略的重心是选择资源的最优配置方向，而当企业规模扩张到一定程度时，特别是在高度分散的多元化经营下，资源和能力约束会使得企业无法同时关注全部业务，即便这些业务都能够为企业带来收益。因此，当企业在发展过程中不断通过并购“做加法”，在扩张企业版图推进多元化发展的同时，也带来战略资源分散、并购协同“负效应”等问题。基于企业对长期收益的考量，通过分拆上市可以使上市公司更加专注主业经营，优化产业布局，提升核心业务价值。

5.2 加法效应：激励赋能与效率提升

企业边界既包括由土地、资本等有形资源决定的规模边界，也包括由知识、知本等无形资源决定的能力边界。企业的规模化和业务多元化带来了组织层级增加、流程链延长、决策问题复杂化，企业的规模边界超出了管理层的能力半径，从而导致效率低下、激励失效等问题。特别是在规模庞大的集团体系中，由于信息不对称和决策者偏好差异，往往存在不同产业之间的内部资源分配差异，从而降低资源配置效率。已有实践表明，进行分拆的母子公司往往处于不同产业，通过分拆上市保持子公司在组织、经营上的独立性，减少了决策传导链条，改善集团业务单元间的交叉补贴问题，提升子公司的市场响应速度和运营效率，优化集团的整体资源配置效率。

另外，通过分拆上市，子公司可以获得独立的市场估值，提高子公司股权激励的有效性。分拆前，上市母公司的股价反映的是母子公司的综合经营业绩，特别是对于多元化经营的上市公司，其股价通常只反映主营业务的表现，从而弱化股权激励对非主营业务单元管理层的激励效应。而在分拆之后，子公司的业绩水平直接影响其股价表现，子公司管理层有机会通过股权激励参与公司的资本溢价，从而将子公司的经营业绩与管理层利益绑定在一起，激发管理层的努力水平，相应提升公司运营效率和公司价值。

5.3　除法效应：降低融资约束，缓解并购压力

与资产出售或资产剥离相比，分拆上市通过向公众出售部分所属子公司股权，其股份出售面对的是公开市场的大量买家而非单一买家，上市母公司仍可以在分拆上市之后保持其控制权地位。因此，分拆上市可以为其所属子公司拓宽融资渠道，同时也有助于缓解母公司的融资约束或财务困境。此外，近年来我国企业通过并购实现外延式扩张的过程中，伴随着“高溢价、高估值、高商誉”的三高问题。高溢价并购形成的巨额商誉如同悬在企业头上的“达摩克利斯之剑”，为企业健康发展埋下了隐性风险。分拆上市为企业购入业务板块提供了进一步资本运作的出口，有助于缓解并购商誉的压力。

5.4　乘法效应：股权价值效应

市场信号理论认为，分拆上市本身也向外部投资者传递一种积极的信号。一方面，过于复杂多元化的公司业务，使得投资者难以看清公司的价值创造的真实来源，从而扭曲了公司真实的内在价值。另一方面，如果子公司的真实价值被隐含于上市公司整体之中，会导致子公司的市场价值低于同行业已上市的其他公司，通过分拆可以向市场传导公司价值被低估的信号。比如，同仁堂分拆同仁堂科技在香港联交所上市，3 个关键分拆公告日的时间窗口以及分拆上市后期母公司都获得了正的股权分拆溢价（李青原等，2004）。

6. 政策关注与建议

证监会〔2019〕27 号公告填补了分拆上市的制度空白，有利于引导符合条件的 A 股公司盘活企业市值，同时也对优质资产及优质企业通过分拆回归 A 股起到积极作用。可以预见，随着注册制的逐步推行，符合条件的上市公司会有更强烈的分拆需求，A 股分拆境内上市的行为也会日益增多。分拆上市有诸多有利之处，可以对企业长远发展带来积极影响，但也蕴含着较大风险，可能侵害中小股东利益。因此，也需要关注企业在分拆上市中可能存在的问题。

一是避免分拆导致母公司的“空心化”。分拆上市最核心的动力是促使母子公司股权的二次溢价效应，借助分拆上市盘活企业市值。但是需要关注的是，如果母公司将分拆上市视为“圈钱工具”，过度追求分拆上市的融资效应，从而拆出盈利能力较强的部分资产或业务，则可能造成母公司资产营运效率降低，影响到母公司的持续经营能力。

二是避免分拆上市的利益输送问题。在分拆过程中，上市母公司与分拆子公司的管理层不仅是最早知悉分拆计划的知情人，同时也可能是母子公司股份的持有人。在控制权私利和信息不对称的环境下，可能导致内幕交易或操纵市场行为，从而使得分拆上市演变成

利益输送的通道。另外，由于母子公司之间存在大量的因债权债务关系、产品购销关系、资金往来关系等产生的关联交易，虽然〔2019〕27 号公告规定母子公司之间需保持独立性且符合关联交易的监管要求，但是如何界定独立性缺陷并没有具体标准。因此，需要关注母子公司通过关联交易产生的利益输送。

三是关注上市子公司可能面临的套现压力。母子公司的业务关系通常存在 3 种模式：孵化器模式、业务差异化模式和业务协同模式。在孵化器模式下，母公司通常拥有数量繁多的参控股公司，母公司身份类似于 PE 孵化器。在孵化器模式下，母公司会弱化对子公司长远战略性规划的关注，而是倾向于战略投机目标。在这种战略投机倾向性下，母公司通过分拆获取存量资本溢价的意愿更为强烈，也往往设计了上市后的退出机制。因此，需要关注在子公司上市限售期届满后的套现压力，避免引起股价巨幅波动和负面财务问题。

参考文献：

[1] 证监会 . 上市公司分拆所属子公司境内上市试点若干规定，〔2019〕27 号公告 . www. csrc. gov. cn.

[2] 证监会 . 关于规范境内上市公司所属企业到境外上市有关问题的通知，〔2014〕67 号 . www. csrc. gov. cn.

[3] 李园园 . 上市公司分拆上市法律问题研究 [J]. 证券市场导报，2009（3）：16 – 22.

[4] 郭海星，万迪昉 . 分拆上市相关研究综述 [J]. 证券市场导报，2010（2）：61 – 67.

[5] 贺丹 . 上市公司分拆上市的差异性分析 [J]. 证券市场导报，2009（3）：23 – 27，34.

[6] 王正斌，洪安玲 . 我国上市公司分拆行为的分析与思考 [J]. 管理世界 . 2004（5）：138 – 139.

[7] 王化成，程小可 . 分拆上市与母公司股权价值研究——“同仁堂”分拆子公司上市的实证分析 [J]. 管理世界 . 2003（4）：112 – 121.

[8] 李青原，王永海，韩晖 . 分拆上市与股东价值创造——“同仁堂”案例的再分析 [J]. 经济管理 . 2004（8）：51 – 59.

第四部分
“一带一路”专题

全球化商业模式下跨国公司价值创造、BEPS及对策

蔡剑辉[①]

1. 引言

1.1 BEPS问题的诱因

BEPS（Base Erosion and Profit Shifting），即税基侵蚀与利润转移，主要指跨国公司利用不同税收管辖区的税制差异和规则错配进行税务筹划的策略，其目的是人为造成应税利润“消失”或将利润转移到没有或几乎没有实质经济活动的低税负国家（地区），从而达到不交或少交企业所得税的目的。根据经济合作与发展组织（OECD）的不完全统计，BEPS导致的全球企业所得税流失可能占到全球企业所得税总额的4%—10%，每年达到1000亿—2400亿美元（OECD，2015）。

BEPS问题与全球化相伴而生，由来已久，它根植于经济发展全球化和税收管理国别化之间的矛盾：全球化促进了各国国内经济的发展，同时也极大冲击了各国的企业所得税体系。20世纪90年代以来，发达国家主导下的新自由主义全球化[②]进一步加剧了这一矛盾。资本大量流向低成本和低税负地区，导致实质经济活动的发生地与应税利润的申报地分离，并诱发跨国公司实施利润转移等激进的税务筹划，导致税收与价值创造不匹配。数字经济快速发展，跨国公司商业模式不断创新，国际税收规则改革滞后，税收协定复杂多样，各国税制和税收征管千差万别以及有害税收竞争等，诸多因素为跨国公司提供了BEPS的机会。

1.2 落实BEPS行动计划的难点

BEPS行动计划是由G20发起并委托OECD推动的一揽子国际税收改革计划，该计划

① 蔡剑辉系厦门国家会计学院教授，“一带一路”财经发展研究中心主任。

② 新自由主义主张自由化、私有化、市场化和全球“一体化”，其本质是适应国家垄断资本向国际垄断资本转变要求的理论思潮、思想体系和政策主张（中国社会科学院课题组，2004）。本文认为，各国税制差异与规则错配是BEPS问题的直接诱因，而新自由主义下的经济全球化与税收管理国别化之间的矛盾才是BEPS问题的根源。

的核心理念是按照“税收与实质经济活动和价值创造相匹配”原则重塑国际税收规则，通过协调各国企业所得税税制、修订现行税收协定与转让定价国际规则、提高税收透明度与确定性、开发多边工具等综合措施，压缩跨国公司规避税收的空间，确保利润在实质经济活动发生地和价值创造地征税。2015 年 10 月，OECD 发布 15 项 BEPS 行动计划并由 G20 各国领导人背书，标志着国际税收改革开始进入成果转化与实施的后 BEPS 时代。

尽管国际社会对“税收与实质经济活动和价值创造相匹配”原则已达成广泛共识，但如何落实这一原则，存在着两种截然不同的价值创造观和税收分配观。发达国家认为无形资产是价值创造的主要源泉，发展中国家则强调选址节约①、市场溢价②等“地域特殊优势”（Location Specific Advantage，LSA）对价值创造有独特贡献。在征税权分配上，发达国家主张基于独立交易原则的方法，发展中国家则坚持基于要素贡献的方法。在落实 BEPS 行动计划上，G20 的 BEPS 项目提供了一个包含最低标准、强化标准和最佳实践在内的包容性框架，希望吸引更多的国家参与，但发展中国家现阶段只愿意履行最低标准甚至不加入 BEPS 行动计划。

分歧的存在反映了不同国家在全球价值链上的位置差异和对国际税收规则的需求偏好。发达国家长期占领全球价值链的高端领域，其政策主张有利于巩固自身在无形资产方面的竞争优势，分得更多税基，而处在全球价值链中低端领域的发展中国家则倾向于凭借其“地域特殊优势”来捍卫自身的税收主权。

弥合上述分歧，离不开国际合作，更需要平衡各方利益，对每一个国家而言，政策权衡将难以避免。中国经过 40 年的改革开放，已经发展成为全球第二大经济体、第一大出口贸易国、第二大利用外资国和第三大对外投资国，虽然整体上还属于发展中国家，但已经具备了发达国家的部分特征。中国落实 BEPS 行动计划，既要维护我国作为应税利润来源国的税收权益，又要避免对我国境外投资产生不利影响，政策权衡的难度更大，有必要深入研究。

1.3 全球化商业模式研究角度的目的

跨国公司是经济全球化的主要载体，也是导致 BEPS 问题的始作俑者。研究经济全球化如何影响跨国公司的商业模式进而影响其税务管理，是洞悉 BEPS 的形成机理的一个重要逻辑切入点。本文以苹果公司为案例，从全球化商业模式③的角度研究 BEPS 问题，旨在将跨国公司视为一个整体，系统观察跨国公司如何围绕全球价值链进行价值创造和价值分配，从中识别跨国公司 BEPS 的关键因素和国际税收规则尤其是独立实体原则和独立交

① 选址节约（Location Saving），是指跨国公司在低成本管辖区开展经营活动所取得的净成本节约，一般通过原材料、人工、租金、运输和基础设施等项目上的支出较低来实现。

② 市场溢价（Market Premium）是指跨国公司在具有独特性质的管辖区开展经营活动，这些独特性质影响着服务或产品的销售和需求，因而使跨国公司取得超额利润。

③ 商业模式是企业所采用的投入、商业活动、产出和结果的系统，解释价值是如何创造、分配和保值的。（AICPA & CIMA，2014）。全球化商业模式的突出特点是跨国公司利用其全球价值链上的合作伙伴关系，建立商业生态，共同致力于成本节约、价值创造和风险管控。

易原则中存在的一些容易导致 BEPS 的结构性问题，为我国应对跨国公司 BEPS 提供决策参考。

BEPS 行动计划定位全球反避税，聚焦如何将跨国公司囤积在避税港的应税利润“挤出”以及如何分配这一税基上，对跨国公司价值创造和 BEPS 的关键——全球化商业模式本身着墨不多，仅有的关注也局限在数字经济领域并且以强调无形资产的重要性为主轴，这对数字经济尚不发达甚至尚未发展起数字经济的发展中国家明显不利。对后者而言，应对来自传统经济领域 BEPS 的挑战更为迫切。从全球化商业模式角度研究 BEPS 问题，有助于客观评价发展中国家在跨国公司价值创造中的实际贡献，合理维护发展中国家的税收权益。

本文并不打算针对 OECD 的 15 项 BEPS 行动计划的所有内容进行讨论，而是围绕“税收与实质经济活动和价值创造相匹配”这一主线，在转让定价层面探讨应对跨国公司 BEPS 的基本方略。

2. 全球化商业模式与跨国公司价值创造

在 OECD（2013）发布的《税基侵蚀与利润转移问题的全面解析》报告里，研究者依据价值链理论，提出了一个结论性观点：产品和服务的大部分价值产生于上游活动（如产品设计、研发和核心组件生产），或产生于下游活动（如市场营销和品牌宣传）。照此逻辑，由于上述活动的结果通常表现为无形资产，因此无形资产是跨国公司价值创造的主要来源。然而，针对全球十大高科技公司[①]的对比分析表明，价值链理论夸大了无形资产的作用，掩盖了成本节约对跨国公司价值创造的真实贡献。

2.1 无形资产对跨国公司价值创造的贡献被高估

跨国公司全球化商业模式是当今全球化经济的主要特征。在全球化商业模式下，跨国公司的价值链分散在不同国家，无形资产的重要性日益突出，尤其是以品牌和技术为代表的无形资产，不仅攸关产品的外观、性能、质量和总体吸引力，并且与跨国公司决定在何处定位不同的功能、与谁合作，以及如何管理价值链等密切相关。然而，关于无形资产对跨国公司价值创造的实际贡献究竟多少以及如何实现，很少有这方面的成果。

2008—2017 年，苹果公司共实现营业利润 4216.73 亿美元（如图 1 所示），占同期十大高科技公司营业利润总和的 28.23%，相当于其他九大高科技公司营业利润总和的 39.33%，表现出超强的获利能力。但相关数据显示，品牌和技术并非苹果公司超强获利能力的主要来源。

① 十大高科技公司在这里指苹果、微软、谷歌、英特尔、思科、IBM、亚马逊、惠普、黑莓和三星电子。

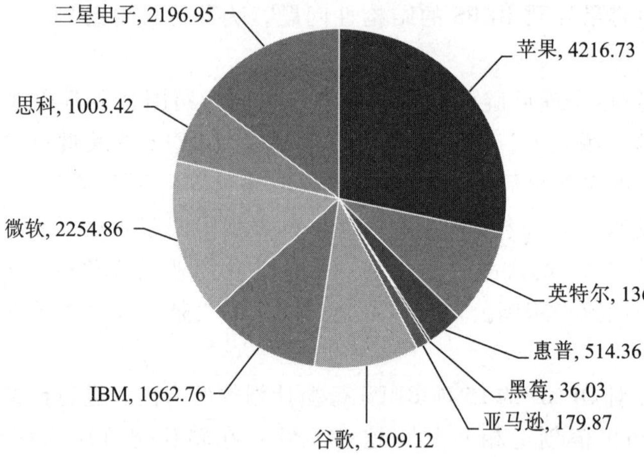

图 1　十大高科技公司 2008—2017 年的营业利润总额（亿美元）

资料来源：十大高科技公司年度财务报告。

从市场竞争力来看。2017 年度，苹果公司在全球智能手机市场的占有率为 14.7%，距离直接竞争对手三星电子的 21.6% 有较大差距（如图 2 所示）。同年，思科在全球交换机市场的占有率为 56.1%，英特尔在全球 PC 微处理器市场的占有率为 79.3%，微软在全球 PC 操作系统市场的占有率为 88.9%，谷歌在全球搜索市场的占有率更是高达 92.3%。

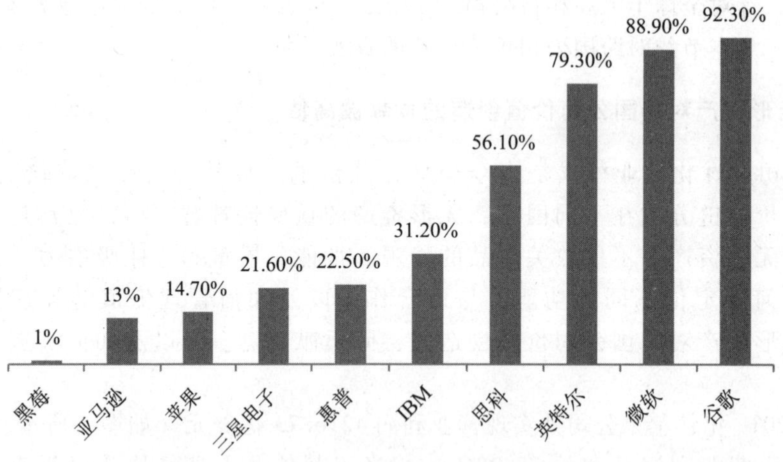

图 2　十大高科技公司 2017 年市场占有率

资料来源：根据相关市场调查公司公布的数整理。

从产品获利能力来看。2008—2017 年，苹果公司的平均销售毛利率为 39.30%，略高于三星电子的 36.10%，在十大高科技公司中排名倒数第四（如图 3 所示）。同期，思科、英特尔、谷歌、微软的平均销售毛利率均在 60% 以上。

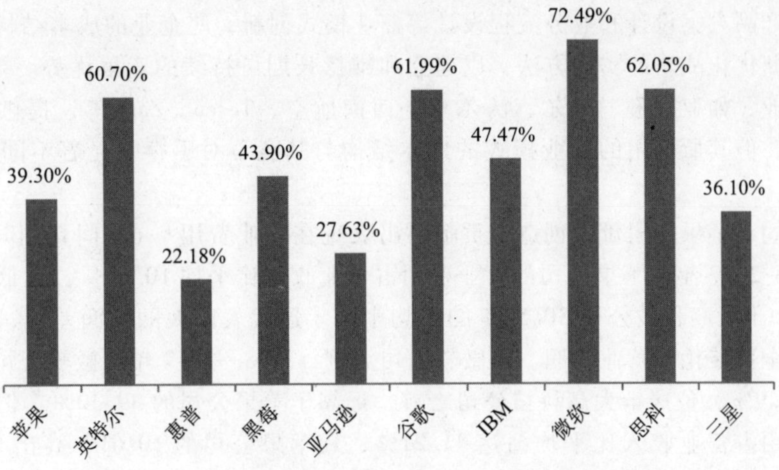

图 3　十大高科技公司 2008—2017 年平均销售毛利率

资料来源：十大高科技公司年度财务报告。

从研发投入水平来看。2008—2017 年，苹果公司的平均研发支出占营业收入比为 3.23%，不到三星电子 6.62% 的一半，也远低于十大高科技公司 9.71% 的平均水平，在十大高科技公司中排名倒数第二（如图 4 所示）。

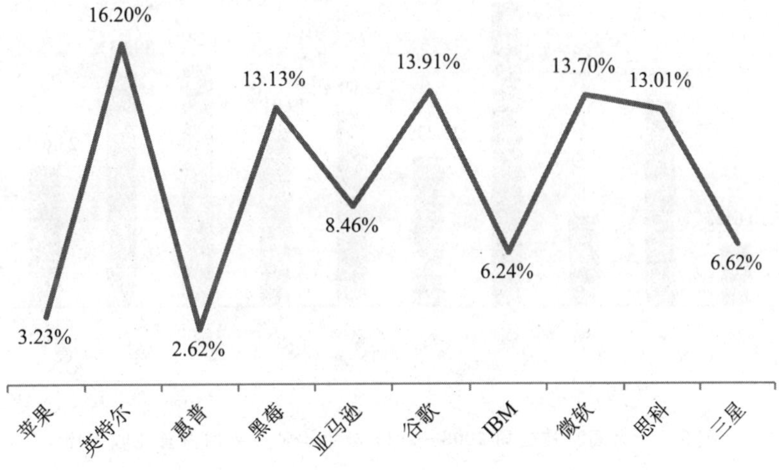

图 4　十大高科技公司 2008—2017 年平均研发支出占营业收入比

资料来源：十大高科技公司年度财务报告。

不难看出，无论是市场竞争力、产品获利能力，还是研发投入水平，都不足以支撑苹果公司超强的获利能力。换言之，苹果公司超强的获利能力并非来源于品牌、技术方面的竞争优势，无形资产的作用明显被高估。

2.2　成本节约对跨国公司价值创造的实际贡献被掩盖

成本节约并不意味着单纯强调削减开支。现代企业重视结构性成本管理，将客户价值与企业成本之间的矛盾和对立关系转化为统一和协调关系。结构性成本管理主要通过组织结构设计、产品方案设计和业务流程设计等商业模式创新，使企业的成本结构和战略保持一致，并不断优化战略的实施方法，以建立和维持长期可持续的竞争优势。“有些最为成功的现代企业，如亚马逊、戴尔、沃尔玛、西南航空、Tesco、Zara 等，提供的是传统的产品和服务，但其所采用的商业模式的成本结构与其竞争对手存在显著不同”（Shannon W.，2009）。

成本节约对苹果公司价值创造的贡献突出表现在营业费用①（期间费用）上。如图 5 所示，2008—2017 年，苹果公司的营业费用占营业收入比平均 10.61%，远低于三星电子的 23.63% 和十大高科技公司 30.52% 的平均水平。这代表巨大的利润差距，因为营业费用的节省会全数转化为营业利润。以微软公司为例，2008—2017 年，微软公司的平均销售毛利率为 72.9%，位居十大高科技公司之首，远高于苹果公司的 39.30%。但由于微软公司的营业费用占营业收入比平均高达 41.21%，较苹果公司的 10.61% 高出 30 多个百分点，最终导致微软公司 10 年间的营业利润总额仅相当于苹果公司的 53.47%，足见营业费用对高科技公司营业利润的巨大影响。根据分年度财务报告的相关数据测算，相对于三星电子，苹果公司在 2008—2017 年的 10 年间多节省了 2018.45 亿美元的营业费用，占到同期苹果公司营业利润总和的 47.87%。可见，苹果公司超强的获利能力主要来源于营业费用方面的成本节约而不是品牌、技术方面的竞争优势。

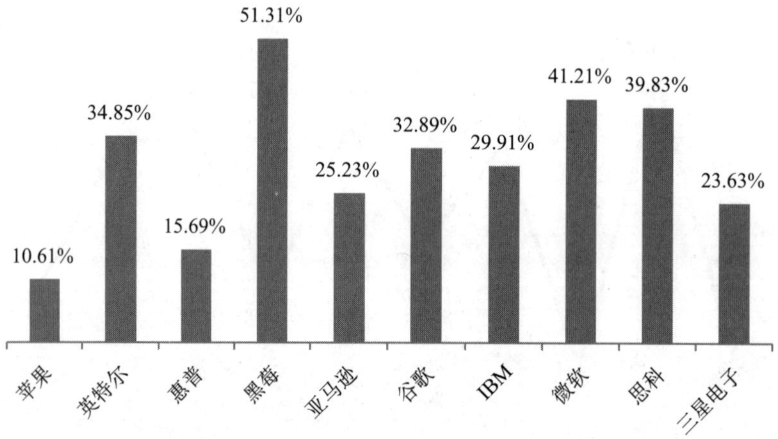

图 5 十大高科技公司 2008—2017 年平均营业费用占营业收入比

资料来源：十大高科技公司年度财务报告。

按照国际会计惯例，营业费用支出需要从当期的营业收入中扣除。但从价值创造的角度来看，营业费用支出所涉及的经营与管理活动，如研发与设计、市场营销、售后服务、人才培养等，可以给企业带来长期的经济利益流入，如增加市场份额、提升品牌知名度与顾客忠诚度、增强产品竞争力、提高员工素质、改善经营效率等。与其他高科技公司相比，苹果公司过低的营业费用投入，尤其是在新产品研发与设计领域的投资严重落后于主

① 在美国上市公司年报上，营业费用（Operating Expenses）包括销售、管理及行政费用（Selling, General and Administrative, SGA）和研发费用（Research and Development, R&D），在我国会计准则中通常称之为期间费用。

要竞争对手三星电子，势必对其长期价值创造能力带来不利影响。那么，苹果公司的这一做法是基于深思熟虑的商业策略？还是与其激进的税务筹划有关？文章的后面将讨论这一问题。

2.3 全球化商业模式扮演关键角色

随着经济全球化和信息化的深入发展，跨国公司竞争优势的主要来源已经从品牌、技术、资本、劳动力、自然资源等单一生产要素转移到商业模式。表面上，苹果公司通过成本节约来增加营业利润的做法可能会损害客户价值并最终伤及自身，但得益于全球化商业模式，苹果公司通过非核心业务外包和全球价值链治理，有效化解了这一矛盾。

2.3.1 OEM

OEM（Original Equipment Manufacturer），又称代加工。苹果公司只保留核心业务，如IOS操作系统的研发和产品的整体式设计，零部件加工与制造则外包给全球200多家工业链企业，最后由中国第三方合约制造商完成产品组装。通过OEM，苹果公司得以减少在土地、厂房、机器设备和人工方面的巨大投资，成为一家投入少、收益高的轻资产公司。2015年，苹果公司的资产总额为2903亿美元，其中固定资产仅占7.74%，而现金性资产占比高达71%。投资资本回报率31.32%，远高于三星电子的9.93%。

2.3.2 OPM

OPM（Other People's Money），又称代采购。根据代加工协议，富士康等中国第三方合约制造商不仅负责苹果公司产品的组装，还承担了产品零部件的采购。这意味着与采购业务密切相关的应付账款和存货，不会出现在苹果公司的账面上，它们“跑到”了富士康的报表上。通过OPM，苹果公司将占用在存货的资金及其资金成本转嫁给中国第三方制造商。2015年，苹果公司的存货占比仅为0.81%，远低于三星电子的7.77%。

2.3.3 ODM

ODM（Original Design Manufacturer），又称代研发。作为一家消费电子产品的供应商，苹果公司除了从差异化产品获得巨额利润外，还通过提供各种软件和数字媒体服务获取源源不断的重复性利润，如ITUNES所提供的音乐服务和APPLE STORE所提供的第三方软件，但苹果公司并不投资开发这些音乐和软件，而是凭借平台化产品的巨大销量吸引供应商合作，借此来降低消费电子产品研发的复杂性和研发投入规模，同时又保持着出色的核心研发能力。

2.3.4 收购中小科技企业产生类似ODM的效果

根据美国会计准则的规定，企业研发投入需要全部费用化，除非是符合测试条件的计算机软件。如果苹果公司投资100亿美元用于研发，就会增加100亿美元的研发费用。但如果苹果公司将这100亿美元用于收购中小科技企业，增加的是100亿美元的资产，收购中小科技企业的财务效应显而易见。来自维基百科的资料显示，2008年至今，苹果公司总计实施了60多次收购。其中较具代表性的并购案有：2008年收购超低功耗处理器设计公司P. A. Semi；2009年收购地图软件制造商Place Base；2010年收购语音数字个人助理服务商Siri；2013年收购语音识别公司Novauris Technologies；2014年收购在线流媒体音乐服商Beats；2015年收购动作捕捉与识别的公司Face Shift；2016年收购人类面部表情识别的公司 Emotient。这些收购不仅帮助苹果公司获取消费电子领域的前沿技术与服务，弥补了自身研发投入的不足，还节省了巨额的研发费用。

“利润 = 收入 - 费用”这一经典的会计等式揭示了企业价值创造来源于两个方面：为客户创造价值和厉行成本节约，二者不可偏废。苹果公司在商业上的巨大成功并非单纯依靠提升客户价值或节约成本，而是充分利用全球价值链上的合作伙伴关系，共同节约成本，创造价值。在客户价值创造方面，苹果公司首创了“手机 + 相机 + 音乐播放器 + 掌上电脑 + 移动互联网”的智能手机商业模式，为消费者提供了差异化的价值主张，其产品销售毛利率领先行业主要竞争对手。在成本节约方面，苹果公司追求成本结构最优化而不是成本水平最小化，通过非核心业务外包和全球价值链治理，节省了大量的营业费用。比较分析表明，苹果公司与三星电子在营业利润上的巨大差异，主要不是品牌、技术等无形资产因素所致，而是苹果公司全球化商业模式与三星电子本土化商业模式在成本结构上的差异使然。

3. 全球化商业模式与跨国公司 BEPS

全球化商业模式不仅在价值创造方面扮演关键角色，在 BEPS 问题上也有异曲同工之处。跨国公司一方面利用各国资源禀赋差异布局全球价值链，追求集团价值极大化，另一方面又利用各国税制和征管上的差异，进行税务筹划，追求集团税负极小化。透过对全球价值链上的资产、功能、风险进行分拆和重新组合，将两种不同目的的商业模式融合，规避国际税收规则。

跨国公司通常选择在低税率国家或地区设立“主体公司”，承担其在全球价值链上的主要功能和风险，获得超额利润，而在高税率国家或地区设立非“主体公司”，给予常规的利润回报。建立这种以“主体公司”为核心的集中型商业模式，需要对传统以国别为基础的分散型商业模式进行再造。基本策略包括：将承担全面风险履行完全职能的生产商转变为有限功能、有限风险的进料加工生产商或来料加工生产商；将承担全面风险履行完全职能的分销商转变为有限功能、有限风险的分销商或佣金型代理商；将承担全面风险履行完全职能的研发机构转变为有限功能、有限风险的合约研发机构。通过上述整合，跨国公司把高风险、高回报的业务集中到“主体公司”，低风险、低回报的业务则留在非“主体公司”，在此基础上开展关联交易，实现集团经营目标，同时达成 BEPS 目的。

如果“主体公司”真正承担起了跨国公司在全球价值链上的主要功能和风险，并配置以相应的资产，那么这种混合了经济与税收双重目的的商业模式能够满足“经济实质”“独立交易”等国际税收规则的要求。但在实践中，跨国公司往往更为激进，税收成为其商业模式设计和优化的唯一或主要目的。2013 年 5 月，美国国会参议院就苹果公司海外避税案举行听证会，美国参议院常设调查委员会发布的调查报告（以下简称调查报告）显示，苹果公司将高附加值的知识产权连同利润一并转移到避税天堂，累计囤积了超过 1000

亿美元的离岸现金[①]。本文根据美国国会参议院的调查报告、听证报告和其他公开发表的相关研究文献，分析全球化商业模式在苹果公司BEPS中的独特作用。

3.1 设立离岸实体，规避居民纳税人身份

苹果公司主要通过设立在爱尔兰的离岸子公司网络（Network of Offshoreaffiliates）开展海外业务（如图6所示），由这些"主体公司"承担苹果公司在全球价值链上的主要功能和风险，并获取苹果公司在全球的大部分销售收入和利润。其主要意图有三：第一，爱尔兰的企业所得税税率只有12.5%，是典型的国际避税港，也是全球FDI（外国直接投资）指数最高的国家之一，是设立"主体公司"的理想选择。第二，爱尔兰的税法依据实际控制地认定居民身份，而美国的税法依据公司注册地认定居民身份。在爱尔兰注册成立的子公司，如果其核心的管理和控制活动发生在美国，那么这家公司就不是这两个国家中任何一个国家的居民纳税人，只需要就其来源于爱尔兰境内的所得纳税，其来源于境外的所得则可以实现双重不征税。第三，爱尔兰是欧盟成员国，设立在爱尔兰的子公司可以利用欧盟法律，规避它们在成员国开展经营活动的企业所得税和增值税。

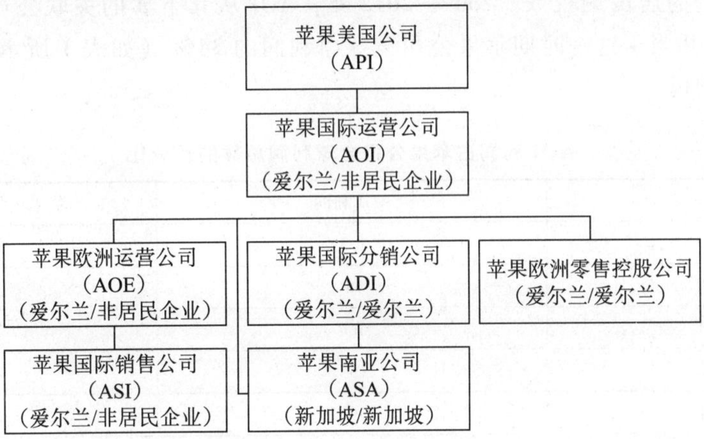

图6 苹果公司的海外组织架构

资料来源：Offshore Profit Shifting and the U. S. Tax code Part2（Apple Inc.）May 21，2013。

3.1.1 苹果国际运营公司（Apple Operations International，AOI）

苹果公司在海外的第一层分支机构是AOI，苹果美国公司（Apple Inc.，API）持有其

---

① 苹果公司1976年在美国加州成立。1980年，为扩大在欧洲的业务，苹果公司成立了几个爱尔兰子公司。在20世纪80年代和90年代期间，苹果公司的大部分研发在美国进行，产品则在加州和爱尔兰的科克郡（Cork）生产。90年代末，苹果公司遭遇严重的财务困难，在经历1996年和1997年连续两年遭受数十亿美元的损失后，苹果公司开始大幅调整业务框架，将大部分制造业务外包出去，利用第三方合约制造商生产其在加州工厂开发的产品零部件，同时将几乎所有成品的组装都外包给了中国的第三方合约制造商。苹果随后还取消了超过150个外国分支机构的银行账户，将其整合到爱尔兰的分支机构。截至2013年4月23日，苹果公司拥有约1450亿美元的现金、现金等价物和有价证券，其中有1020亿美元在海外。

资料来源：Offshore Profit Shifting and the U. S. Tax code Part2（Apple Inc.）May 21，2013。

100%股权[①]。AOI定位海外控股公司，持有苹果公司离岸子公司网络第二层关键实体的股权，包括苹果运营欧洲（Apple Operations Europe，AOE）、苹果国际分销公司（Apple Distribution International，ADI）、苹果南亚有限公司（Apple South Asia Pte Ltd.，ASA）和苹果零售欧洲控股公司（Apple Retail Holding Europe）。除了持有它们的股份之外，AOI还为二线实体和其他大部分的离岸子公司提供现金整合功能，并从这些子公司获得股息。

然而，如此重要的苹果海外控股公司，居然在爱尔兰没有真实的物理存在。调查报告显示，AOI与AOE、ADI、ASI共享在爱尔兰Cork市的一个公司注册地址，没有办公室，也没有一名雇员，只有3位自然人作为董事，其中两位还是API员工，居住在美国加州，另外一位是ADI员工，居住在爱尔兰。从2006年5月到2012年底，AOI总共举行了33次董事会会议，其中32次在位于旧金山Cupertino市的API举行。AOI的资产（主要是现金）存放在其在纽约开设的银行账户中，由API位于内华达州的一家资产管理公司负责管理。AOI的会计账簿由API位于德州的财务共享服务中心负责管理。此外，AOI在爱尔兰没有开设任何银行账户，AOI的金融活动也完全由API完成。苹果公司这些不寻常的举措和安排，似乎只是为了向爱尔兰的税务机关证明AOI的核心管理和控制地[②]不在爱尔兰，因此不是爱尔兰的居民纳税人。2009—2012年，AOI从其下属的关联公司收到股息总计299.1亿美元，相当于这一时期苹果公司全球净利润的34%（如表1所示），AOI没有就此向任何国家纳税。

表1　AOI利润占苹果公司全球利润总额的百分比　　单位：亿美元

年份	AOI利润	苹果公司全球利润
2009	1.1	60
2010	81	140
2011	63	260
2012	154	420
合计	299.1	880
AOI利润占苹果公司全球利润总额的百分比		34%

资料来源：Offshore Profit Shifting and the U.S. Tax code Part2（Apple Inc.）May 21，2013。

① API直接持有AOI的97%股份，其余股份由苹果公司设在维尔京群岛的鲍德温（Baldwin）控股有限公司以API的名义持有。在美国国会的听证会上，苹果公司声称鲍德温控股公司是AOI和其他爱尔兰实体的提名股东，因为爱尔兰的公司法要求AOI在欧盟以外的地方拥有第二个股东。鲍德温控股公司没有任何运营功能，美国媒体（包括国内一些文献）披露苹果公司通过Baldwin将海外利润转移到维尔京群岛，但美国参议院常设调查委员会在调查报告中没有提及这一点。

② 根据爱尔兰的法律，证明一家公司的管理和控制地在爱尔兰，需要满足以下条件：（1）所有董事会会议都应在爱尔兰举行。（2）大多数董事应该住在爱尔兰。（3）所有重大决定都应由董事会会议或股东会议做出。董事们必须能够对投资市场营销、采购等做出实质性的决定。（4）参加董事会会议爱尔兰本地董事人数须达到法定要求。（5）主要合同在爱尔兰进行谈判。（6）所有重要的政策问题都应该在爱尔兰决定。（7）如果可能的话，所有股东会议都应该在爱尔兰举行。（8）该公司的主要会计记录应该保存在爱尔兰。（9）基本账簿应该在爱尔兰录入。（10）公司会议的记录簿应该保存在爱尔兰。（11）公司的印章应该保存在爱尔兰。（12）股东名册应保留在爱尔兰。（13）股息应该在爱尔兰宣布。（14）该公司应该在爱尔兰拥有银行账户。

资料来源：US Senate Permanent Subcommittee on Investigations Follow UpQuestions Dated，February 11，2013。

3.1.2 苹果国际销售公司（Apple Sales International，ASI）

ASI是AOE的子公司，后者是AOI的子公司，AOE和AOI的定位相类似。ASI负责与苹果公司在中国的第三方制造商签约，组装苹果产品，并作为这些成品的最初购买者销往欧洲和亚太地区。2012年之前，ASI在爱尔兰没有任何雇员，主要通过AOE开展海外业务。ASI的大多数董事由API居住在加州的员工担任。从2006年5月到2012年3月，ASI共举行了33次董事会会议，全部在API举行。2012年，苹果公司重组其在爱尔兰的海外子公司网络，AOE向ASI调配了250名雇员，并为AOE工作。尽管获得了这些新员工，ASI仍坚持其核心管理和控制活动发生在爱尔兰之外，并声称自己在爱尔兰和美国都不是居民纳税人。

2009—2012年，ASI实现税前利润740亿美元，占苹果公司全球利润总额的63%，但仅仅就其来源于爱尔兰境内的所得进行纳税申报。ASI全球所得的实际税率平均只有0.08%（如表2所示）。从某种意义上讲，这笔款项更像是ASI对爱尔兰政府的"捐赠"而非税收。

表2　　2009—2012年ASI全球所得税缴纳情况　　单位：亿美元

	2009年	2010年	2011年	2012年	合计
税前利润	40	120	220	360	740
全球所得税	0.04	0.07	0.1	0.4	0.61
所得税率（%）	0.1%	0.06%	0.05%	0.1%	0.08%

资料来源：Offshore Profit Shifting and the U.S. Tax code Part2（Apple Inc.）May 21，2013。

3.1.3 苹果受控外国公司（Controlled Foreign Corporation，CFC）

美国CFC制度规定，对于美国公司的海外子公司从关联方购入产品直接销售给非关联方或者从非关联方购入产品直接销售给关联方所获得的利润都要视同汇回美国，缴纳企业所得税。对于设立在低税区子公司获得的被动所得也要视同汇回美国纳税。CFC制度旨在把跨国公司通过内部关联交易转移到低税区子公司的利润纳入征税范围，这一制度的实施需要以独立实体原则为前提，即每个海外子公司都被视为单独的纳税人。根据这个制度，ASI从中国第三方合约制造商购入产品销售给关联分销公司所获得的利润，以及AOI和AOE获得的股息都要缴纳美国企业所得税。然而，苹果公司利用美国税法中的"勾选"（check－the－box）规则规避了CFC制度。在这一规则下，美国公司的海外各子公司可以选择作为独立公司或者"穿透实体"（a pass－through entity）。苹果公司选择把AOI旗下所有的子公司作为穿透实体，视为AOI的一部分。这样，美国政府就只看到AOI从中国第三方合约制造商购买产品，然后再销售给全球消费者，苹果公司集团内部的关联交易则被当作没有发生。并且在ASI支付股息给AOE、AOE支付股息给AOI时，将其视为同一个企业的内部交易，不需要缴税，从而规避了美国税收。调查报告显示，仅在2011年和2012年，苹果公司就通过"勾选"，成功避税达125亿美元。

3.2 人为将离岸实体定义为承担主要功能和风险的主体公司

如果分布在爱尔兰的"主体公司"实质承担了苹果公司全球价值链上的主要功能和风

险，并配置了相应的资产，获得了与资产、功能及风险相匹配的回报，那么在遵循国际税收规则上是没有争议的。但实际情况并非如此，针对苹果公司海外运营架构（如图 7 所示）的功能与风险分析表明，这些“主体公司”并没有真正承担起主要功能与风险，也没有配置与其功能相匹配的资产。

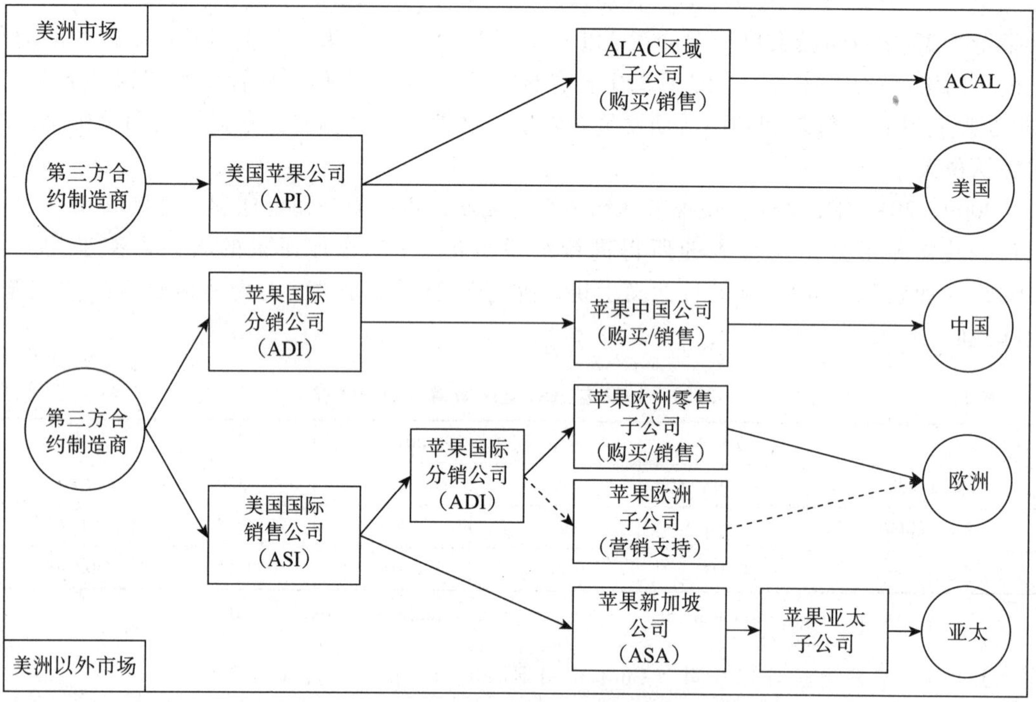

图 7　苹果公司的海外运营架构

资料来源：Offshore Profit Shifting and the U. S. Tax code Part2（Apple Inc.）May 21，2013。

3. 2. 1　研发功能与风险分析

如表 3 所示，2010—2014 年，苹果公司美国员工占全球员工的 64. 78%，美国研发人员占全球研发人员的 91. 52%。苹果公司开展研发活动的重要资产 90% 以上位于 API，苹果公司全球研发支出超过 95% 也发生在 API。此外，苹果公司全球研发的规划与决策由 API 做出，研发规划的实施、研发活动的开展、研发成果的评估与专利申报也都由 API 完成。这说明，苹果公司的研发活动主要在美国本土进行，研发的功能与风险主要由 API 承担，而设立在爱尔兰的“主体公司”既没有配置任何研发所需的重要资产，也没有实施任何实质性的研发活动，仅仅为 API 的研发活动承担了部分研发费用就依据成本分摊协议分享研发成果，即知识产权的经济权利，并凭借该经济权利获得苹果公司全球价值链中的大部分利益。

3. 2. 2　生产功能与风险分析

苹果公司只提供产品的整体设计，产品零部件的加工与制造全部外包给全球超过 200 家的供应链企业，最后由中国第三方制造商完成产品组装。根据苹果公司发布的《2016 年供应商责任进展报告》，苹果公司在全球范围内共有 18 家组装工厂，其中 14 家位于中

表3 苹果公司全球研发人员分布及占比情况

	2010年	2011年	2012年	2013年	2014年
美国员工占全球员工比例	72.1%	68.2%	61.1%	63.3%	59.2%
全球研发人员占全球员工比例	28.1%	30.2%	26.4%	24.4%	21.6%
美国研发人员占美国员工比例	36.0%	39.7%	40.2%	34.7%	33.3%
美国研发人员占全球研发人员比例	92.3%	89.6%	93.3%	90.1%	91.3%

资料来源：励贺林．基于价值贡献的无形资产转让定价收益归属研究，2016。

国，包括富士康（7个工厂）、华硕科技（2个工厂）、广达电脑（3个工厂）、纬创集团（1个工厂）、英华达（1个工厂）和仁宝电脑（1个工厂）。同样，苹果公司设在爱尔兰的“主体公司”没有承担任何与产品加工、制造有关的功能和风险，仅仅凭着其与中国第三方制造商的合约加工服务协议就获得产品的大部分价值。

3.2.3 营销功能与风险分析

苹果产品的海外销售主要由ASI和ADI组织，但与中国第三方制造商谈判并签署合约加工服务协议的代表来自API而不是ASI和ADI，甚至ASI和ADI在爱尔兰没有实际占有货物，只是经API授权从中国第三方制造商购买产品并直接转卖到世界各地。其中，中国区的销售由ADI组织并转卖给中国的分销商和零售商；亚太地区的销售由ASI组织，经由苹果新加坡公司（ASA）转卖给亚太地区的分销商和零售商；欧洲地区的销售也由ASI组织，经由ADI转卖给欧洲地区的分销商和零售商；美洲地区的销售则由API直接组织销往美国本土和其他美洲地区（ACAL）。值得注意的是，在苹果产品最终卖给世界各地消费者之前，上述营销流程均发生在苹果公司的关联方之间，并且没有常规的物流存在，中国第三方制造商根据合约加工服务协议直接将货物发往消费市场所在地。而尽管ASI和ADI是苹果公司在爱尔兰注册的实体，也是苹果产品的最初购买者，但只有一小部分的苹果产品进入爱尔兰。

上述已经曝光的事实证明，苹果公司实质经济活动的发生地与应税利润的申报地相分离。苹果公司设立在爱尔兰的“主体公司”，执行的并不是研发、设计、生产、销售的功能，恰恰相反，主要是为了将利润集中在避税港。

3.3 实施以无形资产为核心的转让定价

苹果公司BEPS的关键环节在于无形资产转让定价，通过成本分摊协议①和合约加工服务协议等方式，苹果公司将全球价值链上的大部分利润转移到爱尔兰。

3.3.1 基于研发成本分摊协议的转让定价

调查报告显示，API与AOE、ASI达成一项研发成本分摊协议（如图8所示），共同资助与产品相关的研发活动，共同承担研发风险，共同分享研发成果——知识产权的经济

① 成本分摊协议是一种特殊的合同安排，是合同各参与方约定共同研发、生产或受让无形资产、有形资产和服务时各自应做出的贡献和需承担的风险，并预期上述无形资产、有形资产或服务会为各参与方创造收益。若成本分摊协议未对各参与方的贡献和预期收益进行合理的评估，将会导致开展经济活动而创造价值的当事方的相应利润被转移（OECD，2015）。

权利。根据该协议，API 拥有在美洲地区生产、销售和分销苹果产品的经济权利，AOE 和 ASI 拥有知识产权在美洲地区以外的上述经济权利，而知识产权的法律所有权则全部归属 API。在研发费用分摊方面，由 API 和 ASI 依据各自负责的区域市场的销售收入来分摊苹果公司的全球研发支出。因为知识产权的经济权利分列，ASI 无须再向 API 支付任何与知识产权有关的特许权使用费。

参与研发成本分摊协议的 ASI 和 API 属于关联方，关联方共同研发行为应当符合经济实质、独立交易等国际税收原则。首先，关联交易的合同形式应当与关联交易的经济实质相一致。即协议双方应实质性参与研发活动，使用研发资产，执行研发功能，承担研发风险。如果一方没有对知识产权的价值创造做出实质性的贡献，就不能分享知识产权所带来的经济权利。其次，参与方承担的研发费用应当与享有的经济权利相配比，也就说关联方承担的研发费用应与非关联方在可比条件下为获得上述权利而支付的研发费用相一致。

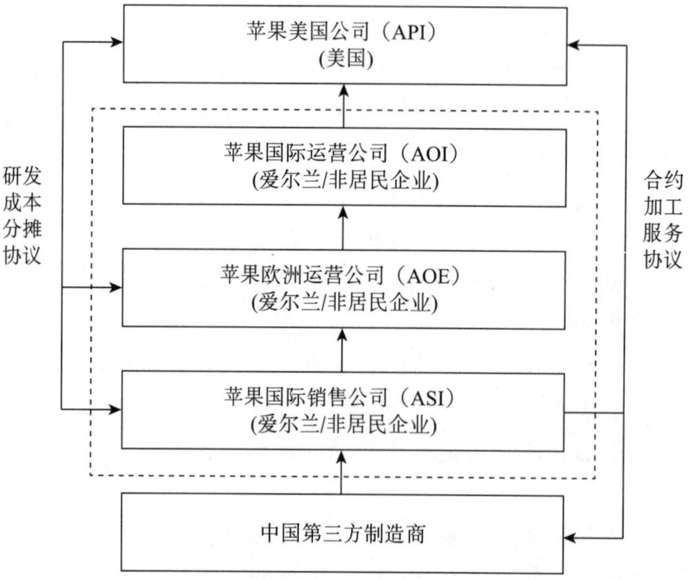

图 8　苹果公司关联方成本分摊协议和加工合约服务协议

资料来源：Offshore Profit Shifting and the U. S. Tax code Part2（Apple Inc.）May 21，2013。

从研发成本分摊协议的经济实质来看。第一，创造知识产权价值的研发活动主要在 API 进行，ASI 只是根据协议分摊了部分研发费用，并未实质参与研发过程，也没有配置相应的研发资产，执行相应的研发功能，更不拥有研发成果的法律所有权。对 API 而言，与 ASI 签订成本分摊协议，似乎只是为了获得经济补偿而不是与 ASI 共同开展研发活动。第二，苹果公司将知识产权的所有权切割为法律所有权和经济权利，其中知识产权的法律所有权和知识产权在美洲地区的经济权利留在了 API，而知识产权在美洲地区以外的经济权利让渡给了 ASI。但两者销售的产品完全一样，站在集团的角度看，这种协议安排对苹果公司的商业行为没有任何影响。第三，协议没有将任何与研发活动有关的成本、风险和收益分配给苹果公司以外的第三方。因此，无论如何在 API 和 ASI 之间分配研发费用都是在苹果公司内部进行的，没有改变苹果公司的风险与收益，只是改变了苹果公司应税利润的纳税申报地点①，即苹果公司的应税利润因该协议从美国转移到了爱尔兰。就结果而言，研发成本分摊协议只有税收后果却没有经济后果。第四，该协议的经济后果和税收后果在协议签订之前是可以预见的，协议按预先的安排实施，最终也收到了预定的效果，说明该协议系故意而为之，以避税为主要目的，不具有经济实质。

从研发成本分摊协议的独立交易属性来看。如表4所示，2009—2012年，ASI总共向API支付了约49亿美元的研发费用，同期，该公司的税前利润为740亿美元，利润与成本的比率比超过15∶1。相比之下，在这4年里，API根据成本分摊协议支付了40亿美元的研发费用，实现了387亿美元的税前利润，利润与成本的比率不到10∶1。显而易见，研发费用在协议双方的分配比例严重失衡。令人匪夷所思的是，API居然为了获得ASI 49亿美元的研发费用而放弃了740亿美元的利润！无法想象，如果ASI不是API的关联方，双方会签订如此"不平等"的成本分摊协议？这表明API与ASI的成本分摊协议在没有税收影响的情况下几乎没有经济意义。另外，苹果公司在世界各地都有业务，但它并没有将知识产权的经济权利转让给在其他国家或地区开展相同业务的关联方。相反，经济权利的转移仅限于爱尔兰。在那里，由于ASI的非税居民纳税人身份，它的企业所得税税率不到2%。换言之，成本分摊协议其实是为苹果公司提供了一种法律机制，使其得以将知识产权产生的海外利润转移至低税率国家或地区。

表4　　ASI和API承担的研发费用分摊和税前利润　　单位：亿美元

年份	研发成本分摊		税前利润	
	ASI	API	ASI	API
2009	6	7	40	34
2010	9	9	120	53
2011	14	10	220	110
2012	20	14	360	190
合计	49	40	740	387

资料来源：Offshore Profit Shifting and the U. S. Tax code Part2（Apple Inc.）May 21，2013。

3.3.2　基于合约加工服务协议的转让定价

在美国国会常设调查委员会发布的调查报告中，只字未提苹果公司与中国第三方制造商之间的转让定价问题，《合约加工服务协议》在苹果公司BEPS中所扮演的角色也完全被忽略。虽然中国第三方制造商是独立企业，与苹果公司之间也不是传统意义上的关联关系，但依据我国《特别纳税调查调整及相互协商程序管理办法》（国家税务总局公告2017年第6号）关于关联关系的判断标准之"一方的购买、销售、接受劳务、提供劳务等经营活动由另一方控制""上述控制是指一方有权决定另一方的财务和经营政策，并能据以从

① 根据《美国收入法典》第367条（Internal Revenue Code Section367）的规定，美国公司将无形资产转让给海外子公司，如果海外子公司不对该无形资产进行开发，直接销售，那么无论该销售收入有无汇回美国，都要并入美国公司企业所得征税。但是，如果海外子公司对美国公司授权的无形资产进行进一步的开发再对外销售，则该销售收入不再直接并入美国公司企业所得进行纳税，而是通过"成本分摊协议"进行费用共担、收益共享。海外子公司只需支付少部分的"加入支付"（"buy in" Payments）。

另一方的经营活动中获取利益”以及“双方在实质上具有其他共同利益”，苹果公司对中国第三方制造商的生产经营、交易构成实质控制，双方之间的关系符合我国税法对关联关系的定义。因此，苹果公司与中国第三方制造商之间签订的《合约加工服务协议》属于关联交易范畴，应纳入转让定价规制。

在苹果公司的离岸子公司网络中，ASI 和 ADI 被定义为功能和风险的主要承担者，而以富士康为代表的中国供应商则被定义为功能单一、有限风险的合约制造商，依据与 ASI 和 ADI 签订的《合约加工服务协议》，为苹果公司提供零部件采购和产品装配服务，并获得微薄的回报。2013—2017 年，苹果公司的平均营业利润率为 28.5%，同期，富士康的平均营业利润率仅为 3.5%，不到苹果公司的 1/8（如图 9 所示）。

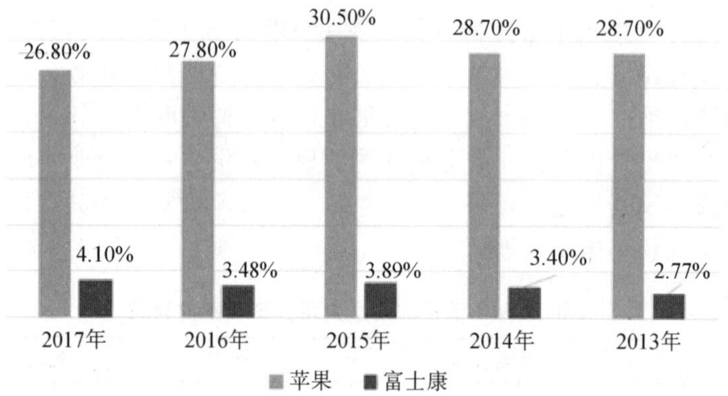

图 9 苹果公司与富士康的营业利润率对比

资料来源：苹果公司和富士康年度财务报告。

ASI 和 ADI 既不占有富士康的生产设施，也不承担与苹果产品生产有关的主要功能和风险，却以成本加成的方式低价从富士康获得产品，经由各级经销商、分销商层层加价，最后高价转让给全球消费者。在这一过程中，ASI 和 ADI 甚至没有实质性地承担起销售的功能与风险，产品直接由富士康发往 ASI 和 ADI 指定的消费市场。苹果产品的价值看起来不仅仅在流通中实现，而且在流通中增值，苹果公司在中国的唯一利润源于其在中国的产品销售。在苹果公司的全球销售收入中，中国第三方合约制造商的利润加上近 200 万工人的工资，仅占 4% 的份额（WIPO，2017）。

3.4 简要的结论

全球化促使跨国公司采用以主体公司为核心的集中化商业模式取代先前的以国别为基础的分散化商业模式。通过对全球价值链上的资产、功能及风险的分拆和组合，跨国公司将高风险、高回报的业务集中在低税负国家或地区，将低风险、低回报的业务集中在高税负国家或地区，并利用关联方转让定价，在实现整体经营目标的同时达成 BEPS 目的。这种集中化商业模式的最大特点是将 BEPS 融入商业模式的设计和优化当中，BEPS 更为隐蔽，也更具有欺骗性。在未来设计反 BEPS 制度时，判断这种兼有经济与税收双重目标的商业模式是否符合经济实质与独立交易原则的国际税收规则，将面临巨大的挑战。

所谓无形资产决定论不过是发达国家用来巩固自身竞争优势、分得更多税基的幌子。案例研究表明，苹果公司有意夸大了无形资产的作用，富士康雇用工作时间长、劳动强度大、工资水平低的工人从事生产，为苹果公司的超额利润做出了巨大贡献。但依照西方主流的经济学理论，富士康以及其他为数众多的代工工厂所雇用的工人，只是在为苹果公司生产廉价的消费品，他们对苹果公司的利润没有丝毫的贡献。正是这种扭曲把价值掠夺(Value Captured) 误认为是价值增值 (Value Added)"[①]。可以说，BEPS 反映了发达国家与发展中国家在分享税基过程中存在的不公。长期以来，发达国家凭借其规则制定的主导地位、无形资产的优势，在与中国的税源竞争中，获取了跨国公司的多数利益，而中国以庞大的市场、廉价劳动力、能源消耗和环境损害为代价，却分得很少的利润。

4. 以单一实体原则应对跨国公司 BEPS

全球化商业模式在跨国公司的价值创造和 BEPS 中扮演关键角色，警示以无形资产和独立交易原则为主轴的转让定价规则已经落后于技术进步和商业模式创新的步伐，建立基于单一实体原则的转让定价规则作为补充，能够更加有效地应对跨国公司愈演愈烈的 BEPS。

4.1 跨国企业集团本质上是一个整体

在全球化商业模式下，跨国公司的价值链分散在多个国家（税收管辖区），价值链节点上的各关联企业，其经营和管理呈现出专业化、功能化的特征，不同的功能（如研发、设计、生产、组装、营销、配送等）日趋分散，关联企业之间较少发生重复，同时又高度协同，整个集团实际上成为一个单一企业。正如苹果公司的高管在美国国会听证会上所做的声明："苹果公司在海外的各个子公司，都是贯彻执行苹果公司统筹制定的全球经营计划，作为全球范围内完整的一个企业展开经营活动"[②]。

独立交易原则将同一母公司控制下的关联企业视为独立企业，而不是单一实体不可分割的部分，通过参照独立企业间在可比交易和可比情形下（即在可比非受控交易中）可能存在的条件，对关联企业的利润进行调整，这就人为割裂了跨国公司价值链内在的有机联系。鉴于独立交易原则建立在一系列假设基础之上，可能会因此助长跨国公司的 BEPS 行为。

第一，假设与本地独立企业相比，跨国公司没有任何竞争优势，这就否定了跨国公司利用选址节约、市场溢价等地域特殊优势来获得超额利润的真实存在，从而诱导跨国公司人为地将特定的资产、功能和风险归属于拥有上述优势的关联企业。例如，跨国公司人为地将中国的关联企业定义为单一功能、承担有限风险的合约制造商（或合约分销商、合约研发机构），给予常规的利润回报，独立交易价格未能涵盖的利润（超额利润），则按照

---

① John Smith，The GDP Illusion：Value Added versus Value Capture，Jul 01，2012.

② T. Cook. Testimony of Apple Inc. Before the Permanent Subcommitteeon Investigations，US Senate. Delivered on May 21，2013，http：//www. apple. com/pr/pdf/Apple_Testimony_to_PSI. pdf.

剩余利润分割法，被分配给了无形资产的所有者。这样，中国关联企业对整个集团价值创造所做的重大贡献则被抹杀了。

第二，假设关联企业中的一方所发挥的功能、提供的资产或承担的风险越多，则其预期报酬越高，反之亦然。这就否定了全球化商业模式下关联企业的资产、功能和风险只有在跨国企业集团内部有机整合才能有效发挥作用的事实，从而诱导跨国公司人为地将重大的资产、功能、风险分拆，并从高税区转移至低税区。尽管有形资产及其功能的转移较难实现，但无形资产和风险却易于转移，跨国公司 BEPS 的一个重要途径就是将重大风险以及难以估价的无形资产转移至低税区。该假设甚至还会诱导各国政府竞先出台税收优惠政策，以吸引跨国公司在其税收管辖区内从事“高附加值”功能，从而加剧有害的国际税收竞争，助长跨国公司的 BEPS。

第三，假设独立交易原则可以真实反映公开市场，并以公开市场正常运作下的法律架构为准绳。忽略了跨国公司的成员企业受母公司的统一控制，实际运作上是一个有机整体，可以很方便地实施人为的操纵。同时，独立交易原则下转让定价方法的应用，常常因无法找到合适的可比较对象（尤其是无形资产）而受到极大的限制，这会诱导跨国公司设计出合法却并无经济实质的法律架构，并从中得到税收上的好处。尤其是当税收目的和商业目的的法律框架交错融合时，跨国公司的 BEPS 行为更为隐蔽，也更具欺骗性，反 BEPS 更加依赖于技术专长，这对发展中国家的税收征管能力提出了更为严峻的挑战。

在单一实体原则下，处在同一母公司相同控制下的跨国企业集团被视为一个独立实体，在产品和服务售出跨国企业集团之前，相关的主要风险与报酬并没有发生实质性的转移。据此，税务机关可以否定跨国企业集团内部的关联交易，对关联交易转移出去的利润征税，或者拒绝成员企业税前扣除与其取得应税收入没有直接关联的利息、特许权使用费、管理费等支出。相较于独立交易原则，采用单一实体原则的转让定价方法，更符合跨国公司当前的实际，也能更为有效地应对跨国公司的 BEPS。

4.2 国际转让定价规则中存在支持单一实体原则的积极因素

尽管独立交易原则存在诸多缺陷，BEPS 行动计划仍坚持《OECD 转让定价指南》的传统立场。这一点可以从 BEPS 行动计划的以下描述中可见一斑：“独立交易原则是一项实用且公平的准则，纳税人和税务机关可以根据独立交易原则评估关联企业间的转让价格以避免双重征税”①。同时，BEPS 行动计划报告也承认，独立交易原则容易被不当应用，可能需要引入不同于独立交易原则的特别措施，这说明 BEPS 行动计划并没有完全排斥单一实体原则。从以下几个方面看，根据 BEPS 第 8 至第 10 项行动计划修订的新版《OECD 转让定价指南》包含了支持单一实体原则的积极因素。

一是承认跨国公司存在集团协同效益的竞争优势。全球化商业模式使得跨国公司能够充分利用国家之间的资源禀赋差异，通过生产经营和管理上的协同，从全球价值链中获取超额利润，这是独立企业或本土集团企业所无法企及的。因此，跨国公司集团内部关联企业间的交易价格不可能等同于独立企业之间或本土集团企业内部关联企业之间的交易价

---

① G20 税基侵蚀和利润转移（BEPS）项目 2015 年成果之八到十：确保转让定价结果与价值创造相匹配。

格。新版《OECD转让定价指南》指出："跨国企业集团的协同效益可能会带来可比性问题，并可能需要进行可比性调整。某些情况下，跨国企业集团及其下属关联企业可能从集团成员企业的内在联系或协同效益中获益，而在独立企业间几乎不存在类似的内在联系或协同效益。如集中购买力或经济规模效益、整合计算机和通信系统、整合管理功能、消除重复劳动、提升借款能力以及众多其他相似的因素。"承认跨国公司存在集团协同效益的竞争优势，本质上是承认跨国公司超额利润的存在，苹果公司就是典型例证。并且，集团协调效益所创造的利润应归属于集团整体，而不是其中任何一个特定部分，传统转让定价国际规则将这一超额利润归属给无形资产的拥有者，是对为此做出巨大贡献的其他集团成员的不公。

二是承认发展中国家存在地域特殊优势。BEPS行动计划确认的地域特殊优势包括选址节约和其他本地市场特征[①]。新版《OECD转让定价指南》指出："即使是交易相同的资产或服务，不同市场上独立交易价格也可能不同，因此，为了满足可比性的要求，独立企业所在的市场与关联企业所在的市场之间不应存在会对交易价格产生重大影响的差异，或者这种差异可以进行合理的调整。"与决定市场可比性相关的经济环境包括：地理位置、市场规模、市场竞争程度、买卖双方的相对竞争地位、市场整体或特定区域内的供求水平、消费者购买力、政府制定市场规则的性质和程度、生产成本（包括土地成本、劳动力成本、资金成本）、运输成本等。以上说明BEPS行动计划承认企业经营所在的地域市场的特征会影响可比性分析和价格调整。例如，苹果公司将生产设置在中国，看中的是中国在生产制造上的低成本和庞大并快速成长的市场。同时，苹果产品在中国市场的销售价格高于在美国市场，看中的是中国消费者对于苹果产品技术和品牌的认可和偏爱。因此，苹果公司转让定价时应该考虑中国在选址节约和市场溢价等地域特殊优势对于其价值创造的贡献。

三是凸显"集团"概念在可比性分析及价格调整中的重要性。现行的《OECD转让定价指南》过于强调跨国企业集团的法律结构而非在经营和管理上一体化的事实，助长了BEPS。新版《OECD转让定价指南》要求针对关联企业的可比性分析和价格调整应建立在对特定跨国企业集团的整体了解基础之上，包括：集团采取的经营策略、所处市场、产品、集团供应链以及执行的关键功能、使用的主要资产和承担的主要风险等相关因素。例如，协同效益通常对集团有益，可以提高集团成员获得的合并利润总额，但要取决于预计的成本节约或效益提升是否能够实现。协同效益的性质、来源、数额等问题，只有通过完整的功能与可比性分析才能得出。为此，新版《OECD转让定价指南》规范了转让定价文档的三层结构：第一，主体文档，由跨国公司的全球组织架构、业务描述、无形资产情况、集团内融资活动以及财务和税务情况5个部分构成，税务机关据此可以掌握跨国公司的全球运营信息和整体转让定价政策；第二，本地文档，内容包括具体交易的相关财务信息、可比性分析以及最合适的转让定价方法的选择与应用，税务机关据此可以进行转让定价评估；第三，分国别报告，要求跨国公司披露其在有商业运营的每一税收管辖区内的收

---

① BEPS行动计划确认的其他本地市场特征与我国提出的市场溢价基本一致，BEPS行动计划报告对前者的讨论更为详尽，也更为系统。

入分配、所得税前利润、已纳所得税、计提所得税等信息，并且按税收管辖区申报其全部雇员、资本、未分配利润、有形资产等信息，税务机关据此可以确认在其税收管辖区内进行商业活动的集团所有成员实体以及这些成员实体所从事商业活动的性质。

4.3 我国在单一实体原则税收立法上迈出了实质性步伐

2009年1月，国家税务总局发布的《特别纳税调整实施办法（试行）》明确规定，企业之间发生的关联交易必须遵循独立交易原则，选用合理的转让定价方法，这表明我国转让定价调整长期适用的是独立交易原则。2016年7月13日，国家税务总局发布《国家税务总局关于完善关联申报和同期资料管理有关事项的公告》（国家税务总局公告2016年第42号，以下简称42号公告），2017年3月，国家税务总局发布《特别纳税调查调整及相互协商程序管理办法》（国家税务总局公告2017年第6号，以下简称6号公告），将BEPS行动计划中转让定价的最新成果，特别是有关无形资产和单一实体原则的内容转化为税收法规。

（1）关于集团协同效应。6号公告第15条将协同效应认定为一项可比性分析因素。（2）关于地域特殊优势。6号公告第27条规定，税务机关分析评估被调查企业关联交易是否符合独立交易原则时，选取的可比企业与被调查企业处于不同经济环境的，应当分析成本节约、市场溢价等地域特殊因素，并选择合理的转让定价方法确定地域特殊因素对利润的贡献。（3）关于无形资产转让定价。6号公告第32条要求，判定企业及其关联方对无形资产价值的贡献程度及相应的收益分配时，应当全面分析企业所属企业集团的全球营运流程，充分考虑各方在无形资产开发、价值提升、维护、保护、应用和推广中的价值贡献，无形资产价值的实现方式，无形资产与集团内其他业务的功能、风险和资产的相互作用。企业仅拥有无形资产所有权而未对无形资产价值做出贡献的，不应当参与无形资产收益分配。在无形资产形成和使用过程中，仅提供资金而未实际执行相关功能和承担相应风险的，应当仅获得合理的资金成本回报。（4）关于向"无实质性经营活动"境外关联企业的对外支付。6号公告规定，企业向未执行功能、承担风险、无实质性经营活动的境外关联方支付费用，不符合独立交易原则的，税务机关可以按照已在税前扣除的金额全额实施纳税调整。（5）关于信息透明度。42号公告对中国同期资料准备和关联业务往来披露提出了新的合规要求，主要体现在引入了BEPS第13项行动计划关于转让定价3层结构文档的要求。

综上所述，有关转让定价的国际法和我国国内法都更多地接纳了单一实体原则，同时又不打破现行以无形资产和独立交易原则为主轴的格局，这种渐进式改革有利于保持政策的连续性，同时也意味着转让定价的相关法规依然是一个矛盾体，即在分析关联企业交易的经济实质时采纳单一实体原则，而在关联交易价格调整时沿用独立交易原则，缺乏逻辑上的一致性。然而，完全采纳单一实体原则来替代独立交易原则，需要重新考虑征税权在来源国与居民国之间的分配问题，这显然超出了BEPS行动计划反避税的目标定位。OECD（2013）甚至直截了当地提出"BEPS行动计划致力于解决BEPS问题，但这些行动的目的并不是直接改变现行的跨境收入税权分配的国际准则"。可以预见，单一实体原则短期内不会替代独立交易原则，而是作为后者的有益补充。

参考文献：

[1] 经济合作与发展组织. 税基侵蚀与利润转移——解析与应对. 中国税务出版社，2015.

[2] 经济合作与发展组织. OECD/G20税基侵蚀与利润转移（BEPS）项目2015年成果最终报告. 中国税务出版社，2016.

[3] 姜跃生. BEPS的价值创造论与中国全球价值分配的合理化. 国际税收，2014（12）.

[4] 伦纳德·瓦格纳. OECD税基侵蚀和利润转移（BEPS）行动计划对发展中国家的影响（上）. 国际税收，2015（7）.

[5] 伦纳德·瓦格纳. OECD税基侵蚀和利润转移（BEPS）行动计划对发展中国家的影响（下）. 国际税收，2015（8）.

[6] 丁家辉. iTax——苹果公司的国际避税结构和双重不征税问题（上）. 国际税收，2015（2）.

[7] 丁家辉. iTax——苹果公司的国际避税结构和双重不征税问题（中）. 国际税收，2015（3）.

[8] 丁家辉. iTax——苹果公司的国际避税结构和双重不征税问题（下）. 国际税收，2015（4）.

[9] 励贺林. 基于价值贡献的无形资产转让定价收益归属研究. 天津财经大学博士学位论文，2016.

[10] 索尔·皮西托. 国际税收与经济实质（上）. 国际税收，2017（2）.

[11] 索尔·皮西托. 国际税收与经济实质（下）. 国际税收，2017（3）.

[12] 李金艳. 中国与BEPS——从规则接受者到规则撼动者（上）. 国际税收，2016（1）.

[13] 李金艳. 中国与BEPS——从规则接受者到规则撼动者（中）. 国际税收，2016（2）.

[14] 李金艳. 中国与BEPS——从规则接受者到规则撼动者（下）. 国际税收，2016（3）.

[15] United States Senate. Offshore Profit Shifting and the U. S. Tax code Part2（Apple Inc.）. May 21，2013.

[16] US Senate Permanent Subcommittee on Investigations Follow Up Questions Dated. February 11，2013.

[17] World Intellectual Property Report 2017. Intangible Capital in Global Value Chains.

[18] John Smith. The GDP Illusion：Value Added versus Value Capture，Jul 01，2012. http：//monthlyreview. org/2012/07/01/the－gdp－illusion.

[19] T. Cook. Testimony of Apple Inc. Before the Permanent Subcommittee on Investigations，US Senate. Delivered on May 21，2013，http：//www. apple. com/pr/pdf/Apple_Testimony_to_PSI. pdf.

共建“一带一路”视角下的中非税收合作展望

王智烜　吴心妮[①]

1. “一带一路”建设促进中非合作深入发展

当今世界正处于百年未有之大变局，世界经济新旧动能转换加速，各国实力格局对比发生根本变化，国际治理体系亟须重塑。在这一背景下，“一带一路”建设成为中国走向世界舞台中央，推进合作共赢开放新体系的重要内容。党的十九届四中全会明确指出要坚持互利共赢的开放战略，推动共建“一带一路”高质量发展，进而推动构建人类命运共同体，这是坚持和完善中国特色社会主义制度、推进国家治理体系和治理能力现代化的重要内容。非洲是“一带一路”建设的重要参与者，习近平主席在第一届“一带一路”国际合作高峰论坛开幕式上指出，“一带一路”建设重点面向亚欧非大陆，在第二届“一带一路”国际合作高峰论坛开幕式上强调共建“一带一路”倡议已经与非洲联盟在内的国际和地区组织实现规划对接。2018 年中非合作论坛北京峰会在中非合作发展进程中具有里程碑式的意义，在原有约翰内斯堡峰会“十大合作计划”之上，中国又提出“八大行动”，旨在打造新时代更加紧密的中非命运共同体。习近平主席在峰会上强调要抓住中非发展战略对接的机遇，用好共建“一带一路”带来的重大机遇。不难看出，“一带一路”建设为中非合作发展提供了历史机遇，中国在中非合作发展中的积极作用也因此愈发重要。

非洲幅员辽阔，石油和矿产等自然资源丰富，发展中国家较为集中，与中国经济存在明显的互补优势。因此，中非经贸关系始终是近年来各界研究的热点问题。以中国对非洲投资为例，根据《中国对外投资发展报告 2018》，中国对非洲直接投资规模 2017 年达到 41.1 亿美元，同比增长 70.8%，是五大洲增速最快的目标市场，并远超“一带一路”建设前 2012 年中国对非洲直接投资规模（25.2 亿美元）。中国对非洲投资领域集中于建筑、采矿和金融等行业，地区集中于南非等经济程度发展较好和安哥拉等自然资源禀赋充足的国家。从未来发展看，中国对非洲投资前景广阔，产能合作将进一步推进，投资潜力的释放将给双方带来进一步的发展机遇。

---

① 王智烜系厦门国家会计学院“一带一路”财经发展研究中心副教授；吴心妮系厦门国家会计学院研究生。

目前，已有40个非洲国家与中国签署“一带一路”合作文件，积极参与到共建“一带一路”进程中来。非洲绝大多数国家同样重视与中国的经贸往来，这也有助于双边和多边合作的进一步发展。但同时也要看到中非合作中的障碍、风险和挑战将长期存在。一方面，西方不和谐的杂音不利于国际社会看清中非合作共赢的本质。近年来，西方提出的“资源掠夺”“新殖民主义”和“债务陷阱”等片面观点时常影响到正常的中非经贸往来。中非双方也必须根据现实情况对上述观点给予正确的回应，在国际社会上解疑释惑（刘爱兰等，2018）。另一方面，由于双方经济发展、地理距离、制度差异以及文化背景等方面的原因，中非经贸往来的风险也将长期存在。税收作为国际经贸关系中的重要因素，对生产要素和货物服务都会产生重大影响（邓力平等，2017）。必须认识到税收风险是中非经贸合作中的重要风险点。如 Ndikumana（2015）研究发现，非洲非法金融活动极其活跃，1970—2010 年非洲大陆平均每年非法跨境金融资本流出规模达到311 亿美元，官方统计2011 年对非洲大陆的直接投资规模也只有464 亿美元，直接导致平均每年172 亿美元税款的流失；并总结认为，非洲各国等发展中国家必须加强税收合作以应对上述问题。当前，中非双边和多边发展正进入快车道，通过共建“一带一路”打造中非命运共同体成为多方共识。在这一背景下，必须认真研究中非税收合作的发展进程，发挥国际税收合作的积极作用，以期为中非未来经贸往来提供有益助力。

2. “一带一路”税收征管合作机制对中非税收合作的影响

在第二届“一带一路”国际合作高峰论坛成果清单中，首届“一带一路”税收征管合作论坛的召开，《“一带一路”税收征管合作机制谅解备忘录》的签署以及“一带一路”税收征管合作机制的建立是这届论坛多边合作平台的重要成果。2019 年 4 月 18—20 日在浙江乌镇举行的第一届“一带一路”税收征管合作论坛为“一带一路”沿线国家（地区）在税收征管合作方面实现双赢、共赢带来新机遇，将为未来推动“一带一路”财经发展大联动提供极大助力。乌镇“一带一路”税收征管合作论坛是继阿斯塔纳“一带一路”税收合作会议之后继续走深走实“一带一路”税收合作的重要一步。提高税收确定性、加强税收法治建设、提高纳税遵从水平、提升涉税争议解决效率和效力以及加强税收征管能力建设等方面将是未来“一带一路”税收征管合作机制重点突破的方向（王军，2019）。“一带一路”税收征管合作机制是当前国际形势下创新国际税收治理体系、加强全球经济治理的重要一步（邓力平，2019）。

在“一带一路”税收征管合作机制构建的过程中，非洲各国积极参与其中，目前已有14 个非洲国家参与到“一带一路”税收征管合作机制中来，成员比例达到41%。非洲各国参与“一带一路”税收征管合作机制积极性高的内在原因至少有 3 点：一是“一带一路”税收征管合作机制包容性强。“一带一路”税收征管合作机制并不是另起炉灶，而是在维护已有税收治理秩序的基础上进一步加强“一带一路”沿线国家（地区）的税收合作。“一带一路”税收征管合作机制的目标中明确提到支持当今通行的国际税收规则。既为已有各成员的合作发展扫清障碍，也为后续成员的加入提供广阔空间。二是“一带一路”税收征管合作机制针对性强。“一带一路”税收征管合作机制参与方以发展中国家为主，这就要求税收征管合作要更加兼顾广大发展中国家的现实情况。以纳税遵从水平为例，目前发达国家各微观主体纳税遵从水平普遍较高，而发展中国家的纳税遵从则参差不齐。Medina 等（2017）测算了撒哈拉以南非洲（Sub - Saharan Africa）的非正规经济规模（Informal Economy），所谓非正规经济就是定义为税收征管难以覆盖到的经济活动，这是与正规经济活动相对应的。其研究发现，贝宁、坦桑尼亚和尼日利亚的非正规经济规模占到其各自国家 GDP 的 50%—65%。这样大规模的非正规经济必将意味着大量税款的流失以及相应的社会问题。因此，Cvrlje（2015）认为应对大规模非正规经济存在的方法就是加强税收知识普及度（Tax Literacy），进而提高该经济体的纳税遵从水平。从这一角度看，"一带一路"税收征管合作机制以提高纳税遵从水平作为税收合作征管突破口，对于解决"一带一路"沿线国家（地区）实际的税收问题很有针对性。三是"一带一路"税收征管合作机制为非洲国家加强税收征管能力建设提供了广阔的交流平台。"一带一路"税收征管合作机制为非洲国家面临的税收难题提供了其他国家相关解决方案，为非洲税制的完善和借鉴提供了有利条件。如"一带一路"税收征管能力促进联盟为帮助包括非洲国家在内的"一带一路"沿线国家（地区）共同提高税收征管能力，开展税收培训、技术援助与问题研究等相关活动，利用多边合作网络共享各方经验，促进各国互助交流，最终达到提升非洲国家税收征管能力的效果。

3. 中非税收合作的未来展望与建议

基于上述分析，无论是"一带一路"建设的高质量发展，还是"一带一路"税收征管合作机制的建立，都为中非税收合作发展提供了难得的历史机遇。未来中非税收合作发展将驶上快车道，在此过程中，中非税收合作如何进一步实现双赢、多赢和共赢值得进一步研究。笔者对此有 3 点建议：

一是拿出更多具有创新与特色的方案促进中非税收合作发展。从已有的中非税收合作来看，双边和多边税收发展还有进一步拓展的空间。以中非避免双重征税协定为例，中国已与 18 个非洲国家签订了税收协定。在中国加入 WTO 后以及"一带一路"倡议发出后出现了两个避免双重征税协定签署的上升期（见表 1）。可以说当前仍处于税收协定签署的机遇期，而相关协定的签署又会对双方微观主体的互联互通产生重要影响。客观来看，当前中非避免双重征税协定占非洲国家总体比例（33%）依然较低，更遑论已经生效的避免双重征税协定比例（22%）。未来在共建"一带一路"视角下以及"一带一路"税收征管合作机制中，如何创新性地解决上述相关问题值得深入研究。如"一带一路"税收征管合作机制下提高税收确定性本身就包含要解决双重征税问题。这些实际问题需要实务界和理论界共同思考解决。

表 1

序号	国家或地区	签署日期	生效日期	执行日期
1	毛里求斯	1994. 8. 1	1995. 5. 4	1996. 1. 1
2	苏丹	1997. 5. 30	1999. 2. 9	2000. 1. 1

续表

序号	国家或地区	签署日期	生效日期	执行日期
3	埃及	1997. 8. 13	1999. 3. 24	2000. 1. 1
4	塞舌尔	1999. 8. 26	1999. 12. 17	2000. 1. 1
5	南非	2000. 4. 25	2001. 1. 7	2002. 1. 1
6	尼日利亚	2002. 4. 15	2009. 3. 21	2010. 1. 1
7	突尼斯	2002. 4. 16	2003. 9. 23	2004. 1. 1
8	摩洛哥	2002. 8. 27	2006. 8. 16	2007. 1. 1
9	阿尔及利亚	2006. 11. 6	2007. 7. 27	2008. 1. 1
10	埃塞俄比亚	2009. 5. 14	2012. 12. 25	2013. 1. 1
11	赞比亚	2010. 7. 26	2011. 6. 30	2012. 1. 1
12	乌干达	2012. 1. 11	（尚未生效）	
13	博茨瓦纳	2012. 4. 11	（尚未生效）	
14	津巴布韦	2015. 12. 1	2016. 9. 29	2017. 1. 1
15	肯尼亚	2017. 9. 21	（尚未生效）	
16	加蓬	2018. 9. 1	（尚未生效）	
17	刚果（布）	2018. 9. 5	（尚未生效）	
18	安哥拉	2018. 10. 9	（尚未生效）	

二是在合作过程中，中国应全面了解非洲的税收现实状况。如前所述，非洲大陆与中国在多个方面存在显著差异，只有抓住非洲税收的特点，才能真正实现高质量的双边税收合作发展。以非正规经济为例，Emran 等（2005）较早指出在研究发展中国家税制时，特别涉及非洲国家时，一定要关注非正规经济对间接税实施的影响。其后，大量学者将非洲国家税收研究侧重点集中于非正规经济的视角。从目前的研究结果来看，非洲大规模存在的非正规经济对间接税和直接税都有显著影响。如果忽视非洲这一特定要素，片面考虑中非税收合作，预想必将与现实结果出现偏差。又如，当前非洲税收研究的另一个侧重点是税收与收入分配的关系。即便是在南非这样的经济较发达国家，同样存在10%的人口支配了90%—95%的财富以及50%—60%的劳动收入（Orthofer，2016），作为二次分配重要工具的税收政策在其中的作用同样不能忽视（Inchauste，2015）。在中非税收合作中，也要考虑相关税收合作能否缓解当地经济问题，得到各方的认可。当前非洲税收发展还处在一个上升区间，Babatunde 等（2017）指出当前非洲国家税收收入与经济增长呈正相关关系。如果“一带一路”税收征管合作机制等中非税收合作能够帮助非洲国家（地区）建立和完善稳健的简税制、低税率和宽税基的现代税制，进而促进当地经济发展，相信会有越来越多的非洲国家（地区）积极参与到中非合作中来。

三是在税收合作过程中，中国应特别关注对微观主体的影响。通过中非税收合作发展助力中非命运共同体形成的同时，更应关注相关税收合作对微观主体的影响。如李潇等（2019）发现资本边际有效税率能够明显阻碍中国资本的流入，并影响整个中国对外投资的海外布局。因此在对非洲税收合作过程中，应当尽量降低税收对中国资本流动的扭曲作用，实现税收中性。又如邓力平（2019）发现投资目的地税收协定网络广度对中国企业进入有正向作用，即税收协定网络的扩宽可以弥补东道国制度环境的不足。在这一研究结论下，应该加强与非洲各国税收协定网络的构建，从而降低投资目的地制度差异等多重风险的发生。当前相关研究尚有待加强，研究成果也有待被进一步借鉴。由于中非经济中的不对称性，尤其应当将研究方向和落实措施侧重于通过税收合作确保中国微观主体进入非洲的正常经济活动上。

似是而非的“一带一路”债务陷阱问题

——以巴基斯坦为例

蔡剑辉　陈丽芳　翁若宇①

1. 引言

自2018年5月以来，国外若干财经媒体称中国“一带一路”项目建设加剧了相关国家的债务负担，指责中国利用“一带一路”倡议制造“债务陷阱”，对合作项目本身甚至相关国家主权进行干涉。截至目前，我国对该事件的回应主要从“一带一路”促进相关国家经济发展作为出发点，没有直接对这些报道的源头进行回应，缺乏针对性。实际上，这些媒体的论据源于2018年3月美国华盛顿智库“全球发展中心”发布的一份研究报告：《从政策视角检验“一带一路”倡议对债务的影响》（原英文标题：Examining the Debt Implications of the Belt and Road Initiative from a Policy Perspective）。该报告手工搜集了2017年中国与“一带一路”相关国家的基础设施合作项目资料，从中提取中国为每个项目提供的贷款融资信息并分国别进行汇总统计，以间接衡量中方为相关各国提供的贷款数额，依此估算2017年中国“一带一路”倡议对相关国家债务水平造成的影响。根据此算法，报告推测未来包括巴基斯坦、黑山、吉布提等在内的8个国家将因“一带一路”项目贷款陷入严重的债务危机。其中，以巴基斯坦的形势最为严峻：2017年中方贷款占巴基斯坦外债份额将从2016年的10.9%大幅度上升至47.3%，对巴基斯坦构成严重的债务威胁。该报告发布后，一些国外知名财经媒体在未考证原文计算方法合理性和结论准确性的情况下，对其进行大量转载和引用，并提出“债务陷阱论”，引起国际社会对中国“一带一路”债务影响的高度关注和普遍担忧。

事实上，该报告的估算方法至少在以下几个方面存在问题。首先，项目签订时间和债务产生时间通常并不一致，有些甚至可能相隔数年，但该报告根据所谓“风险最大化原则”，将2017年签订以及之前签订但是有部分贷款未拨付的项目产生的债务全部纳入2017年统计，导致对2017年“一带一路”项目建设产生债务的过高估计。其次，如果无法获

---

① 蔡剑辉系厦门国家会计学院教授，“一带一路”财经发展研究中心主任；陈丽芳系厦门国家会计学院讲师；翁若宇系厦门国家会计学院讲师。

得项目融资信息，则该报告假设中国提供项目总成本80%的贷款，这便严重高估了中方对相关国家提供的贷款数额。原因是“一带一路”项目融资并非均来自中方贷款，有许多来源于多边发展银行。再次，该报告的估算方法未考虑融资结构问题，将相关项目融资全部视为债务融资而忽略股权融资。事实上，中国企业对部分项目是以直接投资进行参与，并不会对相关国家造成债务负担。最后，该报告并未提及中国对“一带一路”相关国家提供的政府优惠贷款具有利率低、还款期限长的特点，放大了短期内中方贷款对相关国家形成的债务压力。以巴基斯坦为例，根据巴基斯坦国家银行披露的数据，2017年巴基斯坦新增外债中来自中国的贷款大约为1.6亿美元，占巴外债比例12.5%，远远小于上述报告估算的47.3%。由此可见，上述报告结论的可靠性值得怀疑。因此，本文将以目前同中国在“一带一路”倡议中合作最为密切的巴基斯坦为例，探究其债务现状和形成原因。

2. 巴基斯坦债务现状

2.1 总体债务负担较重

总量方面，根据巴基斯坦国家银行和经济事务部的数据显示，巴基斯坦公共债务占GDP比重从2017财政年度的67.0%上升至2018财政年度的72.5%（图1），已超出2005年巴基斯坦政府颁布的《财政责任与债务限制法案》规定的60%公共债务预警线。增量方面，巴基斯坦在2018财政年度的公共债务大幅增加（约3.5万亿卢比，按目前汇率约合0.21万亿人民币），其中，内债增量占比44.2%，外债增量占比52.9%，从国际货币基金组织借款增量占2.9%（图2）。

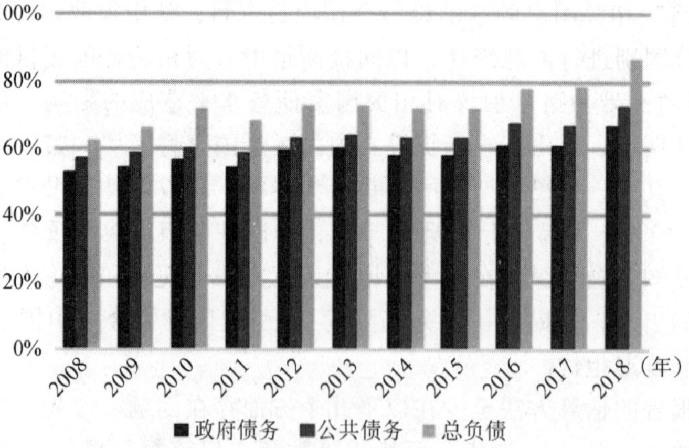

图1 2008—2018年巴基斯坦债务占GDP比例趋势

资料来源：巴基斯坦国家银行年度经济报告。

（注：公共债务=政府债务+政府担保的企业债务；总负债=公共债务+国外机构在巴基斯坦银行体系中的存款）

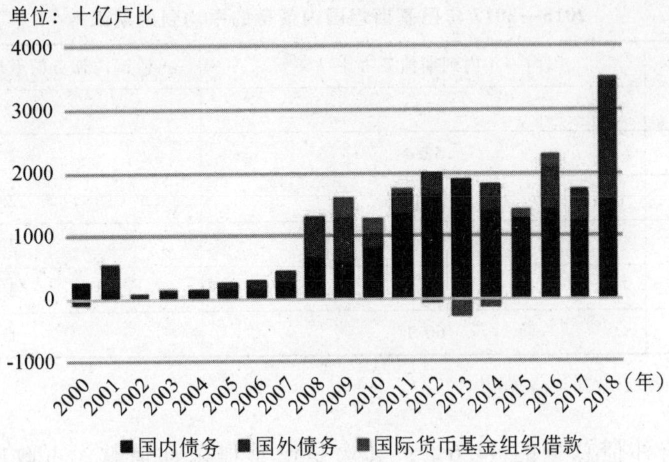

图 2　2000—2018 年巴基斯坦新增公共债务

资料来源：巴基斯坦国家银行年度经济报告。

2.2　内债短期偿还压力大

巴基斯坦公共债务结构变化较大，国内政府长期负债有所下降，但是短期负债增加明显（图3），国内政府债务的平均到期日从2015年6月的2.3年下降至2017年12月的1.8年（表1）。目前巴基斯坦国内短期债务增加是其债务偿还压力上升的最主要来源。国内债务短期化的主要原因，是由于预期通胀率和市场利率上升，导致巴基斯坦国内银行对3个月以上的国库券参与度急剧下降。其中，市场利率的上升与美联储加息有紧密的联系。

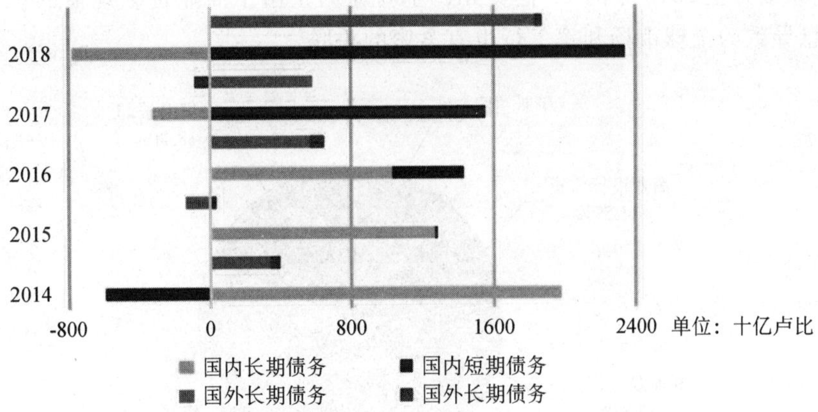

图 3　2014—2018 年巴基斯坦新增公共债务结构

资料来源：巴基斯坦国家银行年度经济报告。

2.3　外债增量显著且总体期限缩短

巴基斯坦的政府外债存量从2014年第一季度的不到500亿美元一路攀升至2018年第四季度的近700亿美元。外债债权方构成方面，2018年巴基斯坦的外债主要来自多边借

表 1　2015—2017 年巴基斯坦国内债务的平均到期期限

	国内一年内到期债务占比（%）	国内债务的平均到期日（年）
2015 年 6 月	47.3	2.3
2016 年 3 月	52.4	2.1
2016 年 6 月	51.9	2.1
2016 年 12 月	52.7	2.1
2017 年 6 月	55.6	2.0
2017 年 12 月	60.1	1.8

资料来源：巴基斯坦财政部。

款，占其长期政府外债总量的 44.6%；其次是巴黎俱乐部借款，占政府长期外债总量 18.41%；而包括中国贷款在内的双边贷款占比为 13.81%，不及多边借款占比的 1/3（图 4）。这表明，中国对巴基斯坦的双边贷款并不构成巴基斯坦外债的主要负担。由此可见，西方媒体所鼓吹的中国"一带一路债务陷阱论"纯属无稽之谈。另外，近年来巴基斯坦政府外债中来自商业银行的贷款增速较大，从 2017 年到 2018 年上升了 1.5 倍。由于商业贷款的利率较高，且期限较短，因此目前巴基斯坦外债的再融资风险也在增加。新贷款的平均到期日从 2010 年的 20 年左右下降到 2018 年的 10 年左右（图 5），说明巴基斯坦外债偿还压力明显提高。还本付息方面，相比于 2017 年，2018 年需偿还的本金总量有所下降，从 37 亿美元下降至 27 亿美元，主要原因是 7.5 亿美元的欧元/伊斯兰债券的偿还，以及两国贷款的减少。尽管本金偿还有所下降，但是外债利息支付却在不断提高，从 2017 年的 13 亿美元攀升至 2018 年的 17 亿美元，主要原因是由于商业贷款规模的扩大，同时与美联储加息导致的全球市场利率上行也有紧密的关联。

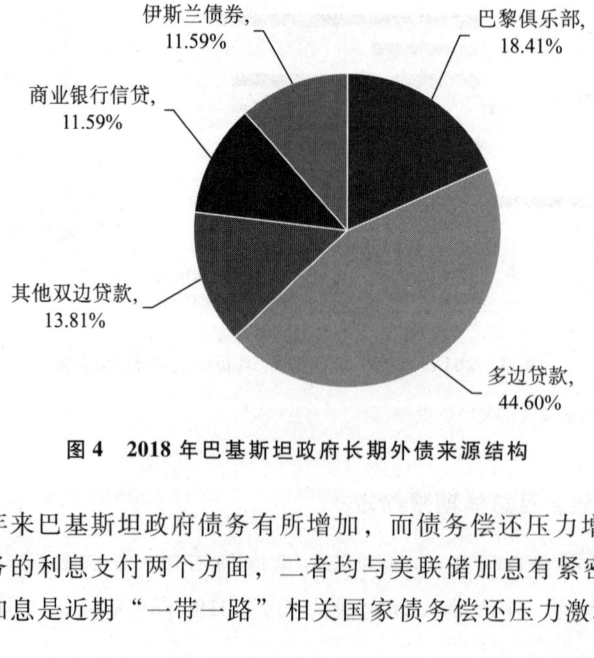

图 4　2018 年巴基斯坦政府长期外债来源结构

综合来看，近年来巴基斯坦政府债务有所增加，而债务偿还压力增加主要来自国内的短期债务与国外债务的利息支付两个方面，二者均与美联储加息有紧密联系。因此，2018 年以来美联储屡次加息是近期"一带一路"相关国家债务偿还压力激增的一个重要原因。

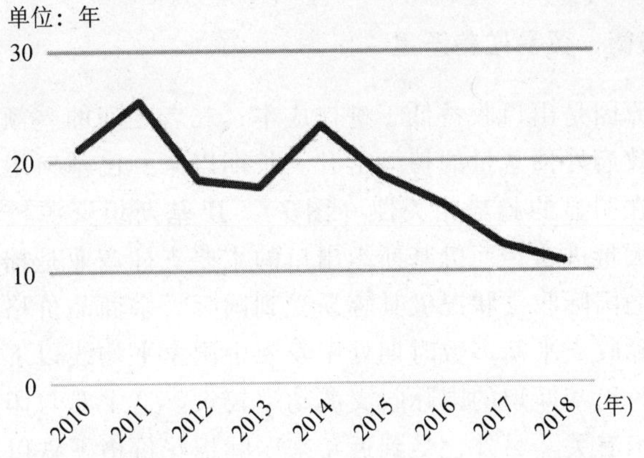

图 5　2010—2018 年巴基斯坦新增政府外债期限

资料来源：巴基斯坦国家银行年度经济报告。

另外，包括中方贷款在内的巴基斯坦双边债务并非是巴基斯坦政府外债的主要构成，并不会对巴基斯坦造成债务上的威胁，因此西方媒体所谓的“一带一路债务陷阱论”是伪命题。

3. 巴基斯坦债务形成的主要因素

实际上，巴基斯坦政府的高债务水平现象由来已久。根据国际货币基金组织的数据显示，巴基斯坦长期以来政府债务水平均处于发展中国家的平均线以上。在“一带一路”倡议提出的 2013 年以前，巴基斯坦政府债务占 GDP 的比重甚至达到过 80% 以上（图 6）。这说明巴基斯坦政府债务问题的形成是一个漫长的历史积累过程，并非“一带一路”倡议的“一日之寒”。而长期以来巴基斯坦政府债务水平居高不下主要有以下几点原因：

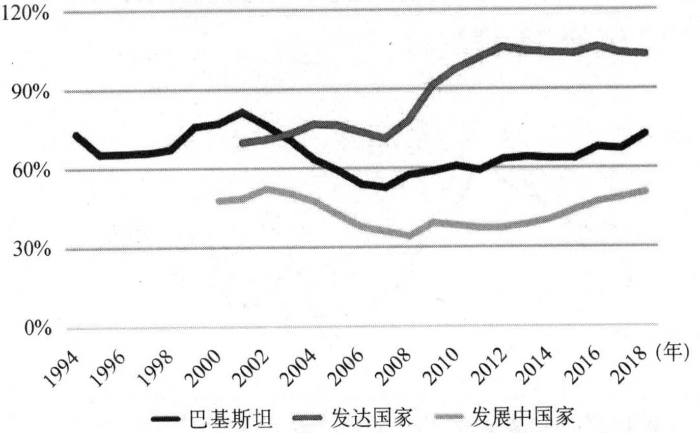

图 6　1994—2018 年巴基斯坦、发达国家和发展中国家政府债务占 GDP 比例

资料来源：国际货币基金组织。

3.1 国际收支失衡，贸易逆差严重

外债产生的主要原因是出口收益低于进口成本，二者之间的差额通常由外援或外贷来填补，这导致了国家政府外债总量的持续上升。长期以来，巴基斯坦的外债存量与本国经常性账户赤字之间存在明显的趋势相关性（图7）。巴基斯坦资源较为匮乏，石油，钢铁等原材料需要从国外大量进口；而巴基斯坦出口的主要支柱产业是棉纺织业，结构比较单一。因此，巴基斯坦的国际收支状况极其容易受到国际大宗商品价格波动的影响。这些因素导致巴基斯坦的国际收支平衡多数时期处于发展中国家平均线以下。与同样是棉纺织品出口大国的印度相比，巴基斯坦的国际收支波动率较大。这主要与印度的出口体量以及结构复杂度高于巴基斯坦有关。另外，受到近年来国际棉花价格下跌以及原油市场价格上涨的影响，巴基斯坦的经常性账户赤字还在持续扩大（图8）。这便是导致近来巴基斯坦外汇储备下降以及外债偿还压力不断提升的根本原因。

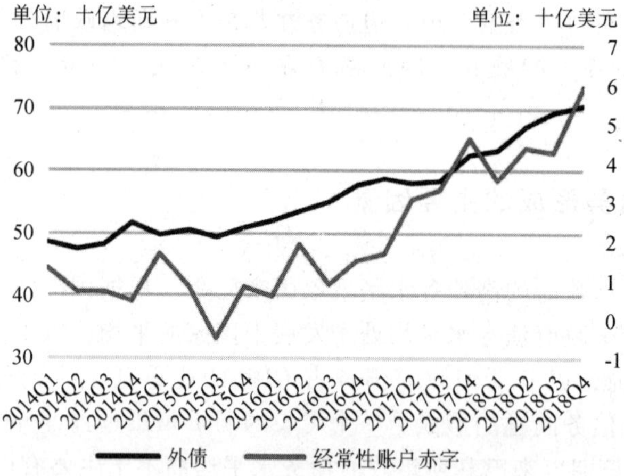

图7 2014—2018年巴基斯坦外债存量与经常账户赤字

资料来源：巴基斯坦国家银行年度经济报告。

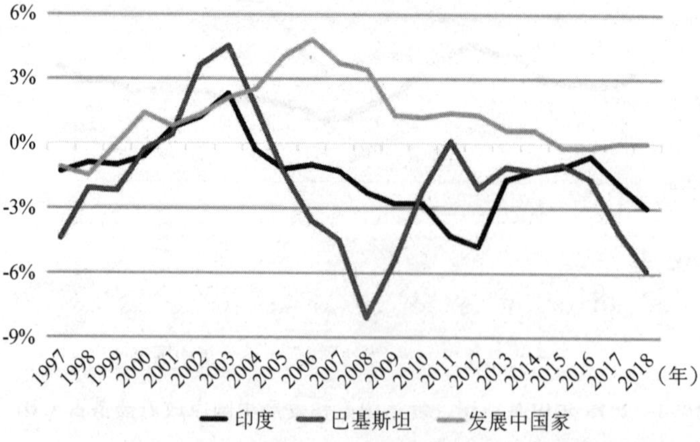

图8 1997—2018年巴基斯坦、印度和发展中国家的经常账户平衡

资料来源：国际货币基金组织。

3.2 财政赤字水平较高

根据国际货币基金组织的数据显示，巴基斯坦财政长期处于入不敷出的状态，因此需要靠借债来填补赤字，从而造成政府债务水平居高不下（图9）。目前，巴基斯坦政府已在2017至2018财政年度对财政赤字进行控制，预计巴基斯坦2018财年财政赤字占GDP比重将下降到4.1%。尽管如此，巴基斯坦财政目前仍然处于支出大于收入的赤字状态，使得巴基斯坦的偿债压力剧增。

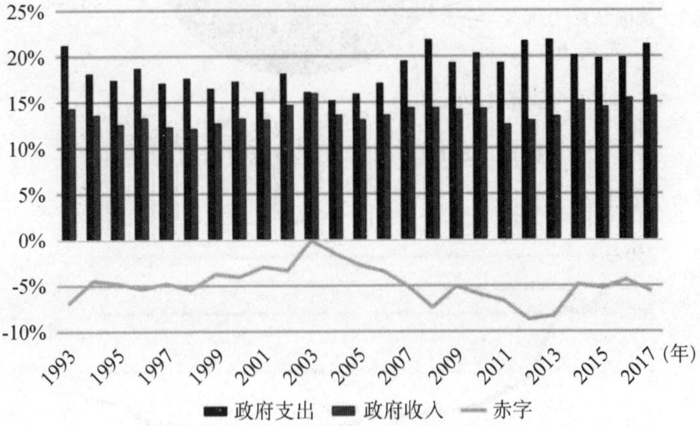

图9 1993—2017年巴基斯坦政府赤字

资料来源：国际货币基金组织。

3.3 美元强势升值

根据国际货币基金组织数据显示，在过去的近50年中，美元几乎均是巴基斯坦外债货币的主要构成（图10）。以2016年数据为例，当年巴基斯坦外债的货币构成中美元占比高达59.08%，其次是国际货币基金组织的特别提款权和日元，分别占14.53%与12.31%。而人民币的占比不足4.69%（图11）。可见，巴基斯坦的债务偿还压力极易受到美元价格波动的影响。长期以来，巴基斯坦相对于美元的实际有效汇率指数不断下滑（图12）。因此，强势美元导致的巴基斯坦卢比相对美元的大幅度贬值，也是造成巴基斯坦外债偿还压力上升的重要原因。

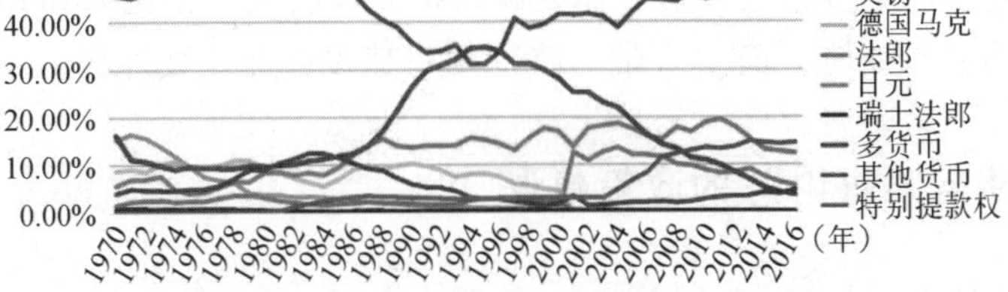

图10 1970—2016年巴基斯坦外债货币构成

资料来源：国际货币基金组织。

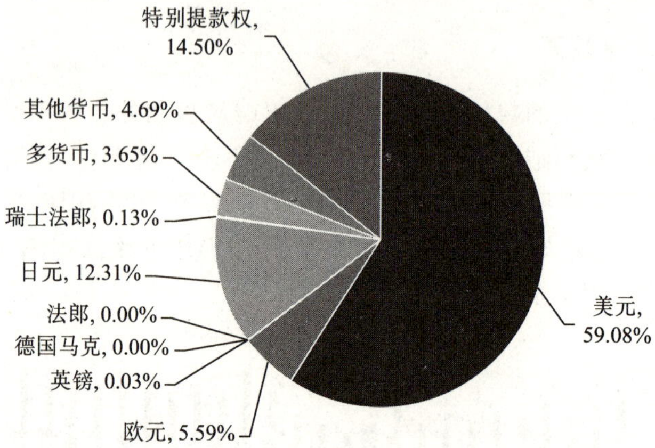

图 11　2016 年巴基斯坦外债货币构成

资料来源：国际货币基金组织。

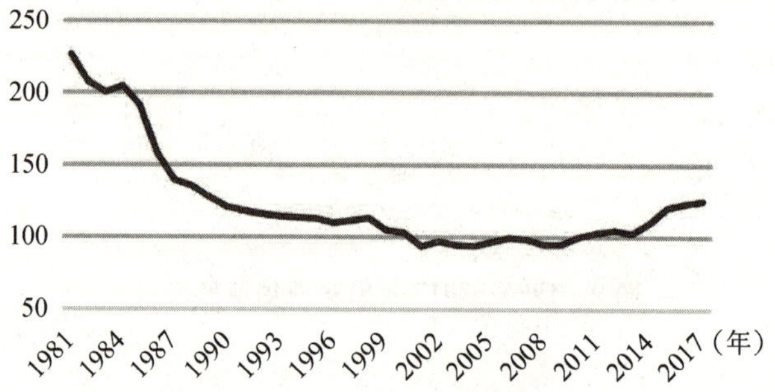

图 12　1981—2017 年巴基斯坦实际有效汇率指数

资料来源：Knoema 经济数据库。

3.4　投资—储蓄缺口扩大

收支平衡中的赤字是通过总投资与国内储蓄之间的缺口来反映的。当国内储蓄低于投资时，这个缺口就需要通过外部资金来填补。根据世界银行的统计数据显示，长期以来巴基斯坦国内投资基本高于国内的储蓄，并且从 2005 年以后，二者的缺口在不断扩大，导致巴基斯坦债务水平的进一步提升（图 13）。而长期以来巴基斯坦储蓄水平较低则可能与伊斯兰文化不鼓励银行支付利息导致的国民储蓄热情度低下有关。

综上所述，由于长久以来的巴基斯坦国际收支失衡，财政赤字居高不下，美元升值导致的债务偿还实际成本上升以及投资—储蓄缺口扩大等因素，使巴基斯坦政府不得不长期面临着债台高筑的尴尬处境，而“一带一路”项目建设并非主要原因。

4. 针对“债务陷阱论”的政策建议

针对目前西方媒体关于“一带一路”倡议对相关国家债务影响的失实报道和无端职责，本文提出如下 3 点建议。

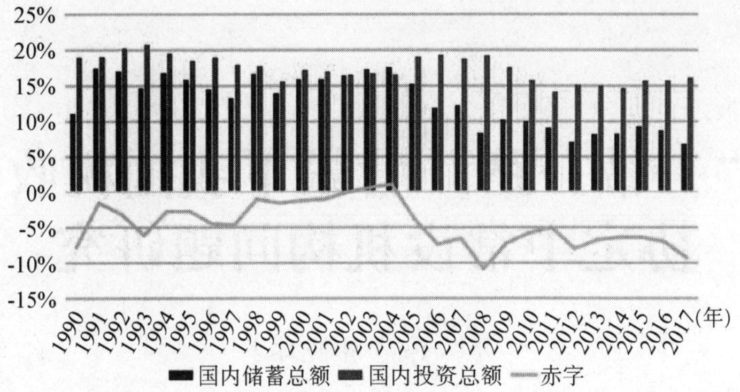

图 13 1990—2017 年巴基斯坦投资—储蓄缺口

资料来源：世界银行。

4.1 提高债务信息透明度

“债务陷阱论”的实质是西方以债务为借口对中国发起的新一轮舆论围剿，是西方基于冷战思维的惯常行为，也凸显加强信息透明度建设的重要性。5 年来，“一带一路”倡议得到国际社会的积极响应，得益于我国在理念传播、规划对接、政策协调等宏观领域加强了信息透明度建设。下一阶段，相关工作需要向纵深领域推进，提高相关国家和建设项目的债务信息透明度，从源头消除“债务陷阱论”滋生的温床，同时为提高建设项目的决策、运营和管理水平提供数据支持，推动“一带一路”走深走实。

4.2 加强舆论回应的针对性

“债务陷阱论”出现后，我国众多的“一带一路”智库中，尚未就其来源的真实性、内容的可靠性和方法的科学性进行深入的分析，导致相关政府部门的回应缺乏针对性。为此，建议组织专家学者加强对国外智库相关研究成果的分析，及时提出对策建议，更好地回应国际上的不实舆论。

4.3 加强对相关国家主权债务问题的研究

目前，“一带一路”相关国家当中只有极少数国家的主权信用风险水平较低，一些国家的外债规模和增速均大幅超过国际警戒线，中资企业在这些高债务风险国家进行大规模投资建设，不仅容易引发国际关注，自身也将面临主权信用风险和其他相关违约风险的严峻挑战。为此，建议组织专家学者加强对相关国家的主权信用风险评级、主权债务危机防控以及征信体系建设等问题的研究，为推动共建“一带一路”向高质量发展转变提供智力支撑。

“一带一路”背景下我国税收协定中常设机构问题研究

薛 伟 林晓冰[①]

在经济全球化与“一带一路”倡议的大背景下，我国与其他国家之间的经济贸易往来日益频繁，而税收协定在跨国经济贸易中扮演着税收利益分配的重要角色。其中，常设机构的判定是税收协定最重要条款之一，是否构成常设机构，是企业在“走出去”过程中需要考虑的重要因素之一。对于跨境投资企业来说，在东道国是否构成常设机构，不但决定纳税人的纳税身份判断、投资模式和股权架构等问题，还将决定跨境投资企业的税收负担、交易成本和投资收益等问题。在现实状况中，由于企业对常设机构判定和理解不准确，引发税务风险甚至是跨国税务纠纷的案件经常见诸媒体报道。

1. 我国税收协定中常设机构条款的主要内容

截至2018年年底，我国已经签署107份税收协定，从这些已签订税收协定的常设机构条款来看，其主要包括以下4方面内容。

一是关于常设机构的定义。当前，我国所签署的税收协定均采用了国际税收协定范本中的定义，即“常设机构是指企业进行全部或者部分营业活动的固定营业场所”。这一定义实际上揭示了常设机构的其中一种类型——固定场所型常设机构。

二是常设机构的正向列举项。对于常设机构的正向列举，即列举出哪些情况可能会构成常设机构，我国目前所签订的税收协定中，基本都列举了这6项：管理场所，分支机构，办事处，工厂，作业场所，矿场、油井或气井、采石场或者其他开采自然资源的场所。也就是说，这6类固定场所也被纳入构成常设机构的范围。

三是构成常设机构的特殊情况事项。第一个是工程型常设机构，在时间要求上，我国与不同的国家所规定的时间并不完全一致，而关于工程型常设机构成立的范围，则采取了《UN范本》的规定，即明确工程型常设机构的范围包含“建筑工地，建筑、装配或安装工程以及与之相联系的监理活动”。第二个是劳务型常设机构，缔约国一方企业通过雇员，为缔约国另一方的同一项目或相关联项目提供服务（含咨询劳务），当满足一定的时间标

① 薛伟系厦门国家会计学院讲师；林晓冰系中国银行保险监督管理委员会厦门监管局职员。

准时，即可构成缔约国另一方的劳务型常设机构。我国在劳务型常设机构的时间门槛上，针对不同国家也有不同的规定。第三个是代理型常设机构，我国目前所签署的税收协定几乎都采纳了《OECD 范本》和《UN 范本》的规定，即“缔约国一方的自然人有权并能经常使用这种权利，以缔约国另一方企业的名义签署合约，并且涉及的业务并不是辅助性质或准备性质的，那么这个自然人也可以构成缔约国另一方企业在缔约国一方的常设机构。”

四是常设机构的反向列举项。在某些情况下，虽然看似符合以上构成常设机构的规定，但却是属于辅助性或者准备性的活动，并不直接产生经济利益，如专门用来储存、陈列或者交付货物而使用的设备等。我国在税收协定中，将这些属于辅助性或准备性的情况进行了反向列举，以排除构成常设机构的范围。

2. 税收协定中常设机构的分类统计与数据描述

为能够更好地分析和厘清我国已签订 107 份税收协定中常设机构条款规定的异同点，本文将从 3 个维度来进行分类统计与数据描述。第一个维度是根据联合国贸发会所公布的《2018 年最不发达国家报告》，将这 107 个国家划分为发达国家、发展中国家和最不发达国家。第二个维度是根据我国商务部、统计局和外汇管理局联合公布的《2017 年度中国对外投资统计公报》，将这 107 个国家划分为“一带一路”沿线国家与非“一带一路”沿线国家。第三个维度是在前两个维度划分的基础上，在“一带一路”沿线国家中，进一步划分成发达国家、发展中国家和最不发达国家。

另外，从已签订 107 份税收协定中，不难发现常设机构条款主要区别是工程型常设机构和劳务型常设机构的时间规定门槛。从现实情况看，我国企业与“一带一路”沿线国家业务往来也是以提供建筑工程服务和劳务咨询服务为主。

2.1 工程型常设机构的分类统计与数据描述

根据工程型常设机构的构成时间不同，本文对所有的税收协定进行了统计分类，具体见表 1。从表 1 中的统计可发现，发达国家与发展中国家主要集中在 D1 和 E1 这两种类别，区别就在于发达国家仅有这两类，而发展中国家其他类别也有所涉及。最不发达国家主要集中于 C1 和 E1 这两类。

表 1　　工程型常设机构第一维度统计

时间类别 \ 国家类别	发达国家（37 个）	发展中国（62 个）	最不发达国家（8 个）
A1（任何 12 个月中连续 9 个月以上的为限）	0.00%	1.61%	0.00%
B1（连续 24 个月以上的为限）	0.00%	1.61%	0.00%
C1（连续 9 个月以上的为限）	0.00%	6.45%	25.00%
D1（连续 12 个月以上的为限）	54.05%	37.10%	12.50%
E1（连续 6 个月以上的为限）	45.95%	41.94%	37.50%
F1（连续 18 个月以上的为限）	0.00%	6.45%	12.50%

续表

时间类别 \ 国家类别	发达国家（37个）	发展中国（62个）	最不发达国家（8个）
G1（连续183天以上的为限）	0.00%	3.23%	12.50%
H1（任何24个月内连续12个月以上为限）	0.00%	1.61%	0.00%
合计	100.00%	100.00%	100.00%

资料来源：各国税收协定 http://www.chinatax.gov.cn/n810341/n810770/index.html。

从表1中也可看出，我国与发达国家签订税收协定，在工程型常设机构这一规定上，更加集中于D1（连续12个月以上的为限），有可能说明双方更注重保护资本输出国的地位。与发展中国家以及与最不发达所签署协定中，则更加注重保护资本输入国的利益。其主要目的为了“引进来”发达国家的资本和保护好我国“走出去”企业。此外，我国与发展中国家和最不发达国家还存在着F1类别，甚至与发展中国家还有B1（连续24个月以上的为限）类别。

从表2中可发现，我国签订税收协定中工程型常设机构判定时间集中在D1（连续12个月以上的为限）和E1（连续6个月以上的为限）这两种类别。但是与“一带一路”沿线国家更多的是以D1类别为主，而与非“一带一路”沿线国家更多的是以E1为主。我国越来越多的企业到“一带一路”沿线国家进行基础设施、建筑工程等领域投资，而这些工程普遍具有工期长的特点，如果以6个月作为构成常设机构的标准，显然不利于我国企业的对外投资。对于F1（连续18个月以上的为限）类别，“一带一路”沿线国家占比达到7.41%，而非“一带一路”沿线国家所占的比重仅为1.89%。可见，在工程型常设机构方面，与“一带一路”沿线国家所签署的税收协定，更倾向于保护居民国税收利益，与非“一带一路”沿线国家签订税收协定，更注重保护收入来源国的税收利益。

表2　　　　工程型常设机构第二维度统计

时间类别 \ 国家类别	“一带一路”沿线国家（54个）	非“一带一路”沿线国家（53个）
A1（在任何12个月中连续9个月以上的为限）	1.85%	0.00%
B1（连续24个月以上的为限）	1.85%	0.00%
C1（连续9个月以上的为限）	7.41%	3.77%
D1（连续12个月以上的为限）	44.44%	37.74%
E1（连续6个月以上的为限）	29.63%	56.60%
F1（连续18个月以上的为限）	7.41%	1.89%
G1（连续183天以上的为限）	5.56%	0.00%
H1（在任何24个月内连续12个月以上的为限）	1.85%	0.00%
合计	100.00%	100.00%

资料来源：各国税收协定 http://www.chinatax.gov.cn/n810341/n810770/index.html。

表3仅针对"一带一路"沿线国家来进行统计，从中发现，"一带一路"沿线国家中发达国家和发展中国家与我国签订税收协定，在工程型常设机构的构成时间标准上是以D1（连续12个月以上的为限）类别为主；最不发达国家中，柬埔寨与我国签订的是C1（连续9个月以上的为限），老挝与我国签订的是D1（连续12个月以上的为限），孟加拉国与我国签订的是E1（连续6个月以上的为限），尼泊尔与我国签订的是G1（连续183天以上的为限）。

表3　工程型常设机构第三维度统计

时间类别 \ 国家类别	"一带一路"中的发达国家（12个）	"一带一路"中的发展中国家（38个）	"一带一路"中的最不发达国家（4个）
A1（在任何12个月中连续9个月以上的为限）	0.00%	2.63%	0.00%
B1（连续24个月以上的为限）	0.00%	2.63%	0.00%
C1（连续9个月以上的为限）	0.00%	7.89%	25.00%
D1（连续12个月以上的为限）	75.00%	36.84%	25.00%
E1（连续6个月以上的为限）	25.00%	31.58%	25.00%
F1（连续18个月以上的为限）	0.00%	10.53%	0.00%
G1（连续183天以上的为限）	0.00%	5.26%	25.00%
H1（在任何24个月内连续12个月以上的为限）	0.00%	2.63%	0.00%
合计	100.00%	100.00%	100.00%

资料来源：各国税收协定 http://www.chinatax.gov.cn/n810341/n810770/index.html。

2.2　劳务型常设机构

同样，对劳务型常设机构也按照其时间构成的不同进行分类，具体见表4。从表4可看出，我国与发达国家、发展中国家和不发达国家之间都有未明确规定劳务型常设机构构成条件情况，在其时间构成标准上均以D2类别和F2类别为主。需要注意的是，"6个月"与"183天"是两个截然不同的概念，特别是对于劳务型常设机构而言，183天的规定显然是更为合理的。这是因为相比提供工程建筑服务，提供劳务咨询服务的人员流动性更强，若是以"在任何12个月中连续或累计超过6个月的为限"，意味着只要提供劳务服务的人员在某个月来到该国提供服务，无论其是待了一天，或是待了整整一个月，都要按照一个月计算。国家税务总局《关于税收协定执行若干问题的公告》明确规定将原来劳务型常设机构构成条件的"在任何十二个月中连续或累计超过六个月"的表述，改成按照"在任何十二个月中连续或累计超过183天"的表述来予以执行。所以，在今后的税收协定签订或修改的过程中，为了避免这两种类型给企业造成不必要的误解，建议将6个月规定转变为183天。

从表5可以看出，我国与"一带一路"沿线国家、非"一带一路"沿线国家在劳务型常设机构时间认定标准上，主要集中于D2和F2这两类。但是，与非"一带一路"沿线国家相比，"一带一路"沿线国家的类别更为丰富。比如和"一带一路"沿线国家所签署的税收协定还包括A2、B2、C2及E2，这4类与D2和F2这两类相比，构成劳务型常设

表 4　　劳务型常设机构第一维度统计

国家类别 / 时间类别	发达国家（37 个）	发展中国家（62 个）	最不发达国家（8 个）
A2（在任何 12 个月中连续或累计超过 9 个月的为限）	2.70%	1.61%	0.00%
B2（连续或累计超过 24 个月以上的为限）	0.00%	1.61%	0.00%
C2（连续或累计超过 9 个月的为限）	0.00%	1.61%	0.00%
D2（在任何 12 个月中连续或累计超过 6 个月的为限）	43.24%	22.58%	12.50%
E2（连续或累计超过 18 个月的为限）	0.00%	4.84%	0.00%
F2（在任何 12 个月中连续或累计超过 183 天的为限）	27.03%	19.35%	37.50%
G2（连续或累计超过 12 个月为限）	5.41%	6.45%	0.00%
H2（连续 6 个月以上的为限）	0.00%	1.61%	0.00%
I2（任何 24 个月中连续或累计超过 12 个月的为限）	8.11%	9.68%	12.50%
J2（连续或累计超过 6 个月为限）	0.00%	1.61%	0.00%
K2（在有关纳税年度中连续或累计超过 183 天的为限）	0.00%	1.61%	0.00%
无规定	13.51%	27.42%	37.50%
合计	100.00%	100.00%	100.00%

资料来源：各国税收协定 http://www.chinatax.gov.cn/n810341/n810770/index.html。

机构的时间要求更长，因此更有利于保护资本输出国的利益。这说明，与非“一带一路”沿线国家相比，我国的企业到“一带一路”沿线国家提供劳务咨询服务，比较不容易被判定成常设机构，也就更有利于保护我国“走出去”的税收利益。

表 5　　劳务型常设机构第二维度统计

国家类别 / 时间类别	“一带一路”沿线国家（54 个）	非“一带一路”沿线国家（53 个）
A2（在任何 12 个月中连续或累计 9 个月以上的为限）	3.70%	0.00%
B2（连续或累计超过 24 个月以上的为限）	1.85%	0.00%
C2（连续或累计超过 9 个月的为限）	1.85%	0.00%
D2（在任何 12 个月中连续或累计超过 6 个月的为限）	20.37%	37.74%
E2（连续或累计超过 18 个月的为限）	5.56%	0.00%
F2（在任何 12 个月中连续或累计超过 183 天的为限）	16.67%	30.19%
G2（连续或累计超过 12 个月的为限）	11.11%	0.00%
H2（连续 6 个月以上的为限）	1.85%	0.00%
I2（任何 24 个月中连续或累计超过 12 个月的为限）	5.56%	13.21%
J2（连续或累计超过 6 个月的为限）	1.85%	0.00%
K2（在有关纳税年度中连续或累计超过 183 天的为限）	0.00%	1.89%
无规定	29.63%	16.98%
合计	100.00%	100.00%

资料来源：各国税收协定 http://www.chinatax.gov.cn/n810341/n810770/index.html。

从表6发现，我国与“一带一路”沿线国家所签订税收协定，普遍缺少对劳务型常设机构的规定，尤其是最不发达国家比重已经达到了一半。

此外，仍然是以D2（在任何12个月中连续或累计超过6个月的为限）为主导，但是与发展中国家和最不发达国家相比，我国与“一带一路”沿线的发达国家在劳务型常设机构的时间认定上，G2（连续或累计超过12个月的为限）和I2（任何24个月中连续或累计超过12个月的为限）也占有较大的比重。

综上所述，在常设机构认定中，针对第一维度，我国与发达国家的签订的税收协定，税收利益会更多地向资本输出国倾斜，而与发展中国家和最不发达国家签署的协定，税收利益会更多向资本输入国倾斜。因此，我国企业今后在国外提供建筑工程服务时，可以适当考虑到发达国家开展投资。针对第二维度，和“一带一路”沿线国家签署的税收协定，更侧重于保护资本输出国的利益，而与非“一带一路”国家签订的协定，则倾向于保护资本输入国的利益，因此我国企业应当积极到“一带一路”沿线国家开展工程建筑活动。针对第三维度，在“一带一路”沿线国家中，我国企业可以多考虑到发达国家投资。

表6　　劳务型常设机构第三维度统计

国家类别 时间类别	“一带一路”中的发达国家（12个）	“一带一路”中发展中国家（38个）	“一带一路”中最不发达国家（4个）
A2（任何12个月中连续或累计9个月以上为限）	8.33%	2.63%	0.00%
B2（连续或累计超过24个月以上的为限）	0.00%	2.63%	0.00%
C2（连续或累计超过9个月的为限）	0.00%	2.63%	0.00%
D2（在任何12个月中连续或累计超过6个月为限）	25.00%	18.42%	25.00%
E2（连续或累计超过18个月的为限）	0.00%	7.89%	0.00%
F2（任何12个月中连续或累计超过183天为限）	8.33%	18.42%	25.00%
G2（连续或累计超过12个月的为限）	16.67%	10.53%	0.00%
H2（连续6个月以上的为限）	0.00%	2.63%	0.00%
I2（任何24个月中连续或累计超过12个月的为限）	16.67%	2.63%	0.00%
J2（连续或累计超过6个月的为限）	0.00%	2.63%	0.00%
K2（在纳税年度中连续或累计超过183天的为限）	0.00%	0.00%	0.00%
无规定	25.00%	28.95%	50.00%
合计	100.00%	100.00%	100.00%

资料来源：各国税收协定 http：//www.chinatax.gov.cn/n810341/n810770/index.html。

同时，以上分析可为到尚未与我国签署税收协定国家进行投资的企业提供税收方面的实践参考。比如，我国当前未与缅甸签署税收协定，中国企业到缅甸投资时可参考属于“一带一路”沿线最不发达国家与我国所签订税收协定中劳务型常设机构判别标准，提前做好相关股权架构、工程劳务期限安排等。

3. 我国税收协定中常设机构条款存在的问题

3.1 计算方法不明确

本文通过上述分析发现，我国劳务型常设机构的时间判别标准，多数为“在任何12个月中连续或累计超过6个月/183天为限”，但是税收协定中却没有明确何为“任何12个月”，这就给了一些企业避税的空间。比如，有的企业认为“任何12个月”应该是按照我国《企业所得税法》中规定的纳税年度来理解，也就是自公历1月1日起至12月31日止。如果以纳税年度作为12月的时间范围，企业就可能利用该规定进行避税。例如，我国与荷兰所签税收协定中劳务型常设机构的构成标准属于“在任何12个月中连续或累计超过183天的为限”这一类型，假设荷兰企业于2017年7月3日派遣雇员到我国提供劳务服务，并于2018年7月1日离开，那么该雇员一共在我国境内停留了364天，远远超出了183天的标准，理应构成我国的常设机构。但如果按照纳税年度来计算的话，从2017年7月3日到2017年12月31日，该雇员在2017年度停留182天，而从2018年1月1日至2018年7月1日，该雇员在2018年度仅停留182天，在这两个纳税年度中，该雇员均未达到183天的标准，因此并不能判定为是我国的常设机构，本国税务当局不能对其征税。显然，用纳税年度来理解“任何12个月”，提高了常设机构的构成门槛，显然是不合理的。

3.2 时间认定标准不合理

根据上述的分类统计，可以发现在工程型常设机构的时间构成标准方面，“连续6个月以上的为限”占有较大比例。这在“一带一路”和经济全球化新形势下，不利于我国企业“走出去”，因为我国与多个国家都开展了相关的工程建设项目，工程型常设机构的构成时间如果以6个月作为标准的话，不利于我国的企业对外投资。

3.3 部分税收协定缺少劳务型常设机构的认定

从上述分析也可以发现，我国已签订107份税收协定中有25份没有规定劳务型常设机构的认定标准，在“一带一路”沿线国家里，没有规定劳务型常设机构的情况占比接近了30%。这非常不利于我国企业对外提供劳务服务，也不利于引进外国先进的服务。

在实务中，由于缔约国双方没有签订税收协定或者税收协定中未明确有关劳务型常设机构的判定标准，企业往往不知道是否应该就提供咨询服务纳税，容易给企业带来税务风险。

3.4 缺少数字经济环境下常设机构的认定规则

在数字经济环境下，利用互联网即可开展跨境交易，再也不需要去东道国设立物理场所或者派遣雇员前往东道国，这导致传统的常设机构原则受到冲击，由此带来各国之间税收管辖权的矛盾和争端日益严重。

我国目前所签订107份税收协定，均未对数字经济下跨境电商活动是否构成常设机构以及构成常设机构的认定标准做出明确规定。比如，《中国税务报》曾报道过这样一则案例：武汉的某家直播公司与H国的一家明星经纪公司展开合作，此次合作旨在利用线上的直播平台，打造一次粉丝与明星互动的游戏联赛。在整个活动的组织上，由直播公司提供直播平台的技术支持，宣传推广等活动，由H国公司负责策划，安排明星按时出演。在利润分配方面，根据双方协商的比例，将该活动获得的赞助收入、运营收入扣除实际费用后的剩余利润进行分配。从整个业务的开展情况就可以发现，此次活动H国公司只需通过互联网对接武汉公司的直播平台，即可完成交易，获得收益，并不需要来我国境内设立机构、场所，也不需要派遣艺人到我国提供劳务①。

像上述案例中表现出来的"直播+"模式，将会对劳务输入国的属地税收管辖权造成巨大的冲击。一方面，根据我国的《企业所得税法》规定，对于劳务活动所产生的所得，其来源地是根据劳务的发生地划分的，然而，"直播+"模式借助互联网，导致劳务的发生地不在我国境内，我国也因此失去了对非居民劳务所得的征税权。另一方面，目前的常设机构条款中并未将数字经济下的常设机构构成标准纳入其中，而"直播+"模式也不满足固定场所型、工程型、劳务型、代理型常设机构的认定，因此难以构成我国的常设机构。此时，倘若劳务提供者将这种模式的劳务发生地人为地转移到低税负国家甚至是避税天堂，就会导致世界范围内的双重不征税或总体税收减少。

4. 完善我国税收协定中常设机构条款的建议

4.1 进一步明确时间认定标准的计算方法

由于劳务型常设机构时间认定标准的计算方法不够明确，容易引发税收争议和矛盾。因此，在谈签或者修改税收协定时，我国可以借鉴中国和新加坡税收协定及议定书条文解释中的有关解释，进一步在相关的文件中明确劳务型常设机构的计算方法。

首先，必须确定所计算停留时间的范围。缔约国一方企业的雇员在缔约国另一方所停留的时间区间，应当是整个劳务项目所持续的期间。也就是说，必须以雇员首次到达我国境内之日算起，直至整个项目结束的这段时间，来计算雇员在华停留时间的时间范围。

其次，应当明确"任何12个月"的含义。所谓的"任何12个月"必须是针对整个项目而言的，而不是单独针对其中某个"12个月"。倘若一个项目前前后后耗费数年时间，缔约国一方企业只要派遣雇员于整个项目期间的某一个"12个月"，在缔约国另一方提供劳务超过183天，即可构成缔约国另一方的常设机构。

最后，还要明确停留时间的具体计算方法。当出现多个雇员同一时间到达境内的情况，应合并成为一个整体来计算，而不是按照人员数量分别计算停留时间；当多个雇员为同一个项目提供劳务，但却是在不同时期分别到达境内时，应该根据不同雇员各自计算停

① 参考《中国税务报》网络报 http://www.ctaxnews.net.cn/html/2019-01/30/nw.D340100zgswb_20190130_1-08.htm。

留时间，然后再汇总计算。

4.2 适当延长时间认定标准

当前，我国已经逐渐转变从资本输入国向资本输入与资本输出并重的角色，时间认定标准过短显然已经不能满足我国的利益诉求。因此，笔者建议今后在签订或修改税收协定时，我国应该适当延长常设机构的时间认定标准。一方面，对于“走出去”企业来说，可以大大降低其被东道国判定为常设机构的可能性，也就进一步减轻了我国企业在东道国的纳税负担；另一方面，于我国税务当局而言，也避免了与东道国税务局分享营业利润的情况，切实维护了我国的税收利益。

4.3 补充劳务型常设机构的认定规则

针对部分税收协定中没有明确劳务型常设机构的情况，通常可以按照国内法来判定是不是构成“机构、场所”，也就是国际税收协定中所说的“常设机构”。在《企业所得税法》中，“机构、场所”指的是在我国境内从事生产、经营活动的机构、场所，也包含提供劳务的场所。对这类“劳务型常设机构”的判定，重点在于确定来华人员是不是“受雇于”境外的非居民企业。《国家税务总局关于非居民企业派遣人员在中国境内提供劳务征收企业所得税有关问题的公告》（国家税务总局公告 2013 年 19 号）就如何判定“真实雇主”作了指导。

境内企业派遣人员到境外提供劳务是否会被境外税务机关认定为常设机构，要根据境外所在国的法律规定来判断，我国企业在“走出去”过程中，普遍存在着对东道国税法不了解的情况，因此，应当尽快补充相关的税收协定条款，以减少税收争议，减低企业的税务风险。

4.4 补充数字经济环境下常设机构的认定规则

关于数字经济环境下的常设机构认定，目前众多专家学者都在进行积极探索，并提出了应对方案。总的来说，这些方案可以分为两大派别——“保守派”与“激进派”。“保守派”认为，应当在保留目前常设机构基本框架的基础上，对常设机构的内涵进一步扩充和修改，如引入“虚拟常设机构”原则；“激进派”则主张摒弃传统的常设机构原则，针对数字经济开设新的税种，如“比特税”。本文倾向于引入“虚拟常设机构”原则，而非开征新税种。一方面，开征新税种，如“比特税”，一定程度上了违背了税收公平原则。同时，数字经济还具有更新快、隐蔽性强等特点，对其直接开征新税种的现实环境不成熟。

另一方面，“虚拟常设机构”的引入，不失为一种应对数字经济冲击的温和但有效的方案。所谓“虚拟常设机构”，就是指当非居民企业与收入来源国存在真实的经济利益联系时，即便该非居民企业并未在来源国设立任何的物理营业场所，也会构成收入来源国的“虚拟常设机构”，因此来源国有权对其营业所得征税。具体来说，就是在传统常设机构认定框架的基础上，从虚拟的固定场所、虚拟代理人和现场商业存在等方面①，来进一步扩充传统常设机构的判定规则。与此同时，对于“虚拟常设机构”原则，应该明确相关的实施标准和要求，以防止规则被滥用。

参考文献：

[1] 赵书博．我国与“一带一路”沿线国家税收协定问题研究［J］．税务研究，2018（2）：74－77.

[2] 崔晓静，赵洲．数字经济背景税收常设机构原则的适用问题［J］．法学，2016（11）：15－27.

[3] 陈展，周广仁．税收服务“海上丝绸之路”“走出去”企业研究［J］．税务研究，2017（2）：24－29.

[4] 雷海兰．“走出去”企业的税收风险分析与对策［J］．中国税务，2018（2）：63－64.

[5] 沈志远．“一带一路”倡议下税收协定助力中国企业“走出去”的思考［J］．财经理论研究，2017（1）：33－39.

① 崔晓静．数字经济背景下税收常设机构原则的适用问题．法学，2016（11）．

第五部分
疫情应对专题

应对突发公共卫生事件的税收保障机制建设

陈 斌 邓秋云①

近年来，全球突发公共卫生事件频繁爆发，从2003年的“非典”、2009年的HINI流感病毒，到2014年的埃博拉疫情、2016年的寨卡病毒疫情，再到2020年在全球蔓延的新冠肺炎疫情，每一次疫情的爆发都具有极大的破坏力，给一国乃至全世界范围内人们的生活和经济社会发展都造成了严重影响，需要政府采取一系列应急措施来有效防控、及时控制和消除突发公共卫生事件的危害，保障公民的身体健康和生命安全，维护正常的社会秩序。税收政策作为国家治理和宏观调控的重要工具，在疫情防控和经济恢复方面发挥着重要的保障作用。基于此，本文结合突发公共卫生事件的特征及危害性，探讨了税收在应对突发公共卫生事件中的定位，在梳理当前应对新冠肺炎疫情税收政策的基础上，反思当前税收政策存在的不足，进而提出构建应对突发公共卫生事件的税收保障机制的基本思路。

1. 突发公共卫生事件的特征及危害

在2003年抗击“非典”之际，国务院发布了《突发公共卫生事件应急条例》，从法律上对突发公共卫生事件的应急机制加以规范。根据条例的规定，突发公共卫生事件，是指突然发生，造成或者可能造成社会公众健康严重损害的重大传染病疫情、群体性不明原因疾病、重大食物和职业中毒以及其他严重影响公众健康的事件。由此可见，突发公共卫生事件具有突然爆发、起因复杂、迅速蔓延、危害严重、影响广泛的特点，一旦爆发，不但危害到人民的生命安全，而且还会对国家的经济发展产生巨大的冲击。以2020年新冠肺炎疫情为例，疫情爆发以来，冲击多个行业领域，餐饮、旅游、交通、零售、教育等服务业损失较大。统计数据显示，2020年1—2月，受疫情影响，我国工业生产下滑，规模以上工业增加值同比下降13.5%，在41个工业大类行业中，39个行业同比下降；市场销售减少，社会消费品零售总额52130亿元，同比名义下降20.5%（扣除价格因素实际下降23.7%）；固定资产投资降低，全国固定资产投资33323亿元，同比下降24.5%；失业率上升，全国城镇调查失业率分别为5.3%和6.2%，环比分别上升0.1个和0.9个百分点。然而疫情对上述行业冲击只是表层的冲击，更深层次的冲击来自海外疫情的扩散蔓延态

① 陈斌系厦门国家会计学院副教授；邓秋云系厦门国家会计学院副教授。

势，伴随全球总需求大幅下滑，中国的外部经济环境进一步恶化，出口急剧减少，全球供应链中断，疫情对中国经济造成的负面影响仍在不断加深，这也意味着，我国采取大力度逆周期调控的必要性和重要性。

2. 税收在应对突发公共卫生事件中的定位

应对突发公共卫生事件是一项艰巨的系统工程，离不开国家税收政策的大力支持。从抗击疫情的公共产品特征和税收调控职能两个层面来看，税收在应对突发公共卫生事件中发挥着重要的作用。

2.1 税收是政府应对突发公共卫生事件的主要经济来源

从理论上看，突发公共卫生事件对社会产生了负外部性，疫情具有传染性，一个人将疾病传染给他人，就等于是损害了别人的利益，但是这种损害并不能计入污染者的成本中，即传染者无须就其行为付出相应的代价，由于疫情负外部性的存在，所以抗疫所需要的巨额资金只能由国家和各级政府通过公共财政支出来加以扶持，税收是保障抗疫公共产品有效供给的重要手段，政府将征收的税款用于疫情防控，这正是税收“取之于民，用之于民”本质特征的体现。

2.2 税收是政府宏观调控的重要工具

从理论上看，税收是企业的一项重要的经营成本，税负的轻重直接影响着投资人的投资收益，进而影响到投资人的投资决策，引导资源在不同产业的配置。税收政策作为国家应对突发公共卫生事件的重要宏观调控工具，在抗击疫情和促进经济恢复方面具有其他政策不可替代的独特优势。政府通过制定一系列防控疫情和支持复工复产的税收优惠政策，一方面，通过税费减免，鼓励和支持那些积极参加抗疫的个人和企业，扶持那些在疫情中受到重大影响的行业和企业，帮助他们走出困境；另一方面，鼓励和引导资源的流向，使更多的资源流入防控疫情和经济复苏，助力疫情防控和经济平稳运行。

3. 应对新冠肺炎疫情的税收政策及存在的不足

新冠肺炎疫情出现后，国家出台了一系列支持抗疫和促进复工复产的税收政策，政策范围覆盖防护救治、物资供应、公益捐赠、复工复产、纳税服务五大领域，目标是通过减免税或降低税收遵从成本，减轻纳税人税负，从而激励各类经济主体积极参与突发公共卫生事件的应对，助力打赢疫情阻击战。下面从 5 个方面对应对新冠肺炎疫情的税收政策进行梳理。

3.1 支持防护救治方面

系列公告明确，为了鼓励个人参与疫情防控工作，对参加疫情防治工作的医务人员和防疫工作者按照政府规定标准取得的临时性工作补助和奖金，免征个人所得税；单位发给个人用于预防新型冠状病毒感染的肺炎的药品、医疗用品和防护用品等实物（不包括现金），不计入工资、薪金收入，免征个人所得税。

3.2 支持物质供应方面

系列公告明确，对疫情防控重点保障物资生产企业，可以按月向主管税务机关申请全额退还增值税增量留抵税额（与2019年12月底相比新增加的期末留抵税额）；对纳税人提供疫情防控重点保障物资运输收入，免征增值税。纳税人提供公共交通运输服务、生活服务及居民必需生活物资快递收派服务收入，免征增值税；对疫情防控重点物资生产企业扩大产能购置的设备，允许企业所得税税前一次性扣除；对卫生健康主管部门组织进口的直接用于防控疫情物资，免征关税。

3.3 鼓励公益捐赠方面

系列公告明确，通过公益性社会组织或县级以上人民政府及其部门等国家机关捐赠应对疫情的现金和物品允许企业所得税或个人所得税税前全额扣除；直接向承担疫情防治任务的医院捐赠应对疫情物品，允许企业所得税或个人所得税税前全额扣除；无偿捐赠应对疫情的货物免征增值税、消费税、城市维护建设税、教育费附加、地方教育附加。

3.4 支持复工复产方面

系列公告明确，将受疫情影响较大的困难行业企业2020年度发生的亏损最长结转年限由5年延长为8年。支持个体工商户复工复业，对湖北省增值税小规模纳税人，适用3%征收率的应税销售收入，免征增值税；适用3%预征率的预缴增值税项目，暂停预缴增值税；除湖北省外，其他省、自治区、直辖市的增值税小规模纳税人，适用3%征收率的应税销售收入，减按1%征收率征收增值税；适用3%预征率的预缴增值税项目，减按1%预征率预缴增值税。

3.5 降低纳税人遵从成本方面

降低纳税人税收成本不仅仅是税额的减免，还表现为纳税人的遵从成本的下降。国家税务局延长了纳税申报期限，核准困难企业延缓缴纳税款申请。减税政策和纳税服务的优化安排，都将有助于疫情防治和复工复产。

应该说，在应对疫情期间出台的这些税收优惠政策，对于抗击疫情产生了很好的作用。疫情防控所取得的成绩，也体现着税收支持政策所产生的效果是显著的。税收优惠政策的实施，在应急过程中起到了调动和配置社会资源的作用，扶持受疫情影响的相关企业走出逆境。但我们在肯定成绩的同时，也要直面不足。现行应对疫情的各项税收政策，散见于各个税种多个文件中，不利于纳税人全面的了解和应用；政策多集中于疫中支持措施，对于疫后的支持措施较少；所得税的支持力度偏弱；税收政策未纳入国家应对突发公共卫生事件的法律体系之中；税收优惠缺乏效应评估机制。基于此，笔者提出了构建突发公共卫生事件税收保障机制的基本思路。

4. 应对突发公共卫生事件的税收保障机制建设的基本思路

4.1 落实税收法定原则

应对突发公共卫生事件的税收政策，应适时纳入我国防控突发公共卫生事件的法律中。将应对突发公共卫生事件税收政策的制定和实施都纳入法制轨道，实现税收政策的法治化和规范化，这是国家治理现代化的必然要求。通过税收法治化建设，提高政府运用税收政策应对突发公共卫生事件的能力，提高税收政策的公平、正义和效率。

4.2 建立应对突发公共卫生事件的税收保障机制

从时间范围来看，疫情对经济造成的冲击和影响，需要一个较长的时间来恢复，而我国目前应对疫情的税收优惠政策的执行时效往往较短，因此，有必要制定一套包括短期、中期、长期政策目标的突发公共卫生事件税收政策包。短期政策目标强调稳定，利用税收优惠政策，保障疫情防控物质的供应，调动参加防控疫情人员的积极性，鼓励企业复工复产，及时抑制疫情所造成的不良影响；在税收政策制定上，可以考虑加强对防护救治、防疫物质供应、公益捐赠、复工复产的税收支持力度。中期政策目标强调恢复，在保证疫情防控安全的前提下，建立与疫情分级体系相适应的税收政策库，推动经济恢复及平稳运行。在税收政策制定上，可以考虑对特殊地域和行业有所倾斜，比如，加强对湖北等重疫情地区的支持力度；适度向服务业倾斜，适度向中小微企业和个体工商户倾斜；放宽增值税留抵税额退税的条件，增加企业的流动资金。长期政策目标强调改进，研究运用税收政策来促进投资、消费、出口的增长，推动经济全面复苏和平稳增长。在税收政策上，重点考虑建立所得税的补偿机制；对企业受疫情影响产生的资产损失从应纳税额中抵免；允许受疫情影响亏损的企业可以向以前纳税年度弥补亏损并申请退税；鼓励企业将税后利润再投资。

4.3 建立应对突发公共卫生事件的税式支出制度

从本质上看，税收优惠是通过税收体系进行的一种间接的财政支出，税式支出制度是一项对税收优惠进行科学化、系统化管理的制度创新。目前我国尚未建立应对突发公共卫生事件的税式支出制度，财政应对疫情数据难以从公开途径获得，因此无法对政策效果进行评价。基于此，笔者建议我国尽快建立突发公共卫生事件的税式支出制度，及时统计和评估税收优惠政策，提升税收优惠政策的有效性和合理性，增进财政支出的绩效和财政资源配置的效率。

4.4 建立应对突发公共卫生事件的税收共治格局

应对突发公共卫生事件是一项系统性工程，必须要全社会统筹安排、协作配合，才能高效运转。税收虽然是国家治理和宏观调控的重要工具，但是在面对复杂的、系统的突发公共卫生事件时，其治理能力是远远不够的，因此税收需要与财政、金融、保险等工具协同共治，才能形成一个高效应对突发公共卫生事件的有机治理整体。

4.5 建立应对突发公共卫生事件的国际税收合作机制

目前新冠肺炎疫情已在全球蔓延，成为全球重大公共卫生事件，在抗击疫情的战斗中，我国始终秉持人类命运共同体理念，坚守在疫情防控的最前线，与国际社会同舟共济、携手抗疫。在税收层面，我国应积极推动建立应对疫情的国际税收合作机制，通过双边或多边的国际税收合作，共同应对疫情给全球税收带来的挑战，共同维护和建设良好的税收秩序，形成在税收利益上可以相互支持的应对疫情命运共同体。

参考文献：

[1] 李明，汪晓文．应对突发公共卫生事件的税收政策探讨 [J]．财政科学，2020 (02)：17－23.

[2] 杨默如．应对自然灾害的税收政策国际经验借鉴及启示 [J]．财政研究，2011 (12)：74－77.

[3] 白彦锋，李泳禧．重大疫情下的财税政策研究——对美国经验的借鉴与启示 [J]．财政科学，2020 (02)：1－5.

国际疫情叠加全球金融周期背景下的中国影子银行风险防范与对策研究

江日初[①]

1. 引言

2020 年春季，受国际疫情影响，以美国为首的股票市场迅速展开历史罕见的下跌，2020 年 3 月 16 日，道琼斯工业指数大跌 12.9%，3 月 18 日，美股经历了历史上第 5 次、当月第 4 次熔断。与此同时，全球股市纷纷展开跳水竞赛，世界金融市场一片恐慌。

2008 年全球金融危机以来，国际量化宽松大行其道，影子银行风险也日益加剧，倍受全球监管机构与学者关注。在金融危机爆发前的 10 年里，影子银行体系的规模呈指数级增长，从 2002 年的 26 万亿美元增至 2007 年的 62 万亿美元。尽管影子银行体系的规模在 2008 年降至 56 万亿美元，但到 2011 年，影子银行体系的规模达到了 67 万亿美元，超过了衰退前的最高水平。仅在美国，2007 年和 2011 年的影子银行部门估计就有 25 万亿美元的资产和 23 万亿美元的资产。广义而言，以资产衡量，影子银行体系的总规模约为受到监管的银行体系的一半，约占全球金融中介总量的 25%。尽管定义上的不一致使此类比较和累积研究复杂化，但很明显，影子银行体系规模庞大，是金融体系的一个关键组成部分。

2012 年以来，中国影子银行风险也广受关注，尽管在 2016 年以来的去杠杆、防风险的严格监管政策调控下，中国影子银行增长有所放缓，但在国际疫情叠加全球金融周期风险冲击下，中国影子银行所面临的压力如何？风险将可能以何种方式扩散？是否会引发正规金融体系风险加剧？如何防范影子银行风险传导可能造成的系统性金融风险？等等，亟须加快研究并采取相关对策。

2. 关于影子银行概念界定、作用与风险机制的综述

2.1 影子银行的概念界定

影子银行系统（The Shadow Banking System）的概念是伴随 2008 年全球金融危机而提

① 江日初系厦门国家会计学院“一带一路”财经发展研究中心副教授。

出并强调的，该概念最早在2007年由美国太平洋投资管理公司执行董事Paul. McCulley提出，又称为平行银行系统（The Parallel Banking System），用以指称那些不受监管或者监管较少，与传统银行相对应的金融机构，它包括投资银行、对冲基金、货币市场基金、债券、保险公司、结构性投资工具（SIV）等非银行金融机构。2007年美联储年度会议将影子银行概括为"吸纳未获保险的短期资金的非银行投资中介、工具和机构"。FSB（2011）将影子银行系统定义为"涉及常规银行系统以外实体和活动的信贷中介"，包括任何游离于正规银行系统之外，引发系统性风险和监管套利等焦点问题的信用中介机构和信用中介活动。IMF（2014a）进一步将影子银行视为当今经济中融资的一大部分，它们通过银行和其他金融中介在批发货币市场进行融资，并在资本市场放贷。金融稳定委员会（Financial Stability Board）亚洲区域协商小组（Regional Consultative Group for Asia）2014年8月发表的《亚洲影子银行报告》（Report on Shadow Banking in Asia）指出，亚洲司法管辖区的影子银行业务没有统一定义（FSB，2014）。他们倾向于使用"非银行金融中介机构"（NBFI）和"其他金融中介机构"（OFIs）这两个术语，这些术语涵盖所有金融机构，不包括银行、保险公司、养老基金和公共金融机构。

2013年国务院办公厅发布的《关于加强影子银行监管有关问题的通知》中指出，影子银行可从是否持有金融牌照和是否接受监管等方面进行分类：一是不持有金融牌照，且完全无监督的信用中介机构；二是不持有金融牌照，但存在监管不足的信用中介机构；三是持有金融牌照，但存在监管不足或者规避监管的业务。中国人民银行（2013）正式将影子银行定义为涉及正规银行体系外实体和活动的信贷中介，具有流动性和信贷转化功能，可能会引发系统性风险或规则套利。2013年7月5日，中国银行业监督管理委员会主席助理、新闻发言人杨家才将影子银行定义为"游离于金融监管体制之外，有可能引发系统性风险或者监管套利的信用中介活动"。裘翔、周强龙（2014）将影子银行视为商业银行信贷投放体系在高风险领域的延伸。孙国峰和贾君怡（2015）认为，中国的影子银行更多表现为银行的影子，本质上是与贷款相同的信用货币创造行为。中国人民银行货币政策司孙国峰等（2015）认为，中国影子银行业务包括银行通过资产创造负债的会计手段创造信用货币所形成的银行影子，以及非银行金融机构通过货币转移途径扩张信用形成的传统影子银行。中国人民银行调查统计司课题组（2018）则遵循FSB定义对中国影子银行进行统计监测与风险评估。

综合前述相关定义，对于影子银行概念的界定，主要有三个要素、两种标准。三个要素包括：（1）本质上属于非银行信贷中介活动；（2）监管缺位或监管不足；（3）易受挤兑性，易于引发系统性金融危机。两种标准：（1）机构观，即以传统商业银行之外的非银金融机构作为影子银行的主体，这种分类方法由于涵盖太宽泛引起争议较多，但其出发点是从监管角度出发的，即如何确定受监管的对象；（2）功能观，即以是否具有影子银行的信用中介本质功能进行判定，不仅包括作为影子银行载体的非银金融机构，也包括发挥影子银行功能的业务活动、金融产品等。

2.2 影子银行的风险演化机制

Santomero（1998）、Allen（2006）等早就指出，在市场不完全和监管无效的条件下，影子银行产生的风险转移机制被用作监管套利，在经济下行期加速危机的产生和传播。FSB（2012）指出影子银行可能引起：（1）系统性风险问题，特别是期限/流动性转换、杠杆作用和有缺陷的信贷风险转移；（2）监管套利问题；并建议监管机构应将重点放在常规银行系统之外的信贷中介上。IMF（2012）认为影子银行具有“抵押密集型”特征，因此，影子银行风险与抵押资产价格紧密关联。自次贷危机后，国内学者也开始关注影子银行体系对金融机构的影响研究，总结了以下风险因素：与传统银行业务的重叠引发的过度竞争造成产品风险定价过低，银行在危机爆发时无法快速剥离不良资产，货币政策及宏观调控基础被削弱（罗滢等，2012；裘翔和周强龙，2014；等）。

关于影子银行的作用及其风险演变机制，Moreira 和 Savov（2017）构建了一个精巧的影子银行发展宏观经济学模型。其核心思想如图 1 所示，金融中介以存量资产为担保，向投资者发行差异化的融资工具——分别为低收益低风险的债权融资工具——存款资金（Money），影子银行的债权工具——影子资金（Shadow Money）以及权益工具——股权（Equity），为资产持有者进行融资。模型的精妙之处在于融资约束条件的理解与设定，根据一般金融理论——风险与收益相匹配的理论，高风险资产（即遭遇暴跌概率很高的资产）需要通过股权融资来匹配，风险较高的资产通过影子银行融资来实现，风险较低的资产则通过低收益的存款资金来匹配融资。由于经济中广泛存在信息不对称，社会资产平均风险水平（平均下跌概率）为 $\bar{K}$，经济总是存在周期性，最初社会资产平均风险水平低于 $\bar{K}$，$K_r < \bar{K}$ 但大多数投资者依然倾向于银行存款，这时金融中介开始使用明显高于银行存款的回报水平发行影子资金融资工具为资产进行融资，影子资金利差明显高于银行存款，部分投资于影子资金的投资者开始获益，由于经济中融资水平较高，经济增长动力也更强，因此，影子银行推动了经济发展。当其他投资者观察到经济中的风险并不高，更多的资金追逐影子资金，这时融资水平逐渐超出合理的融资约束水平，由于过度融资，$K_r > \bar{K}$，风险积聚并即将显现，当经济中的不利事件出现，影子资金出现难以兑付的情况，坏的消息传来并逐渐增多，部分投资者开始挤兑影子资金，这导致资产价格下跌，经济下行。

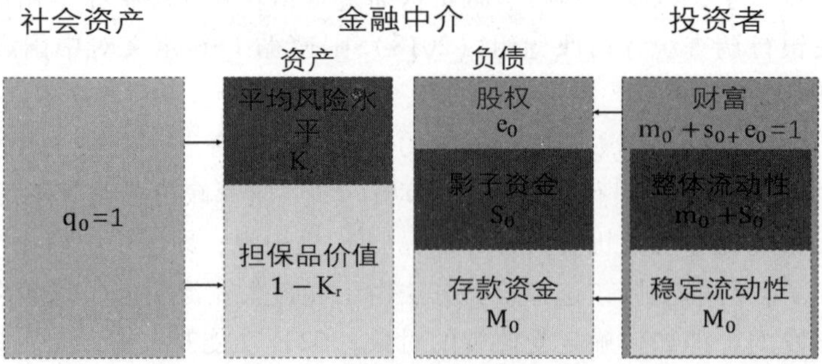

图 1　金融中介融资示意图

资料来源：参考 Moreira and Savov（2017）绘制。

正如金融危机所表明的那样，由于影子银行系统主要是“抵押密集型”金融产品，支持相关产品的现金流是其价值稳定的关键所在，而当现金流急剧波动时，抵押品价值急剧下跌，会成为其“挤兑”风险来源，而且，由于正规银行与影子银行的密切联系性，它也可以成为系统性风险的来源。影子银行系统中的风险很容易蔓延到常规银行系统，因为银行往往构成影子银行信贷中介链的一部分，或为影子银行实体提供支持，特别是在资产价格上涨、担保融资的利润率/折扣率较低的情况下。这些风险随着链条的延长和透明度的降低而放大。

3. 中国影子银行的分布现状

3.1 中国影子银行总体规模

由于缺乏明确统一的定义和衡量标准，人们对中国影子银行的潜在风险存在许多争论(和困惑)。据市场估计，中国影子银行资产规模约占 GDP 的 14%—70%。除了定义上的差异外，具体估计还反映了将具有特定特征的影子银行活动的不同产品和资产简单地相加所带来的问题，这导致了计算不足，以及由于影子银行与银行部门以及影子银行之间业务的高度关联，可能出现重复甚至三次计算（Sheng 和 Soon，2016）。例如，将银行的理财产品加入其他金融中介机构（OFIs）持有的其他影子银行资产，会导致在银行打包 OFIs 资产（例如信托贷款）时出现重复计算，因为它们的表外理财产品和信托公司仍将贷款作为信托贷款报告在其资产负债表上。但是，如果银行和信托公司都将贷款计入资产负债表外，那么贷款就不会被报告，这就存在计量不足。本研究重点是关注影子银行分布的概况及其风险主要所在，找出强化监管的方向与措施，并非在于估计影子银行的准确规模。

如表 1 显示，长期跟踪测算中国影子银行规模的主要是穆迪投资者投资服务公司。2014 年 9 月 22 日，穆迪投资者服务公司在香港推出首份中国影子银行季度监测报告，该监测报告利用公开数据对影子银行这一中国金融体系重要组成部分的趋势与发展进行简要分析。此后，穆迪定期发布中国影子银行监测报告。此外，方正证券提供的数据也比较长，但仅来自其 2017 年《中国影子银行——银行的影子和监管博弈》一份报告中。

表 1　　相关部门、研究机构、学者等对中国影子银行规模测算　　单位：万亿元

年末	社科院	人行	孙国峰	FSB	穆迪	德勤	标普	智研咨询	方正证券
2010					17.3				15.45
2011					29	11.5		19.2	22.54
2012	20.5	30			27		22.9	23.9	30.77
2013Q3	33								
2013					37.7		30	33.1	43.72
2014Q3			28.35						
2014					45			40.8	57.72
2015					53			53.4	78.47
2016					64.5				95.94
2017				57.4	65.6				
2018					61.3				
2019					59				

资料来源：根据相关公开资料收集整理。

3.2 中国影子银行当前分布概况

根据穆迪监测，2019年底，中国影子银行的总规模为59万亿元人民币（见表2）。按照穆迪投资者服务的中国影子银行监测报告，它将中国广义影子银行按照信用中介产品分为委托贷款、信托贷款、未贴现银行汇票、理财产品对接资产、财务公司贷款、民间贷款和其他七大类。从分布规模来看，规模较大的依次是银行表外理财产品对接资产（15.5万亿元）、委托贷款（11.9万亿元）、信托贷款（7.9万亿元）、证券公司和基金公司理财产品对接资产（7.6万亿元），其他包括金融租赁、小额贷款、典当行贷款、P2P网络贷款、资产支持证券以及消费金融公司等（6.4万亿元）。

表2　穆迪监测的中国广义影子银行分布规模测算　单位：万亿元

信用中介产品	2019Q2	2018年末	2017年末	2016年末	2015年末	2014年末
委托贷款	11.9	12.4	14	13.2	10.9	9.3
信托贷款	7.9	7.9	8.5	6.3	5.4	5.3
未贴现银行汇票	3.8	3.8	4.4	3.9	5.9	6.8
理财产品对接资产	23.1	23.1	26.5	30.1	21.4	11
其中：（1）银行表外	15.5	15.5	15.2	17.1	12.4	6
（2）证券公司和基金公司	7.6	7.6	11.3	13	9	4.9
财务公司贷款	3.2	3.2	3.1	3	2.6	2.4
民间贷款	3.4	3.4	3.4	3.4	3.4	3.4
其他	6.4	6.4	5.8	4.6	3.8	2.8
合计	59.7	60.2	65.7	64.5	53.4	41

说明：（1）其他包括：金融租赁、小额贷款、典当行贷款、P2P网络贷款、资产支持证券以及消费金融公司；（2）民间贷款：假设自2011年起未变。

数据来源：根据穆迪已公开发布的《中国影子银行监测报告》整理。

4. 国际疫情叠加全球金融周期背景下的影子银行风险演化机制

国际疫情叠加全球金融周期对影子银行的冲击路径及其影响大小毫无疑问是复杂而无序的，但本研究的思路是，首先，按照影子银行的分类金额，找出需要重点防范的风险领域；其次，分析国际疫情与全球金融周期调整可能产生的风险演化逻辑；最后，分析可能采用的风险监测与风险缓释以及处置的手段。

4.1 需要重点防范的影子银行风险领域

表3在穆迪投资者服务与方正证券测算的基础上，根据WIND系统与网贷之家等公开数据对2019年末中国广义影子银行分布概况进行了测算并按照金额大小进行了排序。通过排序不难发现，金额前五名的分别为银行表外与证券和基金公司理财产品对接资产、委托贷款、信托贷款、未贴现银行汇票与民间贷款。

表 3　　2019 年末中国广义影子银行分布概况　　单位：万亿元

信用中介产品	2019 年末	按金额排序	数据来源
委托贷款	11.4	②	社融数据
信托贷款	7.5	③	社融数据
未贴现银行汇票	3.8	④	穆迪
理财产品对接资产	23.1	①	穆迪
其中：银行表外	15.5		穆迪
证券公司和基金公司	7.6		穆迪
财务公司贷款	3.2	⑥	WIND，2019 年 9 月
民间贷款	3.4	⑤	穆迪
P2P 网络贷款余额	0.49	⑩	网贷之家
小额贷款公司贷款余额	0.62	⑨	方正证券
金融租赁合同余额	2.5	⑦	WIND
融资性担保余额	1.1	⑧	根据 Wind 数据推算，由全国与四川数据推算

资料来源：根据相关资料整理。

4.1.1　理财产品对接资产

随着国内居民财富的增加，理财产品规模也快速扩张，2012 年银行业理财产品总规模为 7.95 亿元，至 2018 年，银行业理财产品规模突破 30 万亿元，达 32.1 万亿元。最初，理财产品对接资产主要是银行将低风险但同样耗用贷款额度的业务，如已贴现银行承兑汇票通过通道业务转移到银行资产负债表外，以腾出额度新增贷款（参见表 1）。随着监管对通道业务的整治以及 2015 年对存贷比监管的取消，理财产品对接资产逐步由虚入实，由过去对接低风险资产逐步到对接资产证券化、对接不良资产出表、对接高收益债券与非标资产，通过私募基金、量化对冲基金结构化投资、总收益权互换协议（TRS）对接股市等多样化隐蔽投资途径。而且，对接资产往往是混合的资产包形式，投资者无法识别其中风险。该类资产顺周期特点强，主要取决于资产价格上涨与成交的活跃性，因此，在国际疫情叠加全球金融周期冲击下，该类资产具有最明显的脆弱性特征，同时，它往往与金融机构业务与声誉相关联，需要重点加以防范。

4.1.2　委托贷款

委托贷款是指由政府部门、企事业单位及个人等委托人提供资金，由商业银行（即受托人）根据委托人确定的贷款对象、用途、金额、期限、利率等代为发放、监督使用并协助收回的贷款。在国际疫情叠加全球金融周期冲击下，如果贷款接受方受到冲击，则可能出现违约，会导致风险在企业间传染。

4.1.3　信托贷款

信托贷款是指受托人接受委托人的委托，将委托人存入的资金，按其（或信托计划中）指定的对象、用途、期限、利率与金额等发放贷款，并负责到期收回贷款本息的一项金融业务。委托人在发放贷款的对象、用途等方面有充分的自主权，同时又可利用信托公司在企业资信与资金管理方面的优势，增加资金的安全性，提高资金的使用效率。受全球货币金融周期影响，国内信托规模快速扩张，2008 年，国内市场信托规模仅仅为 1.22 万亿元，2012 年信托规模扩张至 7.47 万亿元，2019 年 21.6 万亿元，其中 2017 年高峰期规模达 26.25 万亿元。由于信托计划广为对接各种资产，它和理财产品对接资产相类似，同样具有规模性、高度的隐蔽性、顺周期性与机构间传染性等特征，是影子银行重要的系统性风险源。

4.2 影子银行风险演化机制及其可能的传导路径

由于国际疫情而导致的停工居家、旅游中断等因素影响，重点在企业和家庭两个层面形成冲击，对企业而言，是可能的供应链中断与需求减少而带来的收入剧减，这样，前期债务较高的企业可能面临违约风险。对家庭与个人而言，主要是停工或对小微企业需求减少而导致的收入剧减，这可能会使得消费贷、车贷、房贷等面临急剧升高的违约风险。2012 年以来，中国影子银行与商业银行之间由于同业业务的扩张，之间存在千丝万缕的联系，如果影子银行风险急剧放大，可能波及商业银行。

图 2 显示了国际疫情叠加全球金融周期对影子银行的冲击及其风险扩散路径可能的示意图。

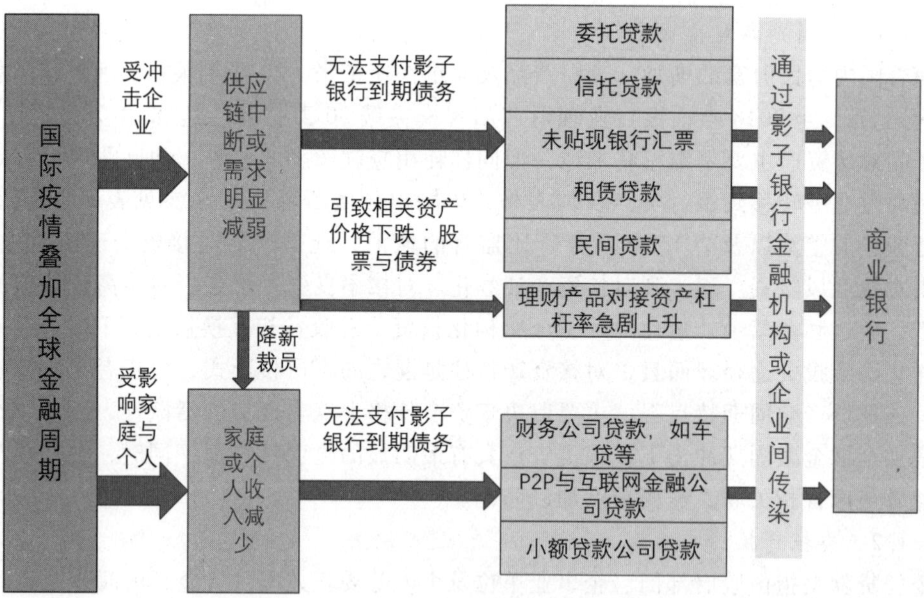

图 2 对影子银行的冲击及其风险扩散路径示意图

5. 当前背景下影子银行风险防范与对策

毫无疑问，国际疫情叠加全球金融周期对中国经济与金融必将形成强大压力，但是，我们同时要认识到，任何外部环境的变化，都是危中有机的，内因与积极作为总是起主导性作用的。因此，针对国际疫情叠加全球金融周期背景下的中国影子银行发展，我们提出以下风险防范与化解对策建议：

1. 把握“稳中求进”，“守住不发生系统性金融风险的底线”的大原则，坚持继续推进“供给侧结构性改革”，顺势而为，做到“有保有压”，优化影子银行总体规模与分布结构。

2. 以地方政府、人行分支机构与金融监管部门联合办公会为组织机构，做好影子分类监测与压力测试，针对性提前做好预防性与风险缓释准备工作，严防突发性风险过大冲击经济与金融体系。

3. 落实好 3 类基本表格的编制工作，并以此为基础做好防范与对策工作。

第一类基本表格——影子银行金融机构压力测试表。以影子银行金融机构为基本单位，针对各主要债务类别及其关联资产进行压力测试，编制压力测试总表并上报以地方政府、人行分支机构与金融监管部门组成的联合办公会机构。第二类基本表格——影子银行金融机构风险关联表，对于机构间重大债权债务进行登记备案，对于存在风险隐患的重点债权债务做好预案管理。第三类基本表格——（辖地受冲击突出的行业与）重点企业债权债务登记表。

4. 采取疏堵结合的方式，对于有效支持实体经济的影子银行部分通过降低杠杆率、积极向资产管理转型等措施进行积极疏通支持，对于脱离实体经济的通道化业务、套利性业务等进行坚决围堵，促使影子银行健康化发展。

5. 正确区分与处理风险隔离、风险缓释与风险处置的关系，坚决反对罔顾风险乃至盲目扩大风险的做法。

在面对严重的经济不确定性时期，要在健康企业与风险企业之间构筑风险隔离措施，避免风险随机扩散。对于存在一定风险，但风险量级最终难以确定的区域，积极采取风险缓释措施，既可以通过增厚资本抵御风险，也可通过逐步降低价格增加市场换手以降低内在风险；对于本属供给侧结构性改革调整范围内的过剩产能部分，要积极推动风险处置，避免风险进一步加大与扩散。同时，也要避免短视效应，短期内制造新的严重产能过剩。

参考文献：

[1] 李建军，韩珣．非金融企业影子银行化与经营风险 [J]．经济研究，2019 (8)．

[2] 王喆，张明．金融去杠杆背景下中国影子银行体系的风险的研究 [J]．金融监管研究，2018 (12)．

[3] 张宝林，潘焕学．影子银行与房地产泡沫：诱发系统性金融风险之源 [J]．现代财经，2013 (11)．

[4] 王曼怡，张译文．金融深化改革加速进程中我国影子银行的审视与管理 [J]．经济学动态，2014 (2)．

[5] 刘澜飚，马珊珊．金融危机、影子银行与债务问题 [J]．南开学报（哲学社会科学版），2018 (2)．

[6] 巴曙松．经济结构转型与金融风险防控——影子银行体系“在线修复”的全局意义 [J]．学术前沿，2015 (3)．

［7］戴国强，方鹏飞．利率市场化与银行风险——基于影子银行与互联网金融视角的研究［J］．金融论坛，2014（8）．

［8］马德功，赵新，韩喜昆．商业银行参与影子银行业务与金融风险传染——基于影子银行体系资金供给方的视角［J］．重庆大学学报（社会科学版），2019（3）．

［9］穆迪投资者服务．中国影子银行季度监测报告［S］．2018（12）．2019（6）．

［10］方正证券．中国影子银行报告：银行的影子和监管博弈［S］．2017（7）．

［11］中国人民银行调查统计司课题组．影子银行的统计监测与风险评估［J］．中国金融，2018（4）．

［12］Adrian T，Ashcraft A B. Shadow banking：a review of the literature［M］//Banking crises. Palgrave Macmillan，London，2016：282－315.

［13］Adi Sunderam. Money Creation and the Shadow Banking System［J］，The Review of Financial Studies，Vol. 28，No. 4（April 2015），939－977.

［14］Board F S. Shadow Banking：Strengthening Oversight and Regulation 2011［J］. URL：http：//www. fsb. org/wpcontent/uploads/r_111027a. pdf，2011.

［15］Claessens S，Ratnovski L，Singh M M. Shadow banking：economics and policy［M］. International Monetary Fund，2012.

［16］Daniel K. Tarullo，Financial Regulation：Still Unsettled a Decade After the Crisis［J］. The Journal of Economic Perspectives，Vol. 33，No. 1（Winter 2019），61－80.

［17］Guillaume Plantin. Shadow Banking and Bank Capital Regulation［J］，The Review of Financial Studies，Vol. 28，No. 1（January 2015），146－175.

［18］Guillermo Ordonñez. Sustainable Shadow Banking［J］，American Economic Journal：Macroeconomics 2018，10（1）：33－56.

［19］Moreira A，Savov A. The macroeconomics of shadow banking［J］. The Journal of Finance，2017，72（6）：2381－2432.

［20］Sheng A，Soon N C. Shadow banking in China：an opportunity for financial reform［M］. John Wiley & Sons，2016.

疫情会引发新一轮金融危机吗？
——基于银行业风险分析

李浠平　翁若宇　刘天琦[①]

1. 引言

2020 年 3 月中旬以来，新冠疫情在境外加速扩散，多国加码隔离措施，导致人员物资流动受限，生产商业活动停顿，经济陷入停滞。目前来看，海外疫情进入“缓和期”尚需时日，复工时点难以预测。持续攀升的疫情数据加剧了投资者对经济下行风险的担忧，给国际资本市场前景带来极大的不确定性。就在 2 月，美股经历了史无前例的大幅震荡，短短 10 日之内连续熔断 4 次。尽管美联储和美国国会出台重磅救市措施后，美股有所企稳，但根据美国劳工部估测，美国 4 月将有超过 2000 万人失业，是 2008 年金融危机顶峰时期人数的 30 倍，经济衰退似乎已不可避免。这让人不禁将此次疫情冲击同 2008 年美国次贷危机引发的全球金融危机进行比较。

事实上，此次疫情对经济的冲击与 2008 年金融危机有着本质的区别。2008 年全球金融危机源于金融体系内部的结构性问题，通过金融机构的传导并放大至实体经济，最终演变为经济危机。其主要特点是，在危机发生的初期，风险集中在金融体系，社会经济活动仍保持正常运行。而此次疫情则是切断全球产业链和供应链，直接冲击实体经济，导致金融体系流动性风险上升，甚至可能引发新一轮的全球金融危机。一旦金融危机最终触发，金融体系的冲击再反馈到实体经济，形成一个负向反馈的恶性循环，全球经济将遭受更加严重的打击。因此正确判断目前银行业系统性风险，采取适当的宏观政策措施预防金融危机的爆发，是当前宏观调控的重中之重。

基于以上背景，本文采用 Acharya 等（2017）提出的边际预期损失模型（Marginal Expected Shortfall，简称 MES）作为系统性风险（Systemic Risk）的测量方法，观察近期中国银行业系统性风险发展现状。进一步，本文分析了中国银行业的不良贷款情况，并进行压力测试，探究经济下行压力下中国主要商业银行不良贷款率的变化趋势。最后，根据上述

① 李浠平系厦门国家会计学院讲师；翁若宇系厦门国家会计学院讲师；刘天琦系厦门国家会计学院讲师。

分析结果提出相关政策建议。

2. 中国银行业系统性风险有所提升，但仍处于较低水平

作为系统性风险的常用衡量指标之一，MES 测算的是单个金融机构在系统性事件下的边际预期损失。以 MES 作为衡量指标，图 1 绘制了 2018 年 3 月 1 日至 2020 年 4 月 1 日中国银行业的系统性风险波动情况。在过去两年时间，中国银行业 MES 总体在 0.02 上下浮动（注：2008 年全球金融危机时的 MES 一般在 0.045 及以上浮动），系统性风险保持在较低的水平。受疫情影响，2020 年 1 月 31 日以来，中国银行业系统性风险显著上升，相较于 2019 年 10 月 1 日至 2020 年 1 月 23 日期间 MES 的平均值提高了约 30%，可见疫情确实导致了银行业系统性风险的提高。

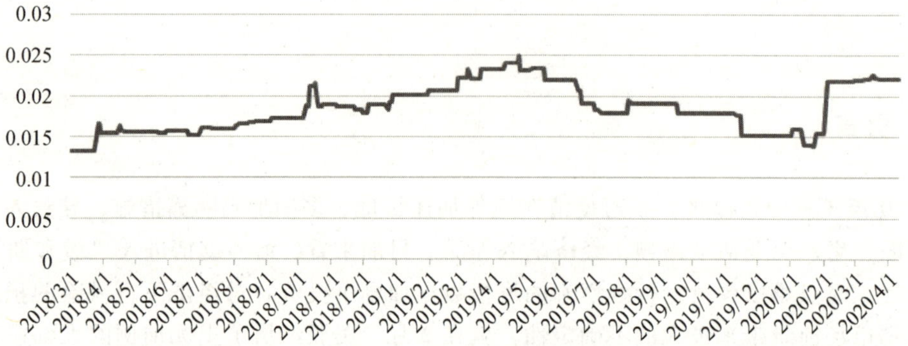

图 1 中国银行业系统性风险（2018 年 3 月 1 日至 2020 年 4 月 1 日）

图 2 对比了 2008 年 1 月 1 日至 2020 年 4 月 10 日期间中美两国银行业系统性风险。总体而言，受疫情及经济下行压力的影响，近期美国银行业系统性风险的上升速度高于中国银行业。特别是 2020 年 3 月中旬起，美国系统性风险的增速明显加快，与美国疫情发展情况及资本市场震荡的时间基本吻合。但相比于 2008 年全球金融危机时期，目前中美两国银行业的系统性风险仍处于较低水平。

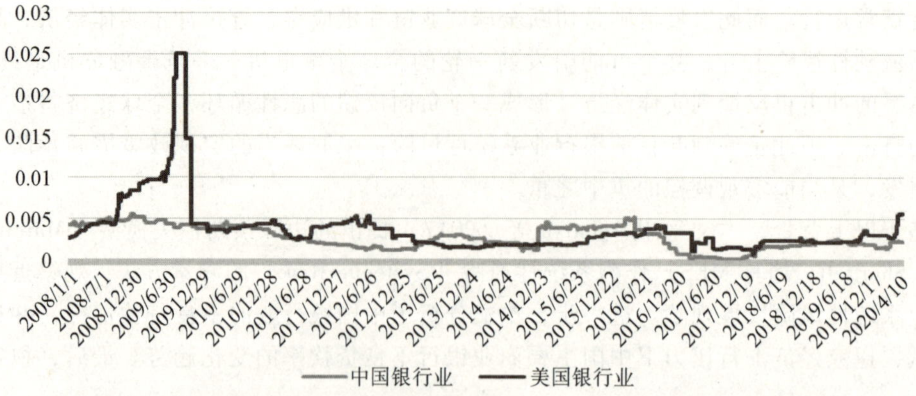

图 2 中美两国银行业系统性风险（2008 年 1 月 1 日至 2020 年 4 月 10 日）

2008 年国际金融危机爆发后，各国逐步加强宏观审慎监管，防范金融机构“大而不能倒”的道德风险。与此同时，巴塞尔协议 III 也强调了金融机构内部流动性和资本充足率管理的重要性。因此，2008 年后全球金融机构在流动性及资本充足率方面均有显著提升。例如，中国银行业流动性比例自 2007 年年底的 37.7% 提升至 2019 年年底的 58.46%，资本充足率也从 8.4% 提升至 14.64%。就当前形势看，因中国银行业内部出现结构性问题导致金融危机的可能性并不大。

然而，近期银行风险增大（例如中国银行的“原油宝”事件），再加上资本市场动荡、债务违约等一系列的因素，均有可能导致未来金融机构风险增大。而中国商业银行为帮扶受疫情影响的企业而提供的信贷支持，反而可能导致其信贷违约风险的增加，所以，现阶段监控商业银行类贷款和不良贷款变动情况尤为重要。下文将对中国银行业不良贷款率总体情况进行分析。

3. 中国银行业不良贷款率上升且情况可能进一步恶化

3.1 中国主要商业银行不良贷款情况分析

图 3 绘制了 2010—2019 年商业银行不良贷款率的变化趋势，包括各不同性质商业银行的不良贷款率变化情况。长期以来，提高信贷资产质量，降低不良贷款，是中国银行保险监督管理委员会的工作重点之一。2009 年以来，中国商业银行不良贷款率一直保持在 2% 以下，远低于世界平均水平。从 2016 年起，大型商业银行的不良贷款率持续下降，并逐渐低于全国商业银行的平均水平，而城市商业银行的不良贷款率在 2019 年上升较快。截至 2019 年年底，大型商业银行、股份制商业银行及城市商业银行的不良贷款率分别为 1.38%，1.64% 和 2.32%。

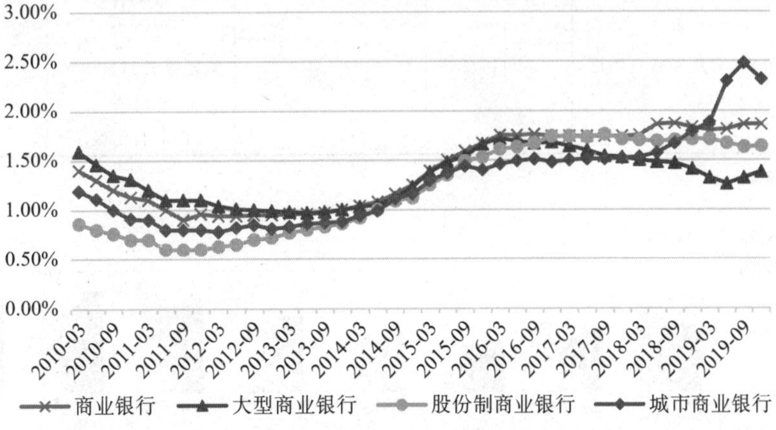

图 3　中国商业银行不良贷款率（2010 年 3 月至 2019 年 12 月）

资料来源：中国银行保险监督管理委员会统计数据。

受疫情影响较大的地区，实体经济受到的冲击较大，继而导致信贷违约风险增大，不良贷款率增加。因此，按照每百万人口确诊新冠肺炎的情况，本文将中国内地 31 个省级行政区分为高、中、低风险暴露地区，如表格 1 所示，其中湖北省为高风险暴露地区，北京市等 13 个省级行政区为中风险暴露地区，福建省等 17 个省级行政区为低风险暴露地区。

图 4 展示了不同疫情风险暴露程度地区的商业银行不良贷款率的平均水平。总体而言，相对于低风险暴露地区，中高风险暴露地区商业银行的平均不良贷款率较低，且上升趋势不明显。因此，从区域分布来看，尽管受疫情影响，银行业不良贷款率可能有所上升，但高风险暴露地区整体幅度可控。但是截至 2017 年年末，有部分省份商业银行的平均不良贷款率大于3%，远超国内平均水平，如山东省、甘肃省、内蒙古自治区、贵州省、云南省和吉林省，这些地区疫情期间商业银行的不良贷款率变化情况应引起重视。

表 1　　各地区疫情风险暴露（截至 2020 年 4 月 10 日）

风险暴露级别	省级行政区	确诊人数（每百万人口）	风险暴露级别	省级行政区	确诊人数（每百万人口）
高风险暴露	湖北省	1144	低风险暴露	福建省	9
				江苏省	8
中风险暴露	北京市	27		山东省	8
	上海市	23		四川省	7
	浙江省	22		陕西省	7
	江西省	20		内蒙古自治区	6
	重庆市	19		甘肃省	5
	海南省	18		广西壮族自治区	5
	黑龙江省	17		山西省	5
	安徽省	16		河北省	4
	湖南省	15		贵州省	4
	河南省	13		云南省	4
	广东省	13		吉林省	4
	天津市	12		辽宁省	3
	宁夏回族自治区	11		新疆维吾尔自治区	3
				青海省	3
				西藏自治区	<1

资料来源：Wind。

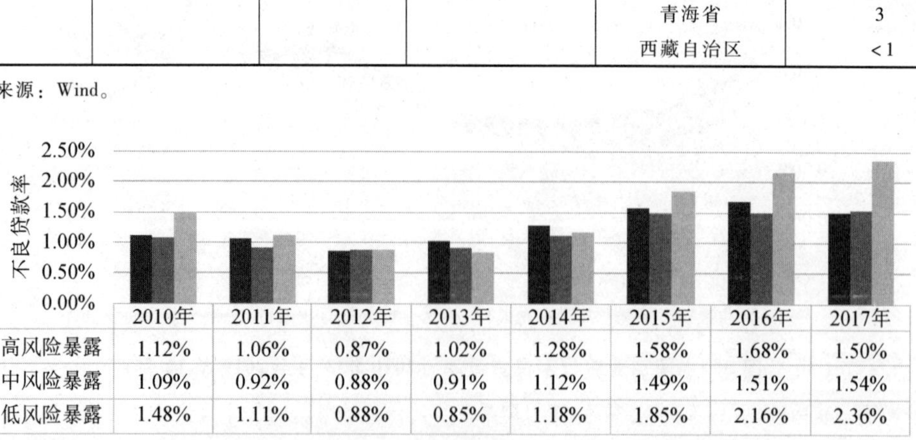

	2010年	2011年	2012年	2013年	2014年	2015年	2016年	2017年
■高风险暴露	1.12%	1.06%	0.87%	1.02%	1.28%	1.58%	1.68%	1.50%
■中风险暴露	1.09%	0.92%	0.88%	0.91%	1.12%	1.49%	1.51%	1.54%
■低风险暴露	1.48%	1.11%	0.88%	0.85%	1.18%	1.85%	2.16%	2.36%

图 4　各地区商业银行不良贷款率（2010 年至 2017 年）

资料来源：中国银行保险监督管理委员会统计数据。

3.2 压力测试

本文进一步展开压力测试，测试内容主要为经济下行压力之下，商业银行的不良贷款率在“极端但可能”的冲击下的稳健性状况。参试银行按银行性质分为大型商业银行（中国工商银行、中国农业银行、中国银行、中国建设银行、交通银行、中国邮政储蓄银行）、股份制商业银行（中信银行、中国光大银行、华夏银行、中国民生银行、招商银行、兴业银行、广发银行、平安银行、浦发银行、恒丰银行、浙商银行、渤海银行）和城市商业银行（北京银行、上海银行、江苏银行、南京银行、宁波银行、盛京银行、徽商银行、杭州银行、锦州银行）。截至 2019 年年末，参试银行资产规模合计占银行业总资产规模的 70.98%。

参考《中国金融稳定报告》等文献，本文选取一系列指标作为压力测试的宏观情景考量，包括 GDP 同比增速、居民消费指数（CPI）、贷款基础利率、房价指数、人民币兑美元汇率和失业率等。此外，本文还考虑了股票市场的波动及收益率。压力测试设置轻度、中度和重度冲击 3 种压力情景，分别对应不同程度冲击下，各指标相对于基准数据变化（上升或下降）标准差的 10%、20% 和 30%。基准数据为 2019 年第四季度各指标的实际数值。在受压情境下，出现 GDP 同比增速减缓，股票市场预期收益率下降，而居民消费指数、贷款基础利率、房价指数、失业率及股票市场波动上升，人民币贬值等。

图 5 至图 7 分别绘制了大型商业银行、股份制商业银行及城市商业银行的不良贷款率的压力测试结果。在经济形势受到重度冲击的情形下，截至 2020 年年末，大型商业银行的不良贷款率可能增至 7.73%，相比于 2019 年年末的不良贷款率水平，恶化近 6 倍。相比之下，股份制商业银行及城市商业银行的不良贷款率受经济下行的影响相对较小，但在重度冲击下，也可能增至 3.51% 和 4.86%，相比于 2019 年年末不良贷款率水平均翻倍。

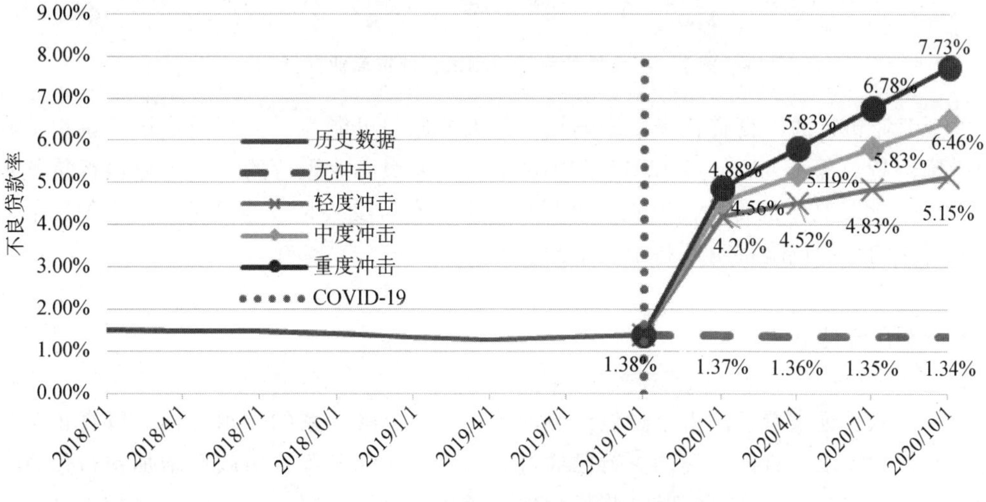

图 5 不良贷款率压力测试：大型商业银行

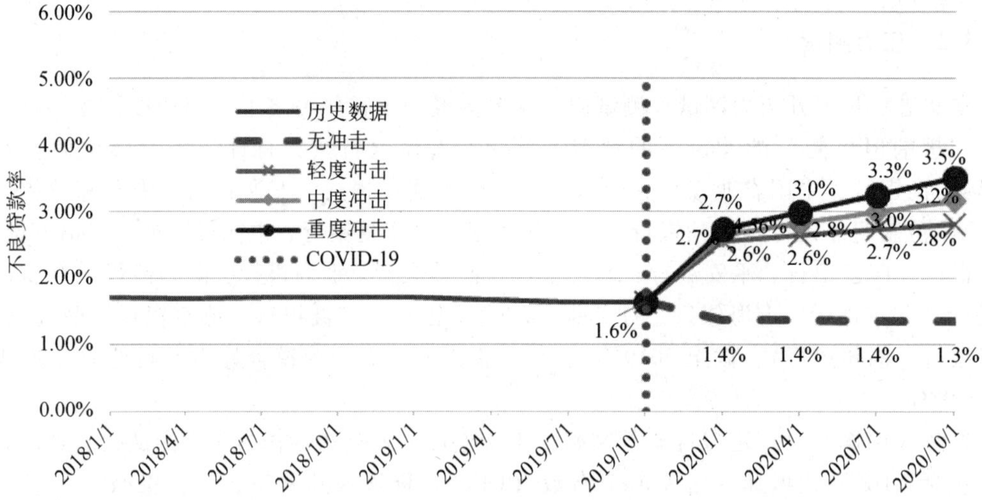

图 6 不良贷款率压力测试：股份制商业银行

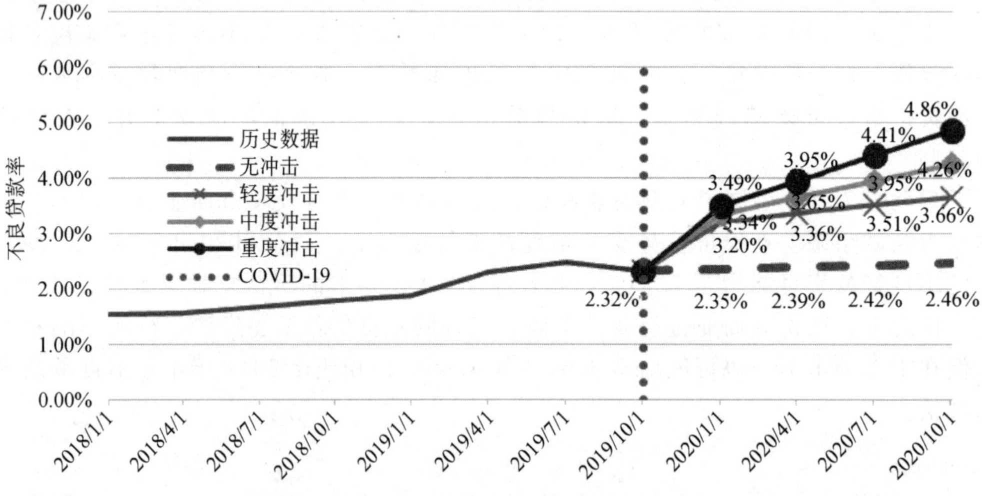

图 7 不良贷款率压力测试：城市商业银行

大型商业银行的不良贷款率受影响幅度最大的原因可能为，大型商业银行承担了我国金融机构信贷总额的 48%，且 2015—2018 年间，大型商业银行的小微企业银行贷款水平超过 32%，明显高于股份制商业银行及城市商业银行。受疫情及经济下行压力的影响，小微企业贷款的违约风险将明显高于大中型企业。

4. 启示与建议

首先，从长远来看，注重金融供给侧改革，优化金融体系的供给结构，以真正满足小微企业的贷款需求。日前，我国央行已通过定向降准、降息等货币政策增加银行信贷，根据 2020 年 4 月 22 日中国银行保险监督管理委员会公布的数据，一季度普惠性小微企业贷款同比增长 25.93%，然而依然没有数据能够显示中小微企业获得了足够信贷支持。若中小微企业未能获得足够的资金支持，以解决其资金缺口，将产生较高的信贷逾期或违约风险，直接导致商业银行的不良贷款率及信贷风险的增加。

其次，目前来看，宏观调控部门通过货币政策引导贷款基准利率下行的可能性较大，而贷款基准利率的下调将直接影响银行利差及利息收入。但笔者认为，对于下调存款基准利率的政策应谨慎政策推行的时机。尽管下调存款基准利率可扩大银行的盈利空间，但受疫情影响，2020 年 1—2 月金融机构已经出现存款增速放缓的情形，若过早或过度降息，对储户存款收益带来影响，反而可能造成存款增速持续走低，继而制约贷款增速。长远来看，应持续推进利率市场化机制的形成及完善。

最后，从商业银行内部来看，2020 年商业银行利润增速放缓几乎已成必然，在此情形下，不应过度追求利润增长的目标，而应更加关注银行内部的各项风险指标，加强信用风险、市场风险的管控，关注不良贷款和关注类贷款的变动情况，保证足够的流动性及资本充足率，严格避免银行内部风险的堆积。

参考文献：

[1] Acharya, V. V., Pedersen, L. H., Philippon, T., and Richardson, M. Measuring systemic risk. *The Review of Financial Studies*, (2017), 30 (1), 1-47.

[2] 中国人民银行金融稳定分析小组. 中国金融稳定报告 (2019). 中国金融出版社.

应对突发公共卫生事件的财政保障机制研究

邓秋云　陈　斌①

1. 引言

人类与传染病的斗争已有上千年的历史。如果说天花、霍乱、黑死病、西班牙流感曾给人们留下恐怖的记忆，那么当下在全球肆虐的新冠肺炎病毒再一次刷新了人类对传染病危害的认知。为遏制病毒传播而采取的限制措施已经严重冲击全球政治经济秩序。各国经济增速大幅下滑、企业大规模裁员、失业率创历史新高，连美国原油期货价格也跌到了要卖家向买家倒贴钱的地步。受疫情影响，各国财政形势也不容乐观。根据我国财政部公布数据显示，2020 年第一季度，全国一般公共预算累计收入同比下降 14.3%，其中，中央收入下降 16.5%；地方本级收入下降 12.3%（见图 1）。在收入大幅下降的同时，各国政府还必须使出浑身解数，加大财政支出，通过实施积极的财政政策来对冲和减缓此次突发公共卫生事件给经济社会带来的严重负面影响。个别国家甚至已经出现财政收支急剧恶化的苗头。据 21 世纪经济报道，阿根廷或将成为第一个因疫情拖累而“倒下”的国家，阿根廷政府已于 2020 年 4 月 17 日向国际债权人提出债务重组方案，但遭到债权人拒绝②。当下，新冠肺炎疫情仍在全球蔓延，残酷的现实再一次敲响警钟。中国作为发展中大国，近年来已经进入突发事件的“高发期”，建立健全突发公共卫生事件的应对财政保障机制对于化解突如其来的公共卫生风险，确保人民群众生命安全和身体健康，稳定经济社会秩序具有重要意义。

2. 我国突发公共卫生事件财政应急保障机制现状

突发公共卫生事件，是指突然发生，造成或者可能造成社会公众健康严重损害的重大

---

① 邓秋云系厦门国家会计学院副教授；陈斌系厦门国家会计学院副教授。

② 21 世纪经济报道，“疫情停摆加剧经济困境，阿根廷或将迎来第九次主权债务违约”，https：//m.21jingji.com/article/20200421/herald/3969322c46fe79f42a1b4d34cb0f72fc.html.

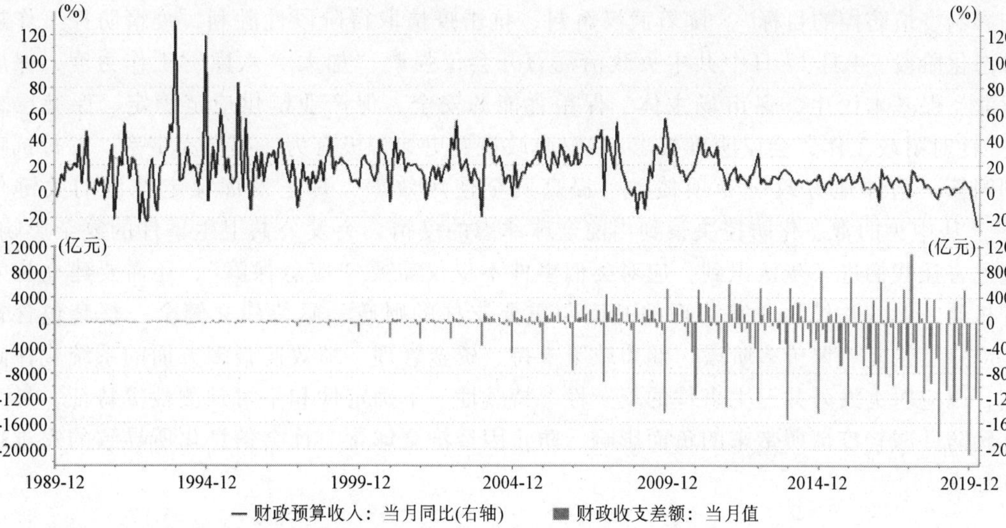

图 1　全国一般公共预算收入同比增速和收支差额（月度）

资料来源：Wind。

传染病疫情、群体性不明原因疾病、重大食物和职业中毒以及其他严重影响公众健康的事件[①]。自 2003 年“非典”以来，我国一直致力于提高政府应对突发公共卫生事件的能力。2003 年 5 月，国务院紧急出台了《突发公共卫生事件应急条例》，2004 年修订了《中华人民共和国传染病防治法》，2007 年通过《中华人民共和国突发事件应对法》，进一步完善了包括突发公共卫生事件在内的突发事件应对机制的顶层设计。这些法律法规都先后明确了财政在应对突发公共卫生事件中的保障作用，并提出进一步完善保障机制的要求。财政部于 2004 年制定了《突发事件财政应急保障预案》（以下简称《预案》），初步建立了财政应急保障机制。《预案》明确了应急管理中财政部门的具体职责，规范了财政部门在应急管理中的具体程序。具体包括：第一，根据突发公共事件的影响程度，确定了采取不同的财政收入政策、财政支出政策以及快速拨付资金等方式进行支持。第二，确立了按照现行事权、财权划分原则，分级负担。属于中央政府事权的，经费由中央财政负担；属于地方政府事权的，经费由地方财政负担。第三，按照“特事特办、急事急办”的原则，及时拨付处置突发公共事件的资金，专款专用，禁止挪用截留。《预案》出台后，各级财政部门也逐步推进应急管理工作的法制化进程，逐步建立健全应急预案以及应急管理的体制、机制，形成了比较完备的应急管理法制体系。经过此次疫情检验，这些体制、机制应对风险反应迅速，尤其在筹集财政资金、协调各级财政统筹预算工作上发挥了积极作用。据财政部 2020 年 3 月 24 日发布的信息显示，截至 3 月 21 日，各级财政共安排疫情防控资金 1218 亿元人民币。其中，中央财政安排 257.5 亿元，基本实现了不因经费问题延误医疗救

① 《突发公共卫生事件应急条例》第二条。

治和影响疫情防控的目标[①]。随着武汉解封，抗击疫情取得阶段性胜利，疫情防控工作进入常态化阶段。4 月 17 日中共中央政治局召开会议强调“加大‘六稳’工作力度，保居民就业、保基本民生、保市场主体、保粮食能源安全、保产业链供应链稳定、保基层运转”。针对财政工作，会议明确要求，“财政政策要更加积极有为，提高赤字率，发行抗疫特别国债，增加地方政府专项债券，提高资金使用效率，真正发挥稳定经济的关键作用”[②]。从中央的常态化防控决策到当前全球肆虐的疫情，突发公共卫生事件的复杂影响、持续危害让我们进一步认识到，应对类似事件不仅仅需要“应急保障”，还需要建立长效防控机制。尤其是作为国家治理的基础与重要支柱的财政，亟待建立健全一整套包含预防、应急、恢复、评价多阶段，涵盖政策支持、资金管理、绩效监督多方面的系统化保障机制，以应对突发公共卫生事件的复杂性、持续性、不确定性和不可预测性等特征，最大限度预防并减轻疫情所带来的负面影响，防止因经济全球化、社会信息化所导致的灾难扩大和加重。

3. 应对突发公共卫生事件的财政保障机制构建原则

3.1 防治结合

“防治结合”强调应对突发公共卫生事件要做到事前预警预防和事中应急处置齐抓，事中救援保障和事后调控恢复并举，而不仅仅是关注和重视事中的应急处置和应急保障。根据危机管理 PPRR 四阶段理论，2P（Prevention 预防、Preparation 准备）比 2R（Response 反应、Recovery 恢复）更为重要。做好 2P，才能搞好 2R；如果没有做好 2P，2R 只能尽人事。这一理念适用于任何一类突发事件，也是应对公共风险的根本原则，只有做好 2P 才能尽可能控制公共风险，避免“公共风险”转化为“公共危机”。新冠疫情在全球的发展再次印证了这一理论。虽然中国政府和民众上下一心，及时采取严格的封城隔离措施，为减缓病毒蔓延争取到了宝贵时间，但某些国家由于麻痹大意和消极应对的态度，白白错过了准备阶段的黄金时机。最终当疫情真正来临时，各种防疫资源的短缺导致的医疗挤兑让经济和社会都付出了更为惨痛的代价。

3.2 筹支并举

财政防控资金的“筹集、支出”管理是突发公共卫生事件应对财政保障机制的核心和关键。防控资金的有效筹集、尽快拨付、规范管理和高效运作，对于降低风险、减少损失、促进恢复发挥着至关重要的作用。随着经济社会发展、人员流动加大，应对突发公共卫生事件的资金需求呈跳跃式增长。此次新冠疫情中，截至 2020 年 3 月 21 日，中央财政已累计安排有关防控资金 257.5 亿元，超过 2019 年中央层级卫生健康支出总预算数

① 中国新闻网，“各级财政已安排疫情防控资金 1218 亿元”，http：//www.chinanews.com/cj/2020/03－24/9136320.shtml.

② 中国人民政府网，“习近平主持中央政治局会议分析国内外新冠肺炎疫情防控形势研究部署抓紧抓实抓细常态化疫情防控工作分析研究当前经济形势和经济工作”，http：//www.gov.cn/xinwen/2020－04/17/content_5503621.htm.

(243.58 亿元)，是 2003 年“非典”防治基金中央支出数额的 12 倍[①]。虽然短时间内筹集千亿元资金是财政应急处置的首要难题，但筹集之后大规模、高强度的资金集中支出也给财政资金使用的安全高效带来重大挑战。回顾我国历次应急救灾资金使用的审计结果，不难发现，我国在应急财政资金使用规范方面，依然存在着各种缺陷与不足。由此可见，财政防控资金的保障机制不仅仅是一个资金供给的问题，同时还应该涵盖预算制度安排、资金拨付标准、财政转移支付、各级政府间财政关系协调、财政监督和绩效评价等一系列问题。尤其应该重点关注保障资金使用的信息公开与预算透明，专门制定科学合理的防控资金绩效管理方案，以有效解决防控资金使用的“紧急性”与“规范性”两难问题。

3.3 纵横协调

经过 SARS，H1N1 流感等突发公共卫生事件，中国目前已经形成了一套覆盖“中央—省—市—县”四级政府的突发公共卫生事件应对管理体系。其对应的四级政府间财政关系既有中央与各级地方政府间的“纵向”财政关系，又包含各级地方政府间的“横向”财政关系。构建突发公共卫生事件应对财政保障机制必须秉持“纵横协调”的原则处理好以下问题：第一，中央与地方政府在应对管理中的事权与支出责任划分；第二，应急性中央转移支付的分配；第三，“对口式”援助的横向转移支付协调；第四，共同事权下，基层地方政府间支出责任的横向分担机制。我国地区间经济水平差异明显，财力不均衡现象由来已久。在当前“地方自救为主和中央补助为辅”的支出分担原则下，地区突发公共事件的管理和协调工作支出主要由地方财政负责，中央财政则主要承担跨区域危害性大的应急管理协调等方面的支出。如果事件突发地区财力不足，防控措施的执行速度和力度都会倍受影响。所以，必须通过动态的纵向分担比例和横向协调机制来提高财政应对保障力度，例如综合考虑事件应急响应的级别高低、受灾地区经济发展程度和政府财力水平等多方因素，分类分级制定具体的分担比例和协调方案等措施。

4. 应对突发公共卫生事件的财政保障机制的构建

结合我国财政体制和公共卫生支出现状，各级政府在突发公共卫生事件应对管理中所承担的财政保障职责可以按照事前、事中、事后三阶段进行划分，具体安排如下（见图 2)：

4.1 事前——预防储备机制

事前预防投入小，事后弥补性投入大是突发事件应对财政保障机制中一直存在的结构性问题。尽管事中与事后的财政支持尤为重要，但坚持“预防为主，补救为辅”的风险管理原则，增加事前预防性储备投入更应是财政保障机制关注的焦点。事前进行预防性储备投入是预防突发公共卫生事件爆发和降低突发事件爆发损失的主要手段。事前财政保障应做到“分散”与“集中”相结合，应着力在以下几方面加大常态化的财政投入：（1）防

① 南方都市报，“疫情中央拨款已超非典 12 倍审计署如何监督 900 余亿央地补助?”，http://news.ifeng.com/c/7u5HAbq0gzY.

图 2 应对突发公共卫生事件的财政保障机制体系

控资金储备投入，多元化资金来源，在各级政府依照预算法规定确保“预备费”提取的基础上，中央财政应积极拓展“应急基金”、保险资金储备，并辅以搭建各种社会捐款渠道等措施。(2) 防控物资储备投入，中央为主、地方为辅，加大传染性疾病防疫所需通用医疗物资储备投入，例如口罩、防护服、救生医疗器械等。(3) 防控产能储备投入，定期摸查应急物资生产企业产能，确保国内应急物资的基本产能安全底线，出台财税政策鼓励企业创新转产技术，做到“平战”自如切换。(4) 防控人才科研储备投入，增加重点疾病、地方病、职业病、鼠疫及传染病防治专项资金和对下转移支付资金投入，确保基层医疗卫生机构人员突发事件应急处理培训的日常工作。(5) 卫生信息网络建设投入，加大对相关医疗卫生单位的专项补助资金和对下转移支付资金投入，建立和完善突发事件监测与预警系统、加强急救医疗服务网络建设。(6) 预防性卫生健康宣传投入，强化群众卫生习惯、健康知识和突发事件应急知识专门教育，革除陋习，做好卫生防疫宣传。

4.2 事中——应急处置机制

公共卫生事件爆发后，考虑到突发事件具有严重的成本负外溢性，如果政府不能及时有效地进行控制，就会造成巨大的社会经济损失。突发公共卫生事件的应急处置在及时性和协同性上对财政保障机制提出了相当高的要求，尤其体现在以下环节：(1) 资金保障方面，由于我国基层财力相对薄弱，省、市级政府牵头协调资金筹集较为及时有效。省、市级政府通过一定规模的专项转移支付来分担下级政府财政支出责任，确保各级地方政府财政支出责任配置与财政收入筹集能力相适应。资金筹集要充分发挥日常应急资金储备的最大潜能，辅以特别国债等应急手段，争取社会各界力量的积极支持，确保防控资金的及时到位。(2) 管理责任方面，应急阶段需要拨付大量资金，各级财政要及时做好预算调整工作，合理安排预算支出结构，优化应急物资采购模式，根据疫情合理分配应急资源与使用应急资金。应急资金优先保障事件受害者救治费用，包括治疗费、药品费、物料消耗费、床位费、特护费等各种直接成本。对无费用承担能力的受害者应当给予免费救治，对事件造成经济损失公共化，以消除事件直接危害或避免受害者做出危及公众利益的个人选择。同时保障事件医护及有关人员补贴，包括医疗卫生人员补助与保健津贴，事件处理贡献人员奖励，工作致病、致残、死亡的人员补助与抚恤等成本支出。与此同时，要加大事件防治的科研支出，鼓励科研机构研制抗疫药物和疫苗。加强资金监督管理，落实资金使用单位和有关负责人的主体责任，适时开展全面预算绩效管理。（3）政策支持方面，根据“急事急办、特事特办”的原则，在应急物资采购、应急支出项目绩效管理等环节，合理开通“绿色通道”，通过电子化信息平台，建立国家统一的应急物资采购供应体系，实现大数据自动化监控，实现对应急增援物资集中管理、统一调拨、统一配送，推动应急物资供应保障更加高效、安全、可控。针对应急支出项目出台便捷版绩效管理措施，在事前项目绩效评估、绩效目标设计环节上予以简化处理，提高应急项目执行效率，争取防控先机。

4.3 事后——恢复重建机制

事后的恢复重建机制必须着眼于长远与长效，财政保障机制应退出“直接处置”模式，进入“间接调控”阶段。地方基层政府承担主要的财政支出责任，负责本辖区内的善后工作。省、市两级政府应当从统筹角度入手，协助县级以下政府清理防控资金，做好信息公开和预算透明，全面开展审计监督工作。中央政府则主要负责精细化财税政策的制定和推广，以尽快恢复正常经济社会秩序，加强民生就业保障，帮扶受损行业企业健康发展，从而消除突发事件的不良影响，降低疫情的损害程度。（1）抓紧落实合理的事后财政补偿、财政监督评价机制。在事后恢复重建阶段，应急管理部门主要针对恢复疫区的各项工作给予财政支持，对受事件影响的个人、家庭提供抚恤金与慰问金，支持企业复工复产、复商复市。根据“统筹安排、突出重点、分类控制”的基本原则，统筹安排补偿资金，一方面，以救助金和慰问金形式，做好人员伤亡和财产损失的个人补偿；另一方面，针对防控中利益受损企业，落实补贴和救济政策，为企业恢复正常生产提供资金支持。对于事中应急防控资金的使用和事后的财政补偿支出要全面开展绩效评价和审计监督工作，必要时可以组织第三方机构独立开展绩效评估，审核和评估结果作为预算安排的重要参考依据，落实项目责任人对项目预算绩效的主体责任。非机密的财政防控资金预算信息和绩效报告应当以专项形式在相应网站公开披露，接受社会舆论监督。（2）从供给端和需求端双管齐下，出台一揽子宏观调控措施，全面促进社会经济尽快恢复正常秩序。突发公共卫生事件对社会经济的破坏力从深度和广度上都不容小觑。财政应当综合运用各种调控手段，实施积极财政政策，促进居民消费，适当增加公共消费、扩大国内需求；支持企业出口转内销，加快出口退税速度，着力帮扶出口企业渡过难关；加快落实各项税费优惠政策，推进减税降费，降低融资成本和房屋租金，提高中小企业生存和发展能力；保持产业链供应链的稳定性和竞争力，促进产业链协同复工复产达产；切实做好民生保障工作，抓好重点行业、重点人群就业工作，要完善社会保障，做好低保工作，及时发放价格临时补贴，确保群众基本生活。此外，公共卫生安全是人类面临的共同挑战，中国在做好国内防控工作的同时，还应携手世界卫生组织等国际机构以及有关国家和地区，有效开展国际联防联控工作，加强国际宏观经济协调，在力所能及范围内为国际社会抗疫提供支持，共同维护全球公共卫生安全。

参考文献：

［1］王伟平，郑明磊，冯敏娜．我国突发公共事件应急资金管理使用的问题及对策研究［J］．经济研究参考，2017（33）．

［2］贾康，刘尚希．公共财政与公共危机——“非典”引发的思考［M］．北京：中国财政经济出版社，2004．

［3］苏明，刘彦博．我国加强突发公共事件应急管理的财政保障机制研究［J］．经济与管理研究，2008（4）：1－10．

［4］石琪琪．财政应急保障机制探讨［J］．中国财经信息资料，2008（20）：20－23．

［5］崔军，孟九峰．我国应急财政管理相关问题研究［J］．财经问题研究，2009（3）：105－109．

［6］冯俏彬．我国应急财政资金管理的现状与改进对策［J］．财政研究，2009（6）：12－17．

［7］李田田，程金辉．我国突发事件应急管理中财政资金现状研究［J］．中国科技博览，2010（22）：213－214．

［8］叶青．应急财政管理［J］．决策，2011（6）：83．

［9］华鉴婷．基于公共财政视角的我国危机应急管理［J］．法制与社会，2009（4）：239－240．

［10］王连珊等．建立财政应急机制应对重大突发事件——从救灾资金管理到关注扩大内需财政资金效益［J］．财政监督，2009（2）：75－76．

［11］李万伟，管泽锋，郑佳．公共财政背景下应急管理保障机制的构建［J］．商场现代化，2009（9）：78．

［12］周小林．应急财政资金的审计监督［J］．财政监督，2010（4）：37－39．

［13］龚璞．试论应急管理体系的财政支撑［J］．武警工程学院学报，2010（11）：44－47．

［14］李宏．我国的自然及其经济成本研究［J］．价格月刊，2010（4）：66－72．

［15］国家审计署．汶川地震灾后恢复重建跟踪审计结果（第2号），2010年1月27日．

［16］赵要军，陈安，戎晓霞．突发事件应急管理中公共财政应急机制探讨［J］．中国管理科学，2006（10）：810－815．

［17］楼继伟．深化财税体制改革，完善公共财政体制［EB/OL］．搜狐网，2005－08－09．

［18］温海滢．论我国突发性公共事务的财政投入方面存在的问题与对策［J］．经济纵横，2006（7）：37－38．

后疫情时代：全球化 or 逆全球化？

刘天琦　翁若宇　李浠平①

1. 引言

2020 年伊始，我国湖北省武汉市爆发了新冠肺炎疫情。在疫情爆发的初期，中央政府果断采取了强有力的防控措施。截至 4 月 24 日，全国 310 个城市确诊病例清零，每日新增确诊保持在 50 人以下，现有确诊人数呈逐日下降的趋势，可以说以武汉市为主战场的全国本土新冠肺炎疫情传播已基本阻断。正当我国本土疫情防控取得阶段性重要成效之际，海外疫情的形势却愈演愈烈，其中以欧美各国最为严重。美国自疫情暴发以来确诊人数已超过 89 万人，死亡超 5 万人，其他欧洲国家如西班牙、意大利、法国、德国和英国均已超过 10 万例（见图 1）。在经济全球化的时代，疫情在世界范围内的爆发必然会对我国的外贸进出口造成了极大的影响。据海关总署统计，以人民币计，2020 年前 2 个月，中国货物贸易进出口总值 4.12 万亿元，比上年同期（下同）下降 9.6%。其中，出口 2.04 万亿元，下降 15.9%；进口 2.08 万亿元，下降 2.4%；贸易逆差 425.9 亿元，上年同期为顺差 2934.8 亿元。

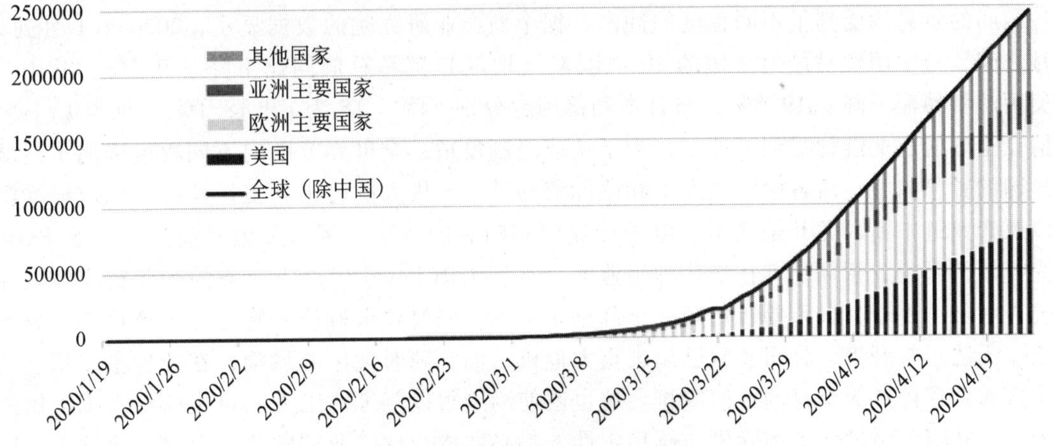

图 1　海外疫情发展趋势：累计确诊

---

① 刘天琦系厦门国家会计学院讲师；翁若宇系厦门国家会计学院讲师；李浠平系厦门国家会计学院讲师。

2. 疫情冲击下的外贸危机：全球分工下的产业断链必然带来贸易断源

在全球分工背景下，疫情引起的长久刺痛是来自全球供应链重组对中国制造的撕裂。因为疫情产生的中国零部件短期断供，引发跨国公司绕开中国企业重组产业链，而当中国大面积复产复工之后，国外需求端受疫情波及被掐断。

新冠疫情造成中国制造业“休克”，供应链和物流链受阻。作为世界工厂，中国制造的些许闪失，全球供应链都会出现巨大的混乱。例如，武汉是此次新冠疫情的重灾区，武汉 50% 的制造业与汽车工业相关，汽车行业也成了这次受疫情影响最大的行业之一（见图 2）。由于病毒疫情造成来自中国的一种零部件“线束”的供应中断，现代汽车因无法开工生产而暂停所有在韩生产线，成为全球首个因疫情带来产业链中断而停产的中国境外车企。Automotive Logistics 指出有消息称德国一家主流车厂的生产也受到影响。又如，2020 年 2 月 11 日柬埔寨制衣厂商会（GMAC）发布通告，由于该国制衣厂和制鞋厂约 60% 原料来自中国，受疫情影响，部分制衣厂和制鞋厂停产 1 或 2 个月。

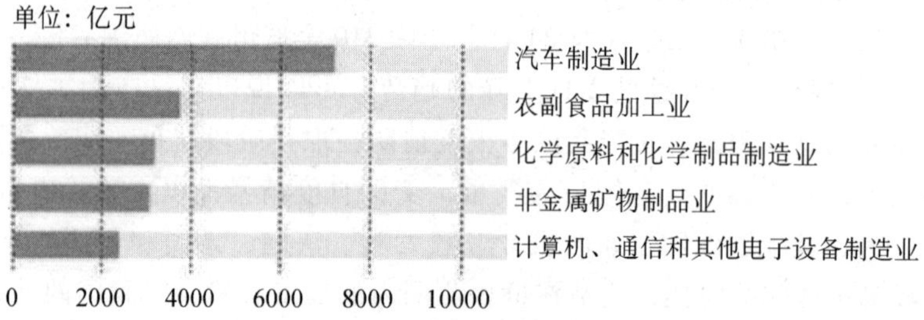

图 2　湖北省支柱产业

资料来源：湖北省经信委。

新冠疫情造成全球产业链“断链”，国际贸易受阻。新冠疫情蔓延全球，中国与世界各国间的贸易均受到了不同程度的冲击。据中商产业研究院的数据显示，2020 年 1 月到 2 月之间，与中国贸易最为密切的 20 个国家（地区）贸易总额同比下降了 9.6%，其中与美国的贸易额下降了 19.6%，与日本和德国也分别下降了 15.3% 和 18.1%（见表 1）。疫情让全球的产业链均受到了冲击，为了快速遏制疫情，全世界范围内不同程度采用了封城封国的紧急措施，给各国实体经济和国际贸易带来了极大的打击，工厂停产、供应链受阻以及产业链中断，尤其是汽车、电子产业面临断裂的风险。例如美国时尚入门手表 Fossil 受疫情的影响，暂停了其在华代加工业务。承接美国 Fossil 代加工业务的东莞精度公司在公告中称，由于其最重要客户现已全部停止下单，同时要求取消或暂停原生产订单，导致工厂无法正常开工，公司经营已出现重大危机，面临随时关停的风险，在公告中，精度公司宣布全厂停产 3 个月的放假安排。这也就使刚刚得以复工的工人们再次面临无工可做的困境。新冠疫情破坏了国际供应链稳定性，势必造成全球产业链破碎，而这又将倒逼中国产业链停摆。

表 1　　2020 年 1—2 月中国进出口贸易总值前 20 国家（地区）

排名	进口原产国（地）/出口最终目的国（地）	1－2 月进出口总值（亿元）	同比增长（±%）
	总值	41237.6	－9.6
1	美国	4225	－19.6
2	日本	2749.5	－15.3
3	韩国	2619.2	－10.8
4	中国台湾	2170.9	－0.9
5	中国香港	2097.6	－19.6
6	澳大利亚	1711.9	－1.4
7	德国	1636.4	－18.1
8	越南	1410.5	10.7
9	马来西亚	1205.3	6.4
10	俄罗斯联邦	1197.1	7.3
11	巴西	1167	－3.3
12	新加坡	867.5	－3.8
13	印度	851.7	－12.4
14	泰国	843.9	－5.1
15	印度尼西亚	776.6	－1.5
16	荷兰	721.5	－11
17	英国	682.9	－23.8
18	法国	573	－21.5
19	菲律宾	529.6	－1.6
20	加拿大	483	－34.9

资料来源：中商产业研究院。

3. 疫情蔓延下的外贸难题：逆全球化风险加速世界经济“脱钩”

随着中央政府采取强有力的防控措施，我国境内的“战疫”取得了阶段性胜利，企业逐步开始复工复产，原本由于疫情冲击造成的产业链中断也逐渐开始恢复。然而，在中国疫情得到控制的当下，中国境外的疫情却开始大范围蔓延，截至 2020 年 4 月 24 日，全球有 209 个国家存在确诊病例，累积确诊高达 264 万余例。在此背景下，从疫情中逐渐走出来的中国承担起了为世界输送防疫物资的重担，因为中国深知这是一场需要全人类共同面对的挑战，只有全球合作才能最终战胜病毒。

那么作为经济全球化最坚定的支持者和积极参与者，中国究竟向世界输送了多少医疗物资？以疫情最为严重的美国为例，据中国海关不完全统计，2020 年 3 月 1 日至 4 月 17 日，中国对美国提供了各类口罩 18.64 亿只，医用及其他手套 2.58 亿双，医用防护服 2919 万套，护目镜 313 万副，有创呼吸机 156 台，无创呼吸机 4254 台。纽约州长科莫在 4 月 17 日的记者会上就表示，纽约州的大量医疗物资都来自中国，“我们需要的口罩来自中国，我们需要的防护服来自中国，我们需要的防护面罩来自中国，我们需要的呼吸机来自中国。我们需要检测药剂也来自中国”。不仅如此，中国外交部4月22日宣布中国政府已经或正在向127个国家和4个国际组织提供包括医用口罩、防护服、检测试剂等在内的物资援助。

然而，中国在疫情期间的表现不但没有受到西方某些政客的称赞，反倒引起了他们对于过度依赖中国制造的顾虑和对本国产业空心化的担忧，这些政客再一次把贸易保护和“逆全球化”的议题推到了舆论的风口浪尖。4月10日，美国白宫首席经济顾问库德洛在接受美国媒体采访时呼吁在中国的美国公司考虑撤离中国，还不忘强调刺激措施：美国政府愿意支付搬家费用。同一天，又爆出呼吁日本企业撤离中国的新闻，报道称日本政府决定拨出20亿美元用以支持日企搬回日本，此外，还有2亿美元的预算用来支持日企撤离中国，迁往其他国家。

事实上，跨国公司试图绕开中国重组产业链，形成国际产业配套的转移替代已不是新鲜事。中美贸易争端以来，全球产业链已经显现出重组趋势，部分企业转移出中国。根据瑞银集团（UBS）2019年2月公布的一份针对日本、韩国和中国台湾企业高管的调研报告显示，参与调研的450位高管中有82%表示所在企业已经或者将要把部分制造业产能迁移出中国大陆（正在转移为46%，将要转移为36%），而新冠疫情的爆发也将加速产业链转移。此外，在疫情冲击下，现代汽车也正在启动应急方法，紧急扩大在国内和东南亚的采购规模，多方位应对，美国苹果公司这样的巨头也在考虑转移部分风险以分散今后遇到突发状况的风险。如果在全球找到了合适的转移替代，其损伤将是不可恢复的。如果疫情防控措施引发跨国公司产业链大规模重组，对我国制造业带来的冲击将比中美贸易争端更加严重，某些行业几十年形成的配套基础一旦流失，将会很难再找回来。

4. 后疫情时代：坚定拥抱“全球化”

战胜疫情的最终胜利绝不取决于第一个走出疫情的国家，它必须由每一个国家的胜利共同构成，要走出疫情导致的全球经济衰退漩涡，就必须进一步破除全球合作的阻碍因素，塑造更坚实的全球产业链，强化全人类面对危机的协作能力（刁大明，2020）。国际贸易就是全球分工的结果，全球的合作需要全球的分工。

疫情过后，世界格局将如何变化引发了社会各界的广泛讨论，有人认为，新冠疫情将使各国进一步认识到全球作为一个经济共同体和命运共同体的重要性，全球化应该成为世界发展的主旋律。相反，也有人对全球化表示谨慎乐观，他们继续强调所谓“逆全球化”，试图开全球化的“倒车”。21世纪以来，民粹主义、民族主义、国家主义逆势袭来，全球化在逆全球化浪潮中艰难前进，多边合作在单边霸权阴影中坚强推进。不可否认，疫情造成的结果揭示了全球供应链的脆弱性，造成了对经济的巨大影响，引发了对全球化的“反冲”。通过这一次疫情西方国家再一次深化了对中国制造依赖的焦虑，开始加速推动本国制造业回流，企图单方面破坏全球化的进程。然而他们却忽略了疫情的发生其实再次表明了人类是一个休戚与共的命运共同体。

笔者认为，这次疫情不会终止全球化进程，疫情也没有改变全球化的基本逻辑。后疫情时代，全球化和全球治理也将迎来新的历史性调整，调整的方向也将更加符合世界各国的发展需要。经此一“疫”，构建人类命运共同体的迫切性将再次凸显出来，而各国应该更加积极的拥抱“全球化”。

参考文献：

[1] 刁大明．后疫情时代要坚决反对“逆全球化”［N］．北京日报，2020－4－22(3)．

新冠肺炎疫情对企业的影响及应对建议

陈艳萍　王心怡　赵柳霞①

1. 问题的提出

2020年年初，一场突如其来的新冠肺炎疫情（以下简称新冠疫情），打乱了人们生活的脚步，扰乱了社会经济的正常秩序。在党中央国务院的坚强领导下，全国人民众志成城、戮力同心、共克时艰，经过两个多月的艰苦奋战，国内疫情防控终于取得阶段性成效并进一步巩固。然而，随着新冠疫情在全球迅速蔓延，使得国内疫情防控形势又在向外防输入、内防反弹转变，从应急管控向常态化防控转变。目前，在常态化疫情防控新形势下经济社会运行逐步趋于正常，生产生活秩序正在加快恢复。此次新冠疫情延续时间长、影响范围广，给全国各行各业的经济活动带来前所未有的冲击。虽然我国各级政府迅速出台诸多政策支持企业复工复产，企业也积极开展自救，但仍然面临诸多困难和挑战。基于此，本文试图通过问卷调查的方式，深入了解企业在新冠疫情期间所遇到的困难，分析新冠疫情对企业造成的影响，提出企业应对不利影响的措施，旨在为企业今后更好地应对此类突发公共卫生事件提供一些有益参考。

2. 问卷调查结果描述

本次问卷，调查范围主要限定于企业，调查对象为企业各级员工。问卷发放时间，自2020年4月5日开始，至4月8日结束，历时4天；问卷发放方式为网络问卷调查法，以问卷星为数据收集平台，通过在微信朋友圈发放问卷，定时回收。截至4月8日问卷调查结束，我们共收集到来自26个省、自治区、直辖市361份问卷。由于部分样本回答不明确且填答时间过短或企业员工人数与营业收入明显不匹配的原因，本次共剔除无效问卷43份，可供研究的有效问卷共318份。另外，经过筛查，我们粗略估计只有极个别被调查者可能来自同一家企业，因此可近似地认为每一位被调查者代表一家企业。

① 陈艳萍系厦门国家会计学院教授；王心怡、赵柳霞系厦门国家会计学院会计专业硕士研究生；本文调研团队为陈艳萍教授、研究生王心怡、赵柳霞、孙爱忠及桑颖。

2.1 样本描述

2.1.1 企业类型以大中型企业为主

按照2017年12月28日国家统计局发布的《统计上大中小微型企业划分办法(2017)》(国统字〔2017〕213号)中的相关规定，依据从业人员、营业收入、资产总额等指标或替代指标，作为划分大中小微型企业的划分标准，本次调查的318份有效样本中，共有212家属于大中型企业，占比为66.67%；106家小微企业，占比为33.33%，见图1。

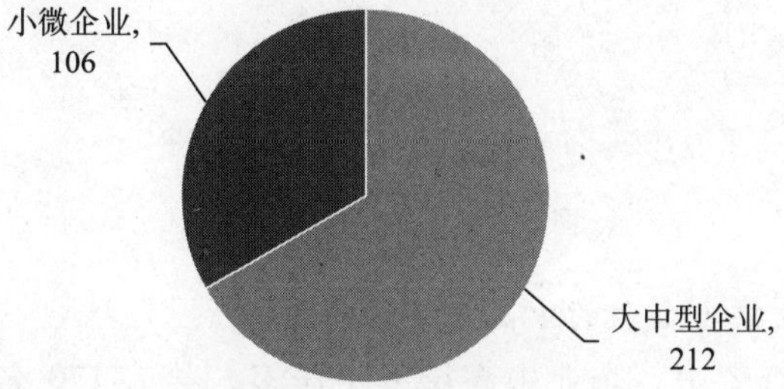

图1 企业类型分布

2.1.2 企业所在行业分布广泛

有效样本中企业所在行业分布居于前五位的行业共计210家，占比66.04%，分别为：建筑施工40家，占比12.58%；商业贸易及服务36家，占比11.32%；金融投资35家，占比11.01%；工业产品生产制造33家，占比10.38%；其他66家，占比20.75%。经进一步联系被调查者后发现，填答其他行业的被调查者中多数来自会计师事务所，如图2。

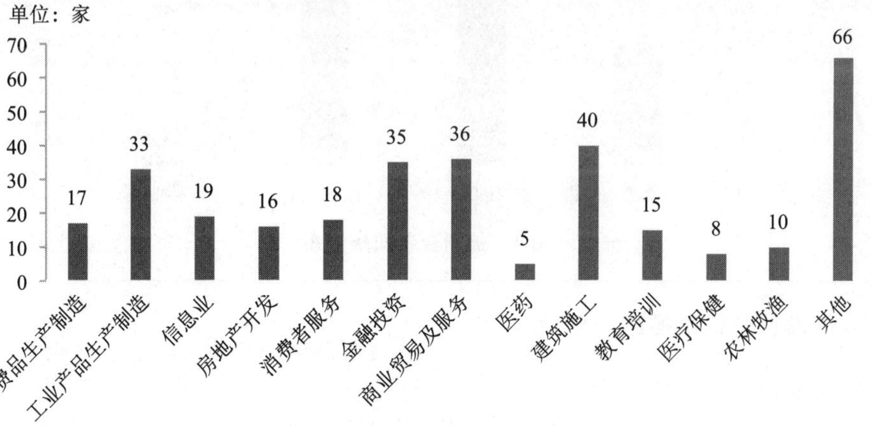

图2 企业行业分布

2.1.3 多数企业的主营业务分布于非疫情重灾区

如图3，被调查者所在企业的主营业务绝大多数（280家）主要分布在国内且位于非湖北地区，占比88.05%；只有少数（33家）企业主营业务分布在湖北地区，占比

10.38%；还有少部分（43家）企业的主营业务分布在国外，占比13.52%，其中25家位于国外疫情严重区，占比7.86%（此题可多选）。

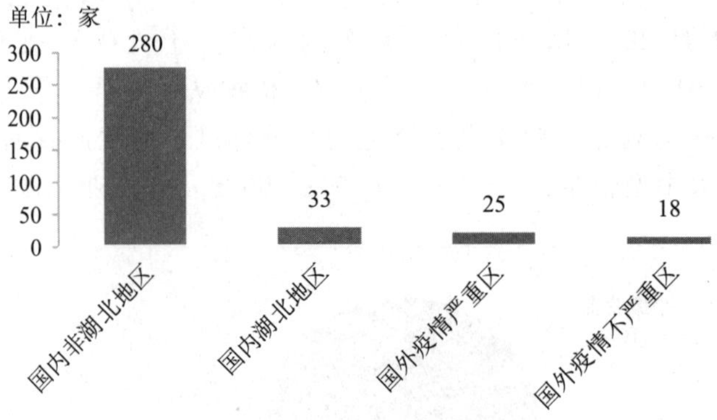

图3 企业主营业务分布

2.1.4 被调查者主要为企业的中高层及普通员工

如图4，本次被调查者中，企业中高层人士居多，共有170名，占比为53.46%，其中中层106名，占比33.33%，高管64名，占比20.13%；同时，企业普通员工居多，共有145名，占比45.60%；还有3位选择了其他，其中1名是个体户老板。

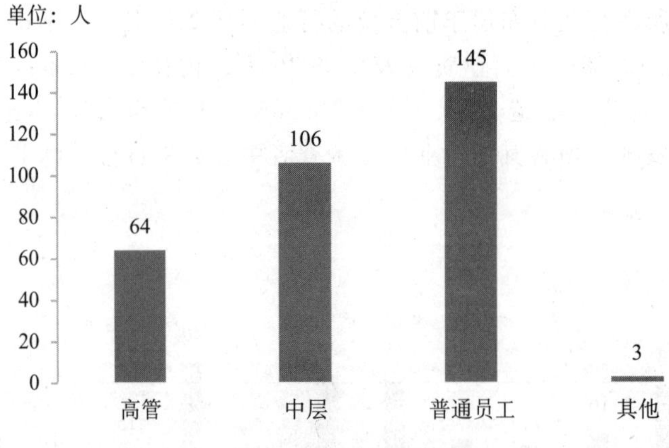

图4 被调查者职级分布

2.2 问卷调查结果描述

2.2.1 疫情对企业的影响

（1）疫情对您企业所处行业发展影响程度有多大？如图5所示，超过五成的被调查者认为此次疫情对企业所处行业的影响严重，其中有11.95%的认为此次影响非常严重，41.51%的认为影响严重；41.19%的认为影响轻微；只有2.20%的认为此次疫情对所在行业没有影响；3.41%的被调查者目前还无法判断疫情对所处行业的影响。

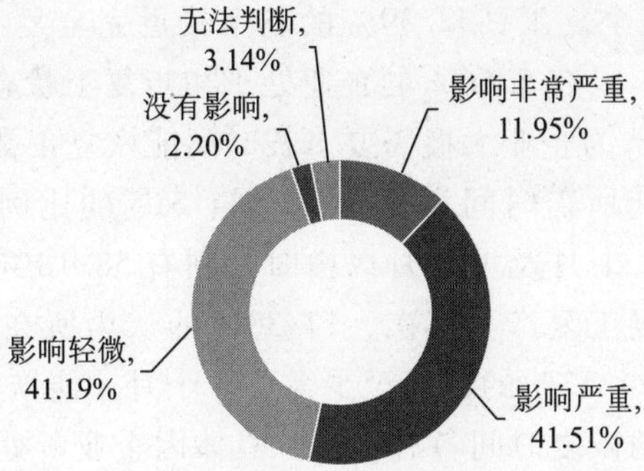

图 5 疫情对企业所处行业的影响程度

（2）此次疫情对您企业目标实现的影响程度？如图 6，聚焦到疫情对企业目标实现的影响程度时，依然有超五成的被调查者认为此次疫情对企业的影响严重，但可以发现疫情对企业所在行业与企业自身的影响稍有区别。其中，11. 01% 的被调查者认为疫情对企业的影响非常严重（与对行业的影响 11. 95% 基本相等），38. 99% 的认为此次疫情对企业的影响较大（略低于行业的 41. 51%）；11. 01% 的认为此次疫情对企业没有明显影响（明显高于行业的 2. 20%），而只有 1. 89% 的目前还无法判断疫情对企业的影响。

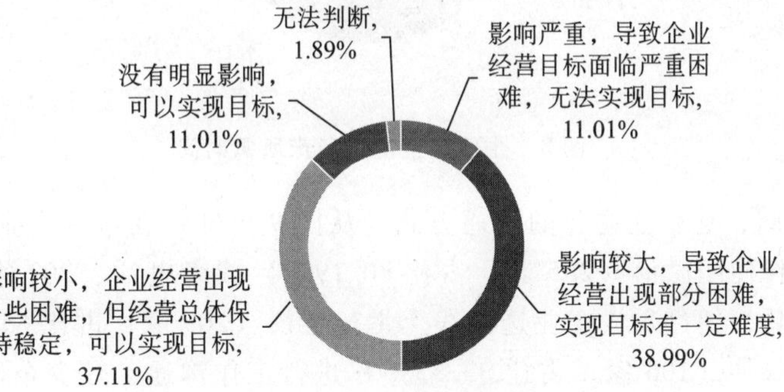

图 6 疫情对企业目标实现程度的影响

（3）您企业目前的复工程度？从图 7 可知，超九成的被调查企业复工程度达到 50% 及

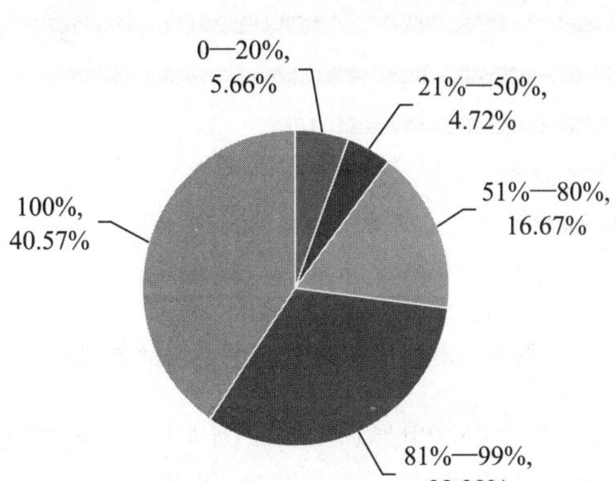

图 7 企业的复工程度

以上，其中40.57%的已完全复工，32.39%的基本接近完全复工的状态，16.67%的已有一半以上达完全复工状态，只有5.66%的企业处于初步复工状态。

（4）复工复产后，您认为企业大概需要多长时间能恢复正常水平？从图8可知，被调查者所在企业完全复工复产所需时间为1周、2周、3周的比例分别为17.30%、8.49%、5.03%，若把时间延长到1个月及1个月以内时，则有58.18%，这表明略高于半数的被调查者认为企业能够完全复工复产。其次，17.30%的认为所在企业需要2个月的时间可以恢复到正常水平，而有24.53%的认为至少需要3个月才能恢复到正常水平。总体而言，不同企业在疫情过后所需的恢复时间各有不同，具体因企业所处行业及企业规模的不同而有所差异。超四成的企业认为需要1个月以上的时间才能恢复，可见本次疫情对企业的影响之巨大。

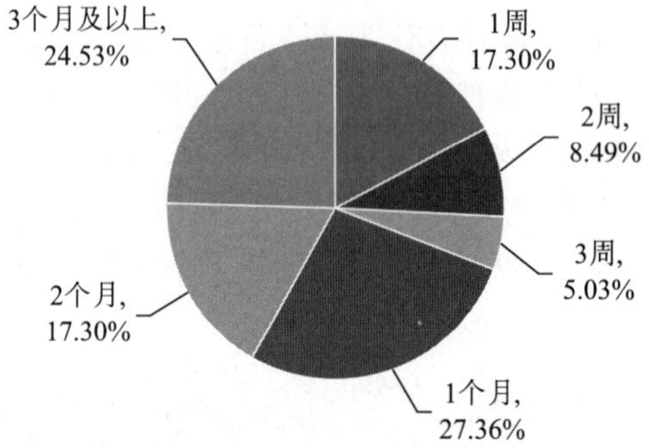

图8 企业完全复工复产所需时间

（5）疫情期间，您企业主要的沟通方式？从图9可知，在被调查企业中，疫情期间，绝大多数企业选择使用微信（255家，占比80.19%）或者电话（202家，占比63.52%）作为办公沟通工具，超过六成企业选择线上举行会议（209家，占比65.72%），有近1/3的企业通过群发邮件（106家，占比33.33%）进行工作沟通，较少企业选择在官网发布（17家，占比5.3%）通知。

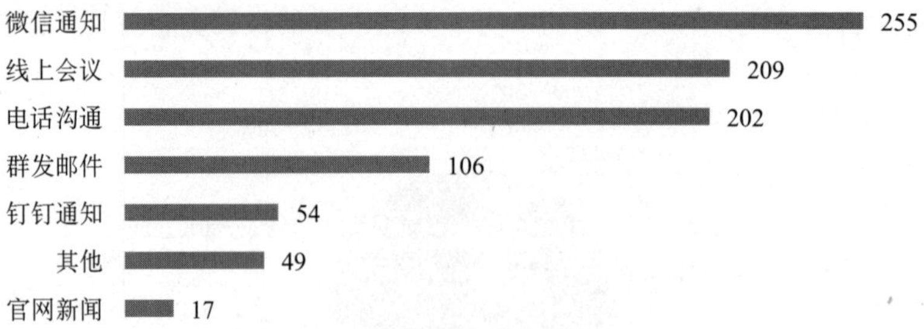

图9 疫情期间企业的主要沟通方式

（6）企业如何确保员工线上办公的效率？如图10，在远程办公期间，半数以上企业（165家，占比51.89%）选择分级监督、层层汇报的方式确保员工的办公效率，近四成企业（120家，占比37.74%）要求员工每日总结汇报，近两成企业选择依据产品或任务质量（56家，占比17.61%）对员工效率进行判断或以不同的方式激励员工（48家，占比15.09%），也有两成多企业认为企业文化能够促使企业员工认真工作（75家，占比23.58%），无须采用额外的方式对员工的效率进行监督。

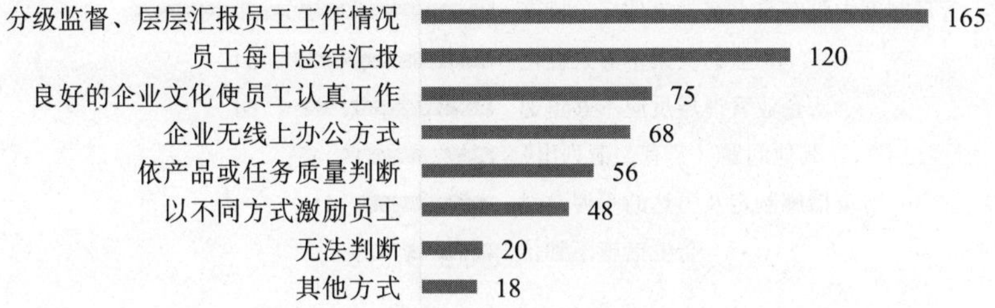

图10 企业确保员工工作效率的方式

（7）受疫情影响，您认为企业面临的主要困难？如图11，疫情期间，被调查企业市场订单减少、生产经营成本高、现金流短缺是其面临的三大主要问题，近三成企业存在客户流失（90家，占比28.3%）、职工无法及时复工（84家，占比26.42%）、工资支付压力大（77家，占比24.21%）、租金固定成本高（58家，占比18.23%）的困难，少部分企业存在贷款偿还压力增大（57家，占比17.92%）、违约风险加大（45家，占比14.15%）、上游供应商供应困难（44家，占比13.84%）、招工困难（42家，占比13.21%）、防疫物资不足（39家，占比12.26%）、融资难度加大（39家，占比12.26%）等困难；在其他选项中，有企业提到存在员工出差行程受阻、就餐选择减少、工程企业无法开工等问题。总之，疫情确实给企业的各方面带来极大的负面影响。

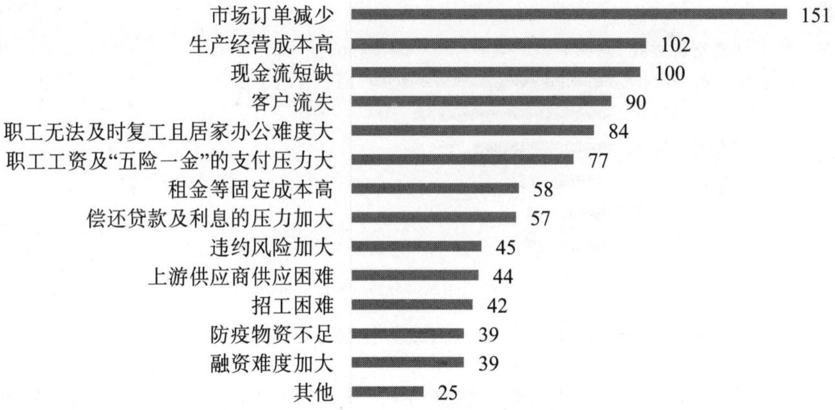

图11 企业面临的主要困难

（8）您认为本次疫情期间企业表现出哪些不足？从图12可知，此次疫情期间，有近半数企业的办公信息化（包括财务信息化）程度不高（144家，占比45.28%），超三成企业的管理制度中没有重大突发事件应急措施（110家，占比34.59%），有两成多的认为企业的决策不够人性化（64家，占比20.12%）或管理层反应不够迅速（64家，占比20.12%），少部分存在防疫措施制定不到位（27家，占比8.49%）或下达不够及时的情况（41 家，占比 12.89%），还有的提出企业存在疫情期间降薪严重、防疫物资储备不足、市场转型慢、未能开展线上业务等问题；同时有部分认为企业反应快速、工作效率高。

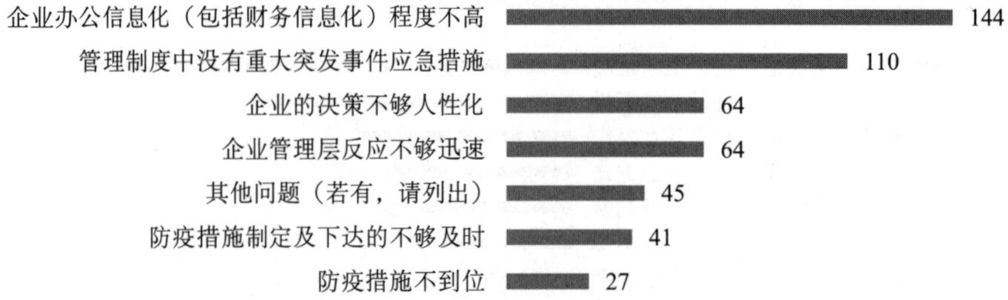

图 12　企业存在的不足

2.2.2　企业的应对措施

（1）您的企业是如何应对现金流短缺的？从图 13 可知，在应对企业因疫情影响可能出现的现金流短缺问题上，四成多的企业选择采取贷款的方式来解决（133 家，占比 41.82%），近 1/3 的企业采取股东资助方式（93 家，占比 30.19%），有 1/3 以上的企业会采取延迟支付货款以及减员降薪的方式（二者合计 113 家，占比 35.53%），还有部分企业采取政府补助（61 家，占比 19.18%）、流动资产变现（35 家，占比 11.01%）或引入新股东（15 家，占比 4.72%）等来应对企业现金流短缺问题，只有极少数的企业会采取停产歇业的消极应对措施。

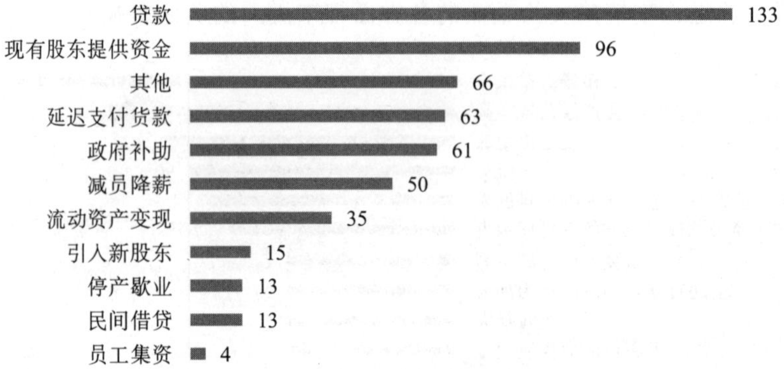

图 13　企业应对现金流短缺的方式

（2）企业已采取的疫情应对措施。如图 14，大多数被调查企业在疫情期间均采取了较为积极的应对措施，其中向员工发放防疫物品、对工作场所进行消毒灭菌处理、每天报告员工健康状况等措施的使用率达到 80% 以上。逐步复产复工、在线远程办公及制定突发应急方案等措施的使用率也达到 50% 以上。还有一些采取实行轮岗轮休或弹性工作机制（37.42%）、及时调整业务规划（33.65%）、开展线上业务、调整企业主营业务、加快线上转型或研发新产品等措施加以应对。

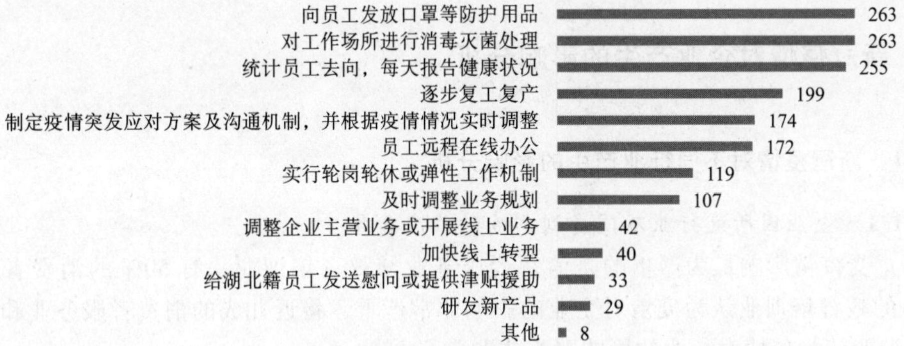

图 14　企业已采取的应对措施

（3）疫情期间，企业做了哪些防疫宣传？如图 15，绝大多数企业较为重视防疫知识宣传，其中，微信推文和群发防疫知识等措施的使用率均达到 79% 以上，分别为 252 家；有 166 家采取鼓励员工互相分享防疫知识的措施，使用率已达到 52.20%；也有部分（46 家）企业愿意付出一定的成本请专家线上讲座普及防疫知识，占比 14.47%。由此可看出企业对此次疫情防控的高度重视。

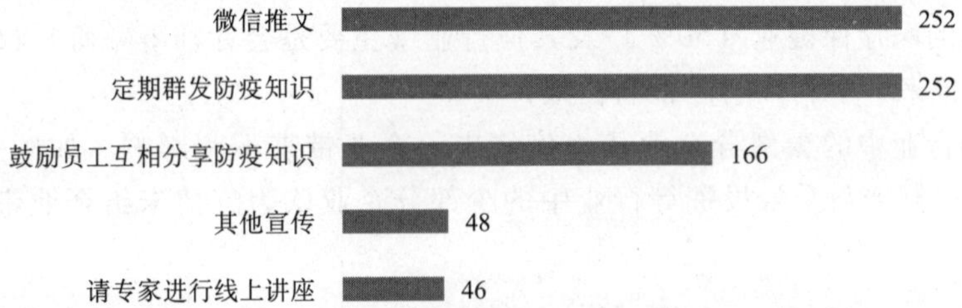

图 15　企业防疫宣传的方式

（4）今后您企业需要如何应对以将疫情带来的不利影响降到最低？如图 16，疫情期间，大多数企业也在思考进一步采取应对突发事件的预防措施，其中梳理完善内部管理制度，增加或完善重大突发事件应对机制成为其首选，有 180 家，占比 56.60%；其次选择通过调整企业经营策略的有 159 家，占比 50.00%；选择通过开展线上相关知识培训、企业数字化转型及利用大数据赋能等分别有 139 家、125 家和 100 家，占比分别为 43.71%、39.31% 和 31.45%；另外，有接近半数的（143 家，占比 44.97%）希望企业能够落实好政府扶持优惠政策，以及时应对突发公共卫生事件给企业带来的影响。

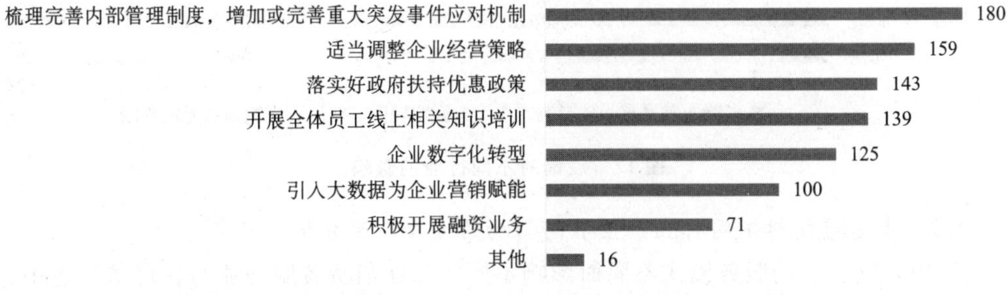

图 16　企业今后将采取的措施

3. 新冠疫情对企业产生的影响分析

3.1 新冠疫情对不同行业产生的影响分析

3.1.1 企业因所处行业不同受到影响的程度各异

（1）受疫情影响最为严重的是消费者服务业与教育培训业。有50%的消费者服务业与40%的教育培训业认为疫情对企业的影响非常严重，将近九成的消费者服务业和六成的教育培训业认为疫情对行业的影响严重或非常严重；

（2）受疫情影响较为严重的是房地产开发、消费品制造业与商业贸易及服务业等。约有六成的房地产开发（62.5%）、医药行业（60%）、消费品制造业（56.82%）、金融投资业（55.79%）、商业贸易与服务业（55.55%）和建筑施工业（55%）认为疫情对企业的影响较为严重；

（3）受疫情影响严重的是近五成的工业产品生产制造业（48.48%）和信息业（47.37%）；

（4）受疫情影响轻微的是农林牧渔业、医疗保健及其他。有七成的农林牧渔业（70%）、五成的医疗保健业（50%）及其他行业（主要是会计师事务所）（50%）认为疫情虽然给企业带来了不利影响但影响轻微；

（5）个别行业中的少部分企业认为疫情未给企业带来不利影响。如医疗保健、信息业、消费品生产制造与金融投资等行业中的少部分企业认为疫情未给企业带来负面影响。如图17所示。

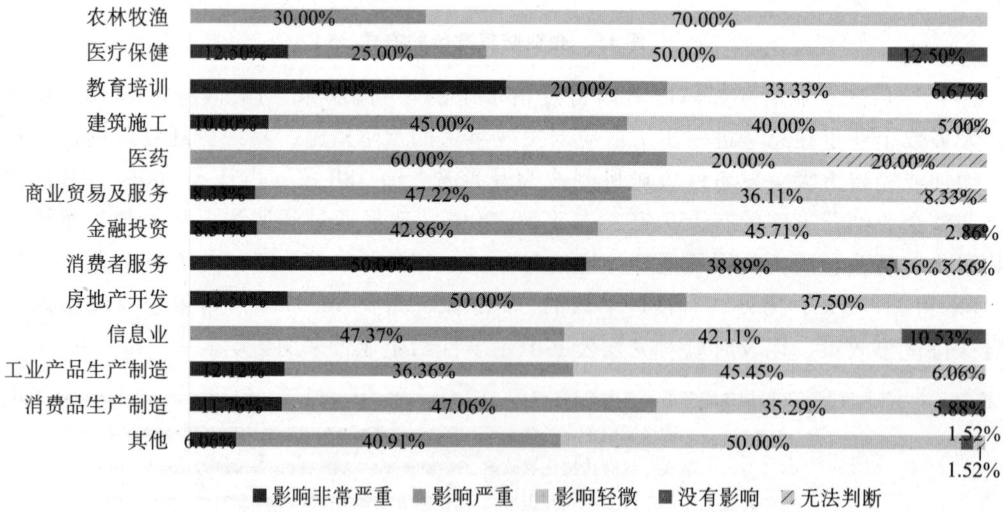

图17 疫情对不同行业的影响

3.1.2 新冠疫情对不同行业产生不同影响的主要原因分析

（1）因不同行业的服务模式不同而影响不同。如在消费者服务业与教育培训业中，大部分企业依赖于线下服务及客户的到店消费，疫情期间的居家隔离使其无法开展业务，导致影响最为严重；因海外疫情的大幅扩散，将在短时间内明显抑制常规的线下经济活动，对商业贸易及服务业、金融投资业、房地产行业、建筑施工业等均产生较大影响；而对于信息互联网等行业，很多业务是线上进行，故受疫情影响较小，由此也促使一些企业加快信息化及线上业务的进程。

（2）因疫情对特殊行业产生的特殊需求而影响不同。如因疫情爆发导致对医疗物资的需求出现爆发式增长，特别是口罩、酒精、呼吸机、防护服等防疫物资的需求给部分生产厂家带来大量订单与生产压力，对其影响甚小；另外，疫情防控居家期间因大家主要依赖电视、手机等智能设备进行休闲娱乐活动，这一需求给互联网娱乐行业不但没有带来太大不利影响反而带来新的业务增长，如此等等，不一而足。

所以，因企业的行业性质、业务模式与消费群体的差异，使得企业在疫情期间遭受的影响也大不相同。

3.2 新冠疫情对不同类型企业产生的影响分析

3.2.1 大中型企业与小微企业疫情期间面临的困难各有不同

（1）市场订单减少、现金流短缺、客户流失大及无法及时复工且居家办公难度大是疫情对企业影响最大的4个问题。其实，所有企业不论规模大小，受疫情影响都会面临各种各样的困难，但上述4个问题是企业面临的主要且共同的难题。从图18可知，在被调查者所在的企业中，不同类型的企业面临此类困难的比重极其相似。大中型企业分别为46.23%、31.13%、26.89%和25.94%，小微企业分别为50.00%、32.08%、31.13%和27.36%。

（2）在融资难度、招工难度、偿债压力加大及生产经营成本增加的问题上，大中型企业面临此类问题的比重较高于小微企业。从图18可知，在上述困难上，大中型企业分别为26.53%、28.57%、19.81%和35.38%，小微企业分别为12.26%、13.21%、14.15%和25.47%。这可能与目前政府的一些扶持政策倾向于小微企业有关。

（3）在租金等固定成本高、职工薪酬支付压力大的问题上，小微企业的比重较高于大中型企业。出现这些差异的原因可能在于，大中型企业规模大、员工数量多且流动性大、所需的营运资金及融资规模也较大，因此，对融资能力、人力资源、偿债能力、稳定生产经营等企业发展的重要且长期的问题较为关注。而对于小微企业来说，渡过眼前的难关生存下去才是最为紧要的，于是租金等固定成本以及职工最为关注的薪资问题便成了亟须解决的“烫手山芋”。

3.2.2 大中型企业承受能力强于小微企业

（1）大中型企业营业收入受影响程度小于小微企业。从图19可知，大中型企业的营业收入受疫情的影响程度小于小微企业。27.36%的大中型企业在10%及以下，大于小微企业的23.58%，说明营业收入受疫情影响较小的大中型企业明显多于小微企业；企业营业收入受疫情影响达50%以上的大中型企业为5.19%，显著小于小微企业的11.32%，说明受疫情影响程度较大的大中型企业数量明显少于小微企业。其原因可能在于大中型企业获取收入的能力要明显强于小微企业。

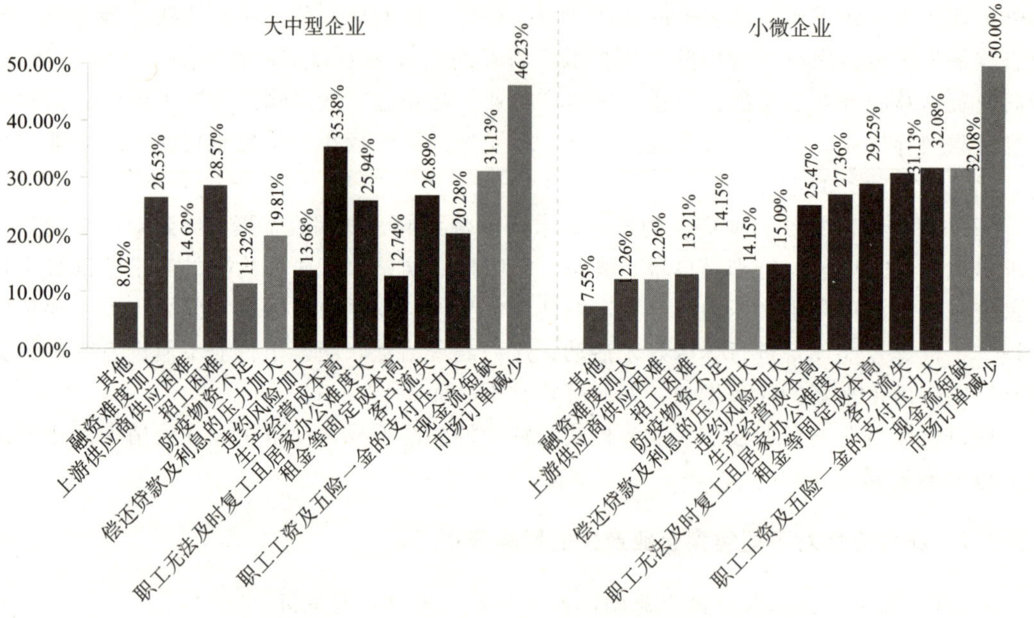

图 18 不同类型企业在疫情期间面临的困难

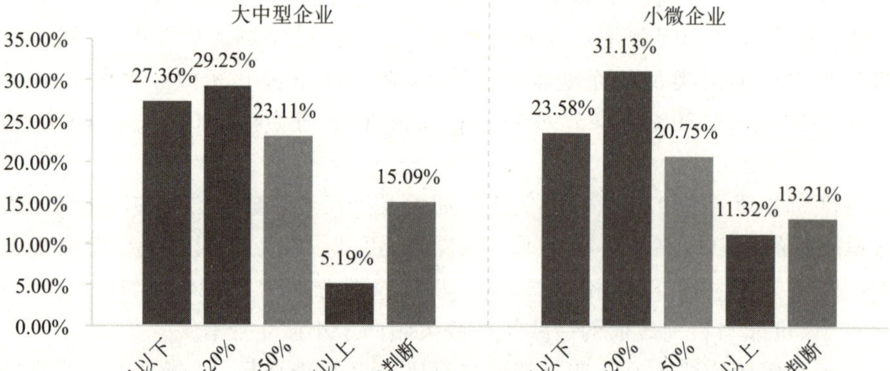

图 19 不同类型企业的营业收入所受影响

（2）大中型企业的现金流支撑能力高于小微企业。从图 20 可知，小微企业中有 53.77%的企业现金流只能够维持企业生存 6 个月及以下，大中型企业对应的数值为 40.56%，明显低于小微企业，说明短期内大中型企业的现金流较为充足；过半数的大中型企业（51.88%）在面对疫情等突发事件时能保证其在无外部融资的情况下，存活至少半年，小微企业对应的数值为 48.96%；长期来看，25.94%的大中型企业现金流能够维持企业 1 年及以上，只有 13.21%的小微企业能够依靠现金流存活 1 年以上。

3.2.3 短期来看，大中型企业复工复产能力优于小微企业，中长期无明显差异

从图 21 可知，被调查企业复工复产后完全恢复到正常水平所需时间为 1 周、2 周或 3 周时，大中型企业分别为 18.40%、9.90%、5.20%，略高于小微企业的 15.09%、

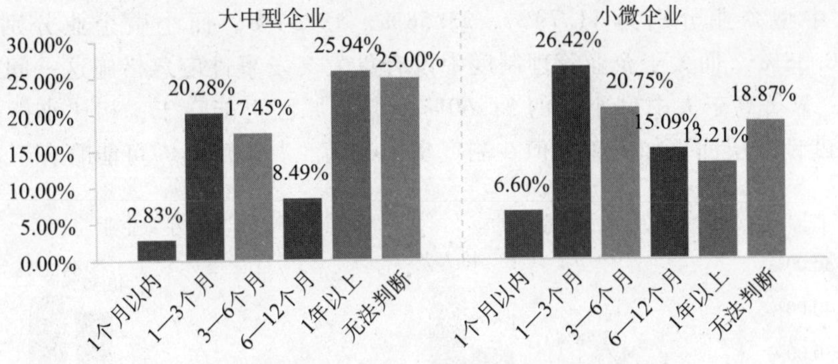

图 20 不同类型企业的现金流所受影响

5.67%、4.72%；认为复工复产后能在1个月及以内完全恢复到正常水平时，大中型企业、小微企业分别为58.02%、58.5%，二者基本持平；有66.50%的大中企业认为复工复产后需要1个月及以上时间可以完全恢复到正常水平，而小微企业为74.52%。可见超过半数以上的企业不分规模大小，都具有在1个月内及以上完成复工复产且恢复到企业正常水平的能力。但若以3周为界进行细分时，有33.5%的大中型企业能够在3周内复工复产且恢复到企业正常水平，而相应的小微企业只有25%。由此可见，短期内大中型企业复工复产后完全恢复到正常水平的能力显著高于小微企业，中长期来看小微企业需要更多的时间才能达到大中型企业复工复产后完全恢复到正常水平的能力。究其原因主要与不同类型企业的组织管理水平及应对风险能力的不同有关。

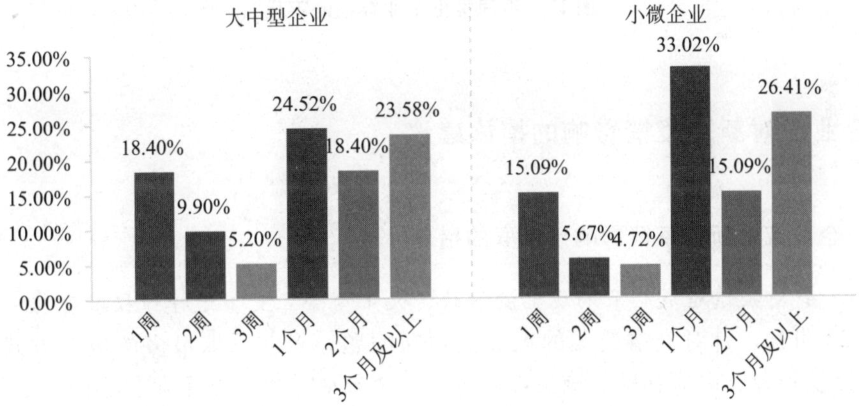

图 21 不同类型企业复工复产后恢复正常水平所需的时间

3.2.4 多数企业于疫情期间反映出信息化程度不高的问题

因新冠疫情突如其来，大部分企业没有防备，由此暴露出企业存在这样那样的问题。由图22可知，疫情期间，企业办公信息化（包括财务信息化）程度不高，是不同类型企业普遍存在的最主要问题，其中大中型企业高达45.75%，小微企业44.34%；另外，不同类型的企业中均有约20%的企业认为，存在管理层反应不够迅速的问题。但在其他几个问题上，不同类型企业则体现出了较为明显的差异。在认为企业存在防疫措施制定及下达不及时、决策不够人性化以及防疫措施不到位这3类问题上，大中型企业显著高于小微企业，其中大中型企业分别为 11.79%、23.58%、19.34%，而小微企业分别为 8.16%、13.21%、10.38%。而关于企业管理制度中没有重大突发事件应急措施这一问题，小微企业 40.57%，显著高于大中型企业的 31.60%。究其原因可能在于，相比小微企业，大中型企业在制度设计层面更加完善，但在制度实施层面，其实施效率可能略有不及。

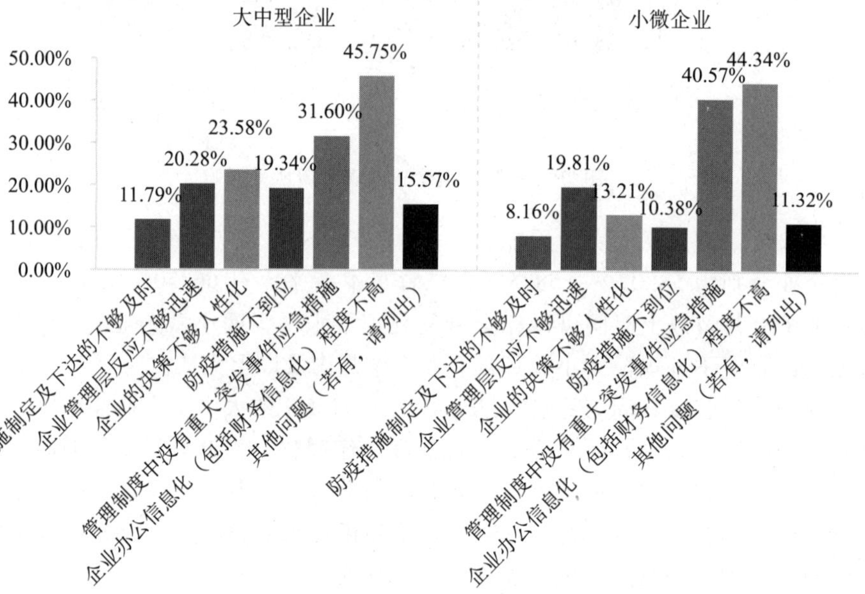

图 22　不同类型企业存在的不足

4. 企业应对新冠疫情影响的措施建议

4.1　企业应对新冠疫情影响已采取的措施

4.1.1　针对疫情造成企业的现金流短缺，大中型企业更多选择债权融资

从图 23 可知，针对疫情造成的现金流短缺问题，企业采取最多的应对方式是贷款、现有股东提供资金、政府补助、减员降薪等。具体来讲，大中型企业与小微企业的应对方式存在明显差异。大中型企业应对现金流短缺的方式依次是，贷款（46.7%）、现有股东提供资金（24.06%）、政府补助（22.17%）、延迟支付货款（22.17%）、减员降薪（15.57%），在其他选项中，还有采取发行债券、积极催收债券回笼资金等（23.11%）；而小微企业的选择依次是，现有股东提供资金（42.45%）、贷款（32.08%）、政府补助（16.04%）、减员降薪（16.04%）、延迟支付货款（15.09%）。二者最显著的区别在于，首选的应对方式不同，大中型企业更多选择贷款这种债权融资方式，小微企业更多通过现有股东提供资金这种股权融资方式。究其原因，可能是因为对大中型企业来讲，债权融资具有税盾效应可以减少资本成本，调节公司资本结构且保障公司的控制权；对小微企业来讲，相比于大中型企业，其对用款的时效性要求更高，与传统银行审批贷款流程存在时效

的错配，且小微企业因规模较小，其财务报表、信用评级等不如大中型企业规范，不易得到银行和投资者的信任。即使国家一直出台政策帮扶小微企业融资，但小微企业仍然存在融资困难的问题，所以首选股权融资。

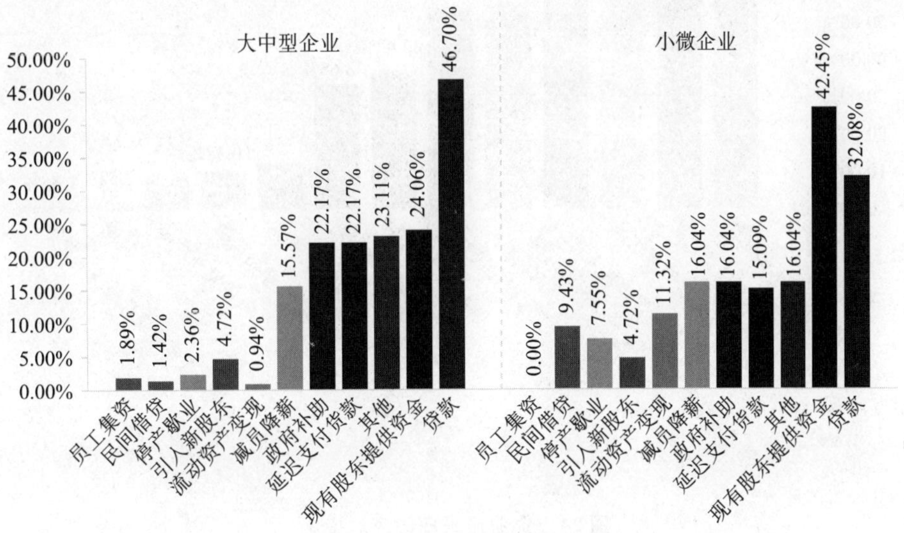

图 23　不同类型企业应对现金流短缺的方式

4.1.2　疫情初期，企业已采取多种积极措施应对疫情带来的不利影响

针对突如其来的疫情，疫情初期，企业采取了多种措施积极应对疫情带来的不利影响。具体包括：统计员工去向，每天报告健康状况；员工远程在线办公；对工作场所进行消毒灭菌处理；向员工发方口罩等防护用品；制定疫情突发应对方案及沟通机制，并根据疫情情况实时调整；逐步复工复产；及时调整业务规划；实行轮岗轮休或弹性工作机制；加快产品线上转型；研发新产品；调整企业主营业务或开展线上业务；给湖北籍员工发送慰问品或提供津贴援助等 12 项应对措施。如图 24 所示，短期来看，企业采取应对疫情的措施是积极有效且迅速的，超过八成企业采取包括向员工发放防护用品（82.7%）、对工作场所进行消毒灭菌（82.7%）、统计员工去向（80.19%）等措施；超六成企业采取逐步复工复产（62.58%）措施；超五成企业采取员工远程在线办公（54.72%）、制定疫情突发应对方案及沟通机制，并根据疫情情况实时调整（54.09%）的措施；超三成企业及时调整业务规划（33.65%）、实行轮岗轮休或弹性工作机制（37.42%）。但从中长期来看，大多数企业还未采取行之有效的长效应对机制，如仍有四成多企业尚未开始建立诸如制定疫情突发等应对机制、有六成多企业未及时调整业务规划；有九成多企业尚未采取加快产品线上转型、研发新产品、开展线上业务等长期应对举措。随着国内疫情的有效控制，复工复产的逐渐恢复，企业应采取中长期措施降低疫情带来的不利影响。

4.2　企业应对疫情采取的长效机制建议

在国内疫情已进入常态化防控的新形势下，企业经济活动已逐渐恢复，除采取一些常规的应对机制外，企业还应采取一些关键的长效机制，以将疫情对企业的不利影响降到最低。

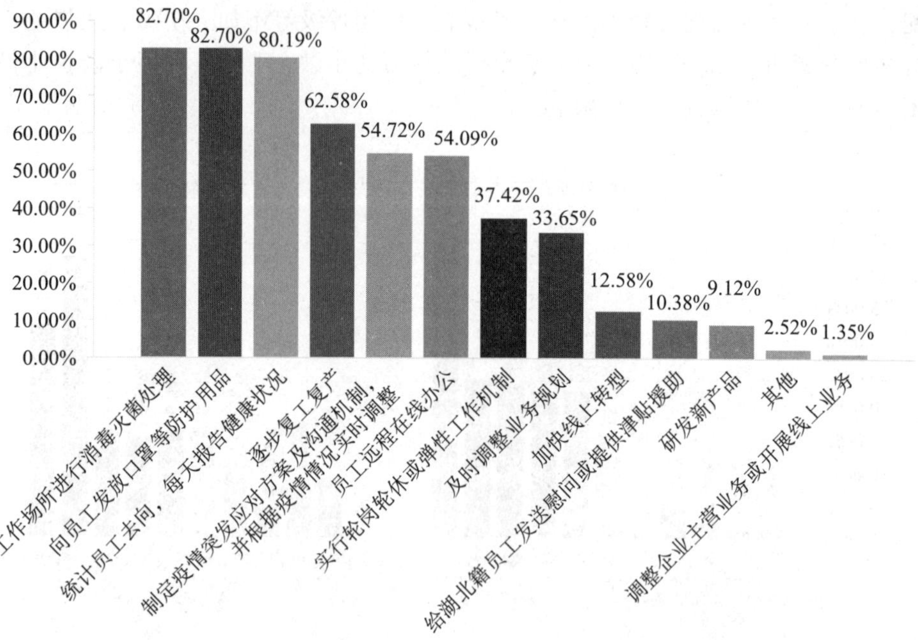

图 24　企业已采取的应对措施

4.2.1　拓宽企业业务范围与全产业链布局

此次疫情对整体经济、不同行业、不同企业均产生了前所未有的负面影响，无论是大中型企业还是小微企业都因疫情的原因面临市场订单减少的压力，特别是外贸企业，因海外疫情的迅速蔓延，使得许多外贸企业订单迅速被取消，又由于国内外消费端的恢复相对缓慢，未来企业市场订单可能存在进一步下降的可能性（范璐媛，2020）。也有些企业可能在疫情之前就隐藏了类似的问题，疫情只是加快了问题的爆发速度。在国内外市场需求因收疫情影响不断减少的现实条件下，企业应该从长计议，可通过拓宽自身业务范围，积极挖掘新机会来解决某些产品订单减少的问题，如外贸企业可采取转产内销的思路；同时还可以考虑拓宽现有业务的产业链，向产业链的上下游扩张，实现全产业链布局，从而降低产品的成本，在行业内争取话语权，提高市场占有率以弥补外部需求不足的问题。

4.2.2　提高企业办公信息化水平

疫情的爆发，从侧面反映出被调查企业信息化程度依然不高的现状，仍有半数以上企业尚未实现办公信息化（包括财务信息化）。信息化建设是指将计算机技术应用到企业的各个层面，通过信息技术系统对企业进行全面管理，其能够帮助企业将标准化、重复性的工作实现由“人治转向法制”，提升企业的核心竞争力与增加经济效益（余芳，2018）。要想实现企业的信息化管理，首先，企业的高层必须认识到信息化管理的重要性，不仅是审批同意购买信息化系统，还应该亲自参与设定企业的信息化管理目标、要求和流程模式；其次，各部门应当明确自身在流程中所发挥的作用与所需完成的工作，企业信息化建设需要所有部门相互合作、互相融通，才能搭建较为完整有效的信息化系统，实现数据共享，管理协同；最后，企业应该依据政府的引导以及自身的内在需求，有重点、有计划、有选择地实施信息化建设，不断提高企业办公信息化水平（张治国，2016）。

4.2.3 建立健全企业应对重大突发公共事件的应急预案

此次疫情一定程度上反映出大部分被调查企业的管理制度中存在应急管理制度欠缺陷的问题。因此，针对疫情期间暴露出的一些问题，企业应高度重视，重新梳理完善内部管理制度，预设分析已知和未知风险，在进行内部管理制度设计时，应将此类突发公共事件考虑在内，建立完善企业风险管理体系，特别是应建立健全企业应对重大突发公共事件的应急预案，并针对此类事件设计事前预测、事中应对以及事后恢复的预案，并设置专职机构等（杨艺丹，2018）。尽管突发公共事件具有不可避免的紧急性、突发性和不可预测性，但通过有组织、有计划的预案设计，应急措施的模拟实施以及危机意识的强化训练等方式，能够在一定程度上提升对突发事件的敏感度，并迅速制定有效、人性化且高保障的应对措施，最大化地降低突发公共事件给企业造成的不利影响。

4.2.4 高度重视突发事件之后的总结和反思工作

相比于2003年的“非典”，在防控新冠疫情的决策部署上，党中央、国务院制定了令全世界为之震惊的迅速、有效且果决的应对措施。在一定程度上反映出，这是2003年抗击“非典”的经验起到关键性的借鉴作用。同理，各类型企业也应该在此次疫情中学习和积累经验，在疫情之后，各类型企业应该对此次疫情期间企业所体现出的不足进行总结与反思，并有针对性地进行改进，进一步树立危机意识、风险意识，突破突发事件的学习障碍，在不断地总结和反思中使企业应对重大突发公共事件的能力得到质的提升。

5. 结束语

通过本次问卷调查与结果分析，我们对企业在疫情期间所面临的困难与不足有了更加深入的了解和认识。希望通过本文的分析能对企业更好的应对重大突发公共事件有一定的借鉴意义，使企业能够通过自身采取的应对措施与政府提供的各种帮扶政策顺利度过此次难关。

参考文献：

[1] 范璐媛．复工按下“快进键”：生产端复苏九成供应链承压较大［N］．证券时报，2020年4月7日．

[2] 余芳．大数据背景下企业信息化建设的困境及对策［J］．黑龙江工业学院学报，2018（8）．

[3] 张治国．企业信息化建设怎么融合推进［J］．信息化建设，2016（3）．

[4] 杨乙丹．中国应急管理组织体系的反思与重构［J］．危机管理研究，2018（5）．

新冠肺炎疫情对就业的影响及应对措施

袁政慧[①]

1. 引言

在《习近平新时代中国特色社会主义思想学习纲要》中，习近平总书记指出，就业是最大的民生工程、民心工程、根基工程。2019 年底 2020 年初突发的新冠肺炎疫情扰乱了我国的正常经济秩序，给我国的经济发展带来了冲击，也对就业问题造成了直接的影响。2020 年 2 月 10 日，习近平总书记在北京调研指导新冠肺炎疫情防控工作时强调，越是发生疫情，越要注意做好保障和改善民生工作，特别是要高度关注就业问题，防止出现大规模裁员。2020 年 3 月 17 日，国务院总理李克强主持召开国务院常务会议，部署深入推进“放管服”改革，培育壮大新动能，促进稳就业。会议指出，按照党中央、国务院决策部署，统筹推进疫情防控和经济社会发展，做好“六稳”工作，必须把稳就业放在首位。2020 年 4 月 17 日，在第一季度 GDP 的数据公布之后，中共中央政治局会议首提六个“保”，并将保就业放在了第一位。

2. 新冠肺炎疫情影响下的就业形势与复工复产现状

2.1 全球经济下行对就业的影响

突如其来的新冠肺炎疫情带给全球的不仅是公共卫生和全球经济的双重危机，还造成了包括美国、欧盟、日本、中国等世界主要经济体的失业问题。本文将分析上述经济体的 GDP 及失业率的情况（如图 1 至图 8 所示）。其中，各经济体 2020 年 GDP 的数据为第一季度的数据，其他年份为全年数据。

---

① 袁政慧系厦门国家会计学院“一带一路”财经发展研究中心副教授。

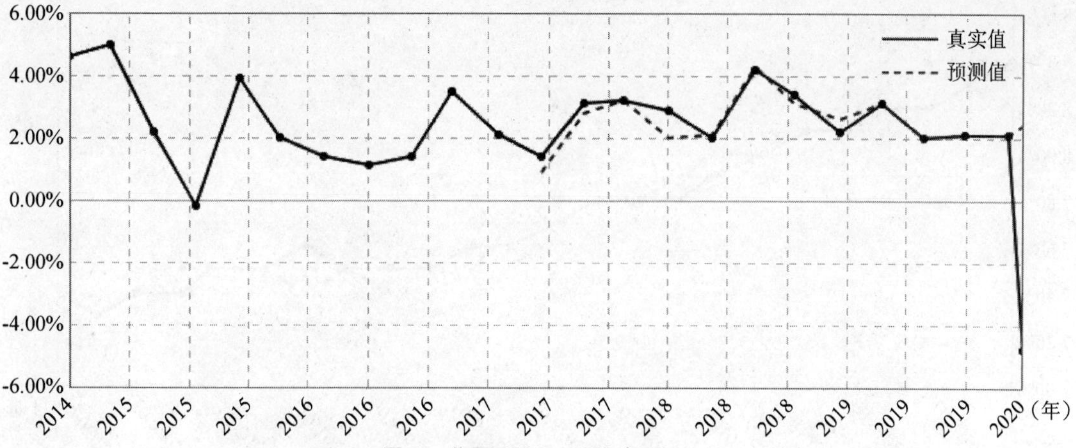

图 1　美国 2014—2020 年 GDP

资料来源：美国商务部经济分析局。

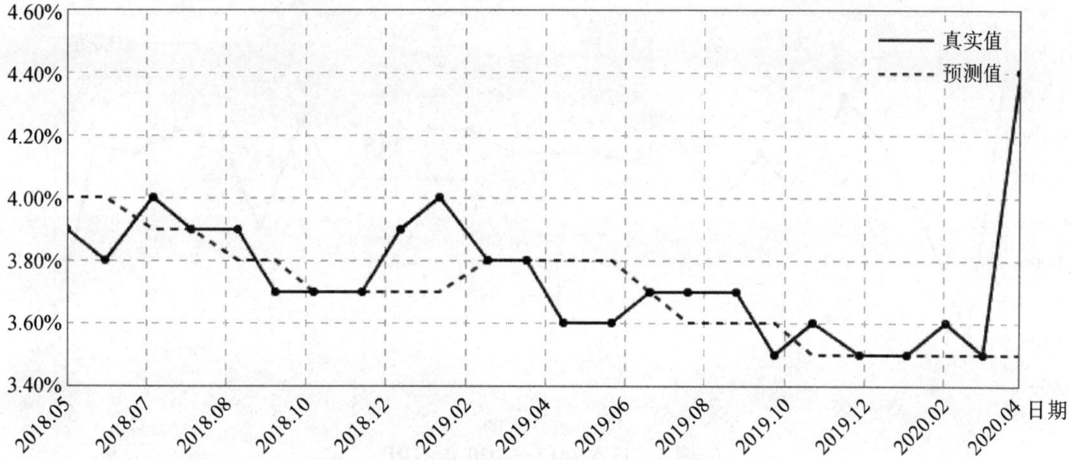

图 2　美国 2018 年 5 月—2020 年 4 月失业率

资料来源：美国劳工统计局。

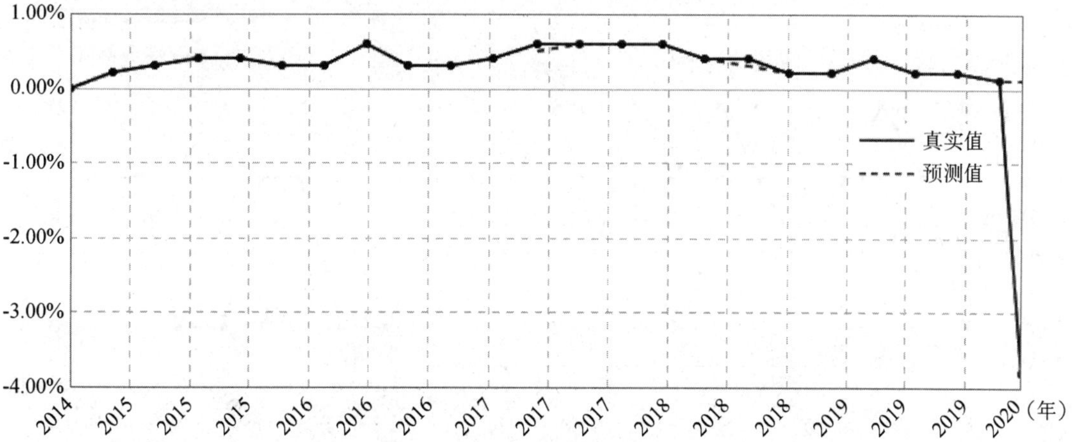

图 3　欧盟 2014—2020 年 GDP

资料来源：欧盟统计局（Eurostat）。

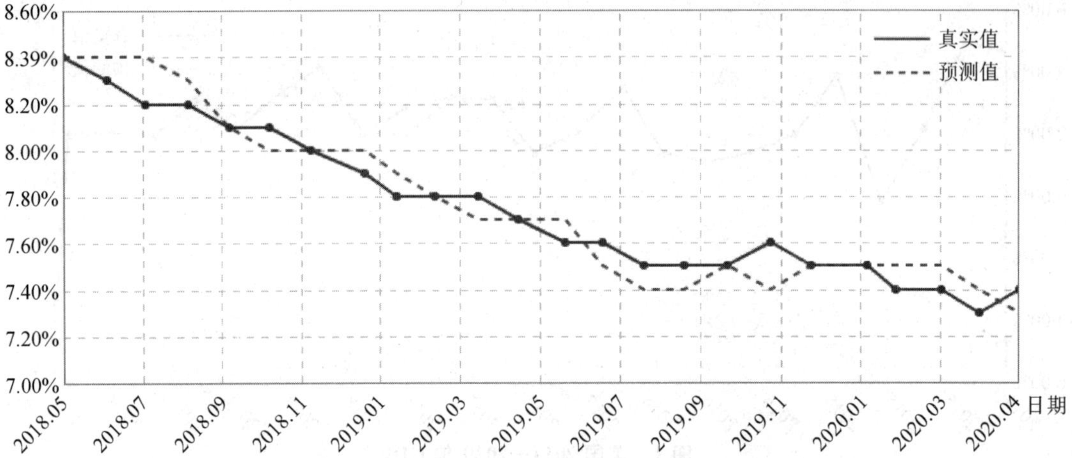

图 4 欧盟 2018 年 5 月—2020 年 4 月失业率

资料来源：欧盟统计局（Eurostat）。

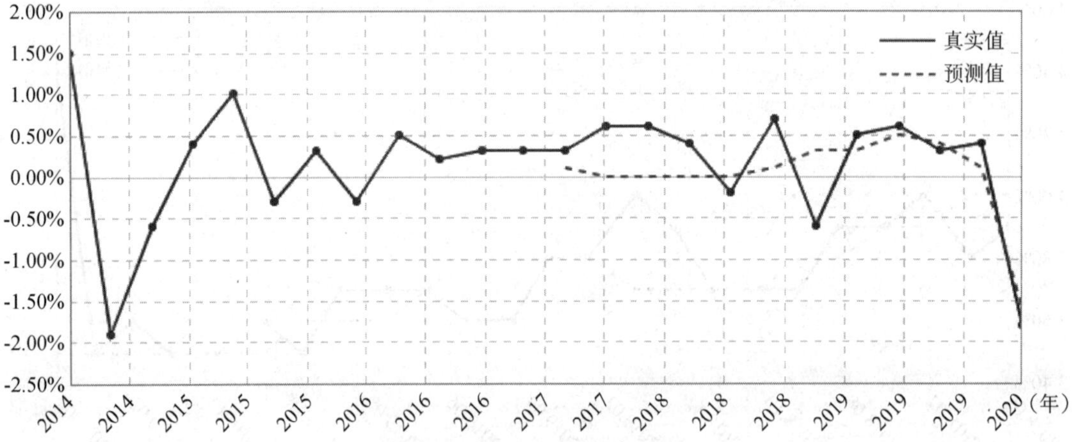

图 5 日本 2014—2020 年 GDP

资料来源：日本内阁办公室（Cabinet Office of Japan）。

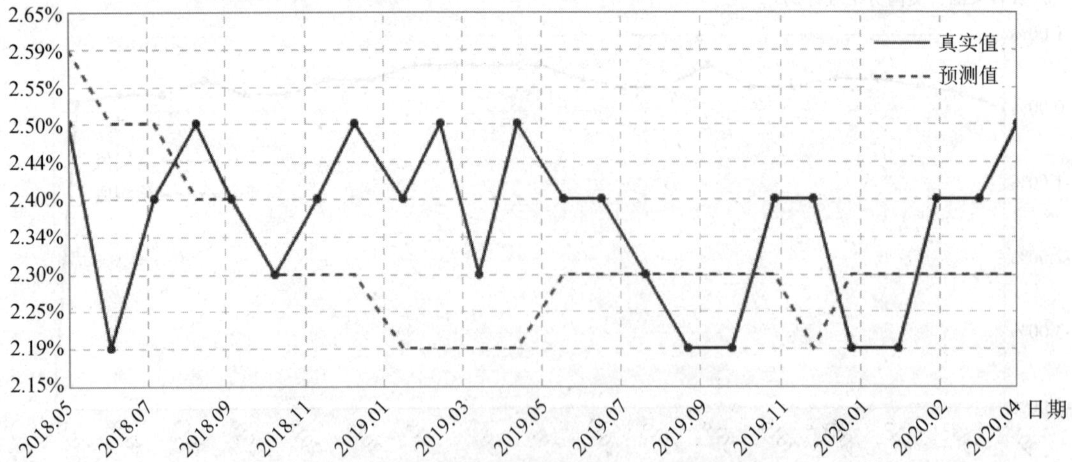

图 6 日本 2018 年 5 月—2020 年 4 月失业率

资料来源：日本统计局（Statistics Bureau of Japan）。

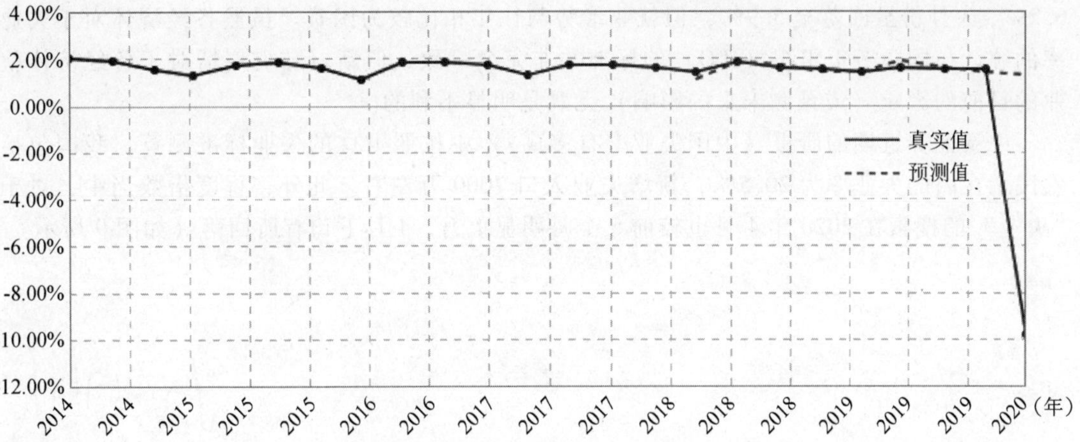

图 7 中国 2014—2020 年 GDP

资料来源：中国国家统计局（National Bureau of Statistics of China）。

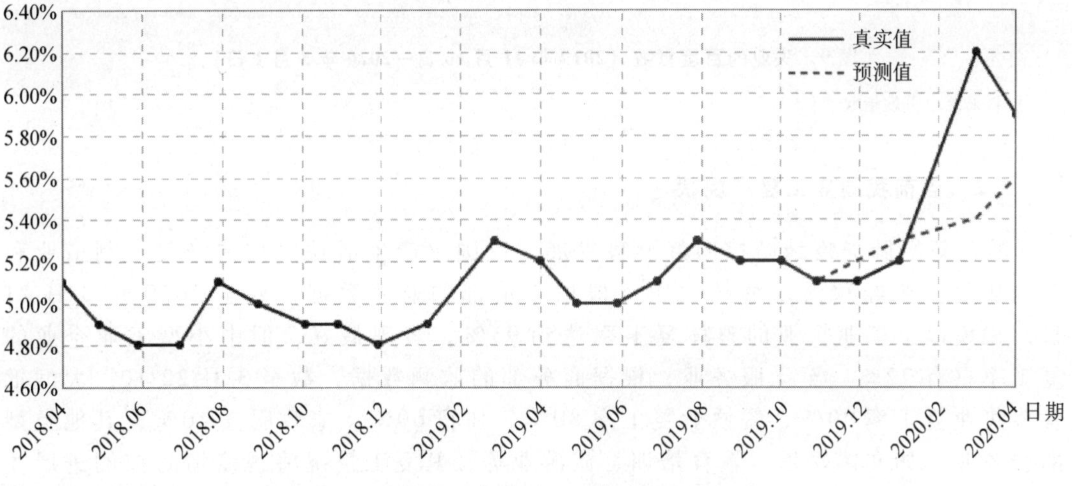

图 8 中国 2018 年 4 月—2020 年 4 月失业率

资料来源：中国国家统计局（National Bureau of Statistics of China）。

关注 GDP，其实关注的是就业。国务院研究室主任黄守宏在 2019 年 3 月表示：GDP 每增长 1 个百分点，大体可以带动 190 万到 200 万人就业①。从图 1 至图 8 可以看出，全球各主要经济体近期经济增速急剧下滑，而中国 GDP 增长速度在 2020 年一季度为 -9.8%，下跌速度远高于美国的 -4.8%，欧盟的 -3.5% 和日本的 -1.8%。从失业率指标来看，全球各主要经济体在 2020 年一季度都出现了失业率明显上升的情况，美国失业率激增至 4.4%，已有超过 2200 万人失业；欧元区失业率虽小幅上升至 7.4%，但据麦肯锡预计，未来几个月欧洲失业率或上升近 1 倍，5900 万个工作职位面临被永久裁减的风险；日本完全失业率为 2.5%，失业人数为 176 万人；中国 2 月份城镇调查失业率增至

① 数据来源：倪伟，吴为，许雯，王姝，沙潞．今年 GDP 增速目标定为 6%—6.5%［EB/01］. https：//www.sohu. com/a/299316483_114988，2019 - 03 - 06/2020 - 04 - 20.

6.2%，3 月份虽回落至 5.9%，但就业形势与往年相比较为困难。虽然各经济体对于失业率的统计与国际劳工组织（ILO）的标准并非完全一致，但新冠肺炎疫情对于各经济体就业的目前的影响（或预测未来的影响）无疑是明显不利的。

中泰证券近期的研报《中国失业率有多高?》中按照 ILO 的失业标准测算，我国包括农民工在内的失业率为 20.5%，新增失业人口 7000 万左右。此外，百度指数当中，对于“失业”的搜索在 2020 年 4 月也较前 5 个月明显上升，4 月下旬有所回落（如图 9 所示）。

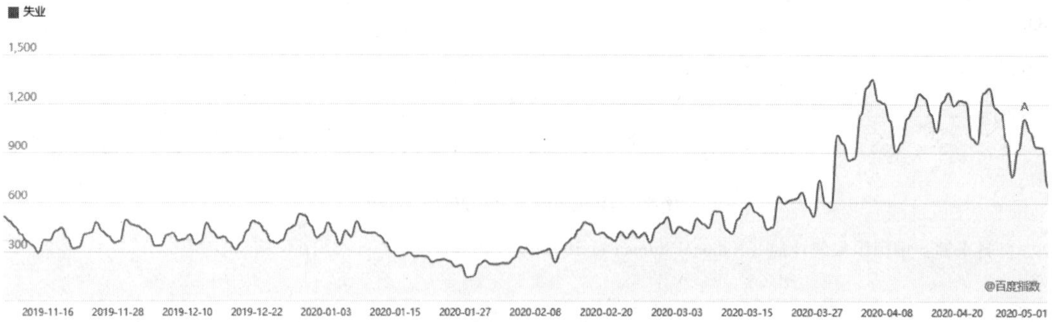

图 9 失业的百度指数（2019 年 11 月 16 日—2020 年 5 月 1 日）

资料来源：百度指数。

2.2 当前我国复工复产现状

随着新冠肺炎疫情防控向好形势发展，我国生产生活秩序加快恢复，制造业和非制造业生产经营活动继续改善。根据工信部的监测数据，截至 2020 年 3 月 21 日，规模以上工业企业的整体复工率达到 95%，表现最好，但中小型工业企业的复工率只有 72%。至于服务业，根据商务部的监测数据，截至 3 月 22 日，大型批发零售业复工率 90%，餐饮业复工率 80%，住宿 60%，家政服务 40%，其他类型的服务业，如文体娱乐、教育培训、旅游业等，其复工情况将视疫情防控的进展才能确定。

中国制造业采购经理指数（PMI）2020 年 4 月为 50.8%，比上月回落 1.2%，如图 10 所示。从企业规模看，大、中型企业 PMI 分别为 51.1% 和 50.2%，比上月回落 1.5% 和 1.3%；小型企业 PMI 为 51.0%，比上月上升 0.1%。随着复工复产持续推进，制造业生产活动继续保持复苏势头，4 月生产指数为 53.7%，下降 0.4%。从劳动力需求看，从业人员指数为 50.2%，企业用工量连续两个月增加。

4 月，非制造业商务活动指数为 53.2%，比上月上升 0.9%，显示非制造业正在持续加速恢复，如图 11 所示。

分行业看，2020 年 4 月，建筑业商务活动指数为 59.7%，上升 4.6%，在复苏传统基建、加快新基建等政策推动下，建筑业复工复产明显加快。服务业商务活动指数为 52.1%，上升 0.3%。从行业大类看，零售业、餐饮业、信息传输软件和信息技术服务等行业商务活动指数位于 55.0% 以上，显示在促进企业复工复产、复商复市，扩大居民消费、增加公共消费等政策推动下，上述行业业务活动正在稳步恢复，企业复工复产正在加快推进。而住宿业、文化体育娱乐业、居民服务业等行业商务活动指数位于45.0%以下，低于50%景气荣枯线，显示这类行业受疫情影响严重，且商务活动指数连续3个月低于45.0%，复工复产进程需视疫情进展及各地方政府的决策，导致相关企业生产经营困难，对这些行业的就业产生不利影响。

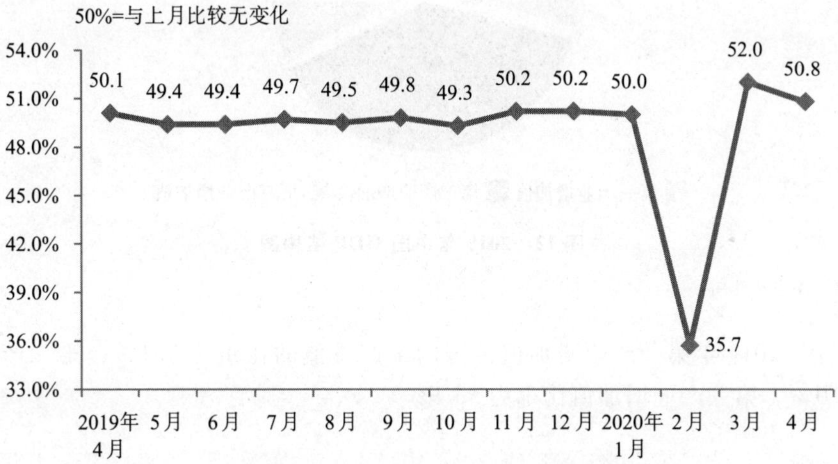

图10 制造业PMI指数（经季节调整）

资料来源：国家统计局。

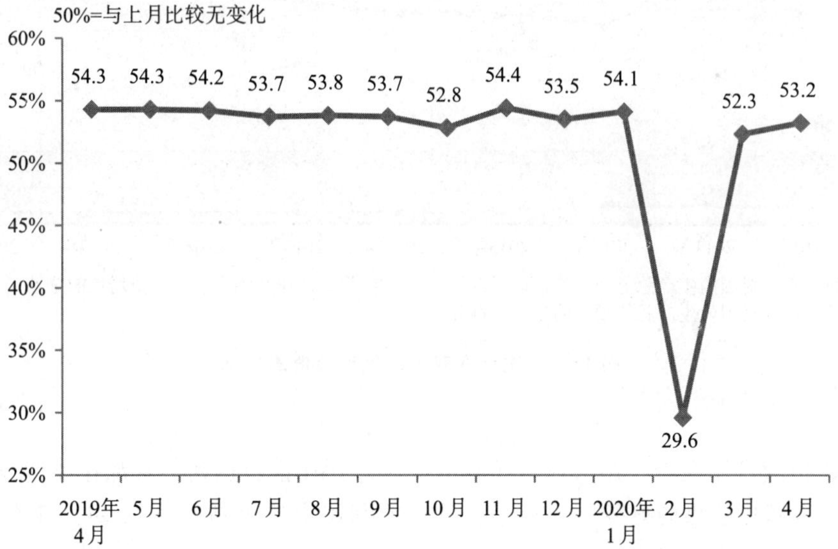

图11 非制造业商务活动指数（经季节调整）

资料来源：国家统计局。

由于疫情对服务业的影响大于制造业，而我国服务业的GDP占比已超过50%（如图12所示），且自2013年开始，服务业对GDP的拉动已经超过制造业（如图13所示）。国家统计局数据显示，2019年我国第三产业从业人员占比已达到55%，因此，保住服务业的就业对于“保就业”具有重大意义。

图 12　2019 年中国 GDP 结构图

资料来源：国家统计局。

图 12 中，2019 年第一产业增加值占国内生产总值的比重为 7.1%，第二产业增加值比重为 39.0%，第三产业增加值比重为 53.9%。

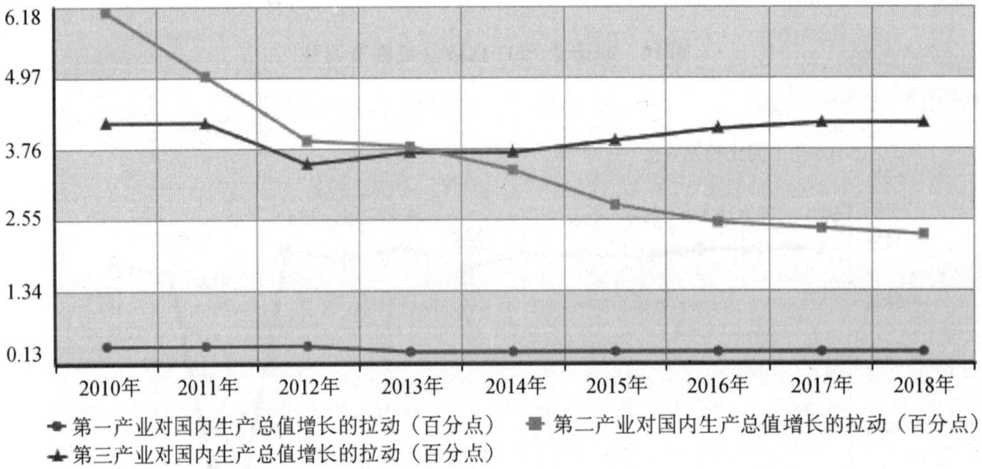

图 13　三次产业对国内生产总值的拉动

资料来源：国家统计局。

从 PMI 指数总体来看，制造业和非制造业综合 PMI 指数近两个月都在荣枯线以上，预示着经济运行基本趋势向好发展。但是，从产能利用率这个指标（图 14）来分析，在经济复苏道路上还面临一些挑战。

图 14 中 2020 年第二季度的产能利用率下跌至 67.3%，显示了复工率与复产率的不一致，说明实践中存在复工不复产的现象，即工人回到工厂了，但受国外疫情及国际经济等影响，订单却取消或减少了，造成部分工厂裁员或放无薪长假（变相裁员）的情况。根据国家统计局服务业调查中心的调查结果，反映订单不足的企业占比高达 57.7%，部分企业反映市场需求疲软，产品销售面临困难，而订单回补尚需时日。

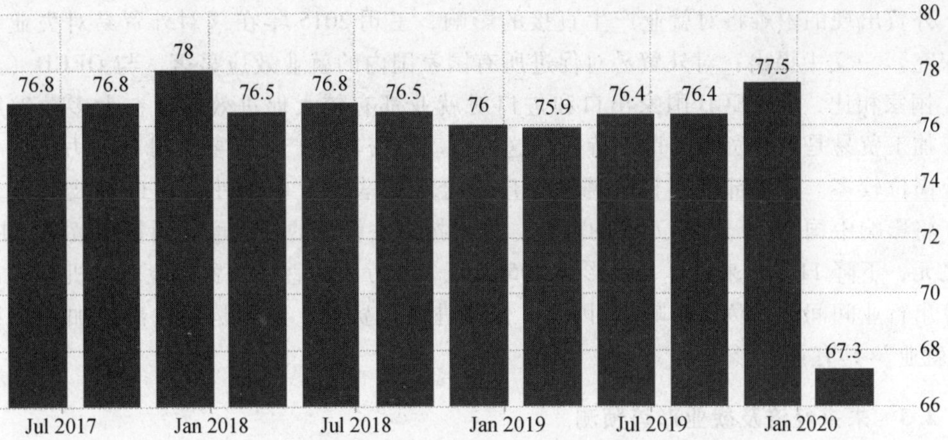

图 14　中国产能利用率（2017 年第三季度—2020 年第二季度）

注：2020 年第二季度数据提取时间点为 4 月 17 日。

资料来源：国家统计局。

受全球疫情及政治经济形势变化的影响，我国进出口市场不确定性增加，外贸面临较大挑战。近期中国进出口贸易走势如图 15 所示，包括进出口总额、进口额、出口额在内的指标在 2019 年 12 月底之后均调头下跌。所幸 2020 年 3 月当月进出口出现回升，据国家海关总署的数据，3 月中国外贸进出口 2.45 万亿元，同比下降 0.8%，降幅较 1—2 月收窄 8.7 个百分点。其中出口 1.29 万亿元，下降 3.5%；进口 1.16 万亿元，增长 2.4%。

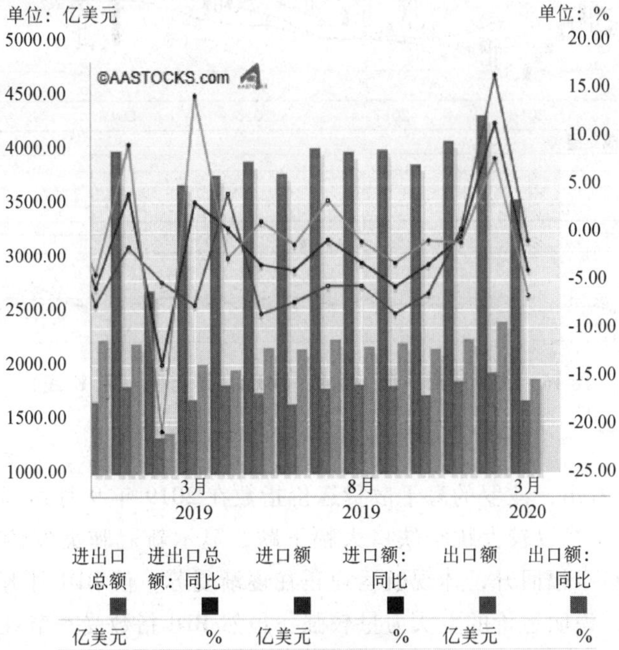

图 15　中国进出口贸易（2018 年 12 月—2020 年 3 月）

资料来源：阿斯达克财经。

外贸出现的困难将对就业产生直接的影响，王玥 2015 年在《对外贸易对失业率的影响探究》一文中提出：对外贸易对促进所有国家国内的就业效应显著，与 OECD（经合组织）国家相比，非 OECD 国家出口和进口对就业都有较大促进效应。在大多数发展中国家，加工贸易是对外贸易的重要特征，这种劳动力密集型产业需要大量劳动力完成，因此就业岗位较多。商务部前部长陈德铭在广交会上曾表示，中国外贸出口每波动 1 个百分点，将影响中国 18 万至 20 万人的就业。如果按海关统计的一季度我国货物贸易出口 3.33 万亿元，下降 11.4% 来计算，将影响 205 万至 228 万人的直接外贸行业就业机会（尚无法估算出行业间间接的负面影响）。因此，保住进出口贸易，尤其是保住出口加工贸易对于“保就业”具有重大影响。

2.3 未来经济及就业形势预测

中国的 PMI 指数预示了中国经济在新冠肺炎疫情基本控制住以后逐步筑底回升，有利于就业回暖，而波罗的海干散货指数（Baltic Dry Index，缩写 BDI）近期也出现了回升的迹象。作为全球主要航线干散货航运费用的指数，BDI 是全球经济的领先指标，BDI 走势如图 16 所示。

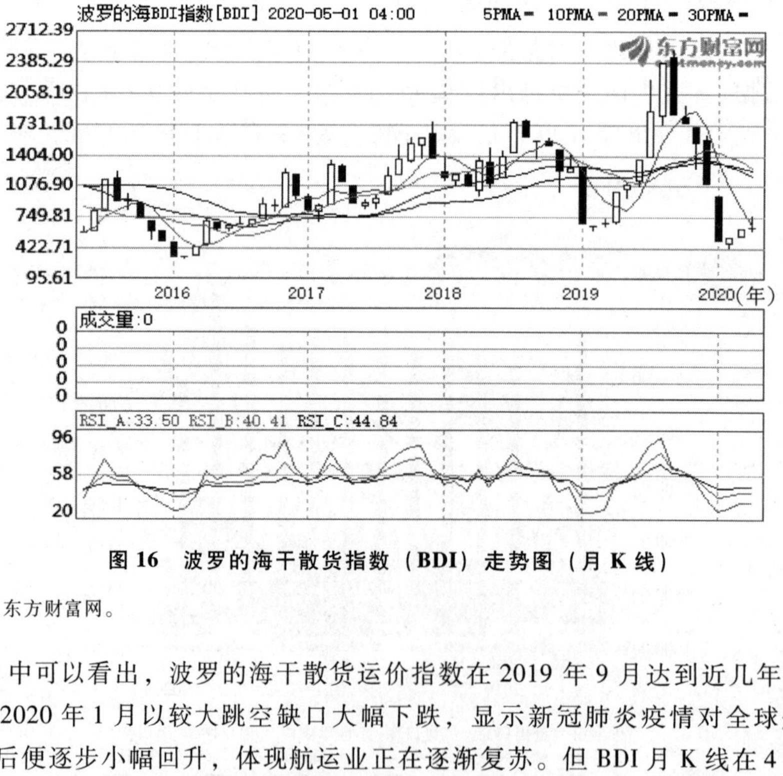

图 16 波罗的海干散货指数（BDI）走势图（月 K 线）

资料来源：东方财富网。

从图 16 中可以看出，波罗的海干散货运价指数在 2019 年 9 月达到近几年高点后便调头向下，在 2020 年 1 月以较大跳空缺口大幅下跌，显示新冠肺炎疫情对全球航运业的巨大影响，其后便逐步小幅回升，体现航运业正在逐渐复苏。但 BDI 月 K 线在 4 月收出一根上影线长的十字线，说明运价的空头力量较强。虽然 BDI 指数受季节性因素（航运业旺淡季）、自然灾害（灾害发生时运价反而较高）等影响，但其作为 GDP 的先行指标，近期还是有望走出震荡向上的趋势，而这预示着全球贸易经济活动的逐步复苏，对提振就业是一个积极的信号。而 BDI 指数的长期走势还会受国际经济、政治及各种因素的影响，应另当别论。

国际货币基金组织（IMF）预计2020年全球经济急剧萎缩3%，为大萧条以来最严重的经济衰退。其中，美国经济将萎缩5.9%，欧元区萎缩7.5%，中国经济增长1.2%。IMF预计2021年全球增长将回升到5.8%，而中国经济将大幅增长9.2%，如图17所示。

《世界经济展望》最新增长预测

COVID-19疫情将严重影响所有地区的经济增长。

（实际GDP，年度百分比变化）	2019	预测值 2020	预测值 2021
世界产出	2.9	-3.0	5.8
发达经济体	1.7	-6.1	4.5
美国	2.3	-5.9	4.7
欧元区	1.2	-7.5	4.7
德国	0.6	-7.0	5.2
法国	1.3	-7.2	4.5
意大利	0.3	-9.1	4.8
西班牙	2.0	-8.0	4.3
日本	0.7	-5.2	3.0
英国	1.4	-6.5	4.0
加拿大	1.6	-6.2	4.2
其他发达经济体	1.7	-4.6	4.5
新兴市场和发展中经济体	3.7	-1.0	6.6
亚洲新兴市场和发展中经济体	5.5	1.0	8.5
中国	6.1	1.2	9.2
印度	4.2	1.9	7.4
东盟五国	4.8	-0.6	7.8
欧洲新兴市场和发展中经济体	2.1	-5.2	4.2
俄罗斯	1.3	-5.5	3.5
拉丁美洲和加勒比	0.1	-5.2	3.4
巴西	1.1	-5.3	2.9
墨西哥	-0.1	-6.6	3.0
中东和中亚	1.2	-2.8	4.0
沙特阿拉伯	0.3	-2.3	2.9
撒哈拉以南非洲	3.1	-1.6	4.1
尼日利亚	2.2	-3.4	2.4
南非	0.2	-5.8	4.0
低收入发展中国家	5.1	0.4	5.6

图17　IMF经济增长预测

IMF对于2021年中国经济的乐观预测将大力提振中国经济发展及保就业的信心，对于提升就业降低失业率具有积极作用，预示了中国就业向好的态势。但是，IMF的预测是建立在假设各国疫情2020年下半年消退，且各国采取的政策行动能够有效防止企业大面积破产、长期失业和系统性金融压力的基础之上。根据奥肯定律，失业意味着生产要素的非充分利用，失业率的上升会伴随着实际GDP的下降。因而，分析就业问题不仅因为就业及失业是经济发展的结果，更是由于就业对于经济发展的重要推动作用。

3. 当前就业存在的问题

面对新冠肺炎疫情对经济的不利影响，我国政府及时出台了多项政策，涉及财税、金融、社保等多方面，实施就业优先政策。从这些政策实施效果来看，比如在新基建及传统基建等的带动下，建筑业从业人员的就业压力相对较轻，在人社部发布的《2020 年第一季度全国招聘求职 100 个短缺职业排行》中，建筑业的焊工、工程机械维修工、土木建筑工程技术及钢筋工 4 类工种上榜。据中泰证券研究所研究报告《中国失业率有多高?》，疫情下就业问题较突出的有出口相关制造业、服务业及个体经营户（如图 18 所示）。因此，本研究选取上述 3 类就业群体，再加上受疫情冲击较为严重的高校毕业生，本文将重点研究这 4 类就业群体。

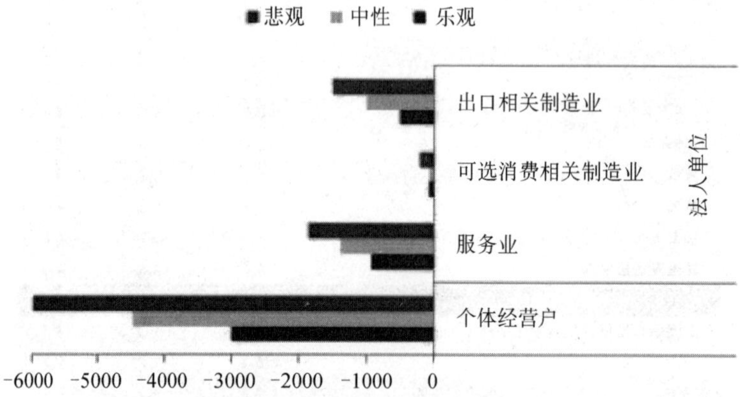

图 18　不同情境假设下新增摩擦性失业

资料来源：中泰证券研究所研究报告。

3.1　出口相关制造业的就业问题

我国出口相关制造业大都属于劳动密集型产业，根据商务部部长 2019 年 10 月报告，外贸直接和间接带动就业人数 1.8 亿左右，占全国就业总数的 20% 以上。据海关总署的数据：2020 年一季度东盟已取代欧盟成为中国第一大贸易伙伴，对欧盟、美国等进出口下降，但对东盟进出口保持增长；加工贸易进出口 1.56 万亿元，下降 12.4%，出口劳动密集型产品 1057.7 亿元，下降 26.1%。这些数据说明两个问题：其一，中国对美国、欧盟等传统出口目的地的贸易额下降，而对越南等东盟国家出口持续增长说明美欧国家产业链向越南等东南亚国家转移的影响已经显现，这将对我国外贸的长期走势产生负面影响；其二，加工贸易业等劳动密集型产业的出口受疫情影响较大。

因此，出口相关制造业，包括加工贸易业，尤其是劳动密集型产业，如纺织、服装、玩具、皮革、家具等行业，面临着疫情之前产业链向东南亚转移、疫情初期国内复工难和疫情全球蔓延后订单损失的影响，在疫情防控期间还承担着厂房、租金、劳动力成本、银行利息等各类成本，资金链紧张，将使这行业部分就业群体面临失业风险。

3.2 服务业的就业问题

在复工复产的进程中，制造业复产复销相对较快，而服务业相对较慢。2020 年 3 月，全国服务业生产指数下降 9.1%，降幅较 1—2 月收窄 3.9 个百分点。1—2 月，规模以上服务业企业营业收入下降 12.2% 。，对服务业就业产生不利影响。

受疫情影响，2020 年一季度服务业中的不同行业 GDP 出现分化，其中，信息传输、软件和信息技术服务业比上年同期增长 13.2%，金融业增长 6%，继续呈增长态势，而其他服务业下降 1.8%，房地产业下降 6.1%，租赁和商务服务业下降 9.4%，交通运输、仓储和邮政业下降 14%，批发和零售业下降 17.8%，住宿和餐饮业下降 35.3%。

由上述数据可以看出，包括餐饮业、旅店业、教育业、旅游业、家政服务业、美发美容业、各种代理服务等与居民生活消费密切相关的生活服务业受疫情冲击负面影响更大。一方面，这些生活服务业的需求在萎缩。比如，当前餐馆老板在恢复营业以后没有等来"报复性消费"，反而是"报复性存款"，说明受疫情影响消费者的收入降低，因而对这些非生活必需品的服务需求不足。另一方面，从供给的角度，这些行业提供的服务具有体验性、即时性和聚众性的特征。体验性就是产品和服务为消费者塑造感官体验及思维认同，它不同于线上服务，消费者没有当面体验服务就没有消费。即时性是指服务是当时就发生的，不能像工业品一样错期生产或以库存调节，没有消费就没有服务提供，也就没有工作岗位和劳动收入。聚众性需要服务的供需双方面对面聚集在同一个空间。因而，疫情防控期间，生活服务业就业的压力更大。

3.3 个体经营户的就业问题

个体经营户包括了经工商部门登记的个体工商户、经民政部门登记的民办非企业单位和没有登记或免于登记但从事个体经营活动的城镇、农村个体经营户，即个体户。个体户在我国就业结构中占有重要比重。2019 年全国就业人员 7.7 亿，其中城镇就业 4.4 亿、占比 57%；在城镇就业中，个体就业 1.0 亿、占城镇就业的 24%；如果算上乡村，全国个体就业 1.6 亿，占总就业比重 21%。

在城镇，个体户大量存在于体验式服务业当中，自身规模小，抵御风险能力较差，停工歇业就意味着短期失业。在农村，疫情防控对于农业合作社和养殖大户也带来了较大冲击，饲料断供、运输受阻、防疫成本增加，一些农户刚刚从前期非洲猪瘟疫情恢复，再次遭受重创。因此，个体户的就业受疫情冲击压力较大。

3.4 高校毕业生的就业问题

2020 年全国高校毕业生达 870 万人，考研报名人数达 340 万人。4 月 22 日，中国人民大学中国就业研究所和智联招聘共同发布了《2020 年大学生就业力报告》，1 月大学生招聘需求人数同比增加了 1.83%，而 2 月和 3 月招聘需求人数同比分别下降了 21.67% 和 26.69%；在供给方面，1 月和 2 月同比增幅较小，分别为 5.85% 和 12.30%，但 3 月毕业生开始进入春季招聘市场，求职申请人数同比增幅高达 143.25%。与 2019 年同期相比，2020 年一季度大学生招聘需求人数减少了 16.77%，但求职申请人数增加 69.82%。根据

“招聘”的百度指数（如图 19 所示），自 2019 年 11 月中旬达到阶段性高点以后便下跌企稳，连往年的春招旺季该指数都没有任何起色，显示疫情下用人单位对于新员工的需求下降。

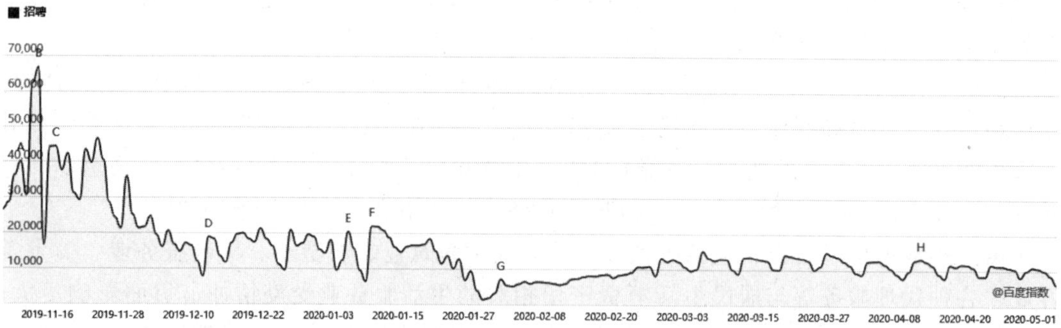

图 19 招聘的百度指数（2019 年 11 月 16 日—2020 年 5 月 1 日）

资料来源：百度指数。

受疫情影响，大部分企业营收减少，利润降低，力争不倒闭不裁员，对于新员工的需求减少。同时，此次疫情发生时间正值 2020 年应届毕业生求职招聘关键时期，对于毕业生求职和企业招聘都产生不利影响。此外，疫情对高校毕业生出国留学产生负面影响，高校毕业生出国留学作为毕业去向的渠道受到挤压。因此，高校毕业生的就业形势较为严峻。

4. 关于进一步促进就业的应对措施

面对受到疫情不利影响的就业形势，中国政府及时出手，于 2020 年 3 月 20 日发布了《国务院办公厅关于应对新冠肺炎疫情影响强化稳就业举措的实施意见》（国办发〔2020〕6 号），多举措并举实施就业优先政策。本文则从前述分析的就业的 4 个主要问题着手，提出以下 4 个方面的应对措施建议。

4.1 提升出口相关制造业就业的建议

稳外贸和稳就业高度相关，“六稳”当中最关键的是稳就业和稳外贸。虽然我国对“一带一路”沿线国家进出口保持持续增长，2020 年一季度我国与“一带一路”沿线国家合计进出口 2.07 万亿元，同比增长 3.2%，占比达到 31.4%，但是，稳外贸也要高度重视美欧日三大发达经济市场的跨国企业，因为来自发达经济体的跨国企业带来的终端产品的订单将有助于延长相关产品的产业链，有助于国内有关产业链的强链补链扩链延链。产业链稳了，外贸就稳了（产业链的转移难度高于单个加工企业的转移难度），出口相关制造业的就业也就保住了。因此，建议政府出台促进产业链强链补链扩链延链的有关财税金融优惠政策，做好出口相关制造业全产业链的建设与维护。

我国现在正大力支持出口企业提升在全球价值链中的定位，努力向技术和资金密集型的全球产业链的高端攀升，但是，在经济下行和疫情防控期间的特殊时期，仍然要高度重视劳动密集型产业，尤其是出口加工业，建议政府出台相关优惠的财税金融政策，比如，对能解决大量就业的出口企业提供免税、税收返还及无息贷款等优惠政策，减轻相关企业的负担，这将有力地促进出口加工业相关的就业。

4.2 提升生活服务业就业的建议

针对前文生活服务业出现的问题，解决的方法也应从需求和供给两方面来分析。从需求的角度，目前有的地方政府已经在通过发放消费券来促进餐饮业等生活服务业的消费，也有学者建议直接发现金，而本文建议适当降低个人所得税税负，比如减少个人综合所得的级数、降低税率、将年度减除费用从6万元提高至10万元以及返还部分上年度已缴纳的个人所得税等，提高消费者的收入，解决他们“报复性消费与兜里没钱的矛盾”。

从供给的角度，现在有的地方政府已经有一些减免租金、税收优惠及电价补贴等举措，本文建议生活服务业从业者考虑进行供给侧改革，即开发生活服务业新职业，如电竞运营师、STEM创客指导师、汉服造型师等，为求职者提供更多选择。这些依托于新经济的新职业，将带动新的消费潮流，为这些生活服务业新职业的就业者带来较高的收入。

4.3 提升个体经营户就业的建议

中国的个体经营户（个体户），超过半数为生存型创业，而不是机会型创业，即他们只能自我雇用、自己生存、自谋出路，不具有创造就业机会的功能，他们是自食其力的自由职业者。全国个体私营经济从业人员已达到1.6亿人。从另一个角度来看，他们大大缓解了社会的就业压力，而创业成功的个体户则不断扩大着就业机会。因此，保住个体户就保住了全国21%的就业。

针对个体户的特征，本文建议政府出台相关政策扶持夜间经济（或夜经济）和地摊经济的发展，因这两类经济的从业者主要是个体户，他们用工灵活，工时灵活，有利于稳就业。首先，夜经济不等同传统夜市，是消费经济转型升级，其业态包括晚间购物、餐饮、旅游、娱乐、学习、影视、休闲等，既拉动了消费又带动了相关就业。其次，地摊经济可帮个体户快速回本创收，满足部分消费者的需求，只要给予一席之地便可以维系个体及家庭的生计。因此，面对夜经济和地摊经济，地方政府不能一味追求整洁及一禁了之的简单管理，在维护秩序、保持环境整洁、做好食品卫生监督的前提下，建议地方政府出台一系列的配套扶持政策，以便最大程度增加社会就业。

4.4 提升高校毕业生就业的建议

为了给高校毕业生创造更多就业机会，国发办6号文已经从扩大企业吸纳规模、扩大基层就业规模、扩大招生入伍规模、扩大就业见习规模及适当延迟录用接收5个方面给出了解决方案，只要认真落实，将大力促进今年的高校毕业生就业。除此之外，本文还建议：其一，在传统就业领域，高校毕业生适度改变自己的就业期望值，灵活看待就业岗位、薪酬、地点等条件，以积累职业经验和提升自身的职场竞争力为主。其二，在新就业领域，高校毕业生可以积极参与“互联网+”新就业形态。新就业形态具有雇佣关系灵活化、工作内容碎片化、工作方式弹性化、创业机会互联网化等特征，适合对新事物接受力较强的高校毕业生，而互联网产业无论是从自身的高速发展还是受到资本市场的热捧来看，都是值得高校毕业生就业选择时重点考虑的行业。

参考文献：

［1］第一财经．政治局会议首提“六保”，保居民就业仍居首［EB/01］．https：//finance. sina. cn/2020－04－18/detail－iirczymi7023363. d. html? from＝wap，2020－04－18/2020－04－22.

［2］张斌等．应对疫情冲击，要做好纾困与保就业工作［EB/01］．http：//finance. sina. com. cn/wm/2020－04－18/doc－iirczymi7076125. shtml，2020－04－18/2020－04－22.

［3］中国经济网．专家：全面复工复产已到关键时期［EB/01］．https：//baijiahao. baidu. com/s? id＝1665477775797786974&wfr＝spider&for＝pc，2020－05－01/2020－05－01.

［4］王玥．对外贸易对失业率的影响探究［J］．中国商论，2015（16）：107－109.

［5］沈国兵．“新冠肺炎”疫情对我国外贸和就业的冲击及纾困举措［J］．上海对外经贸大学学报，2020（02）：16－25.

［6］朱青．防控“新冠肺炎”疫情的财税政策研究［J］．财政研究，2020（04）：9－14.

［7］程杰．新冠疫情对就业的影响及对策建议［J］．中国发展观察，2020（2）：40－42.

［8］经济观察报．一季度高校毕业生就业景气度低于全国专家建议扩张需求［EB/01］．https：//xw. qq. com/cmsid/20200423A0UCEA00，2020－04－23/2020－04－28.

新冠肺炎疫情对企业内部控制建设的影响与对策

陈艳萍　桑　颖　孙爱忠[①]

1. 引言

2020年新春伊始，一场突如其来的新冠肺炎疫情（以下简称新冠疫情）在武汉爆发，迅速席卷全国。截至目前，根据美国约翰斯—霍普金斯大学数据显示，新冠疫情已经蔓延至全球200多个国家和地区，感染人数已超过400万。面对肆虐的新冠疫情，在党中央国务院的坚强领导下，我国一线医护人员勇敢逆行、全国各地纷纷支援、人民群众积极响应，在不到3个月的时间，国内疫情就得到有效控制，再一次向全世界展现了中国速度。然而，我们付出的代价是巨大的，在各地疫情严控期间，餐饮、娱乐、旅游、航空运输、商场、批发零售等领域运行停摆，许多企业举步维艰，尤其是中小企业，几乎都面临复工复产困难、资金链紧张、订单履行艰难等等问题。

历史总是惊人的相似，回顾17年前，即2003年“非典”爆发当年，当时的企业也是停工歇业、手足无措，但不同的是，与非典时期相比，目前我国的经济环境发生了较大改变：2003年我国的经济增长动力充足，GDP增速达到了10.06%，但如今我们的经济增速只有6%不到，而且，我国第三产业占比从当时的42%提升到了现在的53.9%。这就意味着此次疫情对我国经济的冲击更为猛烈，企业正常生产经营活动的恢复更加困难，面临的不确定性因素和风险前所未有，所以对企业来说，进一步加强内部控制和风险管理就显得尤为重要。虽然此次新冠疫情这样的重大突发公共卫生事件事先无法预测，但是否可以通过加强内部控制建设以提高企业风险防范的能力，并在危机发生时及发生后迅速作出调整与应对呢？基于此，本文拟从内部控制的视角来分析企业如何应对突发公共卫生事件，并结合本次新冠疫情对企业的影响提出改进内控建设的建议，以期对企业有效应对疫情带来的风险提供有益的借鉴。

---

① 陈艳萍系厦门国家会计学院教授；桑颖、孙爱忠系厦门国家会计学院会计专业硕士研究生。

2. 企业内部控制的定义及意义

2.1 企业内部控制的定义

什么是企业内部控制？目前较为权威的当属2008年6月28日，财政部、证监会、审计署、银监会、保监会（简称五部委）联合发布的《企业内部控制基本规范》中关于企业内部控制的定义。所谓内部控制是指由企业董事会、监事会、经理层和全体员工实施的、旨在实现控制目标的过程。该定义科学地界定了企业内部控制的内涵，有利于在企业树立全面、全员、全过程控制的理念。内部控制的目标，是在合理保证企业经营管理合法合规、资产安全、财务报告及相关信息真实完整、提高经营效率和效果的基础上，最终促进企业实现其发展战略。企业建立与实施有效的内部控制（以下简称内控）应当包括，内部环境、风险评估、控制活动、信息与沟通、内部监督五大要素，同时还需要遵循全面性、重要性、制衡性、适应性和成本效益五大原则。

2.2 应对疫情，强化企业内部控制建设的意义

众所周知，指导我国企业内控建设的规范性文件是企业内控规范体系，它是由五部委2008年6月发布的《企业内部控制基本规范》和2010年4月发布的《企业内部控制配套指引》（以下简称配套指引）所组成，其中配套指引是由21项《企业内部控制应用指引》、1项《企业内部控制评价指引》和1项《企业内部控制审计指引》所组成。企业内控规范体系形成之时，正是我国企业继续应对2008年国际金融危机、保持经济平稳较快发展、加快转变经济发展方式的关键之时。企业内部控制规范体系的有效实施，有力推动了企业内控建设的步伐，有效应对了后金融危机时代给企业带来的各种风险与挑战，使企业化危为机，危中求进，经营管理水平和风险防范能力得到全面提升。当前，在竞争日益激烈的市场环境中，在疫情何时结束的诸多不确定性情况下，企业面临的风险呈现出复杂性和多样性的特点。作为企业管理的重要组成部分，内部控制在防范和控制企业经营风险、财务风险等诸多风险的过程中发挥着重要作用，是保证企业正常经营活动以及实现可持续发展目标的重要力量，内部控制的建立健全和有效实施成为企业生产经营成败的关键。

2.2.1 健全有效的企业内部控制，可有效保证企业会计信息的真实性和准确性

企业决策层要想在瞬息万变的市场竞争中有效地管理经营企业，特别是想及时了解疫情对企业造成的不利影响有哪些以便有效应对时，就必须及时掌握各种信息，以确保决策的正确性，并可以通过控制手段尽量提高所获信息特别是会计信息的真实性和准确性，而健全有效的企业内部控制，可有效保证企业会计信息的真实性和准确性，为决策者正确决策提供有力的数据支撑。

2.2.2 健全有效的企业内部控制，可有效地防范企业经营风险

健全有效的企业内部控制系统，通过明确职责分工，采用不相容职务分工控制等手段，严格各种手续、制度、业务流程、审批程序、检查监督手段等，可以有效地确保企业

生产经营活动的顺利开展，并针对疫情对企业生产经营活动造成的影响适时做出调整应对，防止出现偏差，纠正失误和弊端，防范企业经营风险，确保企业经营目标的实现。

2.2.3 健全有效的企业内部控制，可维护企业资产的安全与完整

企业各种资产是企业从事生产经营活动的物质基础。健全有效的企业内部控制可以通过适当的方法对货币资金的收、支、余以及各项财产物资的采购、验收、保管、领用、销售等活动进行有效的分工控制、防止贪污、盗窃、滥用、毁坏等不法行为引发的资产损失风险，确保企业各项财产物资的安全与完整。

2.2.4 健全有效的企业内部控制，可有效提升企业经营管理水平和风险防范能力，促进企业可持续发展

全面提升企业经营管理水平和风险防范能力，是企业内控建设的必然要求，特别是在新冠疫情在全球持续蔓延，对全球经济带来前所未有的巨大冲击的背景下，疫情何时结束具有诸多不确定性，这就要求企业对现有的业务流程进行重新梳理，及时识别新冠疫情对企业各业务环节可能带来的风险，并对风险的高低大小进行分析，针对不同的风险采取积极有效的风险应对措施，将风险降到可接受的范围之内，以有效提升企业经营管理水平和风险防范能力，促进企业可持续发展。

3. 新冠疫情对企业内部控制建设的影响

现有企业建立的内控体系很大程度上是基于企业持续经营的假设设置的，尽管2008年财政部颁布的《企业内部控制基本规范》第三十七条明确规定，企业应当建立重大风险预警机制和突发事件应急处理机制，明确风险预警标准，对可能发生的重大风险或突发事件，制定应急预案、明确责任人员、规范处置程序，确保突发事件得到及时妥善处理。但是很少有企业会考虑到当企业遭遇极端情况导致经营暂停时企业会面临怎样的风险又如何应对。接下来本文将结合本次疫情深入分析新冠疫情对企业内部控制建设会产生怎样的影响。

3.1 新冠疫情对企业整体层面内控建设的影响

3.1.1 新冠疫情使企业内控建设面临的外部环境不确定性风险加大

企业外部风险包括整个市场经济环境的改变、竞争格局的变化、融资渠道的缩窄、消费者习惯的变化等等。新冠疫情爆发以来，给企业外部环境带来巨大的不确定性。首先，可能使企业所处的整个外部市场经济环境发生重大改变。受疫情影响，消费者的日常消费习惯必然会因此而受到影响，比如春节时期原本是消费黄金周期，因受疫情影响，消费者居家隔离，其消费意愿因时空的限制而迅速下降，消费偏好也迅速由线下转向线上，这一突如其来的消费者习惯转变，对那些原本就只开展线下业务的实体企业来说打击是致命的。其次，受疫情影响，导致企业所处的外部市场环境危机并存，最终可能导致企业所处行业的市场竞争格局发生重大变化。以生产口罩等防疫用品企业所处的医疗用品行业为例，疫情发生后，市场对口罩的需求量激增，使得此类企业销售机会大增，同时也使得许多其他行业的公司嗅到了发展机会，如包括比亚迪在内的诸多上市车企开始转产生产口罩

等，这对于原来的口罩等生产企业必然带来威胁，使其所处的市场竞争加剧、市场竞争格局可能也会发生重大变化。最后，可能使一些企业融资渠道缩窄。受疫情影响，使一些企业面临市场订单减少、生产经营成本高、现金流短缺等主要困难，加之员工工资、租金成本、贷款成本等固定成本仍未减少，使企业经营效益下行压力加大，进而导致一些企业的现金流进一步吃紧。但是，出于对疫情持续时间的不确定性以及对经济的担忧，市场的投资意愿也不强，银行在疫情初期贷款意愿也不太明朗，这会使复工复产初期，很多企业融资处境仍较为困难。总之，新冠疫情在全球的持续蔓延，使企业的外部不确定性风险进一步加大。

3.1.2　新冠疫情使企业因复工复产时间不确定导致人力资源短缺风险加剧

如上文提到，目前国内新冠疫情在两个多月的时间已得到有效控制，其原因之一是全民居家隔离，加之全国各行各业整体按下暂停键，然而，新冠疫情无疑也是把双刃剑，对于疫情防控，居家隔离、停业等均起到关键作用，但是对企业复工复产来说，却造成了极大的不确定性。根据国家的相关规定，对于疫情不严重的地区可以优先安排复工复产。对于企业来说，如何判断自己所在地区疫情严重程度就显得尤为重要，此外，当企业达到复工标准之后，员工是否愿意返程、能否返程，还需要企业和与员工沟通，这便使企业人力资源短缺的风险加大；再者当员工复工之后，其返企手续较多；同时，户籍、住所、隔离时间等问题依然存在；其职业技能能否保持年前水平，以及复工后的防疫措施是否到位，一旦发生员工感染等等问题，这些又都将会给企业的人力资源带来重大挑战。

3.2　新冠疫情对企业业务层面内控建设的影响

3.2.1　新冠疫情蔓延使企业生产经营活动正常开展受阻，可能导致企业供应链承压加大、租金等固定成本增加等经营风险

由于新冠疫情在全球的蔓延，企业外部风险上升，再加上员工复工复产的不确定性，企业正常生产经营必然会受到影响。以规模以上工业企业为例，据新华社 2020 年 5 月 8 日报道，截至目前，尽管规模以上工业企业开工率已接近 99%，但是由于消费端恢复相对缓慢、海外疫情蔓延使得外贸企业订单恢复相对滞后，复工不达产的现象仍大量存在，致使需求复苏与生产复苏不同步。由于市场需求下降，企业必然会减少生产，生产减少就会导致材料采购减少，这对上游企业的生产经营也会造成影响，因此很可能引起整个行业上下游供应链不畅通、承压加大。企业一方面经营效益下降，一方面还要考虑没有下降的固定成本。疫情期间，企业还得照常支付员工的基本工资、“五险一金”、厂地租金、贷款利息等等，这些都会增加企业的经营风险。调查显示，47.80% 的企业面临市场订单减少的窘境，还有 24.21% 的企业认为职工工资及“五险一金”的支付压力大，此外还有近 20% 的企业要解决高额租金成本，通过本课题的问卷调查也可以看出疫情下的企业面临市场订单减少、生产经营成本高、现金流短缺等诸多困难，由此可能导致企业开展正常生产经营活动受阻，经营风险加大。

3.2.2　新冠疫情蔓延可能导致企业面临现金流短缺进而引发信用和债务风险

如上文所述，受疫情影响，使一些企业面临市场订单减少、生产经营成本增高、现金流短缺等困难，加之员工工资、租金成本、贷款利息等固定成本增加，企业生产经营受

阻，资金回流放缓，再加上一些企业融资困难，使企业经营效益下行压力加大，进而导致一些企业的现金流进一步吃紧，最终导致企业面临现金流短缺的风险。由于企业现金流短缺，可能导致很多企业不得不取消已有采购订单、已有合同违约风险加大、无法按期支付贷款利息等等从而导致企业信用和债务风险。在接受本课题问卷调查的企业中，有31.45%的企业正在面临现金流短缺的问题，此外，中小微企业遭受的现金流短缺尤甚，14.15%的企业认为违约风险在上升，17.92%的企业认为偿还贷款及利息的压力在加大。

3.2.3 新冠疫情蔓延导致企业全年营业收入目标可能无法实现风险

很多企业在2020年年初就已经制定好全年的预算计划、营业收入目标等，但没想到的是年初突如其来的新冠疫情彻底打乱了企业的经营计划，更没想到的是疫情持续时间之久、影响范围之广、对企业生产经营活动的冲击之大。面对疫情，企业不得不重新审视经营目标，相应调整预算、生产计划等，大部分企业会采取紧缩性的策略，也就是不得不减少生产，降低成本，这直接会导致企业无法实现年初制定的营业收入目标等。根据最新的国家统计局公布的数据显示，2020年第一季度我国GDP的增速为-6.8%，从全国经济来看，一季度企业已经进入负增长状态。目前，虽然武汉已经解封，全国大部分企业进入加速复工复产的阶段，但是复工复产后的企业还需要面临员工技能再培训、预防疫情再复发、去库存压力加大等问题，而且企业要想恢复到正常状态还需要很长时间。尤其像一些外贸企业，如果其客户主要在国外，因目前国外疫情仍未减缓，必然会对它们的生产恢复造成严重影响。根据问卷调查结果显示，有51%的企业认为疫情对企业影响严重，使企业较难完成全年营业收入目标。

3.2.4 新冠疫情蔓延使企业内控信息化系统受到严峻的挑战

众所周知，疫情防控环境下最为提倡的办公方式就是非接触式办公，这就对企业信息化系统建设提出了极高的要求。根据调查结果显示，有45.28%（近半数）企业认为其办公信息化（包括财务信息化）程度不高，有62%以上（六成以上）的企业在疫情之前并没有建立完善的内控信息化系统，还有34.59%（超三成）企业的管理制度中没有建立重大突发事件应急措施，使得这些企业在面临此次重大突发公共卫生事件风险时，其应对反应就会显得比那些拥有信息化程度高的企业更滞后些，其远程办公或非接触式办公的难度也相应加大，导致企业正常经营管理活动严重受阻，甚至一度停摆，如此等等。因此新冠疫情蔓延使企业内控信息化系统受到严峻挑战，这也倒逼很多企业，使其深刻意识到内控信息化建设转型的必要。

4. 企业内控建设应对措施

4.1 企业整体层面内控建设的应对措施

4.1.1 加强组织领导，及时成立应对新冠疫情防控工作领导小组

新冠疫情爆发之初，员工情绪难免恐慌焦虑，企业应及时成立新冠疫情防控工作领导小组加以应对。尽管目前国内疫情已得到有效控制，疫情防控从外防输入、内防反弹向常态化防控转变，但国外疫情仍在持续蔓延，因此不断加强组织领导、根据疫情最新变化情

况持续对员工进行疫情防控知识的宣传、指导，充分发挥企业应对新冠疫情防控工作领导小组的领导作用，积极防控应对是关键。一方面，通过为复工复产员工统一采购和发放防疫物资，采取各种各样的有效措施对员工进行情绪安抚和心理疏导，特别是给来自湖北重灾区的复工后员工带去关心与慰藉，以稳定人心、营造良好的工作氛围；另一方面，实时关注疫情变化情况，研判疫情走势，以便及时做出正确的应对决策，加快加速企业复工复产的步伐，将疫情对企业的影响降到最低。

4.1.2　采取积极有效措施缓解人力资源不足的压力

疫情期间大多数企业其实都开展了线上远程办公的工作方式，但相比于更容易实施监督的线下工作方式，企业更需要采取措施以防止出现员工办公效率低下从而导致隐形的人力资源不足风险。例如，通过视频或拍照进行上班打卡、要求员工制定周期性的工作计划、采取视频会议对每日工作进行总结、根据企业当前的业务模式制定临时的绩效考核标准等以缓解人力资源不足的压力。另外，对于那些遭受疫情重创的企业，包括旅游、餐饮、娱乐、酒店、民航等服务业，以及受到重创的制造业和零售业等，都会面临不同程度的人力资源不足的压力，一个短期的、较为有效的解决办法是，企业之间也可以考虑以共享模式进行短期内的合作用工。

4.1.3　健全完善企业应对重大突发公共事件的应急机制

如今，受疫情影响等，世界经济风云变幻，正面临前所未有之大变局，不确定性因素不断加大，重大突发公共事件似乎发生地更加频繁，这意味着企业更需要做到居安思危，做好重大突发公共事件的风险管理，特别是应按照《企业内部控制基本规范》第三十七条的规定，健全完善企业应对重大突发公共事件的应急处理机制，识别可能发生的各类突发事件风险，分析其可能给企业经营带来的潜在威胁，并结合企业自身的战略目标、业务流程、现金流状况等制定应急预案、明确责任人员、规范处置程序，确保突发事件得到及时妥善处理。唯有如此，方可防止企业在面对重大突发公共事件时，因慌乱无序而错失最佳反应时机，以免给企业造成更大、更严重的损失。

4.1.4　建立畅通的信息与沟通机制

像疫情这种重大突发公共卫生事件的发生，会给企业带来诸多不确定性因素，建立畅通的信息与沟通机制，能够减少这些不确定性带来的信息不对称。对于企业外部，需要与供应商和客户积极沟通，除了了解他们的现金流、复工复产等经营状况，还可对应付账款、预付账款的支付方式进行协商，大家抱团取暖，共同分担。而对于企业内部，各个部门之间也应积极交流，实时反馈，以便及时做出有效决策，最大限度降低疫情给企业带来的不利影响。

4.2　企业业务层面内控建设的应对措施

4.2.1　加强疫情科学防控、有序做好企业复工复产工作

突如其来的疫情，对企业，尤其是中小微企业的冲击巨大，很多企业都期望尽快复工复产以熬过这次寒冬。但无论如何，做好科学防控，保障员工生命安全，是每一个企业的首要任务。企业应当根据疫情发展的新情况和各级政府部门的要求，适当调整业务模式和工作机制，灵活运用线上线下、错峰分批的方式，有序地做好复工复产工作。

4.2.2 重新梳理相关业务流程，识别重大风险领域和关键业务环节，完善相关内控制度

此次疫情可能也暴露出了企业在业务方面应对突发事件存在的一些内控制度缺陷，为此，企业决策者、管理者及负责内控建设的机构或部门等需要结合企业受疫情影响的各业务环节的实际情况，有序进行复盘，从各业务活动构成的关键环节、逻辑顺序、劳动分工、实现方式等多个方面对相关业务流程认真地梳理，识别业务流程当中可能存在的重大风险领域和关键业务环节，并据此修订完善业务层面的相关内控制度。

4.2.3 及时调整优化企业发展战略，寻求新的发展商机

非常时期，企业决策层不仅要针对当下情况做出短期决策，更要提升格局，考虑长远的战略部署。借这个全社会都停下来的机会，回顾过往，思考未来，分析外部的经济环境和自身的资源能力，调整优化发展战略，如加快数字化转型、优化企业组织架构、探索新的商业模式，大力开发线上业务等。另外，危机往往也蕴含着转机，企业也应仔细想想，未来的红利市场在哪里？客户需求在哪里？以寻求新的发展商机。

4.2.4 精准有效贯彻落实国家应对新冠疫情的相关扶持优惠政策

为了帮助企业更好地度过这次艰难时期，中央和地方各级政府陆续发布了一系列应对新冠疫情的短期或中长期扶持优惠政策，出台了税费减免或延期缴纳、适当降低租金、社保返还或延期缴纳、金融信贷等优惠政策，帮助企业减负，解决企业资金短缺问题，企业应好好把握住这次机会，精准有效贯彻落实国家应对新冠疫情的相关扶持优惠政策，将疫情对企业的影响降到最低。一方面，指定专人或部门积极主动收集各种扶持优惠政策信息，并进行分类整理，筛选出和本企业相关的政策；另一方面，提前筹划和安排，因为有些政策是需要企业做出相应对策后才能满足条件的，如返还社会保险费的政策等。总之，企业应尽一切努力，强化政策研究水平，踏准政策节奏，以享受到最大化的优惠政策红利，使企业尽快走出疫情影响的低谷期，推动企业尽快转型升级、向高质量发展。

4.2.5 持续完善企业内控信息化系统

拥抱科技，应该是这轮疫情带给每个企业的启示。企业应充分利用数字科技，完善内控信息化系统，内控管理部门要与业务部门、信息建设部门协同配合，推动企业重点业务（投资、项目管理、财务、采购、生产等）的信息集成运用，将内控制度有效融入企业信息系统中，形成互联、互通、有机融合的内控信息化系统。如此一来，不仅使得各业务系统的数据在跨流程之间的输入、输出、流程转换控制更加快速有效，减少了人为操控违规行为的发生的风险，而且通过系统集成，构建大数据平台，更加方便进行内控管理工作的动态监测、数据分析和风险预警。

5. 结束语

今天，我们检测着病毒，而病毒也在检测我们。疫情过后，有多少企业能及时调整，抓住机遇？又有多少企业永远留在了这个寒冬？经此一役，企业应更加关注内部控制建设，除了引入应急机制、完善内控体系外，也要逐步实现信息技术与企业内控的深度融合。唯有如此，今后企业在面对重大突发事件时，应该也能应对的更加从容平稳些。

参考文献：

[1] 尹晓娜. 内控之于企业的意义 [J]. 中外企业家, 2015 (30): 84.

[2] 卢亚男. 内控制度的重要性及达到其终极目标的现实意义 [J]. 中国商贸, 2014 (17): 79-80.

[3] 肖土盛, 孙瑞琦, 袁淳. 新冠肺炎疫情冲击下企业现金持有的预防价值研究 [J]. 经济管理, 2020, 42 (04): 175-191.

[4] 尹中立. 疫情全球蔓延, 需密切关注债务风险 [N]. 21世纪经济报道, 2020-04-21 (004).

[5] 经济日报—中国邮政储蓄银行小微企业运行指数课题组. 受疫情影响小微企业业绩不同程度下降 [N]. 经济日报, 2020-03-06 (012).

[6] 吴剑峰. 企业应在疫情中学会对抗风险 [N]. 经济参考报, 2020-02-27 (001).

[7] 陈庭强. 以区域协同应对企业信用风险 [N]. 经济日报, 2020-02-17 (010).

[8] 程天民. 多管齐下助力企业复工复产 [N]. 检察日报, 2020-03-29 (003).

[9] 张景云. 企业如何应对疫情下生存与发展挑战 [N]. 中国质量报, 2020-03-24 (007).

[10] 金镭. 疫情下中小企业如何转危为机? [N]. 人民政协报, 2020-03-20 (006).

[11] 张银平. 疫情之下企业危机与生机 [J]. 企业管理, 2020 (03): 9-12.

疫情阻断对微观经济行为的影响：方式与结果

蒋艳虹①

1. 引言

病毒从未离人类远去。博埃拉病毒、SARS 病毒、禽流感病毒，还有这次的新冠病毒，都是自然世界的一部分。历史上大型瘟疫的流行，往往发生在自然与经济极端交替的复杂背景下。天气由热变冷，经济由冷变热，这都是疫情发生的典型条件。技术发展突破了旧的社会经济结构，社会转型、人口流动加剧，社会聚居规模急速扩张。生产力快速发展与社会免疫系统滞后的矛盾，为疫情爆发提供了加速动力。2002—2003 年的 SARS，2008—2009 年的美国 H1N1，2020 年初的新冠病毒都体现了这种特征。疫情的扩展过程就是医疗、公共卫生基础设施等供给体系超负荷的过程。疫情发生有着深刻的社会背景和社会条件，疫情也促使社会反思，给社会带来巨大的改变。

现代社会已是一个人流、物流、财流、信息流互相交融、互相影响的超级网络。我们在享受网络的巨大聚集效应时，病毒也击中了这张网络。

超级网络具有正反馈和负反馈效应，微观主体作为超级网络的一部分，往往只关注正反馈而忽视负反馈，如何抑制负反馈效应？无有效疫苗情况下，切断疫情传播的基础方式是阻断人流，禁止人与人近距离交互。现代社会网络是人流、物流、信息流的综合联结，隔离人流几乎意味着隔离了物流，现代基础设施建设和微观主体的组织形式，需要怎样重新考虑人、财、物、信息的连接方式？这是疫情带给我们的思考，也是微观行为构建必须面对的问题。

2. 疫情防治影响微观经济行为的两种方式

2.1 新冠肺炎疫情传播的无尺度网络特征

对于新冠肺炎疫情，往往会与 2003 年的 SARS 做比较，希望得出经验性结论，但是中

---

① 蒋艳虹系厦门国家会计学院讲师。本文刊发于《财政科学》2020 年第 4 期。

国与17年前相比，已不可同日而语。如高铁的普及，使人口流动速度加剧。2019年春运客流量是30亿①左右，也就是说全国人口平均移动了两次，人与人之间的基础连接提高。北、上、广、深等超级大城市跨越省际在全国范围内吸引人口；省城跨越地级市，直接吸引县域人口。超大城市沿着“马太效应”，产生超大连接。中国人口在地理上的连接，呈现无尺度网络的特征②。

无尺度网络，又称无标度网络，其特征是网络度的分布呈幂率分布，即节点度为k的概率正比于为k的某个幂次。幂率分布使无尺度网络度的分布不同于随机网络度的正态分布，而呈集散分布（大部分节点只有少数连接，少数节点有大量连接），故称无尺度网络。无尺度网络存在超级节点，又称种子节点③。

无尺度网络具有天生的软肋。无尺度网络的连接方式具有鲁棒性④，但是这种应对意外故障的优越性，在遭受恶意攻击时，却成为不堪一击的软肋。如果超级节点被蓄意攻击，其决定性地位注定整个网络“瘫痪”。无尺度网络鲁棒性和脆弱性共存，并且二者有依存关系。

根据病毒传播的SIR模型⑤，任意时间段，同时有人处于病毒传染期，有人被传染，也有人被治愈，当治愈率高于传染率时，这个流行病属于自限性的，逐渐消亡。病毒在随机网络中传播，是存在阈值的。然而，西班牙巴塞罗那加泰罗尼亚理工大学的Pastor - satorras和意大利特里雅斯特国际理论物理研究中心的Vespigniani，却得出一个令人不安的结论：在无尺度网络里，不存在随机网络里的临界值。不只是生物学领域，在广泛的社会学领域，存在大量的无尺度网络⑥。超过邓巴数⑦的社交中枢者，有着非线性的传播能力，但治愈数却沿着线性爬行。平时引以为豪的“超大规模优势和惊人的聚集效应”，在传染性极强的新冠病毒面前，却显示出脆弱性。

2.2 阻断疫情影响微观经济行为的两种方式

控制传染源、切断传播途径、保护易感人群，这是疫病学意义上阻断疫情传播的原则。面对具象的社会复杂网络，因为无尺度社会网络拓扑结构和流行病之间的互动关系，

---

① 新华网.2019年春运收官，近30亿人次出行.2019－03－01。

② 常见的网络大致分为三种：规则网络、随机网络和无尺度网络。平均聚集程度和平均最短距离可以衡量规则网络和随机网络这两种网络的结构特征。规则网络的平均聚集程度高，平均最短距离长；随机网络平均聚集程度低而平均最短距离短。然而研究表明，现实中的网络大部分都不是规则网络和随机网络，而是无尺度网络。

③ 种子节点意思是并非所有的节点都是平等的。人们选择自己连接的节点时，更倾向于连接到已有较多连接的节点。随着时间的推移，这些节点拥有比其他节点更多的连接。这种“富者愈富”的程，即马太效应。增长性和马太效应这两种机制，使无尺度网络产生超级节点。

④ 无尺度网络对于意外故障具有惊人的强韧性，被称为鲁棒性，这源于无尺度网络的非同质拓扑结构。意外故障破坏的节点往往是不重要的节点，因为它们的数目远大于集散节点，随机去除它们不会导致网络分裂。

⑤ 传染病模型中最经典的模型。S代表易感者（Susceptible），I代表感染者（Infective），R代表移出者（Removal）。

⑥ 1998年美国康奈尔大学的Watts和Strogatz在《自然》杂志上发表《“小世界”网络的群体动力行为》，研究复杂网络的小世界特征；1999年，美国圣母大学Barabasi和Albert在《科学》杂志发表《随机网络中标度的涌现》，进一步揭示复杂网络的无尺度特征，并表述了人际关系的无尺度网络特征。

⑦ 英国人类学家Robin Dunbar在20世纪90年代提出，人类智力允许其拥有稳定的社交网络人数是148人，约为150人。

使传统的防疫手段可能无效，比如随机治疗或接种疫苗。为了保证集散节点不被遗漏，几乎人人都要治疗或接种疫苗，只有所有人都获得免疫后，病毒才能消失。能否利用无尺度网络的超级节点特性来防治病毒传播？答案却是否定的。理论上讲只要其中包含集散节点，即使治疗人口只占一部分，这种方法仍有可能会奏效。但是，要找出社会人际网络的集散节点，首先是非常困难的；即使找到了人际关系的集散节点，并进行治疗，这也存在道德和政治困境，集散节点上的人群，是否就有优先接受治疗或接种的权利？

作为微观经济行为主体的个人和企业，面对新冠肺炎疫情，是最直接的承受者。社会经济已是超级网络，个人和企业作为经济网络的节点，与整个社会经济有着千丝万缕、或轻或重的关系。任何疫情防治措施，最终都会作用于微观经济主体，只是路径和方式不同而已。

从社会是复杂网络的视角出发，以网络相关理论和观点来观察，疫情防治以两个方式深刻影响和改变着微观经济行为。

2.2.1 改变个体交互规则

作为社会复杂网络的节点，个体之间交互规则的建立，受到社会传统、社会文化、社会秩序等各种因素影响。复杂社会网络的聚集效应沿着正反馈的方向创造财富，病毒却沿着负反馈的方向吞噬人类福祉。重新改写规则，是网络社会阻止疫情传播的当然选择。

病毒的传播并不是中央控制的，病毒跟我们一样，不能预先看见网络传播的全貌。我们能通过个体层面的行动，去控制病毒的传播。改变人际交互规则，可能是强制性的，比如疫情期间戴口罩；也可能是个人习惯的改变，比如更倾向“分食”而不是“堂食”。个体交互规则的改变，微观主体的消费需求和供给也会发生相应改变，从而引发微观经济行为的连锁反应。

2.2.2 暂时解耦社会协作网络

改变个体交互规则，只是部分封锁了病毒传播途径，仍不能消灭病毒。新冠病毒具备超强传染性，彻底阻断疫情在无尺度网络的传播，需要降维社会网络到近邻连接的状态，病毒只能在小规模网络里转移，不能扩散，逐渐消亡。这就需要暂时解耦社会协作网络，使传播网络不复存在。改变人际交互规则，是改变与节点的连接方式；解耦社会协作网络，则是切断节点之间的连接。微观经济活动之间的连接解耦，微观经济主体的行为不得不停滞。

改变个体交互规则与解耦社会协作网络虽然同属于影响微观经济行为的方式，但二者的性质却有区别，对微观经济行为的影响也不尽相同。改变个体交互规则倾向于在消费形式的改变，而解耦社会协作网络更多带来微观经济主体组织形式的改变。

3. 疫情阻断与微观经济行为改变

从社会网络的视角出发，疫情阻断以两种方式影响了微观经济行为。疫情给微观经济主体带来极度伤害，不只是经济的，还有身体和精神的。人类终会战胜疫情，经济损失终会被更高更快的发展弥补，疫情带给社会的反思却有弥久影响，进而改变微观主体的经济行为。

3.1 个体交互规则改变与“无接触经济”相变[①]

为了控制疫情在社会网络的传播，改写社会个体交互规则，是通常的做法。无须“自上而下”的全能指令，只是“自下而上”的分布式计算，微观主体小的行为或习惯的改变（比如戴口罩），疫情在人际间的传播便被抑制。“中央计算”不可能给庞大复杂的社会网络的每一个行为分配最优解，但可以通过信息传播的方式培育良好的社会个体习惯或规则。个人群体遵循良好的交互规则，汇集成强大的社会统一行为，进而形成有效的行动逻辑。建立有效应对疫情的个体交互规则，是疫情防治的基础工程。

疫情带来个体交互规则变更的核心，就是人与人之间的“隔离”。公共卫生风险成为人际交往考虑的必要，对公共风险重新定价，使微观主体愿意支付必要的代价，来换取安全距离。比如进餐采用分餐制，购买商品配送到家、公共事务需要网上预约等。“隔离”会带来系列经济行为改变，从消费习惯、消费需求到供给匹配；从技术支持到相关基础设施建设等。在这个过程中电子商务、移动支付和物流会极速普及和下沉，供应链需要再造和重整。

“无接触经济”并非新的经济形态，在某些领域已有所普及，但其驱动动机，并非“人际隔离”。传统文化、社会习俗、心理状态都不会主动推动人际间的“隔离”。疫情带来的个体交互规则改变，使“无接触经济”的相变由无序竞争进入有序竞争阶段。在历史进程中生活方式和习惯的改变，除了科技进步与 GDP 等基本因素外，重大事件往往成为其直接推动力。无接触经济行为，开始由无序向有序转化。比如疫情期间，线上场景加速替代线下场景，电影《囧妈》放弃院线，与字节跳动签约免费在线上投放，看似无奈之举，可能预示着线下革命的开始，人们重新回归家庭，最后院线只剩下基础的社交需求。远程教育、远程医疗、远程院线，远程办公都将提上日程。公共卫生安全对距离的硬性规则促使宅在家中的人们重新评估我们到底需要怎样的聚集和怎样的距离。

3.2 解耦社会网络与微观经济行为自我重构

解耦社会网络，是对作为社会网络节点的微观经济主体的一种压力测试。微观经济行为高度依赖社会网络的连接，微观主体构建经济组织、实施经济行为，以对社会网络的高效利用为追求。社会复杂网络的脆弱性也同样传染给社会微观主体。微观经济行为构建，从未对公共卫生事件这种“黑天鹅”甚至说是“灰犀牛”给予足够的重视，认为那是政府的职责。对于某个场景的高容忍性，必然伴随对另一个场景的低容忍性，微观个体需要重新修正对公共风险的态度。减弱或者断绝社会网络脆弱性的反向传递，是微观主体重构经济行为的重要原则。经济停滞，带给微观经济主体反思的契机和动力；社会网络解耦，带给微观经济主体反思的方向和原则。

3.2.1 基础理念重构——“活得久”与“活得好”

成本效益原则是微观经济行为的主要原则之一。成本效益原则把任何决策或者行为，

---

① 相变，源于物理化学概念，物质从一种相转变为另一种相的过程。自然界中固、液、气三种形态，被称为“固、液、气”三相。相之间的转变是无序和有序互相竞争的结果。

看作是对线性规划函数求最优解，微观主体的运营基本都遵守这一原则：扩大产能并降低成本，取得最大的边际收益。这隐含两个假设前提：固定的环境参数和明确的优化目标。这种效率思维能驱动增长，但无法判断方向。危机爆发，环境参数变化，优化目标不复存在。成本效益原则只解决“活得好”的问题，不解决“活得久”的问题。

个体在一次疫情中，存活的概率很高，但是如果重复暴露于黑天鹅事件，存活的概率则很低，疫情风险是非遍历性①的，即使重复的风险可由个体寿命的有限性来分散，风险最终也不是由系统或者集体的层面来承受，而是个体。社会网络的联通性不断增加，病毒传播，以非线性方式扩散，突发事件具有肥尾②过程。在面临的风险是全新且不一定所有可能情况都发生的时候，不应该按照可能性的概率计算期望，而是按必然发生处理③。微观主体追求的目标，不只是活得好（成本效益原则），更要活得久（概率原则）。活得久才是活得好。在高度发达的网络社会，因为网络的天生脆弱性，对相关风险全面谨慎的严防死守，应该被植入微观经济主体的基础理念中。

3.2.2 微观主体组织形式重构——“高内聚，低耦合”

效率不再是唯一目标，甚至不再是第一目标。对相关风险的普遍预防原则应该成为微观组织的重要原则。提高微观组织的抗风险能力，减少对网络的连接和依赖，提高自组织能力，是疫情对微观组织重构的重要启示。

人类是自然秩序的一部分，经济体系与自然生态体系存在很多相似之处。自然界自发形成的网络给了我们启发。自然界中规模比较大的网络，往往都会建立模块化的系统，比如我们的大脑系统网络。大脑这个数以亿计神经元组成的系统，被区分为不同的脑区，脑区内神经元连接密切，脑区间则相对稀疏。脑区也就是大脑的模块，而不同的脑区组成大脑整体的模块化系统。大脑网络随着人们不同的生理状态不停地调整自身的运行，睡眠的时候，大脑的不同模块处于解耦状态；而在意识清醒时，各个不同的脑区又会关联在一起，完成各种复杂的认知任务。这种灵活的调控和切换可以应对各种危机，最大限度来保持网络的鲁棒性。通过不断的耦合和解耦，我们的大脑网络以模块化结构实现了鲁棒性和脆弱性的平衡。模块化充分体现了“高内聚、低耦合”微观组织重构的方向，自组织能力成为构建微观组织的核心指标。

以“高内聚、低耦合”为原则对微观经济主体重构，分级诊疗是最典型的实践。患者和医疗资源的双向驱动，促使超级三甲医院诞生的数量越来越多，研究表明“中国城市医疗网络是由20%的高度城市代表的具有圈层类聚结构的无尺度网络；中国城市医疗硬件网络比软件网络复杂和稳定；中国城市医疗网络的结构和功能主要由强关系城市决定，弱关系城市对网络稳定性没有实质影响”（周晓芳等，2019）。这说明中国整体的医疗网络呈现无尺度网络特征。

摒弃其他角度，单纯从病毒传播和防治的角度来重新审视分级诊疗，分诊制是必然选

---

① 统计物理的概念，是指一个孤立系统从任一初态出发，经过足够长的时间后将无限接近一切可能的微观状态。

② 统计学上，两个极端值可能出现的风险，按照常态的钟形型分布，两端的分布概率是相当低的；但是两个极端值的分布亦有可能出现肥尾风险，那就是距离中值，出现的概率提高。

③ 纳西姆·塔勒布认为“持续暴露在小概率风险之下的次数累计，即使风险的概率小到1‰，那么在持续的、重复的过程中，发生概率最终会越来越接近100%”。

择，也势在必行。社会网络解耦，人们被分割在最基本的社会模块——家庭里，进而社区成为最重要的防治病毒传播的社会模块。社区的自治能力和自组织能力成为阻断病毒传播的有力武器。2020年1月14日，国家卫健委牵头、包括32个部门的应对新型冠状病毒感染的肺炎疫情联防联控工作机制发布《关于加强新型冠状病毒感染的肺炎疫情社区防控工作的通知》，要求各地肺炎疫情联防联控工作机制"充分发挥社区动员能力，实施网格化、地毯式管理，防治疫情输入、蔓延、输出，控制疾病传播"。"社会网格化"概念，就是模块化的社会表现形式，新冠肺炎疫情的防治工作体系，是以社区和社区卫生服务中心及家庭医生为关键。通过社区医疗中心和家庭医生对病情进行初步行筛选和分类，然后对确定和疑似病人由卫健委送至指定治疗点进一步筛选分类。此管理方式与分级诊疗如出一辙。

3.2.3 商业模式重构——去杠杆

微观主体基本沿着成本效益的原则构筑商业模式。商业模式是"描述一个组织如何创造价值、传递价值、获取价值的逻辑方式"（Ostwalder等，2010）。因为对效益最大化的追求，财务杠杆、经营杠杆和组织运行杠杆被广泛使用于商业模式。如资金紧绷而运营杠杆较高的长租公寓、餐饮酒店连锁企业；如自身库存极低，零配件和原材料全球采购的供应链很长的企业。加杠杆更体现在企业组织的运行模式上，如"全外包""轻资产"，高度依赖精密社会分工的企业。

企业组织运行加杠杆与产业链碎片化趋势有因果关系。产业链碎片化在某种程度上也是成本效益原则的产物。随着人力成本的上升，要控制成本，就要专业化大规模生产。为形成错位竞争，企业开始专注于生产中的一部分环节，产业链进一步细分。专业化生产的另一个趋势是产品通用化，为进入多个产品供应链，企业的产品开始通用化，这就形成了多个产业链"你中有我，我中有你"的复杂纠缠状态。产业链的碎片化带来高效率，也带来脆弱性。产业链高度精细化和复杂的依赖关系，在社会协作网络解耦时，相关产业"一荣俱荣，一损俱损"。

在社会复杂网络的基础上，微观主体构筑了不同的商业模式来传递价值、创造价值，在挖掘社会网络经济潜力时，却也无形中复制了无尺度网络的致命缺陷。面对突发事件的超预期冲击，管理者应当重新思考"灾备"与效率、高周转与风险度之间的关系。突发公共事件带来的社会网络解耦，对杠杆过大过长的商业模式冲击明显，杠杆的脆弱性使网络解耦的负反馈放大。经济暂停，微观经济组织的清偿能力成为其存活的核心因素。商业模式去杠杆，提高商业模式的清偿能力，成为构筑商业模式的重要考量。

4. 结语

全球连通性已到前所未有的高度，而中国正是连通性最高的社会之一，根本而言，病毒的传播依赖人们在物理空间的互动。暂时降低连通性，从而减慢潜在感染个体的流动，是抵御还不熟悉的新病毒的稳健方法。虽然这要付出经济代价。在文明出现之前，流行病是不存在的，病毒在自然界隐秘延续。人类的繁荣给了病毒新的机会，超越空间高度连接的人际网络，布好了病毒无阈值传播的路线图。我们选择了这种高密度的组织方式，就要承受病毒的寄生，病毒是我们进步的影子。病毒不是问题，瘟疫才是。

人类和病毒互为选择，人类的行为决定了病毒传播和演变的方向。病毒传播给微观经济组织韧性提出更高要求。微观经济组织不但要能够应对环境变化和危机而不丧失组织能力，还要在主要系统功能遭到破坏或损失的情况下能够识别风险并建立应对机制，并快速实现组织目标。生物学思维进化的精髓，不是沿着事先设定的方向，追求想象中的最高效率，而是向着更高的稳健性优化。每一次与病毒作战，都会让我们更加进化，工业革命之前，这种进化意味着基因变异的普及，在网络时代，这种进化意味着基础理念、生活方式和组织模式的崭新变化。

参考文献：

[1] Joseph Norman, Yaneer Bar - Yam, and Nassim Nicholas Taleb. Systemic risk of pandemic via novel pathogens - Coronavirus: A note, New England Complex Systems Institute (January 26, 2020).

[2] Pastor - Satorras, Romualdo, and Alessandro Vespignani. Immunization of complex networks. Physical review E 65. 3 (2002): 036104.

[3] Pastor - Satorras, Romualdo, and Alessandro Vespignani. Immunization of complex networks. Physical review E 65. 3 (2002): 036104.

[4] Tomba, Gianpaolo Scalia, and Jacco Wallinga. A simple explanation for the low impact of border control as a countermeasure to the spread of an infectious disease. Mathematical biosciences 214. 1 - 2 (2008): 70 - 72.

[5] Christakis, Nicholas A., and James H. Fowler. Social network sensors for early detection of contagious outbreaks. PloS one 5. 9 (2010).

[6] 路德维希，冯·米塞斯著．夏道平译．人的行为［M］．上海：上海社会科学院出版社，2015：197 - 205.

[7] 魏冶，修春亮，刘志敏，陈伟．春运人口流动透视的转型期中国城市网络结构［J］．地理科学，2016 (11).

[8] 曹继勇．全球公共卫生问题安全化的路径分析［J］武汉大学学报，2009 (3).

[9] 何佳馨．新中国医疗保障立法 70 年——以分级诊疗的制度设计与进步为中心［J］．法学，2019 (10).

[10] 李慧明，王磊，张菲菲．"解耦"——中国循环经济深入发展的目标和标准［J］．中国软科学，2007 (9).

[11] 周晓芳，产健．基于无尺度网络的中国城市医疗网络分析［J］．地理科学，2019 (2).

[12] Justin Liu，如何阻断网络传播［EB/OL］．https: //baijiahao. baidu. com/s? id = 1657492434425360748&wfr = spider&for = pc, 2020 - 02 - 03.

[13] 许铁．疫病期间的反思：网络效应的威力如何阻断网络传播［EB/OL］．http: //finance. sina. com. cn/money/smjj/smdt/2020 - 02 - 04/doc - iimxyqvz0274554. shtml, 2020 - 02 - 04.

“困难时需坚韧”

——企业组织韧性的产生路径与塑造

方志斌[1]

据报道：投资数千万元的线下活动被迫取消，市场销售几乎完全暂停，供应链一度中断、数以万计的员工难以按期返回……在过去时间里，中国许多企业面临着新冠肺炎疫情带来的严峻市场挑战。

当今时代具有不确定、易变性、复杂性和模糊性等特点，在这个环境中，风险和危机充斥着企业所面临的组织环境。自然灾害、恐怖袭击、新冠肺炎等不确定事件和非常态变化，危及到了企业的功能和存续。然而，面对不利情境，有些企业能以前所未有的速度和果断措施，应对疫情带来的生产和市场环境变化，立足现状谋划未来，使企业转危为安，而有些企业却难以幸免于难以至于破产重组，是什么造成了二者之间的区别呢？“组织韧性”也许是二者差异的一个重要解释。自“金融危机”“9·11”“卡特里娜飓风”等风险性与危机性事件的爆发后，学者们研究发现“组织韧性”能够帮助企业成功抵御风险、战胜逆境、迅速恢复平衡状态甚至实现成长与发展，是一种有助于企业应对多元逆境的理想特质。

1. 何为组织韧性

韧性的概念源于拉丁语中的“resilio”，也被译为回弹、弹性、抗逆力等，是指个体、组织或社会系统受到内外部的压力或变化时，能够有序缓和、适应、恢复，甚至超越原有水平的能力。韧性概念最先引入物理学领域，是指表示材料在塑性变形和破裂过程中吸收能量的能力。韧性越高，材料发生脆性断裂的可能性越小。随后，社会学领域的专家将这一个概念引入心理学和管理学领域，衍生出员工韧性、城市韧性和组织韧性等概念。

员工韧性是指员工善于利用工作资源实现个体在工作中持续适应、身心舒适和职业成长的行为能力。员工韧性更多强调的是员工个体对身边拥有资源的管理、整合和利用，主要表现为三大行为特征，即适应性、学习和网络利用。适应性特征指的是员工面对环境变

[1] 方志斌系厦门国家会计学院副教授，研究生处副处长。

化、组织变革能够有效地调整自己以适应这些变革；学习特征是指员工能够在环境变化过程中主动学习新事物、新技能，很好地应对变革；网络利用特征是员工在环境变化过程中能够很好地利用与外部资源的关系，构建起有利于应对环境变化的资源网络。由于个体经历、人格特征、组织氛围、人际关系等因素的差异，导致员工个体之间存在着高低不同的员工韧性。比如此次新冠疫情给高校造成很大的影响，大部分高校学生无法返校，只能采用线上授课。有些老师遇到这种情况就束手无策，觉得压力很大，难以胜任；而具有韧性的老师能够进行工作重塑，挖掘潜能，主动探索网络授课的特点与技巧，晋级为一线主播。

城市韧性是指在面对自然和社会的慢性压力和急性冲击后，特别是在遭受突发事件时，城市能够凭借其动态平衡、冗余缓冲和自我修复等特性，依然保持抗压、存续、适应和可持续发展的能力，确保快速分散风险、自动调整恢复稳定，由此做到抵御外来冲击和内部灾害的城市发展态势。一个真正具有韧性的城市，必须具备3个方面的能力，即具备减轻灾害或突发事件影响的能力、对灾害或突发事件的适应能力以及从灾害或突发事件中高效恢复的能力。比如此次新冠疫情的来袭给很多城市的复工复产造成了严重的影响。有些城市在疫情刚爆发时，缺乏风险管理机制，应对能力不足，造成疫情迅速扩散；而在疫情好转之际，却因为恢复生产预案不完善，复工复产能力缺失，造成城市复苏缓慢。反之，一些城市在面对疫情时，有完善的风险管理机制，具有有效应对危机的能力，在疫情开始时能有效控制疫情；在疫情好转时，有针对性的复工复产预案，复工复产所需各项资源准备丰富，城市复苏迅速有序。

就组织层面而言，组织韧性被视为一种组织能力，是企业能够应对环境变化和危机而又不严重丧失组织效力的双重能力，同时也能够在危机情况下保持适应能力。组织韧性不仅有助于企业从逆境中复原，而且还可以帮助企业创造新的机会和实现跨越式发展。一个韧性高的企业，能够有效地综合运用战略、经营、管理系统、管理结构以及决策支持能力，来及时发现和应对各种不断变化的风险，从而打败那些适应性差的竞争对手。影响组织韧性形成的主要影响因素有组织资源、组织领导、组织学习、社会网络等因素。有利于组织获取知识、提升能力以及培养组织认同感、组织责任感和组织信任感等因素均为组织韧性资源，包括组织中的有效沟通、员工个人发展规划、员工援助政策等人力资源和资产、资金、材料、核心技术等经济资源；组织领导对组织韧性的形成具有重要的作用，面对突发危机能够有效调动资源快速反应，并能在最短时间内提出最优的方案，使得组织能平稳度过危机甚至使得组织的能力得到升华；组织学习也是组织韧性的重要影响因素，善于进行学习的组织能够从企业经历的危机中学习到有利于组织成长的知识，有助于促进组织知识获取、整合、创新与应用；组织管理者和组织的社会网络也会影响组织韧性的形成和提升，丰富的社会资本、完善的社会网络有助于帮助企业应对危机和恢复生产经营。有研究结果表明，家族企业的组织韧性通常较高。哈佛商业评论研究结果表明在经济上升期时，家族企业与股权结构更为分散的企业相比，其业绩表现一般逊于后者；然而在不景气时，家族企业的表现要远远好于其他同业企业，由此得出结论：与业绩相比，家族企业对韧性更加重视。

2. 组织韧性的特性及产生路径

Tierney（2003）认为，从系统学的角度来看，组织韧性包括 4 个核心要素，即稳健性、冗余性、充足性和快速性。稳健性是指企业组织或所属部门在系统功能无损失或退化的情况下应对非常态环境冲击的压力和满足企业自身成长的能力；冗余性是指企业组织或所属部门在主要系统功能遭遇破坏、退化或损失的情况下实现功能需求的能力；充足性是指企业组织识别风险问题，建立应对机制，盘活内外部资源以避免损失或处理危机进而提升核心竞争力的能力；快速性是指企业组织在面对风险时，组织满足优先秩序并能够及时应对风险、实现组织目标的能力。此 4 个要素更多强调的是企业组织在面对风险时的应对能力。2008 年经济危机爆发后，瑞典中小型纺织企业组织通过科学决策、盘活现金流、规范投资等方式协调战略资本能够有效发展组织韧性；当然，积极的社会关系也是一种重要的资源储备，有助于提升组织韧性，“9·11”事件后，美国航空公司正是利用有效的社会关系这一组织韧性因素应对突如其来的危机。

从资源角度而言，组织韧性的产生和发展主要基于企业的各种资源在危机情境下的存在状态及其实际的调配操作，是通过情境感知、资源整合和战略制定与执行 3 种资源调配方式共同作用的。换言之，组织韧性的产生和发展有 3 个过程。

第一，情境感知。当企业面对非常态环境的不确定性冲击或处于危机情境下，企业组织首先会对所处的情境以及企业自身处于该情境时所拥有的优劣势进行自我感知和主观判断，进而通过调配企业内外部资源有效应对危机，进行关键脆弱性管理。企业员工通过不断对组织和环境的理解与感知达成一致的认识，这种一致性认知为组织韧性的产生与发展提供了资源保障，有助于企业系统功能的修复，甚至提升。

第二，资源整合。企业资源包括以员工发展为导向的人力资源、以组织目标为导向的物质资源、以社会关系为导向的社会资源、以社会责任为导向的环境资源。资源整合强调的是企业通过组织结构的扁平化、沟通渠道的畅通、决策权力的下放、良好组织氛围的营造、高质量人际关系的提升对上述的企业资源进行整合和综合利用。在危机应对过程中，资源整合行为有利于企业应对外部环境的不确定性，促进企业组织韧性的产生与发展。

第三，战略制定与执行。组织韧性评估的重要核心指标是企业在面对危机时的情境感知能力、资源整合能力以及战略制定和执行能力。战略决策的制定过程中，足够的资源储备、资源的可获得性、不同渠道信息资源的使用是组织韧性产生与发展的关键性因素。企业组织应该针对内外部环境和相关利益者的特性，制定以危机解决为目标导向的聚焦型战略，促进企业组织与组织成员进行批判性思考以有效地获取战略资源以解决风险问题，并通过兼具灵活性、创造性和主动性的战略行动来贯彻落实战略规划，促进组织韧性的产生与发展。

3. 组织韧性的塑造

《哈佛商业评论》一项研究认为，企业要保持韧性应做到 7 个方面，即“办公室环境崇尚节俭”“严格限制资本支出”“保持低负债”“谨慎采取并购行为”“崇尚多元化投资”“走国际化路子”“善于留住人才”。这些方法和措施的确对于企业组织韧性的塑造有着重要的借鉴意义，但是随着时代的变化，笔者认为组织韧性的塑造应着重从以下几个方面进行。

3.1 锻造柔性的“水样组织”

最能体现组织韧性的比喻毫无疑问是水。孙子认为水具有很强的韧性，“夫兵形象水，水之形，避高而趋下；兵之形，避实而击虚；水因地而制流，兵因敌而制胜。故兵无常势，水无常形；能因敌变化而取胜，谓之神。”陈春花等学者提出组织的一种新型的形式，即“水样组织”。所谓水样组织，是指像水一样可以灵活应对环境变化的动态组织，具有坚韧性、个体能动性、动态适应性以及融合性等特征。华为、海尔、乐视、新希望、塞氏公司被认为是典型的水样组织（陈春花，2017）。水样组织是组织内部驱动力与外部适应力的统一，呈现出“内在坚韧、外在柔和”的品性，主要有坚韧性、个体能动性、动态适应性、融合性四大特征。水样组织强调两大因素，即柔性与活力。水样组织因其具有上述四大特征，因此是组织韧性较高的组织形式。锻造“水样组织”是实现组织韧性的有效途径。锻造水样组织，第一是要进行适应不确定性环境下组织柔性塑造，包括技术柔性、人员柔性、组织结构柔性、组织文化柔性等方面；第二是要进行保持持续领先的组织活力建设，包括保持危机意识、不断自我革新、塑造包容气氛、促进员工主动行为等。

3.2 进行有效的韧性管理

3.2.1 识别风险及资源依赖性

企业必须充分研究企业组织结构、利益相关者、供应链体系。分析企业组织的部门设置、空间位置、聚散状态以及部门间关系，这些组织设置方式和组织结构现状是否适应VUCA时代的需求。企业要重新审视利益相关者和供应链体系，利用流程图法、风险专家调查列举法、资产财务状况分析法、分解分析法以及失误树分析方法等风险分析工具，识别可能存在的各种不确定性风险，比如环境风险、市场风险、技术风险、生产风险、财务风险与人事风险等。评估各类风险之间的关联性、复杂性以及破坏性，估算解决风险的相关成本，确定解决风险的优先等级。通过识别风险因素，在企业内部形成对危机的统一且透明的认识，帮助组织成员正确理解企业发展面临的资源依赖性，并形成企业发展总体战略规划。

3.2.2 建立完善的企业运作模式

管理者在公司总体战略制定与设计过程中，应将企业危机应对计划纳入其中，制定完善的企业危机应对计划，建立完善的企业运作模式。第一，企业应利用PEST、SWOT等战略分析工具，综合分析企业内部存在的优劣势，企业外面面临的风险与机遇，充分进行科学决策，制定完善的企业战略；第二，企业应该充分挖掘企业本身与企业员工的潜能，利用多方面资源，不断创新；第三，企业应利用此次疫情，重新审视企业运作过程中存在的风险点，采取组织成员都能理解的共同语言来阐述风险及其应对策略，使组织成员能正确理解与识别企业面临的风险与危机，并在实现企业目标过程中作为准确的判断和科学的决策。

3.2.3 建立有针对性的危机应对体系

为更好地应对危机和非常态环境变化，企业需要培养一个人才汇聚、资源体系完善的企业危机应对体系，通过有效的分析工具来强化危机应对能力，并实施有效的风险控制举措。企业危机应对体系是一个系统的工程，包括危机预警机制、危机反应与处理机制以及后危机企业能力提升机制。危机预警机制是指企业能够建立大数据预警系统有效识别企业存在的各种风险与危机；危机反应与处理机制是指危机一旦发生，企业决策着需要在短时间内做出反应，应当在非常有限的时间内迅速做出果断的决策，调动各个部门，动用各种资源，尽快控制危机的发展，恢复企业生产经营秩序；后危机企业能力提升机制是指企业能够从危机处理过程中总结经验，发现企业存在危机的薄弱之处，挖掘企业发展的潜力，提升企业面对危机的能力以及在危机中发现发展机遇的能力。

3.2.4 缩小三个距离

第一，缩小与用户之间的距离。企业与用户之间的空间距离是影响用户参与企业活动的重要因素。如若企业与用户之间的空间距离变小甚至消失，用户可以参与原本属于企业边界之内的活动，并共同创造价值，而非仅是企业价值的接受者与企业产品的使用者。然而，很多韧性不足的企业，往往固守“企业边界不容外人涉猎”的传统思维，将企业用户阻挡于企业价值创造的边界之外，缺乏在企业与用户之间建立畅通的“桥梁”。要提升企业韧性，必然需要打破企业价值创造的边界，缩小企业与用户之间的空间距离，让企业用户参与到企业边界之内的活动，共同创造企业价值并惠及企业用户。比如，在“新冠疫情”冲击下，部分少儿在线教育企业，充分利用数字化经济的优势和特点，主动邀请家长参与到教育活动中，发挥家长作为线下教师的职责。第二，缩小企业内部信息传输的距离。在层级繁多的传统企业，信息从最底层收集，而后一层一层按正规程序向上传递，最后到决策层进行决策，决策结果反向自上而下进行一级一级传递，最终到最底层进行执行。这种传统信息传递方式，加大了信息传输的距离，容易造成信息在传输过程中的遗漏与扭曲。在企业面对瞬息万变的外部环境时，企业难以及时通过信息快速传递有效地应对这种变化，企业将陷入被动甚至倒闭。因此，企业要塑造自身的韧性，必须减少企业内部层级，向扁平化组织结构发展，缩小企业内部信息传输距离，畅通信息传输渠道。第三，缩小部门之间的心理距离。“各自为政，各扫门前雪”是许多中国企业的弊病，企业的部门经常设置自己的“领地”，人为设置“部门墙”。这种领地氛围在企业没有危机时表现并不明显，但是一旦危机来袭，缺乏合作精神的领地氛围会使得企业很多部门陷入孤军奋战的境地，没有形成协同效应最终难以应对危机，造成企业一败涂地。因此，要成为韧性企业，必须缩小甚至消除部门之间的心理距离，变各管各的工作方式为协同作战的工作方式。

3.2.5 加大数字化建设

由于此次新冠疫情的影响，全社会的消费习惯和商业模式发生了巨大的变革，数字化趋势已然无法逆转。加速推进数字化转型的企业不仅能在新冠疫情期间确保企业业务连续性，甚至还能把握住未来发展的新机遇。我国企业数字化转型比例为25%，远低于欧洲的46%和美国的54%。企业必然需要加快数字化转型，从供应链韧性、合规管理、财务健康、运营持续性等方面打造高韧性数字化企业。第一，企业应利用疫情结束后的发展契机，推动企业向“智慧企业”迈进，把信息化、数字化作为企业发展过程中的主导、核心的角色，引领企业发展方向，创造企业生存空间。第二，企业应从顶层进行设计，通过统一规划和分布设计，减少甚至消除企业内部的信息孤岛，建设一体化的数字化管理系统。第三，企业应通过搭建数字化供应链，增强供应链韧性，完善供应链响应机制，协调供应链上下游的运转，提升企业总体韧性。

参考文献：

[1] 孙黎. 为什么说华为像水 [J]. 销售与管理，2019（09）：52－53.

[2] 杨修，赵楚龙. 应急管理背景下中小企业组织韧性建设探究 [J]. 北京科技大学学报，2020，36（03）：48－54.

[3] 王钦. 数字时代的“高韧性”组织：人单合一 [J]. 清华管理评论，2020（06）：96－100.